W0289178

Curth Flatow

Am Kurfürstendamm fing's an

Curth Flatow

Am Kurfürstendamm fing's an

Erinnerungen aus
einem Gedächtnis
mit Lücken

Mit 74 Fotos
und 20 Textillustrationen,

sowie Verzeichnissen
der Arbeiten für Theater,
Fernsehen, Hörfunk,
Kabarett und Film,
der Liedertexte, Bücher,
Ehrenämter und
Auszeichnungen

LANGEN MÜLLER

Bildnachweis

Archiv des Autors: 1-5, 8, 10, 11, 12 (Foto: H. Mederer, Berlin), 13, 24, 31, 32, 33 (Foto: Thomas Machowina, Berlin), 34 (Foto: Volker Möbius, Berlin), 35 (Foto: Peter Rondholz, Berlin), 42 (Foto: Barbara Oloffs, Berlin), 46/47 (Fotos: Peter Rondholz, Berlin), 53, 70, 74;

Peter Bischoff, Worpswede: 48; B.Z.: 36 (Foto: Walter Becher); Deutsches Theatermuseum, München (Archiv Ilse Buhs/Jürgen Remmler): 19, 43, 44; Foto Felicitas, München: 18; Filmdokumentationszentrum, Wien: 14-16, 28, 38, 55, 56; Joachim Giesel, Hannover: 61; Sabine Gudath-Beeneken, Berlin: 54, 57; Erika Heinemann-Rufer, Berlin: 37; Kleine Komödie, München: 45 (Foto: Ingrid v. Paleske, München); Komödie, Düsseldorf: 59; Foto von Lingen, Bonn: 72 (Aufnahme: Friedhelm Mädje); Frank Roland-Beeneken, Berlin: 49, 58, 64, 65; Sonja Rothweiler, Düsseldorf: 50, 51, 60, 68, 69; Sächsische Landesbibliothek – Staats- und Universitätsbibliothek Dresden/Deutsche Fotothek (Archiv Fritz Eschen): 6, 7, 9; Shamrok Photo/Norbert Kesten, Berlin: 71; Susan R. Skelton, Berlin: 63; Theater am Dom, Köln: 20, 21 (Fotos: Dünhöft); Marianne Thiele, Berlin: 73; Ullstein Bilderdienst, Berlin: 17, 22, 23, 25, 26, 29, 30, 52, 62, 66, 67; ZDF: 27, 30 (Foto: Arthur Grimm), 41 (Foto: Barbara Oloffs).

Schutzumschlag-Rückseite: Filmdokumentationszentrum, Wien (oben); Susan R. Skelton, Berlin (unten).

Der Verlag konnte in einzelnen Fällen die Inhaber der Rechte an den reproduzierten Fotos nicht ausfindig machen. Er bittet, ihm bestehende Ansprüche mitzuteilen.

Besuchen Sie uns im Internet unter
http://www.herbig.net

© 2000 by Langen Müller
in der F. A. Herbig Verlagsbuchhandlung GmbH, München
Alle Rechte vorbehalten
Schutzumschlaggestaltung: Wolfgang Heinzel
Satz: Filmsatz Schröter GmbH, München
Gesetzt aus 10.5/12 Punkt Minion auf Apple Macintosh
Reproduktionen: EPS, München
Druck und Binden: Graphischer Großbetrieb Pößneck GmbH
– Ein Mohndruck-Betrieb –
Printed in Germany
ISBN: 3-7844-2771-5

Für meine Frau Brigitte

Illusion der Mittelmäßigkeit

Man hört so manchmal zwischen Traum und Wachsein
   eine Melodie
Und denkt bei sich, man müßte sie,
Da sie so schön ist, jetzt noch niederschreiben,
Doch man ist müde, gähnt und läßt es bleiben.
Am nächsten Morgen ist die Melodie schon längst verweht,
So wie es oftmals auch mit Versen geht,
Die, wie ein Götterfunke plötzlich aufgeblitzt,
Ungeschrieben bleiben, weil der Bleistift nicht gespitzt.
Es ist mit diesen Versen wie mit dieser Melodie.
Die Bleistiftspitze ist es nicht, es fehlt die Energie.
Worauf man voller Wollust sich in die Idee verrennt,
Daß uns von Bach und Goethe nur die Trägheit trennt.

C. F.

Inhalt

War es nicht gestern ... *11*

Aller Anfang ist leicht *13*

Vom Hochmeisterplatz zur Krausenstraße *31*

»Wir Arbeitsmänner haben's schwer« *39*

Aufbruchstimmung *47*

Radio Berlin, RIAS und überall Kabarett in der Viersektorenstadt *64*

»Melodie der Straße« *81*

Kintopp *106*

Bobby *112*

Der Produzent *117*

Alte Kameradinnen *126*

Der Weg zum Standesamt und seine Folgen *131*

Bretter, die von nun an meine Welt bedeuten *141*

Von der Leinwand auf die Bühne *146*

Rückfälle und ein Haus in Dahlem *152*

Meine Mutter und die Serien, die sie nicht mehr erlebt hat *161*

Premiere mit Hindernissen *165*

Mein erfolgreichstes Stück *170*

Ehrenämter und Fernseharbeiten *179*

Regie, junge Liebe, »Durchreise« und »Ich heirate eine Familie« *187*

Wirbel um »Romeo mit grauen Schläfen« *199*

Hans Rosenthal *208*

Meine Klappe macht sich bemerkbar *220*

Ein Stück für Edith Hancke und ein »Verlängertes Wochenende« *229*

Der 90. Geburtstag von Heinz Rühmann und ein Ehrentitel für mich *253*

Harald Juhnke, das »Glückliche Paar« und die Gala für Johannes Heesters *264*

»Mein Vater, der Junggeselle« und »Faust ohne Gretchen« *273*

Kleine Geschichten am Rande *286*

Wieder zwei meiner Stücke nebeneinander am Kurfürstendamm *289*

Tagebuchnotizen *297*

In eigener Sache *300*

Alterserscheinungen *303*

Nicht nur bei der Oscar-Verleihung bedankt man sich *307*

Anhang

Theater *308*

Fernsehen *310*

TV-Beiträge *310*

Hörfunk *310*

Liedertexte *311*

Kabarett *311*

Bücher *311*

Filme *312*

Ehrenämter/Auszeichnungen *312*

Namenregister *313*

War es nicht gestern …

… als ich Anfang Januar vor vielen, vielen Jahren, mit noch ungelenker Handschrift in meinem Schulaufgabenheft zum ersten Mal hinter der gedruckten 19 eine 27 notieren mußte?

… als ich fünfzehn Jahre alt, in Kölpinsee auf Usedom abends einen kleinen Zirkus besuchte, der so arm war, daß er sich nicht mal ein Zeltdach leisten konnte? Die Wiese, auf der die Manege stand, war frisch gemäht, und der Duft des Grases, gemischt mit dem Geruch der Pferde und der anderen Tiere, war unbeschreiblich schön.

… als ich 1937 mit meiner Familie am Strand von Scheveningen saß, mein Vater mir ein Haagje-Hopjes-Bonbon gab, das ich im Mund zergehen ließ und dann schwimmen ging? Leider konnte ich den Mund, wie immer, nicht halten, und die Mischung von Salzwasser und Haagje-Hopjes schmeckte so scheußlich, daß mir fast schlecht wurde.

… als ich 1946 im Theater am Schiffbauerdamm meine erste Premiere hatte und den ersten Schlußbeifall hörte?

Das ist alles schon viele Jahre her, aber ich sehe es noch genau vor mir, habe den Geruch des Grases noch in der Nase, den Geschmack der salzigen Haagje-Hopjes noch im Mund, sehe mich als Vorschüler noch die 27 schreiben und habe den ersten Premierenapplaus noch im Ohr, als ob das alles gestern gewesen wäre. Aber fragen Sie mich bitte nicht, was es vorgestern zum Mittagessen gab oder was vorvorgestern im Fernsehen lief. Da muß ich leider passen.

Aller Anfang ist leicht

Der Krieg war zu Ende. Aufatmend stellten wir Berliner fest, daß wir noch einmal davongekommen waren. Unser Balkon leider nicht. Das Geschoß einer Stalinorgel hatte ihn halbiert. Das merkten wir, als wir mit unseren Betten vom Luftschutzkeller wieder in die erste Etage zogen.

Die Sonne schien. Es war warm. Man hatte das Gefühl, daß das Wetter unsere Stadt für die schreckliche Zeit der Belagerung und der Straßenkämpfe entschädigen wollte. Ich ging zum Fenster, blickte hinaus und atmete tief ein. Das war ganz einfach, dafür brauchte ich die Fenster gar nicht aufzumachen, denn sie hatten ja keine Scheiben mehr. Das ist äußerst praktisch und angenehm gewesen, allerdings nur in der warmen Jahreszeit. Ich sah, daß die Bäume auf dem Wilmersdorfer Hochmeisterplatz schon im Begriff waren auszuschlagen, und bekam plötzlich Lust, meinen ersten Friedensspaziergang zu machen. Unter uns gesagt, ich war auch neugierig, ob das Ausweichquartier des »Kabaretts der Komiker«, kurz »KadeKo«, die letzten Kriegstage überstanden hatte. Und so ging ich los, ohne zu ahnen, daß mein Leben an diesem Tag eine Wendung nehmen würde, die ich mir immer erträumt hatte.

Meine Mutter blickte mir vom Fenster aus höchst beunruhigt nach. Sie hatte Angst. Sie hatte eigentlich immer Angst um mich, seitdem sie unser ägyptischer Hausarzt Anfang 1940 nach einer Untersuchung beiseite genommen und ihr in bedauerndem Ton mitgeteilt hatte, daß ich mit diesem Herzfehler wohl kaum das dreißigste Lebensjahr erreichen würde und der liebevolle Umgang mit Frauen tödlich für mich sein könnte. Deshalb sollte ich mit ihnen am besten nur schriftlich verkehren. (Er hat sich damals übrigens wesentlich weniger pointiert ausgedrückt als ich jetzt.) Zu meinem Glück hat er sich geirrt, in jeder Beziehung.

In unserer Straße gab es eine große Weinhandlung. Oft waren wir in den letzten Kriegstagen in den Laden gegangen und hatten versucht, eine Flasche Wein zu ergattern. Leider vergeblich, die Besitzer rückten nichts raus. Eine Zuteilung von Wein war ja von oben nicht angeordnet worden. Die Russen hatten mehr Erfolg. Sie wurden zwar nicht bedient, sie bedienten sich. Als ich dort vorbeikam, stand vor dem Laden ein junger Russe, der gerade einen großen Schluck aus einer Rotweinpulle nahm. Als er mich sah, lächelte er mich an. »Woyna kaputt«, rief er fröhlich, »Chittler kaputt!« In seinem Zustand fand er alles zum Schießen, und das tat er dann auch. Mit seiner Kalaschnikow schoß er eine Salve dicht an meinem Kopf vorbei in die Luft und lachte herzlich. Ich fand das nicht ganz so komisch und ging festen Schrittes, ohne mich noch einmal umzudrehen, zum Kurfürstendamm. Dort standen fast nur noch Ruinen. Rauch lag in der Luft, irgendwo brannte es noch. Die Kanone des Panzers, den man Ecke Kurfürstendamm/Brandenburgische Straße bis zum Geschützturm eingegraben hatte, war immer noch auf den Bahnhof Halensee gerichtet, denn der S-Bahn-Ring diente in den letzten Kriegstagen als Hauptverteidigungslinie. Die beiden Mendelsohn-Bauten am Lehniner Platz sahen von weitem fast unbeschädigt aus. Aber der »Luxor-Palast«, so hieß das Kino damals, hatte kurz vor Kriegsende doch noch etwas abbekommen. Später wurde er wieder in Ordnung gebracht, einige Jahre lang zeigte man dann noch Filme, und jetzt residiert dort schon lange die »Schaubühne«.

In dem anderen Mendelsohn-Bau war das Kabarett der Komiker untergebracht, aber nicht dort, wo es früher einmal war, denn der alte Zuschauerraum war ausgebrannt und hatte keine Decke mehr. Nur das Bühnenhaus stand noch, der eiserne Vorhang hatte es gerettet. Im vorderen Teil des Gebäudes, im ersten Stock des Café Leon, dort, wo heute die Kegelbahn ist, gab es einen Tanzsaal mit Schiebedach. Hier hatte das Kabarett der Komiker Unterschlupf gefunden. Eine Behelfsbühne war gebaut worden, und man hatte darauf bis zur Schließung aller Theater im September 1944 gespielt.

Auf dem Mittelstreifen des Kurfürstendamms, dort, wo man heute parken kann – sofern man einen Platz findet –, fuhr die Straßenbahn. Im Mai 1945 fuhr sie natürlich noch nicht wieder, denn die Drähte der Oberleitung hingen herunter und die Schienen waren verbogen.

Ich spazierte um die Rückseite des Kinos herum und bog in die kleine Privatstraße ein, die zum Kurfürstendamm führte. In einer Nische des Kinos stand ein russischer Offizier mit nacktem Oberkörper vor einem

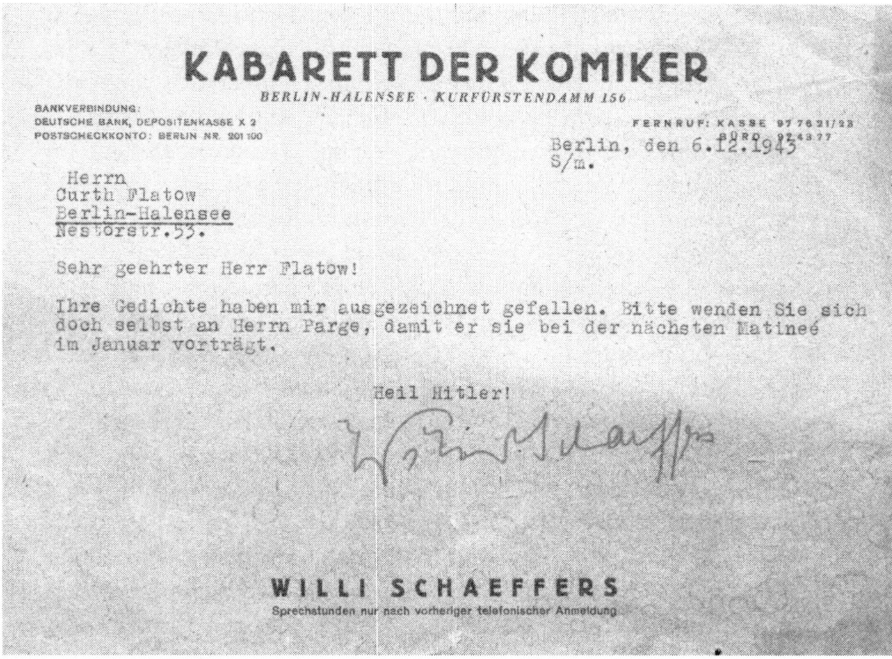

KABARETT DER KOMIKER

BERLIN-HALENSEE · KURFÜRSTENDAMM 156

BANKVERBINDUNG:
DEUTSCHE BANK, DEPOSITENKASSE X 2
POSTSCHECKKONTO: BERLIN NR. 201 100

FERNRUF: KASSE 97 76 21/23
BÜRO 97 43 77

Berlin, den 6.12.1943
S/m.

Herrn
Curth Flatow
Berlin-Halensee
Nestorstr.53.

Sehr geehrter Herr Flatow!

Ihre Gedichte haben mir ausgezeichnet gefallen. Bitte wenden Sie sich doch selbst an Herrn Parge, damit er sie bei der nächsten Matineé im Januar vorträgt.

Heil Hitler!

WILLI SCHAEFFERS
Sprechstunden nur nach vorheriger telefonischer Anmeldung

Schon während des Krieges hatte ich mich Willi Schaeffers vorgestellt. Das Engagement kam aber erst 1945 zustande.

Eimer und wusch sich. Ich bemühte mich, nicht hinzugucken, ging weiter und blickte zur anderen Straßenseite hinüber. In diesem Augenblick, man kann es Zufall nennen oder Schicksal, entstieg Willi Schaeffers, der Direktor des Kabaretts der Komiker, frisch rasiert, mit rosigem Gesicht gerade dem Luftschutzbunker des Café Leon. Er erkannte mich sofort wieder, denn ich hatte ihm während des Krieges vorgesprochen. Mit optimistischem Lächeln rief er mir zu: »Jetzt geht's wieder los, Herr Flatow. Sie treten bei mir auf, in meinem ersten Nachwuchsstudio! Melden Sie sich gleich morgen im Büro.«
Ich dachte, ich träume. Es gab weder Strom noch Wasser, keine Kohlen, und an neue Lebensmittelkarten war noch gar nicht zu denken. Aber Willi Schaeffers behielt recht. Bereits Mitte Mai gab das Kabarett der Komiker eine Vorstellung für die russischen Besatzer, die dafür einen Generator zur Verfügung stellten, der auf dem Bürgersteig vor dem Café Leon ratternd den Strom für die Scheinwerfer lieferte.

Im Juni öffnete sich der Vorhang zum ersten Nachkriegsprogramm. Man spielte eine Revue mit dem schönen Titel *Rosen auf den Weg gestreut.* Am Flügel saß Heino Gaze, und Brigitte Mira kreierte ein neues Lied von ihm, das beinahe vermessen klang: »Berlin kommt wieder!« Damals glaubte keiner so recht daran, aber der Optimismus tat gut. Im Refrain wurde aufgezählt, welche Gebäude kaputt waren, und am Schluß kam dann »tröstend« der ironische Satz: »Das Finanzamt steht!«

Alles, was in Berlin greifbar war, wirkte in der Revue mit. Georg Thomalla sang »Opapa«, Hilde Seipp »Für dich, mein Schatz, für dich hab' ich mich schön gemacht«, Will Höhne von der »Rosi, dem süßen Rabenvieh aus Ungarn«, Maria von Schmedes war dabei und und und. Es war eine Bombenbesetzung. André hatte aus eingefärbten, mit Pailletten besetzten Bettlaken entzückende Kleider für die Damen gezaubert. Wenn es keinen Strom gab, öffnete man einfach das Schiebedach und spielte bei Tageslicht.

Am 24. Juni um 10.30 Uhr ging dort die erste Nachwuchsmatinee über die Bretter. Da ich erst im zweiten Teil dran kam, sah ich mir – damals besaß ich noch bessere Nerven als heute – den ersten Teil vom Zuschauerraum aus an. Ich hatte mir natürlich ein Programm besorgt, in dem man allerdings nicht blättern konnte, denn es bestand nur aus einem Blatt. Auf der Rückseite las ich als Nummer 27 meinen Namen und den Hinweis, daß ich eigene Gedichte sprechen würde. Zufrieden lehnte ich mich zurück und verfolgte höchst aufmerksam, was die anderen boten. Und das war ein Glück. Denn als Nummer 2 kam eine Krista Ewert und rezitierte »Die Seufzerfamilie« von Fred Endrikat. Darin hieß es: »Seufz ... er, seufz ... sie, seufz ... es.« Erschrocken horchte ich auf, denn ich hatte vor, ein Hundegedicht zu bringen, und darin kam »Terri ... er, Terri ... sie, Terri ... es« vor. Kurz entschlossen schrieb ich in der Pause schnell etwas Neues, einen Vers über August den Starken, und ging dann hinter die Bühne, um auf meinen Auftritt zu warten.

In den Garderoben war viel Betrieb. Alle, die schon aufgetreten waren oder es noch vor sich hatten, wimmelten dort herum. Einige waren zufrieden über ihren Erfolg, andere nicht so ganz, zwei oder drei weinten bitterlich. Um eine große, korpulente Dame, die in einem Sessel saß, bemühte man sich besonders. Sie wurde geschminkt, frisiert und angezogen, obwohl sie erst als Schlußnummer auftreten sollte. Ich ging näher heran, stellte mich vor, und da bemerkte ich erst, daß es gar kein weibliches Wesen war, sondern ein Damenimitator – der schon erwähnte André, der später ebenso große Erfolge als Modeschöpfer hatte.

Die Nummer 26 – Hannelore Hoffmann, akrobatischer Tanz – war vorbei, und Joe Furtner, der Adlatus von Willi Schaeffers, schob mich auf die Bühne. Nun stand ich zum ersten Mal in meinem Leben auf den Brettern. Fünfhundertneunundneunzig Menschen starrten mich an. Nur einer blickte ostentativ weg. Das war mein Bruder. Er hatte eine Kamera dabei. Aber aus Angst, mich aus dem Konzept zu bringen, fotografierte er vorsichtshalber nur den anderen Nachwuchs. Schade, ich hätte gerne ein Bild von meinem Debut gehabt. Die Gedichte kamen gut an, auch das ganz neue. Es wurde viel gelacht, und ich bekam den ersten großen Applaus meines Lebens, ein sehr angenehmes Gefühl. Joe Furtner mußte mich noch zweimal zum Verneigen vor den Vorhang schubsen.

Hinter der Bühne wurde ich sofort von Willi Schaeffers empfangen, der mich beschimpfte. Ich hatte ein Gedicht gebracht, das nicht von der russischen Zensur genehmigt worden war. Jedes Wort, das damals auf der Bühne gesprochen wurde, mußte vorher eingereicht werden. Zum Glück sprach ich damals schon so schnell wie heute. Der russische Zensor war nicht mitgekommen, und es gab kein Nachspiel.

Einige Tage später kam ich an einem Schaukasten vorbei, über dem in großen Buchstaben stand: »Die Hitler kommen und gehen, das deutsche Volk bleibt bestehen.« In dem Schaukasten war eine Zeitung angeschlagen – ich glaube, es war die »Tägliche Rundschau« –, in der ich die erste Kritik meines Lebens fand: »Ein junger Mann fiel uns auf. Er brachte eigene Gedichte, Kurth von Flothow, den Namen wird man sich merken müssen!« Ich war einerseits ungeheuer stolz, andererseits habe ich mich schrecklich geärgert, daß man meinen Namen falsch geschrieben hatte. Damals wußte ich noch nicht, daß das noch oft geschehen würde. Auf vielen Honoraranweisungen stand später Floto oder Flato. In den fünfziger Jahren, als O. W. Fischer berühmt war, hatte ich mir angewöhnt zu sagen: »Ich heiße Flatow, mit o. w. Ich habe das hinten, was der Fischer vorne hat.« Bis eines Tages eine Sekretärin des SFB ganz trocken von mir verlangte: »Das möchte ich sehen.« Da mußte ich passen und habe von da an meinen Namen sorgfältig buchstabiert.

An meinen Vornamen Curth haben sich viele Menschen bis heute noch

nicht gewöhnt. Und gerade an ihm hänge ich sehr. Ich erinnere mich noch heute genau an das kleine gerahmte Foto, das auf einem Tischchen in der Wohnung meiner Großeltern in der Mommsenstraße stand. Es zeigte ein Soldatengrab, irgendwo in Belgien oder Frankreich. Auf einem Schild konnte man unter einem Davidstern lesen, daß dort der Jäger Curth Flatow ruhte, gefallen im Mai 1915. Das war mein Onkel, der Zweitjüngste der Brüder Flatow. Er sollte noch gar nicht eingezogen werden, aber er wollte unbedingt mit dabeisein, wie seine Brüder. Von der allgemeinen patriotischen Begeisterung mitgerissen, meldete er sich freiwillig und bezahlte das mit seinem Leben.
Meine Großeltern väterlicherseits hatten fünf Söhne. Curth fiel, Selly starb an einem Strahlenpilz, den er sich beim Strohkauen in englischer Kriegsgefangenschaft geholt hatte, Martin litt noch lange an einem Rückenschuß und verhungerte später in Prag. Willy starb auch an Unterernährung. Er war während des Zweiten Weltkriegs in einem Lager in den Pyrenäen interniert, wo ihn mein Vater, der auch dort sein mußte, begrub. Das teilte er uns in seinem vorletzten Brief mit, den uns Rudolf Bernhard, der berühmte Schweizer Komiker, aus Zürich zukommen ließ. Über ihn lief am Schluß unsere ganze Korrespondenz, denn die Mitteilungen, die über das Rote Kreuz gingen, durften ja nur fünfundzwanzig Worte enthalten.
1942, in seinem letzten Brief, bedankte sich mein Vater für das Päckchen, das wir ihm geschickt hatten und schrieb, daß viele schon »abgereist« waren. Was das bedeutete, haben wir erst später erfahren.

Anzeige meines Vaters in der Varietézeitschrift »Das Programm«, 1910

Nach dem Krieg erzählte mir der Schauspieler Max Strassberg, daß er von dem Güterzug, der die Internierten in die Vernichtungslager brachte, abgesprungen war und sich über die Grenze in die Schweiz gerettet hatte. Mein Vater, der an Gelenkrheumatismus litt, konnte das natürlich nicht. Ich weiß nicht, wann, wo und wie er gestorben ist, obwohl ich nach dem Krieg jahrelang Nachforschungen angestellt habe. Der Gedanke, daß er wahrscheinlich in einem Güterwagen durch Deutschland transportiert und in einem Konzentrationslager vergast wurde, wird mir immer unerträglich bleiben.
Neulich stöberte ich in meinem Archiv, fand einige vergilbte Blätter einer Varietézeitschrift, und auf einem davon entdeckte ich eine Annonce meines Vaters. Sie können sich gar nicht vorstellen, wie dieser Fund mich berührt hat. Ich schrieb sofort das nachfolgende Gedicht:

Spätes Wiedersehen

In einem Blatt, in dem Artisten annoncierten –
auch viele Namen, die ich kannte, war'n dabei –,
sie zeigten an, wo sie zur Zeit gastierten,
doch ein'ge waren auch durch Zufall frei.

In dieser Zeitschrift, es war eine ziemlich alte,
vergilbt, denn sie erschien schon 1910,
da war genau am Ende einer Spalte
ein etwas größ'res Inserat zu sehn.

Darauf ein Bild von einem Mann mit heit'rem Wesen,
man sah sofort, das war ein Optimist,
den jeder mochte, und darunter war zu lesen
sein Name: Siegmund Flatow, Humorist.

Er war noch jung, so etwa gegen Ende Zwanzig
und seine Miene sagte stolz: Schaut her, ich bin's!
Man engagiert mich, nächsten März bin ich in Danzig,
und dann geht's weiter, quer durch die Provinz.

Mein Vater sah gut aus, mit noch viel Haaren,
ich weiß, wie das das Selbstbewußtsein hebt.
Die Haare schwanden leider mit den Jahren,
und ich hab' ihn mit Glatze nur erlebt.

Dies Inserat schnitt ich gleich aus und ließ es rahmen,
nun steht er auf dem Schreibtisch, lacht mich an.
Ich weiß genau noch, wie wir damals Abschied nahmen,
und viele Jahre dachte ich daran.

In Deutschland gab es einst ein großes Morden,
von dem so mancher heute nicht mehr spricht,
mein Vater wär' bestimmt gern alt geworden,
so wie ich heut', jedoch man ließ ihn nicht.

Starb er vor Hunger in den Pyrenäen,
erfror er oder brachte man ihn um?
Ich weiß nur, irgendwas ist einst geschehen.
Ich weiß weshalb, jedoch bis heute nicht warum.

Ich träumte oft von ihm und beim Erwachen
war'n meine Augen feucht, doch das ist jetzt vorbei.
Seit ich das Inserat fand, kann ich lachen,
genau wie er auf seinem Konterfei.

Er ist bestimmt ein guter Humorist gewesen,
wer strahlt wie er, der muß erfolgreich sein.
Wo er grad war, daneben kann man's lesen:
Zur Zeit Krystall-Palast, Frankfurt am Main.

Als ich die letzte Zeile geschrieben hatte, guckte ich noch einmal auf die Annonce und stellte fest, daß er sich damals Gesangskomiker nannte. Das wußte ich nicht, aber es war zu spät, um noch etwas zu ändern. Außerdem hätte sich auf Gesangskomiker nichts gereimt.

Ich bin, wie man meinen Ausführungen unschwer entnehmen kann, das, was man im Dritten Reich einen »Mischling ersten Grades« nannte. Meine christliche Mutter mußte vor der Hochzeit, auf Drängen ihrer Schwiegereltern, zum jüdischen Glauben konvertieren. Wie das alles vor sich ging, welche Auseinandersetzungen in den Familien vor der Hochzeit stattgefunden haben müssen, weiß ich nicht. Meine Mutter hat nie darüber gesprochen.

Am 9. Januar 1920 erblickte ich das Licht der Welt. Es war eine sogenannte Hausgeburt. Ich machte meiner Mutter schwer zu schaffen. Neuneinhalb Pfund wog ich und traf genau um zwölf Uhr mittags ein. Daran hat sich nichts geändert, denn noch heute erscheine ich zu je-

dem Mittagessen pünktlich am Tisch. Geburtshelfer war unser Hausarzt, ein würdiger Sanitätsrat mit vielen Schmissen, Stabsarzt im Ersten Weltkrieg. Im Zweiten stellte sich dann leider heraus, daß er sehr wenig Zivilcourage besaß. Er hatte Angst, mich meiner Abstammung wegen weiterzubehandeln. Das war eine große Enttäuschung für mich.
Da ich als Jude auf die Welt gekommen war, fand wenige Tage nach meiner Geburt eine feierliche Zeremonie statt, mit allem Drum und Dran, wobei bei mir nicht alles dranblieb. In meine Wiege legte man ein Portemonnaie. Das sollte Geld bringen. Leider trat die erwünschte Wirkung erst viel, viel später ein.
Die ersten Jahre meiner Kindheit waren ausgesprochen sonnig. Ich bekam nichts vom Kapp-Putsch mit, nichts vom Streik der Arbeiter der Elektrizitätswerke und nichts von den Wahlen zur Stadtverordnetenversammlung nach der Bildung von Groß-Berlin, das dadurch zur Viermillionenstadt wurde. Ich lag in der Wiege und soll ein sehr ruhiges und ausgesprochen freundliches Kind gewesen sein. Das scheint zu stimmen, denn wenn ich alte Fotos betrachte, guckt ein äußerst wohlgenährtes Baby – zumindest vorübergehend gesättigt – zufrieden in die Kamera, eine geradezu ideale Werbung für Nestlés Kindermehl, wie mir Freunde der Familie später erzählten.
Während ich hier am Schreibtisch sitze und die Vergangenheit aufarbeite, fällt mein Blick auf die Altersflecken meiner Hand. Und plötzlich erinnere ich mich daran, wann und wo ich solche Flecken zum erstenmal gesehen habe. Sie »schmückten« die Hände meines Vaters, und ich entdeckte sie, als ich als kleiner Junge mit ihm in der Badewanne lag. Hinter uns summte der große Badeofen, den wir beheizt hatten und dessen Inhalt noch für das nächste Bad reichte. Denn wir beide brauchten sehr wenig heißes Wasser. Mein Vater war korpulent und ich auch nicht gerade dünn, wir füllten die Wanne fast aus.
Mein Vater war ein mittelgroßer – heute würde man sagen: kleiner – Mann mit Vollglatze. Er besaß zwar noch einen spärlichen Haarkranz, aber der wurde ihm, als wir noch etwas Geld hatten, von Herrn Höckendorf, dem Friseur aus der Friedbergstraße, abrasiert. Aus Kostengründen übernahm das später meine Mutter. Mein Vater war ein Mensch, den man einfach liebhaben mußte, eine Tatsache, die meine Mutter manchmal etwas nervös machte. Er war gutmütig, immer freundlich, und man sah ihn nie ohne Zigarre im Mund. Deshalb nannte man ihn in Berlin nur den »Flatow mit der Zigarre«.

Vor dem Ersten Weltkrieg war er Conférencier, und ich besitze noch heute eine Postkarte, auf der er neben einem gezeichneten Geschütz abgebildet ist. Darunter steht: »Siegmund Flatow, die Stimmungskanone.« 1914 begann dann der richtige Kanonendonner. Als »Einjähriger« war er vom ersten Tag an mit dabei, brachte es bis zum Sergeanten und leitete Ende 1917 ein Fronttheater in Belgien.
Ich war gern mit meinem Vater zusammen. Oft saß er abends an meinem Bett und erzählte mir etwas vom Varieté. Er nahm mich auch mit in das Café Central in der Dorotheenstraße/Ecke Friedrichstraße, direkt neben dem »Wintergarten«. Dort verkehrten die Artisten, und mein Vater kannte viele von ihnen. Als Mitglied des Varietédirektorenverbandes bekam er überall Freikarten, und ich war als Kind oft im Zirkus Sarrasani oder Busch, im Wintergarten und in der Scala, kannte die Fratellinis und Grock, die Kunstreiterin Cilly Feindt wie ihren Kollegen Moeser-José, die russische Glazerow-Truppe, die Bolgaroffs und stand jedesmal Todesängste aus, wenn die Codonas hoch oben unter dem Sternenhimmel des Wintergartens von einem Trapez zum anderen flogen. Sie arbeiteten natürlich ohne Netz. Die Zuschauer, die da direkt unter dem Trapez saßen, mußten während der Darbietung aufstehen und sich an die Seite stellen, damit wenigstens sie nicht zu Schaden kamen, wenn jemand von den Artisten abgestürzt wäre. Noch heute mag ich es nicht, daß Artisten ohne Netz arbeiten. Der Gedanke, daß jemand sein Leben riskiert, weil ich dafür bezahle, ist mir höchst zuwider.
Als ich geboren wurde, war mein Vater künstlerischer Leiter des »Metropol-Cabarets«, neben dem Metropol-Theater in der Behrenstraße. Meine Mutter hatte zu dieser Zeit ihre Karriere als Chansonsängerin aufgegeben, aber es nie aufgegeben, diese Tatsache ihrem Mann bei passender Gelegenheit unter die Nase zu reiben. Dabei hatte sie doch eine glänzende Karriere als Mutter gemacht. In dieser Rolle war sie einzigartig. Sie hätte sich, wenn nötig, für ihre Söhne in Stücke reißen lassen.
Ich besaß ein kleines Schlagzeug, das befreundete Artisten extra für mich bauen ließen, sowie einen Minileierkasten und wollte unbedingt Dirigent werden. Oft stand ich auf einem kleinen Podest vor einem Notenständer und leitete ein Orchester, dessen Musik aus einem Grammophon ertönte. Noch heute dirigiere ich ab und zu die Philharmoniker, und jeder Einsatz klappt. Natürlich stehe ich da nicht persönlich

vor dem Orchester, sondern vor meinem CD-Player. Viel später, ich glaube, es war 1934, habe ich dann wirklich musiziert, mein Großvetter Hanns spielte Klavier, meine Freunde Ilja Geige, Werner Akkordeon und ich Schlagzeug, das allerdings nur aus einer Trommel bestand. »Die Radauboys« nannten wir uns.

Als kleines Kind durfte ich oft im Metropol-Cabaret hinter der Szene die Kapelle »dirigieren«. Zum Glück hat sich kein Musiker nach mir gerichtet, sonst hätte es eine Katastrophe gegeben. Das Metropol-Cabaret wurde in den zwanziger Jahren umgebaut, hieß dann Theater in der Behrenstraße, und Ralph Arthur Roberts feierte dort große Erfolge. Im Krieg war Rudolf Platte Direktor, bis kurz vor Schluß mehrere Theater gleichgeschaltet wurden. Franz Stoß, den Wiener Schauspieler und späteren Direktor des Theaters in der Josefstadt, hat man als eine Art Intendant eingesetzt.

Als ich etwa vier Jahre alt war, besuchten wir, meine Mutter und ich, meinen Vater in Hamburg. Er managte die Revue *Große Kleinigkeiten*, die dort am Carl-Schultze-Theater auf der Reeperbahn lief. Da stand ich dann abends vor dem Feuerwehrmann und verfolgte die Aufführung. Die halbnackten Girls interessierten mich damals noch nicht, aber das, was der Conférencier Fritz Tachauer erzählte. Ich merkte mir jede Pointe, zum Glück ohne sie zu verstehen. Ich weiß nur, daß meine Verwandten, als ich ihnen dann später die Pointen in Berlin vortrug, sich äußerst betreten ansahen. Keiner lachte.

Ich war ein sehr kräftiger kleiner Junge, legte die anderen Knaben aufs Kreuz und muß eine ungeheuer vitale Ausstrahlung gehabt haben. Auf einem Schlitten sitzend wurde ich einmal gefilmt, hatte es dann aber gleich wieder vergessen. Im Sommer darauf stürmte mein Onkel Martin in unsere Strandburg in Swinemünde und berichtete aufgeregt, daß er »den Jungen« gerade im Kino gesehen habe, in dem Film *Wege zu Kraft und Schönheit*. Später habe ich oft erzählt, daß ich in diesem Streifen mit dem vielversprechenden Titel mitgewirkt hatte und hoffte, damit auf den weiblichen Teil der Bevölkerung Eindruck zu machen. Leider ohne Erfolg, man hat es mir einfach nicht geglaubt. Ich muß irgendwann vom Weg zu Kraft und Schönheit abgekommen sein.

Damals wohnten wir noch in der Suarezstraße in Charlottenburg. Schräg gegenüber lag der Lietzensee. Dort gab es einen richtigen Wasserfall, und ich kam oft mit nassen Beinen nach Hause. Vor dem Wasserfall befand sich ein Spielplatz, und wir Kinder fesselten uns oft ge-

genseitig am Holzgeländer. Eines Tages hing ich dort völlig bewegungsunfähig. Einige Spielkameraden wußten, daß ich nicht die gleiche Religion hatte wie sie. Sie knöpften also meine Hose auf und holten mein bestes Stück heraus. Besonders die anwesenden Mädchen betrachteten es höchst interessiert. Jugend forscht, auch damals schon. Mir war das schrecklich peinlich.
In der Suarezstraße habe ich übrigens das erste Mal Radio gehört. Mein Vater brachte einen kleinen Detektorapparat und ein paar Kopfhörer mit nach Hause, etablierte mit einem längeren Draht eine Antenne und suchte dann mit der Spitze einer kleinen Spirale auf einem Quarzstein herum, bis er einen Sender fand. Er überließ mir einen Hörer, den anderen preßte er an sein Ohr. Ob Sie es glauben oder nicht, ich weiß auch heute noch ganz genau, was ich hörte. Gitta Alpar sang die Glöckchenarie aus der Oper *Lakmé* von Léo Delibes.
Damals spielte mein Vater mehrere kleine Rollen unter der Regie von Ernst Lubitsch im Stummfilm. Es existierten früher noch einige Fotos, auf denen er in langen weißen Unterhosen zu sehen war. Es gab auch einige Vorankündigungen, die uns heute sehr fremd erscheinen. Bei Stummfilmen wurde immer die Länge des Streifens angegeben, und so konnte man zum Beispiel lesen: *Der Weg einer Verlorenen* – 600 mtr.
In dieser Zeit ging es uns finanziell noch gut, aber auf die fetten Jahre folgten die mageren, in denen ich immer fetter wurde. Denn ich aß und aß, konnte es aber auf den Tod nicht leiden, wenn mich einer Dicker nannte. Ich lief damals oft in einer Polizeiuniform herum, die nur aus einem Uniform-Brustlatz bestand, den man mit Schnüren am Rücken befestigen konnte. Auf dem Kopf trug ich einen Tschako, in der Hand ein Notizbuch. Wenn jemand Dicker zu mir sagte, hielt ich das für Beamtenbeleidigung und »schrieb« ihn sofort auf, das heißt, ich kritzelte irgend etwas in mein Heft – schreiben konnte ich nicht, ich ging ja noch nicht zur Schule. Die Verkäuferinnen der Bäckerei Mehl – gibt es einen passenderen Namen? – wurden besonders oft notiert. Dort war ich Stammkunde. Für fünf Pfennig gab es eine ganze Tüte voller Blechkuchenränder.
Meine früheste Kindheitserinnerung war eine Szene in einem Café ganz in der Nähe des Stadtschlosses. Ich aß gerade mit großem Appetit ein Sahnebaiser, als ein Herr vom Nebentisch aufstand, herantrat und meinen Eltern bittere Vorwürfe machte, daß sie einem so dicken Kind auch noch ein Sahnebaiser vorgesetzt hatten. Ich reagierte blitz-

schnell. Ehe meine Eltern es sich überlegen konnten, war das Baiser schon in meinem Magen verschwunden.
Im Frühjahr 1925 bekam ich Halsschmerzen und hohes Fieber. Zuerst nahmen meine Eltern an, ich hätte nur eine Angina. Mein Vater brachte mir aus der teuren Konditorei in der Mommsenstraße wunderbar schmeckende Fruchteiskugeln mit, die ich mit Genuß aß. Doch gurgeln wollte ich nicht, obwohl meine Mutter mich sogar auf Knien darum bat. Unser Sanitätsrat wurde gerufen, er schnupperte, guckte mir in den Hals und wußte, was mir fehlte: Diphtherie. Man spritzte mir ein Serum, und ich wurde wieder gesund. Einundzwanzig Jahre später gab es eine »Wiederaufführung«. Ich bekam zum zweiten Mal Diphtherie. Und da hat man mich doch tatsächlich im Gertrauden-Krankenhaus gefragt, ob ich noch wüßte, welche Art Serum man mir 1925 gespritzt hätte. Die Ärzte hatten mein Langzeitgedächtnis offensichtlich überschätzt.
Meiner ersten Diphtherie folgte ein sehr schmerzhafter Gelenkrheumatismus, und davon blieb ein Herzklappenfehler zurück. Damit veränderte sich schlagartig mein ganzes Leben. Ich mußte, wie man so schön sagt, »der Brüder wilde Reihen fliehen«, wurde geschont, später vom Turnen befreit und durfte keinen Sport treiben. Dadurch hatte ich Zeit zum Lesen. Ich verschlang ein Buch nach dem anderen und war später einer der besten Kunden der kleinen Leihbibliothek in der Küstriner Straße, der heutigen Damaschkestraße. Für zehn Pfennig durfte man ein Buch eine ganze Woche lang behalten, für dicke Wälzer betrug die Leihgebühr zwanzig Pfennige.
Ich habe meinen Herzfehler oft verflucht, sollte ihm aber eigentlich dankbar sein. Gut, Begabung bekommt man mit, aber der Wunsch, Schriftsteller zu werden, wurde bestimmt dadurch geweckt, daß ich so viel gelesen habe. Ich beneide die Kinder von heute nicht, die vor dem Fernsehapparat hocken. Sie bekommen die Geschichten fix und fertig vorgesetzt, und ihre Phantasie verkümmert. Beim Lesen sieht man alles genau vor sich. Ich weiß noch, daß ich damals Bücher haßte, auf deren Einband eine Fotografie des Helden oder der Heldin zu sehen war. Ich hatte meine eigene Vorstellung und der entsprach eigentlich später nur einer: Clark Gable als Rhett Butler in der Verfilmung von Margaret Mitchells *Vom Winde verweht.*
1926 kam ich in die »Höhere Knabenschule des Westens«, wie sich diese Lehranstalt etwas großspurig nannte. Sie war im Erdgeschoß eines

Hauses in der Leibnizstraße untergebracht, ganz in der Nähe des Kurfürstendamms. Lesen und Schreiben lernten wir bei einem kleinen, buckligen Lehrer namens Schulze, Religionsunterricht hatte ich mit ein paar anderen Jungen bei Rabbiner Dr. Grünfeld, einem ganz reizenden älteren Herrn, der es geflissentlich übersah, daß wir während des Unterrichts ab und zu heimlich bebilderte Kinderzeitschriften lasen. Später kam dann der Oberlehrer Beyer dazu, der großen Wert darauf legte, daß wir den »Jambo«, das Magazin des Deutschen Kolonialbundes, abonnierten. Auf dessen Titelseite prangte ein Bild von Lettow-Vorbeck. »Gebt uns unsere Kolonien wieder« war das Schlagwort des Bundes. Unser Oberlehrer Beyer war ein strammer Deutschnationaler.
Im selben Jahr kam mein Bruder zur Welt. Es war auch eine Hausgeburt, und ich durfte an diesem Tag die Schule schwänzen. Besser konnte sich mein Bruder bei mir nicht einführen. Er wurde übrigens um sechs Uhr früh geboren. Davon blieb auch etwas haften, er steht noch heute niemals spät auf. Auch bei ihm saß mein Vater später immer abends am Bett, aber er wollte nichts vom Varieté hören. Er sagte immer: »Bitte, Papi, erzähl doch mal vom Krieg, aber ganz von vorn.« Daran kann sich mein Bruder heute noch erinnern, wundert sich aber über sich, denn er hat so gar nichts mit Militär und Krieg im Sinn.
Die erste Klasse nannte man damals Nona. Als ich in der nächsten, der Oktava, war, konnte ich Lesen und Schreiben und bekam von meinem jüdischen Großvater eine uralte Schreibmaschine geschenkt. Darauf schrieb ich meinen ersten sogenannten Schlager: »Bei einem Glase Bier / sitz ich gemütlich hier, / jedoch bei einem Wein / könnt' ich noch froher sein!« Als ich diesen Vers vortrug, gab es bei uns zu Hause eine große Aufregung. Sämtliche Alkoholvorräte wurden sofort kontrolliert, so viel dichterische Phantasie traute man mir damals noch nicht zu.
Von meiner Schulzeit ist mir nicht viel haftengeblieben. Das Interessanteste für mich war eigentlich der Schulweg, besser gesagt, der Heimweg. Da gab es nämlich zwei Möglichkeiten, die christliche und die jüdische.
Wenn ich die christliche Richtung einschlug, mußte ich den Kurfürstendamm hinuntergehen, wobei ich immer einen höchst interessierten Blick zur gegenüberliegenden Straßenseite warf. Dort praktizierte in hell erleuchteten Räumen der Zahnarzt Willi Robert Reichel, von dem sich viele Prominente behandeln ließen. Man munkelte, daß sich

auf der Lehne jedes Behandlungsstuhls eine Art Klingelknopf befand, mit dem die Patienten den Bohrer abschalten konnten, wenn man ihnen zu weh tat. Natürlich drückte keiner, wer will schon für feige gehalten werden.

Vom Kurfürstendamm aus, dessen Mittelstreifen damals noch ein Reitweg war – rechts und links davon fuhr die Straßenbahn der Linie 76 –, bog ich in die Küstriner Straße ein, in der meine Großmutter mütterlicherseits und unsere Tante Fine wohnten. Dort bekam ich ein mit Wurst belegtes Butterbrot.

Wenn ich den anderen Weg wählte, also über die Sybelstraße zur Mommsenstraße, kehrte ich bei meiner jüdischen Großmutter ein, die mir ein Gänseschmalzbrot mit koscherer Wurst vorsetzte. Dazu gab es ein Glas Malzbier.

Hochzufrieden machte ich mich dann, christlich oder jüdisch gut versorgt, auf den Rest des Nachhauseweges, kam, wie meine Mutter mir später berichtete, immer mit gutem Appetit an und ließ beim Mittagessen keinen Gang aus. Es gab übrigens meist nur einen, denn wir hatten damals nicht viel Geld. Mein Vater war in geschäftlicher Hinsicht leider nicht sehr erfolgreich. Er war zwar ungeheuer beliebt, aber zu gutmütig.

Später zogen wir, um Geld zu sparen, zu meiner Großmutter in die Küstriner Straße. Dort waren gerade zwei Zimmer frei geworden. Der bekannte Autor Rudolph Schanzer – er war unter anderem auch an der Walter-Kollo-Operette *Wie einst im Mai* beteiligt – hatte sich eine eigene Wohnung genommen. Damals wurde übrigens getuschelt, daß Frau Schanzer, um ihren Mann vor Fehltritten zu bewahren, bunte Flicken auf seine Unterhosen genäht hat. Merkwürdig, das habe ich nicht vergessen, aber wie die Schanzers aussahen, weiß ich nicht mehr.

Meine Kindheit war besonders angenehm, weil ich alle Feste doppelt feiern konnte. Die jüdischen, bei meinen Großeltern in der Mommsenstraße, waren immer richtige Großveranstaltungen. Es gab ungeheuer viel zu essen, denn unser Großvater konnte sehr gut kochen. Es gab fast immer eine herrliche Fleischbrühe mit Kreppchen. Das sind eine Art jüdische Ravioli. Großvater konnte auch eine wunderbare Nachspeise zaubern, einen süßen Nudelauflauf, der im Ofen überbacken wurde. Manchmal machte er auch Krimsel, das sind Klöße aus Mazzemehl. Bis heute habe ich so etwas nie wieder vorgesetzt bekommen. Wir saßen an einer langen Tafel, zusammen mit vielen Onkeln, Tanten,

Cousinen und Vettern. Von einigen weiß ich bis heute nicht, in welchem Verwandtschaftsgrad wir zueinander standen. Mein Urgroßvater hatte, nachdem er Witwer geworden war, die Unvorsichtigkeit begangen, seine Nichte zu heiraten und damit unsere Familiengeschichte ungeheuer kompliziert gemacht. So konnte ein Vetter ein Onkel sein und eine Tante eine Cousine.

Bevor wir mit dem Essen begannen, brach mein Großvater das Brot und sprach den hebräischen Segensspruch. Als ich die Fernsehversion meines Theaterstücks *Durchreise* schrieb, brauchte ich ein Gebet. Ich rief Gert, den Sohn von Hans Rosenthal, an, sprach ihm vor, was mir in Erinnerung geblieben war, und es stimmte fast jedes Wort. Ich habe den Segensspruch siebzig Jahre lang nicht vergessen, obwohl ich sonst kein Wort Hebräisch mehr kannte.

Die christlichen Feste wurden bei uns gefeiert. Dazu erschienen dann auch meine jüdischen Verwandten, und meine Großmutter brachte jedesmal einen selbstgebackenen Barches mit, einen köstlich duftenden Hefezopf. So erlebte ich also die Chanukka- und die Weihnachtskerzen, das Pessachfest und Ostern.

Die Flatows in der Mommsenstraße waren sehr fromm, führten einen streng koscheren Haushalt und hatten zweierlei Geschirr, eins für milchig, eins für fleischig. Mein Vater nahm es damit nicht so genau, und so lebte ich zwischen beiden Religionen, ohne mich für eine entscheiden zu müssen. Ich suchte mir eigentlich nur die besten Seiten aus. Ab und zu bin ich zwar in den Friedenstempel in der Markgraf-Albrecht-Straße gegangen und hörte dem Rabbiner Dr. Joachim Prinz, der Kindergottesdienste veranstaltete, gerne zu, aber es blieb bei mir nichts haften. Das ging mir übrigens später, als ich zum Christentum übertrat, genauso. Ich glaubte damals ganz einfach an Gott und tu es heute noch. Wenn ich abends zum Sternenhimmel aufsehe, habe ich immer das Gefühl, da oben müßte jemand sein, der die Geschicke lenkt, aber zuweilen etwas überlastet ist, weil er sich um all die anderen Gestirne ja auch noch kümmern muß. Sonst hätte er vieles auf Erden nicht geschehen lassen.

Als ich sechzig Jahre später wieder in eine Synagoge ging – Gert Rosenthal hatte Bar-Mizwa –, beschlich mich doch plötzlich so etwas wie ein Heimatgefühl. Der Rabbiner, der aus England gekommen war, sagte nämlich zu Gert: »Es ist mir ganz egal, ob du etwas mehr oder weniger Hebräisch kannst ...«, dann machte er eine kleine Pause, wiegte den

Kopf und fügte trocken hinzu: »... etwas mehr wäre mir natürlich lieber.«
Wir lebten jetzt also in der Küstriner Straße. Meine Großmutter hatte eine kleine Rente, meine Tante Fine auch. Mein Vater arbeitete und arbeitete, doch er verdiente nicht viel. Ich erinnere mich noch an ein Weihnachtsfest, an dem die Tannenbäume ausverkauft waren. Mein Vater erwischte in letzter Minute noch eine herrlich gewachsene nordische Fichte am Kurfürstendamm, mußte dafür fünf Mark zahlen, und meine Mutter machte ihm hinterher große Vorwürfe. Von dem Geld hätte sie ein opulentes Weihnachtsmenu machen können. Das Geld war damals viel mehr wert als heute. Aber davon haben wir nichts gehabt, denn wir hatten keins. Es war nicht etwa so, daß der Gerichtsvollzieher bei uns ein und aus ging, aber bis vor einigen Jahren konnte ich mich noch sehr gut an seinen Namen erinnern.
Mein Vater hatte eine wunderschöne Handschrift, und ich sehe ihn immer noch Hunderte von Kuverts beschriften, in denen Werbung für die Süddeutsche Klassenlotterie verschickt wurde. Er schrieb nicht nur Adressen, sondern lief von Haus zu Haus, treppauf, treppab, und steckte die Kuverts in die Briefkästen. Unser Onkel Walter, Oberstleutnant a. D., Mitglied des Expeditionskorps von Graf Waldersee, hatte beim Boxeraufstand in China gekämpft – sein Arbeitszimmer in Berlin war so etwas wie Klein-China –, wurde im Ersten Weltkrieg reaktiviert und bekam als alter Offizier später eine Lotterieannahme. Bei ihm konnte mein Vater ein paar Mark verdienen.
Den Augenblick, an dem wir erfuhren, daß Hitler Reichskanzler geworden war, werde ich nie vergessen. Mein Vater stand am Fenster unseres Berliner Zimmers, und mein Onkel Martin informierte ihn telefonisch. Die beiden waren eigentlich, wie viele andere, gar nicht so sehr beunruhigt. In Deutschland löste in dieser Zeit ein Reichskanzler den anderen ab, und jeder nahm an, daß Hitler auch ganz schnell einen Nachfolger bekommen würde. Aber es kam, wie wir wissen, leider anders.
Mein Vater war noch eine Zeitlang Mitarbeiter des Kabaretts der Komiker, aber dann durfte er nicht mehr in einem »Kulturinstitut« mitwirken. Er bekam als Jude in Deutschland nichts mehr zu tun. Deshalb beschloß er 1935, mit einer Revue ins Ausland zu gehen und blieb dort. Er mußte von da an immer zwischen der Schweiz, Belgien und Frankreich hin und her pendeln, denn es gab überall nur eine befristete Auf-

enthaltsgenehmigung. In Basel hat er oft gewohnt, und es ging ihm dort sehr schlecht. Er verdiente so gut wie nichts. Als 1960 die Sendung *Musik ist Trumpf*, die ich geschrieben hatte, von Basel aus gesendet wurde, war ich auch dort. Ich wohnte in einem herrlichen Zimmer in einem Luxushotel. Man zahlte mir die Diäten aus, und als ich durch die Altstadt von Basel spazierte, mußte ich immer daran denken, wie glücklich mein Vater gewesen wäre, wenn er 1936 so viel Geld in der Tasche gehabt hätte wie ich jetzt.
Da mein Vater im Ausland nicht für uns sorgen konnte, mußten wir in Berlin zurückbleiben, denn emigrieren war für uns unmöglich. Wir saßen hier auch mit sehr wenig Geld da, und es sah damals nicht so aus, als ob das Dritte Reich bald zu Ende gehen würde. Da wir vorhatten, es auf jeden Fall zu überleben, überlegten wir, kamen zu einem Entschluß, zu dem mein Vater telefonisch sein Einverständnis gab, und dann konvertierten wir. Pfarrer Molkenthien taufte uns in der kleinen Holzkirche am Lietzensee.
Jetzt waren wir Christen geworden, sozusagen fast in letzter Minute, denn vier Wochen später, im September 1935, wurden die Nürnberger Gesetze erlassen. Nach dem Krieg haben wir erfahren, daß meinem Vater hier wahrscheinlich auch nichts passiert wäre, weil er ja in einer Mischehe, wie man so was damals nannte, lebte. Aber es wäre eine schreckliche Zeit für ihn gewesen, er hätte in Deutschland kein Theater, kein Kabarett, keinen Zirkus, ja nicht mal ein Café besuchen dürfen.
Die Schule ging schnell vorbei. In den letzten Jahren wurde sie interessanter, denn wir lasen Klassiker mit verteilten Rollen. An den Octavio Piccolomini aus Schillers *Wallenstein* kann ich mich nicht mehr so gut erinnern, aber den Shylock aus Shakespeares *Kaufmann von Venedig* werde ich nie vergessen. Das liegt daran, daß neben mir eine entzückende Porzia saß, in die wir alle verliebt waren. Liane Frank hieß meine Mitschülerin. Sie hatte ein zauberhaftes, intelligentes Profil, und auch das Profil ihres Oberkörpers war höchst ansehnlich. Man durfte zwar nicht oft hingucken, aber nachts davon träumen.

Vom Hochmeisterplatz zur Krausenstraße

Nachdem ich 1935 die Mittlere Reife absolviert hatte, ging ich von der Schule ab. Ich hätte gerne noch das Abitur gemacht, aber ich mußte Geld verdienen. Nun suchte die ganze Familie eine Lehrstelle für mich, was damals sehr schwierig war. Aber schließlich klappte es doch. Ich fing bei der Firma Gebrüder Faulhaber in der Westfälischen Straße an, fuhr jeden Morgen um acht Uhr mit dem Fahrrad hin, stellte es ab, belud dann den Gepäckträger mit Bremsbelägen, Stoßdämpfern und anderem Zubehör. Das vertrieb die Firma und mich, denn ich war fast den ganzen Tag unterwegs, fuhr von Reparaturwerkstatt zu Reparaturwerkstatt und lieferte. Als ich merkte, daß ich bei Gebrüder Faulhaber nichts weiter lernen würde – Radfahren konnte ich ja schon –, hörte ich nach drei Monaten auf.
Nun saß ich wieder zu Hause, aber Gott sei Dank nicht lange, denn meine Tante Minna war mit einem Herrn Metsaft befreundet, und der war im Begriff, eine Konfektionsfirma zu eröffnen. Sie empfahl mich ihm übrigens mit den Worten: »Der Junge hat ein Fahrrad!« Das ließ ich natürlich zu Hause, denn die öffentlichen Verkehrsmittel waren für mich bares Geld. Wenn ich für die Firma unterwegs war, fuhr ich auf Schülerfahrschein, also für 15 Pfennige, und kassierte 25 Pfennige. Das waren für hin und zurück immerhin zwei Groschen, und bei Wertheim am Leipziger Platz bekam man einen Teller Erbsensuppe mit Spitzbein für 15 Pfennige.
Am 1. November 1935 begann meine Lehrzeit bei der Firma Metsaft & Co. GmbH, Mäntel und Kostüme, Berlin SW 19, Krausenstraße 29, 2 Treppen. Meine Mutter warf zum Abschied noch einen stolzen Blick auf meine Garderobe – ich trug den ersten Zweireiher meines Lebens! Er kostete 52 Mark. Das war damals viel Geld für uns. Wir hatten den Anzug wenige Tage vorher bei Brenninckmeyer in der Wilmersdorfer Straße gekauft. Die Firma machte mit dem Slogan »Tierhaare sträuben sich« Reklame für ihre Roßhaareinlagen. Und tatsächlich, die Jacke war

nicht aus der Form zu bringen. Mein kleiner Bruder durfte sie später auftragen. Ich weiß allerdings nicht, ob er darüber sehr begeistert war.
Meine Lehrfirma lag im damaligen Konfektionsviertel in Berlin-Mitte am Ende der Krausenstraße, direkt gegenüber dem Seiteneingang des Kaufhauses Hermann Tietz. Wenn man nach rechts aus dem Fenster guckte, sah man den Dönhoffplatz. Dazu hatte ich damals erstens keine Zeit, und zweitens arbeitete ich zunächst in der Einrichtung, und die lag nach hinten raus. Die Aussicht von dort war wesentlich reizvoller. Man konnte direkt in die Geschäftsräume von Friedländer & Zaduck und in die Ausschnitte der Kittel der Mannequins gucken. Die waren, weil man dort Kleider herstellte, wesentlich offenherziger.
Da wir gerade davon reden: Als ich mich am ersten Tag den anderen vorgestellt hatte, erschienen gegen halb zehn zwei blasse, farblose weibliche Wesen. Ich verbeugte mich artig und nannte meinen Namen. Etwa eine Stunde später entdeckte ich zwei strahlend schöne Damen. Ich stellte mich ihnen vor, und die beiden lachten sich halb tot, weil ich sie, nun geschminkt, nicht wiedererkannt hatte. Sie waren unsere Mannequins.
Metsaft & Co. war eine kleine Firma. Es gab nur knapp zehn Angestellte, ein Lehrmädchen und mich, aber drei Chefs. Die Kollektion entwarf Herr Metsaft, ein hochgewachsener, eleganter rumänischer Jude, Kalkulation, Einkauf und Verkauf besorgte Herr Gratz, ein kleiner, schlagfertiger Berliner Jude, und für das rein Kaufmännische war Herr Lehmann zuständig, ein etwas streng blickender Mann, unser »Renommiergoi«, wie wir ihn heimlich nannten. Ein reiner Arier, allerdings, wenn mich meine Erinnerung nicht täuscht, mit einer rein nichtarischen Frau verheiratet.
Die Firma war gerade gegründet worden. Überall standen noch die Blumenarrangements mit den Glückwünschen der Lieferanten herum. Heute, im nachhinein, muß man den Mut der drei Herren bewundern. Die Nazis waren schon zwei Jahre an der Macht, die Nürnberger Gesetze bereits verabschiedet, aber meine Chefs fühlten sich ganz sicher – Herr Lehmann, weil er Christ war, Herr Metsaft als Rumäne, und Herr Gratz war ja schließlich Frontkämpfer gewesen. Wenn ich so zurückdenke, dann glaube ich, damals konnte sich kaum ein Mensch vorstellen, daß ein Deutscher einem anderen Deutschen, der für Deutschland im Schützengraben gelegen hat, ein Leid antut. Es blieb Hitler und seinen Getreuen vorbehalten, uns eines Schlechteren zu belehren.

Meine Lehrzeit, die zweieinhalb Jahre dauerte – ein halbes Jahr schenkte man mir –, war kein reines Vergnügen. Von Natur aus etwas bedächtig, also nicht der schnellste, hatte ich bald den Spitznamen Nurmi weg. Aber es gab vieles, was mir Spaß machte. Die Musterung zum Beispiel, wenn die Stoffe für die neuen Modelle herausgesucht wurden, obwohl ich alle Ballen heranschleppen mußte, und vor allem die zweimal im Jahr stattfindende »Durchreise«, bei der die Einzelhändler aus ganz Deutschland neue Ware orderten. Da durfte ich nämlich den Mannequins beim Anziehen helfen. Ich wußte ganz genau, welche Gürtel und Hüte zu den Mänteln und Kostümen paßten. Manchmal ließ man mich auch schon in den Verkaufsraum, um meinem Chef zu assistieren. Aber das Schönste für mich war natürlich das Couleuren. Da wurde man mit Stoffproben losgeschickt, um die passende Futterseide auszusuchen.
Unser Hauptlieferant war die Firma Albert Aaronheim jun. in der Jerusalemer Straße, direkt am Hausvogteiplatz. Man war schließlich Kunde, wurde deshalb als Lehrling nicht nur wie ein Herr behandelt, sondern bekam auch, sofern man einen größeren Auftrag gab, Kaffee und Kuchen, der bei Moritz Dobrin in der Jerusalemer Straße besorgt wurde. Jede Straße kannte ich rund um den Hausvogteiplatz. In der Mohrenstraße war das Postamt, zu dem unser Hausdiener Pritschow jeden Tag vor Geschäftsschluß die von ihm meisterhaft gepackten Pakete mit dem Handwagen brachte, in der Niederwallstraße saß unser Knopffärber, und in der Markgrafenstraße war das Atelier von Herrn Dolezal. Ich fuhr mit großen Paketen – Stoffen und Zutaten, Einrichtungen nannte man das – zu den Schneidern, zu Herrn Kunz am Friedrichshain oder zu Herrn Krämer in der Augsburger Straße, ich lieferte fertige Mäntel und Kostüme bei Modehäusern und Salons ab, bei Herman Gerson in der Tauentzienstraße – später hieß die Firma Horn –, bei Ida Stern am Kurfürstendamm oder bei E. Braun & Co. Unter den Linden/Ecke Wilhelmstraße.
Die Friedrichstraße ging ich gern entlang, bewunderte das »Imperator«, das Haus der 1000 Clubsessel, wie es sich nannte, allerdings nur von außen, hineinzugehen traute ich mich damals noch nicht. Aber ich hätte es gern getan, denn Kurt Widmann spielte dort. Aufregend war die Lindenpassage, in der der Hofmaler Fischer residierte, in dessen Schaufenster Porträts standen, die aussahen wie übermalte Fotografien. Sehnsüchtig betrachtete ich das Schild, auf dem angezeigt wurde,

daß im Innern des großen Ladens ein riesiges Diorama mit dem vielversprechenden Titel »Der Harem des Sultans von ...« – die genaue Adresse habe ich leider vergessen – zu besichtigen war. Ich hätte das so gern gesehen, aber Jugendlichen unter achtzehn Jahren war der Eintritt leider untersagt. So weiß ich bis heute nicht, was sich in dem Harem alles tat.
Die Ecke Leipziger-/Friedrichstraße liebte ich besonders. Da gab es das »Moka Efti«, einen Tanzpalast, in dem damals Erhard Bauschke spielte, und eine Schnellbäckerei. Im Schaufenster stand eine Art Backmaschine, in der sich ein Baumkuchen wie am Spieß drehte. Immer wenn eine Schicht Teig gebacken war, wurde eine neue darüber gegossen. Ich habe später oft Baumkuchen gegessen, aber keiner hat so gut gerochen wie der, den ich mir damals nicht leisten konnte.
1937 gastierte mein Vater mit einem Ensemble in Scheveningen im Kabarett »Lutine-Palace«, genannt nach dem berühmten versunkenen Schiff. Wenn man den originelleren Eingangsweg wählte, ging man in eine Art Taucherglocke, die geschlossen wurde. Durch die Luken sah man gemalte Fische nach oben entschwinden, und wenn sich die Tür wieder auftat, war man »5000 mm unter dem Meeresspiegel«. Man konnte natürlich ganz einfach die Treppe hinuntergehen. Drei prominente Emigranten traten dort auf: Otto Wallburg, ein bekannter Komiker – im Fernsehen werden jetzt oft uralte Filme wiederholt, also haben Sie den dicken Blubberer bestimmt in Erik Charells *Der Kongreß tanzt* als Adjutant des »Zaren« Willy Fritsch gesehen; der mit einem gewaltigen Riechorgan ausgestattete Siegfried Arno – sein bekanntester Film hieß *Um eine Nasenlänge* –, er war bei Charell im Großen Schauspielhaus in der Uraufführung von Ralph Benatzkys *Im weißen Rößl* 1930 der berühmte Sigismund, der so schön war und nichts dafür konnte, daß er so schön war; außerdem noch Willy Rosen, der Mann, der viele Schlager geschrieben hatte und sie am Flügel selbst vortrug. Er knöpfte zuerst immer seinen Zweireiher auf, sagte: »Text und Musik von mir« und dann sang er: »Wenn du mal in Hawaii bist und dein Herzchen gerade frei ist«, »Im Rosengarten von La Plata« oder »Darf ich um den nächsten Tango bitten?«
Wir wollten meinen Vater gerne in Holland besuchen, aber es dauerte sehr lange, bis wir Pässe bekamen. Mein Urlaub wurde immer wieder verschoben, doch endlich saßen wir, mein Bruder und ich, im Zug – natürlich Holzklasse – und fuhren vom Bahnhof Charlottenburg aus

die ganze Nacht durch nach Den Haag. Wir hatten zwar eine ganze Bank für uns, nur ich konnte schon damals sehr schlecht einschlafen und tat während der langen Fahrt kein Auge zu. Mein kleiner Bruder hatte seinen Kopf auf meinen Schoß gebettet und schlummerte ganz fest. Die Grenzkontrolle kam, vor der wir etwas Angst hatten, obwohl unsere Papiere in Ordnung waren. Aber es ging alles gut, der Zug fuhr weiter, und wir waren endlich in Holland. Da sah es ganz anders aus als bei uns. Schon die holländischen Lokomotiven mit ihren Messingbeschlägen wirkten irgendwie wohlhabender. An den Fenstern der Häuser waren keine Gardinen, man konnte in die Zimmer blicken, es sah alles so freundlich aus und sauber.
In Holland war es nicht üblich, sich auf dem Bahnsteig aufzuhalten, um die Ankommenden zu erwarten. Mein Vater hatte sich natürlich eine Ausnahmegenehmigung besorgt, und als der Zug einlief, sahen wir ihn schon von weitem ganz allein dastehen. Er strahlte, als er uns am Waggonfenster sah, und weinte, als er uns in die Arme schloß. Zwei Jahre lang hatten wir uns nicht mehr gesehen. Wir waren natürlich inzwischen gewachsen und spürten, wie stolz unser Vater auf seine Jungs war. Mit der Straßenbahn fuhren wir nach Scheveningen, mußten noch ein Stück laufen bis zur Rotterdamsche Straat 95, dort hatte mein Vater eine kleine Wohnung gemietet.
Wir aßen etwas und mußten uns dann sofort ins Bett legen, um uns nach der langen Reise erst mal richtig auszuschlafen. Ich schlief weder ein noch aus, und das war unser Glück. Mein Vater hatte nämlich einen Schmorbraten aufgesetzt, war noch mal kurz zur Post gelaufen, und dort dauerte es länger, als er angenommen hatte. Es roch plötzlich angebrannt, ich sprang aus dem Bett, stürzte in die Küche, entdeckte die Bescherung, nahm das Fleisch vom Herd, ließ es abkühlen, schälte die angebrannten Stellen ab, nahm etwas Butter, Essig, Gewürze und andere Zutaten, die ich fand, machte daraus eine Soße, und mittags aßen wir einen mir ganz gut gelungenen Sauerbraten. Das Stück Fleisch war zwar nicht mehr so groß wie vorher, aber wir wurden satt.
Kurze Zeit nach uns kamen auch die Töchter von Otto Wallburg an, die uns erzählten, wie sehr sie in der Schule unter dem bürgerlichen Namen ihres Vaters litten. Denn Wallburg war nur sein Künstlername. Er hieß in Wirklichkeit Wasserzug.
Am nächsten Tag – mein Bruder hielt gerade seinen Mittagsschlaf – zeigte mir mein Vater das Lutine-Palace, in dessen Schaukästen viele

Bilder der dort auftretenden, zum großen Teil aus Nazideutschland emigrierten Künstler aushingen, auch ganz neue Fotos, auf denen sie mit bekannten Boxern und anderen deutschen Persönlichkeiten zu sehen waren, die sich nicht schämten, sich mit ihnen fotografieren zu lassen. Auf dem Wege dahin begegnete uns Willy Rosen, Arm in Arm mit einer hübschen Blondine. Ich erkundigte mich bei meinem Vater, ob das Rosens Frau wäre.

»Nein«, antwortete er, »seine Freundin.«

Da meinte ich, daß das doch ein schönes Gefühl für die Blondine sein müßte.

»Wieso?« wollte mein Vater wissen.

»Na, auf Rosen gebettet«, antwortete ich.

Mein Vater verzog keine Miene. Ich glaube, es war ihm irgendwie unangenehm, eine so anzügliche Pointe von einem Siebzehnjährigen, der noch dazu sein Sohn war, zu hören. Höchstwahrscheinlich hatte er in den zwei Jahren, in denen wir uns nicht gesehen hat, vergessen, daß ich immer Wortspiele machte.

Meine Mutter traf einige Tage später ein. Die Ausstellung ihres Passes hatte länger gedauert, sie mußte sogar bei der Gestapo vorsprechen, die wissen wollte, ob sie die Absicht hatte, wieder nach Deutschland zurückzukehren. Aber nun war sie da und die Familie endlich wieder vereint. Wir mußten sehr sparsam sein, aber es war eine herrliche Zeit, die viel zu schnell vorbeiging. Ich hatte nur zwei Wochen Urlaub, meine Mutter und mein Bruder konnten noch etwas länger bleiben, ich als Lehrling mußte zurück nach Berlin. Mein Vater brachte mich zum Zug. Als ich abfuhr, stand er noch lange auf dem Bahnsteig und winkte. Ein Glück, daß wir beide in diesem Augenblick nicht wußten, daß wir uns nie wiedersehen würden.

Als ich ausgelernt und meine Kaufmannsgehilfenprüfung hinter mich gebracht hatte, war ich »junger Mann«, wie man das damals nannte. Ich bekam 100 Reichsmark im Monat, konnte mich dann aber, nachdem ich mich bei anderen Firmen vorgestellt hatte, auf 200 Mark steigern. Ab und zu verkaufte ich auch Stoff, einen Mantel oder ein Kostüm, alles bekam ich in der Firma zum Einkaufspreis, so daß immer ein kleiner Gewinn übrigblieb. Davon konnte ich die Familie ernähren. Zu Geburtstagsgeschenken reichte es allerdings bei mir nicht. Ich schenkte immer ein Gedicht und ich glaube, darüber freuten sich meine Freunde und Verwandten sehr.

Mit meinem Vetter Hans-Peter habe ich schon als Kind viel gespielt. Inge Landgut – sie war das kleine Mädchen, das in dem Film *M* ermordet wurde – gehörte auch zu unserem Freundeskreis. (Viel später, als sie die Frau von Werner Oehlschläger wurde, saßen wir oft zusammen.) Das Avus-Rennen war bei uns Jungs sehr beliebt. Wir gingen jedesmal hin. Einen Platz auf der Tribüne konnten wir uns natürlich nicht leisten. Wir standen an einer Seite der kilometerlangen Rennstrecke, wo der Eintritt nur eine Mark kostete, und guckten zu, das heißt, wir versuchten es. Es gab nicht viel zu sehen. Die Autos fuhren mit 300 Stundenkilometern an uns vorbei. Wir standen, wenn es ging, auf Obstkisten, um über die Erwachsenen hinwegblicken zu können. Mein Vetter hatte aus zwei Spiegeln, die oben und unten an einer langen Stange montiert waren, eine eigene Konstruktion gebaut, die wie das Periskop eines U-Bootes funktionierte. Dadurch konnten wir wenigstens einen Teil der Strecke überblicken. Leider ging unser Gerät schnell kaputt, weil mein Vetter es mißbrauchte. Er wollte damit unter den Rock einer vor uns stehenden Dame gucken. Dabei fielen die Spiegel heraus und zerbrachen.
Die Zeiten wurden schwerer, einige Kunden wollten nicht mehr bei uns kaufen, andere hielten uns noch lange die Treue. Es gab Schikanen. Viele andere Firmen wurden arisiert, aber selbst als im November 1938 die »spontane Volkswut«, die so gut organisiert war, losbrach, die Synagogen brannten, die Geschäfte geplündert und verwüstet wurden, passierte unserer Firma zum Glück nichts. Nur unser Herr Gratz verschwand und kam erst einige Wochen später zurück. Die wenigen Haare, die vorher seine Glatze umrahmten, hatte man ihm im KZ abgeschoren. Herr Metsaft, ein sehr zurückhaltender Mann, der sonst nur freundlich winkend grüßte, gab mir eines Abends nach Geschäftsschluß die Hand, was mich sehr verblüffte. Am nächsten Tag wußte ich, warum er das getan hatte. Es war sein Abschied gewesen. Er war nach England geflogen. Herr Gratz ging wenige Wochen später über die grüne Grenze nach Holland und fuhr von dort aus nach London.
1966 flog ich zum ersten Mal dorthin, ließ mir vom Hotelportier gleich das Telefonbuch geben, suchte die Namen Metsaft und Gratz, leider vergeblich. An diesem Tag versprach ich meiner ersten Frau, daß ich als Andenken an meine Chefs ein Theaterstück mit dem Titel *Durchreise – Die Geschichte einer Firma* schreiben würde. Ich habe mein Versprechen gehalten, allerdings erst einige Jahre später. Das lag daran, daß

Leonard Steckel, der mir als Max Salomon alias Gratz vor Augen schwebte, tödlich verunglückte. Ich ließ die Idee liegen und fand schließlich eine geradezu ideale Besetzung: Georg Thomalla. Ende 1982 wurde das Stück im Theater am Kurfürstendamm uraufgeführt.
Nachdem die Chefs uns verlassen hatten, blieb ich nur noch einige Monate in der Firma, die, weil jetzt viele Kunden wegblieben, abbauen mußte. Mir wurde gekündigt, nicht etwa, weil man mit mir nicht zufrieden war, nein, wir arbeiteten zu zweit in der Einrichtung, und der andere, etwas ältere Angestellte, war Jude. Man wußte, daß er kaum noch eine andere Stellung finden würde, deshalb mußte ich gehen. Ich bekam auch sofort einen Posten und zwar in einer Firma, die Landkarten herstellte: Ernst Steininger, Druck und Verlag. Dort arbeitete ich als Photolithograph, das heißt, ich hatte große Negativplatten von Landkarten, die von hinten beleuchtet wurden, vor mir und mußte jeweils einzelne Farben abdecken, also Flüsse, Seen und Berge, wenn es um Straßen oder Städte ging, denn die Farben wurden ja nacheinander gedruckt. Es waren übrigens ganz neue Luftaufnahmen einer Gegend, die später Kriegsschauplatz wurde: Jugoslawien. Der Einmarsch wurde gut vorbereitet.

»Wir Arbeitsmänner haben's schwer«

Im August 1939 fuhr ich mit zwei Freunden und der Mutter des einen nach Heringsdorf. Wir, das heißt Werner Mertin und ich – er leitete nach dem Krieg kurz die Tanzmusikabteilung des RIAS –, wohnten in einem Dachzimmer, und jeder zahlte 50 Pfennige pro Nacht. Das Frühstück war inbegriffen. Diese zwei Wochen waren eine himmlische, sorglose Zeit. Allerdings reichte mein Geld nicht ganz aus, meine Mutter mußte mir fünf RM nachschicken. Ein- oder zweimal leisteten wir uns den Besuch eines Strandcafés. Für 1,50 Mark bekam man dort ein Stück Torte und ein Kännchen Kaffee. Der Grund für diesen hohen Preis war, daß in dem Laden eine Kapelle spielte. Dort gab es dann auch einen Dirigentenwettstreit, an dem ich mich leichtsinnigerweise beteiligte. Ich dirigierte und sang »Ich pfeif heut' nacht vor deinem Fenster«. Die Kapelle machte sich einen Spaß daraus, mir musikalisch davonzulaufen. Zwanzig Preise waren ausgesetzt, ich bekam den neunzehnten, einen Tennisring, den man sich am Strand zuwerfen konnte.

Draußen auf der Ostsee sahen wir viele große Schiffe – darunter auch den »Kraft durch Freude«-Dampfer »Wilhelm Gustloff«, der gerade die Mitglieder der Deutschen Arbeitsfront nach Madeira gebracht hatte – gegen Osten fahren und ahnten nicht, daß sie Soldaten transportierten, die wenige Tage später von Ostpreußen aus Polen angreifen würden. Wir hofften immer, daß der Frieden erhalten blieb, aber die Schlagzeilen auf den Tageszeitungen hätten uns eigentlich eines Besseren belehren sollen. Ich sehe heute noch die fettgedruckte Zeile auf dem »Zwölf-Uhr-Mittags-Blatt«: »Hüte Dich, Polonia!«

Dennoch konnten und wollten wir es uns einfach nicht vorstellen, daß es einmal ernst werden würde, obwohl wir schon lange darauf vorbereitet worden waren. Es gab Luftschutzübungen, die Sirenen heulten probeweise, die Stadt war auch ein paarmal verdunkelt worden. Auf unserem Dachboden standen bereits Sandtüten und Feuerpatschen, nach dem Münchner Abkommen wurden die Flakbatterien, die auf dem Dach des Tempelhofer Flughafens standen, wieder abgebaut. Aber am 1. September 1939 begann der Zweite Weltkrieg, und gegen 19.00 Uhr heulten die Sirenen schon zum ersten Mal. Fliegeralarm! Nach wenigen Minuten wurde aber schon Entwarnung gegeben, und ich kam noch pünktlich zur Premiere ins Kabarett der Komiker. Während des bunten, ersten Teils trat Willi Schaeffers mehrmals vor den Vorhang und conferierte. Am Schluß sagte er jedesmal die beruhigenden Worte »Sonst nichts Neues«. Im zweiten Teil lief die Uraufführung der Revue *Nacht muß es sein* von Günter Neumann. Ich kann mich nur noch an ein Bild erinnern, in dem Hubert von Meyerinck als Somnambuler im Nachthemd über die Dächer von Berlin lief und dabei eine Luftschutzsirene imitierte. Das soll auf den Proben noch sehr komisch gewirkt haben. Jetzt, nach dem ersten Ernstfall, nicht mehr. Darüber lachte im Publikum kein Mensch.

Am 21. April 1940 wurde ich zum Arbeitsdienst eingezogen. Wir, allesamt Wilmersdorfer, versammelten uns am Bahnhof Beusselstraße. Dort hat man uns verladen, und wir fühlten uns auch so. Wenige Stunden später waren wir in Schlesien, unser Zug hielt in Fraustadt. Wir mußten noch eine Stunde lang bis Ulbersdorf laufen, dort waren wir stationiert. Es war ein ausgesprochen häßliches Lager, fünf bis sechs Baracken, alles praktisch, aber primitiv, genau wie unsere unmittelbaren Vorgesetzten. Unser Truppführer, keinen Tag älter als wir, erzählte uns oft von seinen Berliner Erlebnissen, und wir merkten genau, daß er log.

Die Umgebung entschädigte uns etwas. Direkt vor der Wachbaracke führte ein schöner Weidenweg vorbei, aber das Allerschönste war das Maidenlager gleich nebenan, lauter junge Mädchen aus Wien und Umgebung. Leider bekamen wir anfangs kaum etwas von ihnen zu sehen. Bereits nach einigen Tagen dichtete ich:

Wir Arbeitsmänner haben's schwer,
wir müssen stets die Maiden meiden,
dafür kann sich jeder sehr
an den Weiden weiden.

Doch viel lieber würden wir
stets die Weiden meiden,
dürften wir uns dann dafür
an den Maiden weiden.

Dieser Vers begründete meinen Ruf als Lagerdichter. Aber ich kam dann eine ganze Weile nicht mehr zum Reimen, denn der Ernst des Lagerlebens begann. Wir wurden eingekleidet, und ehe wir uns an die ausgesprochen unattraktive Uniform – die Spessartmütze haßten wir alle – gewöhnt hatten, begann das Exerzieren mit dem Spaten. Dabei gerieten die Nasen der Nebenmänner oft in Gefahr. Mit dem Fahrrad ging es an die damals ehemalige polnische Grenze, wo wir die von unseren Vorgängern vorsorglich angelegten Panzergräben zuschütteten und die verlassenen Arbeitsdienstlager abrissen. Aber es gab auch ein schönes Erlebnis. Einen Monat später luden uns die Maiden zu Kaffee und Kuchen in ihr Lager ein. Es wurde getanzt, ich kam leider nicht dazu, denn ich war der Schlagzeuger der Lagerkapelle. Dafür fütterte mich aber eine entzückende Wienerin mit Kuchen, während ich die Trommel und das Becken bearbeitete, natürlich nicht ihres.
Tja, und dann mußten wir leider Abschied nehmen, weil unser Lager umzog, nach Krampf bei Primkenau, Kreis Glogau. Sämtliche Baracken wurden demontiert und in Krampf wieder aufgebaut. Als letztes stand noch unsere Speise- und Aufenthaltsbaracke in Ulbersdorf. Dort schliefen wir alle, ein Etagenbett dicht neben dem anderen. Und dann sind wir doch wirklich eines Nachts von den sehnsüchtigen Maiden förmlich überfallen worden. Daß sie da waren und was sich sonst noch abgespielt hat, habe ich erst am nächsten Morgen erfahren, denn ich hatte fest geschlafen. Solche Gelegenheiten sind mir übrigens später auch fast immer entgangen.
In Krampf waren wir dann beschäftigt, den Sprotte-Bruch trockenzulegen. Wir Wilmersdorfer hatten sogar einen Bagger. Die Arbeitsmänner vom Lager auf der anderen Seite der Sprotte, alles fleißige Schlesier, hatten keinen, waren uns dennoch immer weit voraus. Bei uns wurde nur geschippt, wenn ein Vorgesetzter in der Nähe war.
Nach etwa zwei Monaten mußten wir alle antreten, die Schlesier und die Wilmersdorfer. Ein Wagen der Waffen-SS fuhr vor. Der leitende Offizier (oder wie man so jemand bei denen nannte) stellte sich vor uns auf und hielt eine flammende Rede. Er wollte so viele wie möglich von uns für die Waffen-SS anwerben und versprach uns als Bonbon, daß wir dann nur ein Vierteljahr Arbeitsdienst leisten müßten. Leider hatte dieser Mann einen schrecklichen S-Fehler, eigentlich schon mehr einen »SS-Fehler«, wie mir mein Nachbar zuflüsterte. Mannhaft unterdrückten wir das Lachen. Dann hieß es: Freiwillige vor! Von den Schle-

siern taten das etwa zwanzig bis fünfundzwanzig Mann, bei uns hatten anscheinend nur zwei Mann Angst, etwas vom Krieg zu versäumen, und das waren ausgerechnet unsere beiden Lagerdeppen. Die Herren von der Waffen-SS schäumten innerlich, aber sichtbar. Einer von ihnen ging unsere Reihen durch und fragte jeden Mann, für welche Waffengattung er sich entschieden hätte. Prompt kamen die Antworten: Luftwaffe, Flak und Marine, Marine, Flak und Luftwaffe, Flak, Luftwaffe und Marine, alles Waffengattungen, die es bei der Waffen-SS nicht gab. »Bei der Waffen-SS wird Wilmersdorf jetzt wohl verschissen haben!« flüsterte mir mein Nachbar zu.

Im Herbst wurden wir entlassen, wir waren darüber aber nur vorübergehend froh, denn jeder hatte schon seinen Gestellungsbefehl für die Wehrmacht in der Tasche. Zum Abschluß schrieb ich, mit anderen zusammen, eine Revue, die im Aufenthaltsraum mit großem Erfolg über die Bühne ging. Regie führte übrigens der lange Pit vom ersten Zug, der in Wirklichkeit Wolfgang hieß, Wolfgang Struck. Etwa vierzig Jahre später sah ich ihn wieder. Loni Heuser und ich wurden von dem Kostümbildner Wolfgang Leder zu einer Vorstellung in den Friedrichstadtpalast eingeladen. Die Berliner Mauer stand schon lange und noch ziemlich fest. Wir besorgten uns Passierscheine und wurden am Übergang zur Hauptstadt der Deutschen Demokratischen Republik von einem Ostgrenzer kontrolliert. Er blickte in den Wagen und entdeckte auf dem Rücksitz ein Geschenkpäckchen.

»Was is'n da drin?« wollte er wissen.

»Eine Krawatte«, antwortete Loni, »für den Direktor des Friedrichstadtpalastes!«

Der Grenzer blickte sie etwas verblüfft an. »Wieso, hatt'n der geene?« fragte er und lächelte dann amüsiert über seinen eigenen Witz.

Das war für uns das erste Mal, daß östliche Grenzer Humor bewiesen.

In der Pause führte uns Wolfgang Leder nach unten in das Zimmer der Direktion, und dort traf ich den Intendanten des Hauses, Wolfgang Struck. Wir fielen uns in die Arme und tranken zur Feier des Wiedersehens Rotkäppchen-Sekt.

Nach der Entlassung aus dem Arbeitsdienst durfte ich mich nur drei Tage zu Hause ausruhen, dann mußte ich zur schweren Artillerie einrücken, nach Frankfurt an der Oder. Meine dortige Adresse paßte genau zur Waffengattung: Kanonenweg 28. Viel ist mir von meinem dortigen Gastspiel, das nur fünf Wochen dauerte, nicht im Gedächtnis haf-

tengeblieben, nur, daß wir alle zusammen zum Kino marschierten, um uns den Veit-Harlan-Film *Jud Süß* anzusehen. Ich habe damals Ferdinand Marian sehr bewundert, weil es ihm gelungen war, die Titelrolle sympathischer zu spielen, als sie von Goebbels gemeint war.
Eben fällt mir ein, daß mir doch etwas in Erinnerung geblieben ist. Ich kann heute noch ein Gewehr präsentieren, und die Spatengriffe habe ich erst neulich meiner Frau bei der Gartenarbeit vorgeführt. Genau wie ich nie vergessen habe, daß der Reichsarbeitsdienstführer Konstantin Hierl in Parsberg/Oberpfalz geboren ist. Merkwürdig, was alles in unseren grauen Zellen haftenbleibt.
Während meiner kurzen Dienstzeit bei der schweren Artillerie hatten sich meine verlorengegangenen Gesundheitspapiere – ich war meines Herzfehlers wegen nur bedingt tauglich – wieder angefunden, und als dann herauskam, daß ich sogenannter »Halbarier« war, wurde ich entlassen.
Ich fuhr mit meinem Köfferchen wieder nach Berlin und bekam gleich eine Stellung bei Gehringer & Glupp in der Kronenstraße 1. Die Firma war auch längst arisiert worden, sie hieß früher mal Auerbach & Steinitz, und die beiden schon älteren Einrichterinnen, mit denen ich arbeiten mußte, erzählten oft und gern von ihren ehemaligen Chefs. Herr Gehringer, einer der ersten Modeschöpfer Berlins, war ein großer, sehr gut aussehender Mann, der die Frauen anzog, aber sie ihn nicht. Er war sehr launenhaft. Wir merkten ihm seine Stimmung sofort an, wenn er die Einrichtung betrat. Entweder sagte er freundlich »Guten Morgen!«, dann war er bester Laune, oder er grüßte mürrisch, das ging auch noch, aber wenn er gar nichts sagte, war Gefahr im Verzug. Er mochte mich, warum, weiß ich nicht, ich durfte einmal sogar drei Modelle selbst entwerfen, von denen übrigens nicht viele verkauft wurden. Ich hatte mich inzwischen in Abendkursen weitergebildet, konnte Modezeichnungen machen und war in Stoffkunde sehr versiert.
Kurz vor Kriegsende wollte mich die »Organisation Todt« zum Bau von Kriegsanlagen holen, ließ aber nach der ärztlichen Untersuchung von mir ab. Dann wurde ich dienstverpflichtet, arbeitete bei den Friedenauer Technischen Werkstätten als Hilfsdreher. Ich war da so fehl am Platz, daß die Meister bestimmt froh waren, als sie mich wieder loswaren. Denn technisch ungeschickt und handwerklich völlig unbegabt, wie ich bin, habe ich mehr kaputtgemacht als produziert. Kurz vor Schluß mußte ich dann noch bei der Firma Borsig Fußböden gießen.

Über das, was in Berlin während des Krieges passierte, könnte ich ein ganzes Buch schreiben, aber das möchte ich Ihnen und mir ersparen. Unsere Stadt wurde durch den Größenwahn des sogenannten Führers ruiniert, im wahrsten Sinne des Wortes. Wenn junge Menschen heute Dokumentarfilme sehen oder sich Bildbände angucken, schütteln sie immer nur den Kopf. Sie können sich gar nicht vorstellen, daß Berlin einmal so ausgesehen hat wie in und nach dem Krieg. Heute haben wir eine teilweise blühende Stadt, die allerdings noch nicht genau weiß, was ihr noch alles blühen wird.
Es gab unendlich viel Leid unter den Angehörigen der Gefallenen, immer mehr Todesanzeigen in den Zeitungen und in manchen konnte man lesen, daß Eltern »in stolzer Trauer« anzeigten, daß ihr Sohn »für Führer und Vaterland gefallen« war.
Bald weckten uns nachts die Engländer, die Amerikaner kamen immer nur bei Tage. Es brannte, Häuser wurden zerbombt, Menschen verschüttet, die Ausgebombten in andere Quartiere eingewiesen. In den ersten Jahren meldete man nur Siege, dann war von Frontbegradigung die Rede, später von Truppen, die sich auf eine neue Verteidigungslinie zurückgezogen hatten, und daß die Russen kurz vor Berlin standen, hörten wir zuerst an dem Kanonendonner. Immer noch war vom »Endsieg« die Rede, der kam dann ja auch, aber die Alliierten feierten ihn.
In den ersten Kriegsjahren verlief das Berliner Kulturleben in gewohnten Bahnen. Wenn ich bei Gehringer & Glupp nachts Luftschutzwache hatte, stellte ich mich Sonntagfrüh um sechs Uhr an der Kasse des Staatstheaters am Gendarmenmarkt an. Ein alter Mann, der Richard Wagner verblüffend ähnlich sah, gab kleine Nummern aus, so daß man später wußte, in welcher Reihenfolge man die billigen Karten im obersten Rang bekam. Ich habe dort herrliche Theaterabende erlebt, *Der Widerspenstigen Zähmung* mit Marianne Hoppe und Gustav Knuth, *Julius Caesar* mit Werner Krauß und Bernhard Minetti, Hans Apels *Hans Sonnenstößers Höllenfahrt* mit Gustaf Gründgens, Käthe Gold und Theo Lingen und und und. Ich habe diese Aufführungen bis heute nicht vergessen. Ein Grund dafür ist bestimmt auch, daß ich sie mir im wahrsten Sinne des Wortes erstanden habe.
Sobald ich die Theaterkarten in der Tasche hatte, fuhr ich mit der U-Bahn zum Bahnhof Uhlandstraße, von dort mit der Straßenbahn zum Lehniner Platz und kam noch rechtzeitig zur Matinee im Kabarett

der Komiker, die um 10.30 Uhr begann. Da hatte ich mir vorher eine Karte für den Rang gekauft, die kostete nur eine Mark, und da die Kassiererin mich inzwischen kannte, saß ich meistens in einer Loge. In den Nachwuchsmatineen erlebte ich den jungen Peter Frankenfeld und den noch sehr dünnen Heinz Erhardt am Flügel. Er sang damals schon sein Lied von dem süßen Fräulein Mabel, das immer mit dem Messer aß und nicht mit der Gabel. Ich lachte über Werner Finck, den ich sehr bewunderte, erlebte in der Scala die Premiere der Revue *Utopia*, die ich später – nach der Ausbombung – noch einmal im Ausweichquartier am Lehniner Platz sah. »Madame Utopia« und viele andere Chansons, die Loni Heuser in der Scala brachte – fast alle von Günter Neumann –, konnte ich beinahe auswendig. Viele der Künstlerinnen und Künstler, die ich damals bewunderte, wurden später Kolleginnen und Kollegen.

Wenn ich heute an die Kriegszeit zurückdenke, dann fällt mir ein Erlebnis ein, das mich erst im nachhinein erschüttert hat. In der Nähe vom Bayerischen Platz wohnten zwei entfernte Tanten väterlicherseits, die ihre Pelze, um sie vor den Nazis zu schützen, bei uns versteckt hatte. Eines Tages kamen sie zu uns und erzählten, daß sie in der nächsten Woche nach Osten transportiert werden sollten, dort solle es kalt sein, deshalb holten sie ihre Pelzmäntel wieder ab. Sie waren so ahnungslos von dem, was sie erwartete. Ich bin sicher, daß man ihnen die Mäntel schon während des Transportes abgenommen hat.

In den letzten Kriegstagen arbeitete ich wieder bei Gehringer & Glupp. Mehrere Tage lang war ich mit einem Tempo-Lieferwagen unterwegs und verlagerte Stoffe, teils in der Umgebung von Berlin, teils in einem Keller in Neukölln. Dann beschloß unser »Größter Feldherr aller Zeiten«, kurz »Gröfaz« genannt, Berlin zu verteidigen. Die westlichen Alliierten hielten sich jetzt vornehm mit Fliegerangriffen zurück, dafür erschienen am Himmel schwere, tieffliegende russische Maschinen, die Bomben abwarfen. Man schoß mit Granaten und Stalinorgeln in die einzelnen Stadtteile, und wir, das heißt, wie man damals sagte, die Hausgemeinschaft, zog sich in den Luftschutzkeller zurück. Das Nebenhaus brannte ab, der Kellerdurchbruch wurde geöffnet, wir schafften alles, was dort noch zu retten war, zu uns herüber.

Und dann hatten die Russen die Verteidigungslinie am S-Bahnring durchbrochen und kamen immer näher. Das Zahnarztehepaar, das in der vierten Etage wohnte, erschien eines Tages nicht mehr im Keller.

Wir gingen nach oben, fanden sie. Der Arzt hatte sich und seine Frau erschossen. Ich höre immer noch das dumpfe Geräusch, das die Leichen machten, als wir sie die Treppe herunterzogen. Sie wurden von uns auf dem Hochmeisterplatz während des Beschusses begraben.
Draußen tobten Straßenkämpfe, es gab weder Strom noch Wasser, nur das Telefon funktionierte noch. Als ich einmal ganz kurz nach oben in die Wohnung ging, klingelte es. Mein Freund Gerhard rief aus Dahlem an, berichtete, daß die Russen dort schon durch wären, es fielen nur noch vereinzelte Schüsse. Er saß übrigens beim Telefonieren vorsichtshalber unter dem Schreibtisch. Später hörte ich, daß Hubert von Meyerinck, der auch in Dahlem wohnte, Friedel Schuster, die unweit vom Olivaer Platz lebte, angerufen und erzählt hätte, daß die Russen »ganz reizende Leute« wären.
Die reizenden Leute waren schon auf der anderen Seite des Platzes, als in unserem Luftschutzkeller das Gerücht verbreitet wurde, daß man die Parteibücher verbrennen sollte. Die einzige Nazisse in unserem Haus sprang empört auf und wollte das sofort dem »Gau« melden. Da draußen aber noch lebhaft geschossen wurde, unterließ sie es zu ihrem Glück. Sie hätte bei der Parteileitung auch niemand mehr angetroffen.

Aufbruchstimmung

Tja, nun waren sie also da. Mein Bruder und ich trugen unsere Armbanduhren vorsichtshalber an den Fesseln, denn die Russen waren an Zeitmessern höchst interessiert. Den Ruf »Uhri, Uhri« werde ich nie vergessen. Sie fuhren auch auf gestohlenen Fahrrädern den Kurfürstendamm auf und ab, einige sogar in Krankenfahrstühlen. Sie waren wie die Kinder, aber sehr gefährliche Kinder. Die deutschen Frauen betrachteten sie sozusagen als Kriegsbeute. Es war entsetzlich, was viele erdulden mußten. Ein Soldat wollte sich sogar an unserer fast siebzigjährigen Tante Fine vergreifen. Ein zufällig vorbeikommender Offizier hielt ihn davon ab, schoß mit seinem Revolver ein paarmal in die Luft, worauf der Soldat davontrottete und sich ein anderes Opfer suchte.

Mitte Mai begann meine sogenannte politische Karriere. Ich wurde als einziger Unbelasteter der Nestorstraße Nr. 15 Hausobmann und mußte mich mehrmals in der Woche mit dem Straßenobmann treffen. Ich führte die Hausgemeinschaft zum Kurfürstendamm/Ecke Karlsruher Straße. Dort mußten wir aufräumen, Ziegelsteine säubern und aufschichten. Später sollten wir Hausobmänner mit Armbinden nachts auf der Straße patrouillieren, um Übergriffe der Russen zu verhindern – wie wir das machen sollten, ist mir bis heute nicht klar. Zum Glück kamen dann bald die Engländer und Amerikaner.

Ich meldete mich auch wieder bei meinem alten Chef. Gehringer & Glupp hatten ein neues Domizil in dem schönen alten Haus Kurfürstendamm/Ecke Uhlandstraße gefunden. Hans Gehringer war zu Fuß von Caputh nach Berlin gelaufen, hier hatte unser Geschäftsführer inzwischen die Firma neu angemeldet, aber den Fehler gemacht, seinen Namen als ersten anzugeben und Hans Gehringer als zweiten. Sie hieß also Sowieso & Gehringer. Diese Reihenfolge gefiel meinem Chef gar nicht, der ehemalige Geschäftsführer mußte gehen, machte sich selbständig und war mit seiner Firma sehr erfolgreich.

Ich besorgte mir bei der dafür zuständigen Behörde einen Tempo-Lieferwagen mit Fahrer und klapperte jetzt die Stellen beziehungsweise Orte ab, an denen wir unsere Stoffe verlagert hatten. Der Keller in Neukölln war offen und völlig leer, aber irgendwo in der Mark Brandenburg fand ich bei einem Bauern noch mehrere Ballen Kleiderstoff von uns und lud sie mit dem Fahrer zusammen auf. Auf der Rückfahrt wurden wir von den Russen angehalten und mußten in ein Dorf fahren, in dem wir verhört werden sollten. Mein Fahrer wurde plötzlich kreidebleich und gestand mir, daß wir nicht nur sechzehn Ballen Stoff im Wagen hatten, sondern siebzehn. Einen davon hatte er für sich abgezweigt und unter seinem Sitz versteckt. Die Russen wollten übrigens nur wissen, aus welchem Grund wir unterwegs waren und ließen uns laufen beziehungsweise fahren. So konnte ich in der Firma siebzehn Ballen Stoff abliefern.

Bei der nächsten Tour fand ich nichts und bekam als Ausgleich wenigstens einen Sack Kartoffeln. Ich schaffte sie nach Hause, und meine Mutter machte Kartoffelsalat. Kaum war er fertig, erschien Willi Schaeffers und wollte mitessen. Wie er davon erfahren hatte, ist mir heute noch ein Rätsel.

Bei der zweiten Tour besuchte ich meinen Chef Glupp, der verletzt in einem Lazarett lag. Er erzählte mir, daß die Russen ihn nur in Zivilkleidung entlassen würden. Auf der nächsten Tour brachte ich ihm dann ein Jackett, Hosen, Strümpfe und Schuhe von mir mit, bekam natürlich alles wieder zurück, allerdings erst ein halbes Jahr später. Das hat mich, ehrlich gesagt, etwas enttäuscht, denn ich hatte kaum etwas anzuziehen, und meinen Chefs ging es sehr gut. Die Firma besaß noch Stoffe, aus denen man Kleider anfertigen konnte, die man für viel Geld schwarz verkaufte. Herr Gehringer bekam seine Brieftasche kaum noch zu, so voll war sie. Als die ersten russischen Offiziersfrauen zu uns kamen, trauten wir uns zunächst nicht, ihnen die Stoffe vorzulegen, taten es aber dann doch. Es wurde Maß genommen, anprobiert, man zahlte nicht nur mit Geld, sondern auch mit Lebensmitteln, und die Firma begann wieder zu florieren.

Auch mit der Kultur ging es schnell aufwärts. Generaloberst Bersarin, der russische Stadtkommandant, war sehr dafür, daß wir möglichst viel »Kultura« bekamen. Nicht nur, daß das Kabarett der Komiker wiedereröffnet wurde, in unzähligen Cafés etablierten sich viele kleine Kabaretts, in denen die Chansons von Rudolf Nelson, Friedrich Hollaender,

Mischa Spoliansky sowie die Texte von Marcellus Schiffer und Bert Brecht vorgetragen wurden. Alles, was vorher verboten war, konnte man jetzt wieder hören. Ich habe damals in einem Sketch behauptet, daß es zwischen den Kabaretts schon ausgetretene Pfade gab, denn überall waren die gleichen Künstlerinnen und Künstler zu erleben, die geschäftig von Kabarett zu Kabarett laufen mußten.
Die ersten Tage und Wochen der Nachkriegszeit waren erfüllt von einer ungeheuren Aufbruchstimmung. Man hatte nichts zu essen und versuchte, sich von Kultur zu ernähren, im Theater oder Kabarett zu vergessen, wie hungrig man war, wie schrecklich es draußen aussah.
Fast fünfzig Jahre später schrieb ich eine große Peter-Alexander-Show, die im Friedrichstadtpalast für das ZDF aufgezeichnet wurde: *Ein Herz für Berlin*. Es war ein bunter Bilderbogen, in dem man zu sehen und zu hören bekam, was sich hier von den Zwanziger Jahren bis zur Wiedervereinigung getan, welche Schlager man gesungen hatte und was die Berliner in den verschiedenen Jahrzehnten empfanden. Und da schrieb ich auch ein Chanson, das Paul Kuhn komponierte. Damit fing ich im nachhinein die Stimmung ein, die in den ersten Tagen und Wochen der Nachkriegszeit in Berlin herrschte.

Es ist so still bei uns hier schon seit Wochen,
kein Bomber bombt die Stadt mehr kurz und klein.
Wir sind aus unseren Kellern rausgekrochen,
in Deutschland ist der Frieden ausgebrochen …
Hoffentlich fängt ihn keiner wieder ein.

Die Sonne scheint auf die verbog'nen Schienen,
die Straßenbahn hielt früher vor dem Haus.
Die Sonne scheint, sie scheint nur auf Ruinen.
Mir scheint, sie hat noch nie so schön geschienen.
Und der Baum, der noch steht, schlägt wieder aus …

Ein Spatz piept in den Resten von den Ästen …
Man weiß, es steht für uns nicht grad zum Besten …

Besiegt und besetzt,
und so gar nicht geschätzt …

Einerlei, es ist Mai,
und der Krieg ist vorbei.

Wir sind arm,
doch es gibt nie mehr Alarm.

Wohnung steht nur zum Teil,
doch die Knochen sind heil,
Gottseidank,
und das Hungern macht schön schlank.

Überall Neubeginn,
Marsch is out, Swing is in.
Irgendwo
läuft 'ne Schau, die heißt jetzt Show.

Strom gibt's nicht, auch kein Gas,
in den Fenstern kein Glas.
Und die Aussicht, die uns blieb, ist mehr als trüb ...

Einerlei, es ist Mai,
und man fühlt sich so frei,
denn der Krieg, der ist endlich vorbei.

Es ging alles so schnell. Am 29. April 1945 erschien die letzte Berliner Kriegszeitung »Der Panzerbär«. Am 13. Mai 1945 begann der Berliner Rundfunk mit seinen Sendungen, am 15. Mai gab es die erste Nachkriegszeitung, die »Tägliche Rundschau«, und am 20. Mai lockte ein Fußballspiel zehntausend Zuschauer ins Lichtenberger Stadion.

Wir leben heute in einer Zeit, in der sich die meisten Menschen nicht um ihre Nachbarn kümmern, ja sie oft nicht mal kennen. Damals waren die Berliner wie eine große Familie. Alle hatten nichts, aber das teilten sie gern. Man war immer irgendwo eingeladen, machte Pläne, diskutierte oft bis zum frühen Morgen, denn man mußte bei seinen Freunden übernachten – es gab in den ersten Monaten eine nächtliche Ausgangssperre. Man hatte soviel nachzuholen. Ein Freund sagte mir damals: »Ins Bett gehe ich eigentlich nur, wenn es gut besetzt ist.«
Wenn man tagsüber unterwegs war, mußte man sehr vorsichtig sein, denn es konnte einem passieren, daß man plötzlich auf einen Lastwagen verladen, zu Siemens oder anderen großen Produktionsstätten gebracht und zur Demontage »verpflichtet« wurde. Ich fühlte mich gar nicht dazu verpflichtet, aber ich mußte auch Maschinen wegschleppen.

Die Russen hatten es in diesen Tagen nämlich sehr eilig, weil sie wußten, daß die Amerikaner und Engländer bald eintreffen würden. Ich kann mich erinnern, daß eines Tages im »Marmorhaus« ein buntes Programm über die Bühne gehen sollte, und da saß kaum ein Mensch im Parkett, obwohl die Vorstellung ausverkauft war. Die Besucher waren fast alle auf der Straße abgefangen worden und mußten demontieren. Der Conférencier Günther Werner war vorsorglich bereits mit seinem Auftrittssmoking zur Vorstellung gekommen, deshalb passierte ihm nichts. Die Russen hatten ja sehr viel für »Artista« übrig.
Im nächsten Programm verpflichtete man Adolf Steimel mit seinem Orchester, und als ich die Vorstellung besuchte, rezitierte der Schauspieler Kurt Ackermann zu meiner größten Verwunderung Gedichte von mir, die ich vorher im Kabarett der Komiker eingereicht hatte, ohne mich vorher gefragt zu haben. Ich habe ihm das sofort energisch untersagt, worüber er äußerst pikiert war. Er meinte, er würde mich damit doch populär machen. Dabei hat er nie angesagt, wer die Gedichte geschrieben hatte.
Über den Diebstahl geistigen Eigentums habe ich mich oft geärgert. Im Berliner Sender in der Masurenallee lernte ich den Conférencier Franz Otto Krüger kennen. Der bat mich, eine Musiksendung zu schreiben mit dem Titel *Weil der D-Zugführer heute Hochzeit macht.* Diese Nummer war damals ein großer Schlager. Am Schluß der Sendung wurde dann angesagt: »Von und mit Franz Otto Krüger.« Darüber war ich sehr enttäuscht. Ich war doch gerade dabei, mir einen Namen zu machen, und der wurde nun nicht genannt. Als Autor lebt man ja davon, daß man anderen Menschen Worte in den Mund legt, und das Publikum glaubt oft, daß die Pointen persönliche Einfälle des Vortragenden sind.
Einmal, viel später, konnte ich darüber sehr lachen. Ich schrieb die Conférence für *Stars in der Manege*, und Heinz Konsalik trat als Tigerdompteur auf. Ich ließ Willy Millowitsch, der als Zirkusdirektor fungierte, sagen: »Vorhin habe ich mit Heinz Konsalik gesprochen und ihn gefragt: Hast du denn gar keine Angst? Daraufhin hat er geantwortet: Warum soll ich Angst haben, die Tiger können doch nicht lesen!« Also ehrlich gesagt, ich hatte befürchtet, daß Konsalik das übelnehmen könnte, aber nein, einige Zeit später las ich in einer Illustrierten, wieviel Humor der bekannte Autor besäße. Er hätte keine Angst im Käfig gehabt, weil die Tiger doch nicht lesen können …
Aber zurück zur Nachkriegszeit. Schon im Frühjahr 1945 begann man

in Berlin aufzuräumen, und im Sommer hatte man sich notdürftig eingerichtet, auch darauf, daß man improvisieren mußte. Es gab viele Wohnungen, in deren Zimmern eine Wand fehlte, auf den Balkons wurden Tomaten gezüchtet oder Tabak gepflanzt, und vor dem Brandenburger Tor legte man einen großen Acker an, auf dem im Herbst geerntet wurde. Später, als es kalt wurde, mußten nicht nur die Bäume des Tiergartens dran glauben. Man begann die Schienen der Straßenbahn in Ordnung zu bringen, die Masten der Oberleitung wurden aufgerichtet und die Leitungen gespannt. Aber ich marschierte jeden Tag von der Nestor- zur Uhlandstraße, weil ich ja zunächst noch halbtags bei Gehringer & Glupp arbeitete.
Willi Schaeffers ließ nichts von sich hören. Viel später habe ich erfahren, warum. Gleich nach dem Krieg lernte ich einen dicken jungen Amerikaner kennen und versuchte, mich mit meinem Schulenglisch mit ihm zu verständigen. Er sprach kein Wort Deutsch. Bis Joe Furtner ihn eines Tages fragte: »George, where are you born?«
Darauf antwortete er mit unverfälschtem Berliner Lispeln: »Sssavignyplatz!«
Von da an brauchten wir unsere Englischkenntnisse nicht mehr zu strapazieren. George Fraenkel und ich wurden dicke Freunde, und eines Tages rechneten wir uns aus, daß wir, wenn er für etwa 150 amerikanische Dollar amerikanische Zigaretten kaufen würde, sie dann schwarz verscherbeln oder sie gegen etwas anderes eintauschen würden, den alten Saal des Kabaretts der Komiker notdürftig decken, Stuhlreihen erwerben und das Etablissement wieder aufmachen könnten. Davon hatte Schaeffers gehört und war mir böse, weil er das Gefühl hatte, ausgeschaltet zu werden. Das hatten wir gar nicht vor. Unser Plan konnte sowieso nicht ausgeführt werden, weil die British European Airways in den Komplex einzog.
Ab und zu trat ich in den ersten Nachkriegsmonaten als Conférencier in einem Kino oder einer Aula auf, wenn dort nicht gerade Theater gespielt wurde. Was sich damals auf diesem Gebiet in Berlin tat, wirkt heute, wenn wir darauf zurückschauen und uns daran erinnern, wie kaputt unsere Stadt war, geradezu überwältigend. Schon am 27. Mai 1945 hob sich der Vorhang im Renaissance-Theater. Hans Herrmann-Schaufuß spielte den Striese im *Raub der Sabinerinnen*, am 1. Juni eröffnete Victor de Kowa die »Tribüne« mit einem Kabarettprogramm, das sich *Heute abend um acht* nannte, am 15. Juni gab es in der Städti-

schen Oper, die im Theater des Westens residierte, einen großen Ballettabend, am 17. Juni lief in den Kammerspielen Spandau die Komödie *Flitterwochen* von Paul Helwig, am 26. Juni folgte das Deutsche Theater mit Friedrich von Schillers *Parasit*, am 1. Juli spielte man im Theater am Nollendorfplatz *Die Frau ohne Kuß* von Walter Kollo, am selben Abend kam im Volkstheater Pankow Klabunds *Kreidekreis* heraus, am 6. Juli gab es die erste Freilichtaufführung mit *Der Widerspenstigen Zähmung* im Naturtheater Schöneberg, am 15. August folgte das Hebbel-Theater, dort war Hubert von Meyerinck der Mackie Messer in der *Dreigroschenoper*, die im Dritten Reich nicht gespielt werden durfte, und am 3. November startete Boleslaw Barlog mit *Hokuspokus* von Curt Goetz im Schloßpark-Theater. Wo überall in Berlin Theater gespielt wurde, kann man heute gar nicht mehr sagen. Eher, wo nicht. Da gab es das Rheingau-Theater, das Thalia-Theater, das Volkstheater Kreuzberg, die Kammerspiele Charlottenburg, die Kammerspiele Wilmersdorf, das Zentraltheater in der Kaiserallee, das Puhlmann-Theater, das Kleine Operettenhaus usw. usw. Die ehemalige Reichshauptstadt war so theaterhungrig wie nie zuvor, und wenigstens diesen Hunger konnte man stillen.

Eines Tages traf ich den Conférencier Günter Werner, der mich fragte, ob ich nicht eine Kurzrevue für das »Cabaret bei Henry Bender« in der Bleibtreustraße schreiben wollte. Den Titel hatten sie schon: *Vier Frauen suchen einen Mann*. Ich setzte mich hin, war in drei Tagen fertig und bekam dafür 500 Reichsmark. Daraufhin entschloß ich mich spontan, endlich nur das zu tun, was ich schon immer tun wollte: Schreiben, nicht mehr angestellt sein, sondern mich auf die freie Wildbahn begeben – was ich bis heute nicht bereut habe. Ich kann mich noch sehr gut an die erstaunten, ja fast bestürzten Gesichter der Herren vom ZDF erinnern, die mich nach dem großen Erfolg von *Musik ist Trumpf* exklusiv für den Sender verpflichten wollten. Ich habe abgelehnt, wollte frei bleiben. Ziemlich beleidigt zogen sie ab.

Bei einem kleinen Fest in der Firma trug ich ein Gedicht vor, faßte mir dann ein Herz, ging zu Herrn Gehringer und kündigte. Mein Chef schaute mich höchst besorgt an und sagte warnend: »Flatow, Flatow, überlegen Sie sich das, hier haben Sie Ihr festes … Ihr sicheres Einkommen«, als ob man damit auskommen könnte, es waren ganze 125 Reichsmark. »Aber ob Sie beim Kabarett Erfolg haben werden, also ich weiß nicht«, fuhr er kopfschüttelnd fort, weil er davon gar nicht

überzeugt war. Einige Jahre später, ich hatte inzwischen Revuen und Rundfunksendungen geschrieben, traf ich Herrn Gehringer bei einer Party, die Loni Heuser veranstaltete, wieder. Mein ehemaliger Chef strahlte mich an und meinte, mit sich selbst zufrieden: »Flatow, Flatow, was habe ich damals zu Ihnen gesagt, gehen Sie zum Kabarett habe ich gesagt und ich habe recht behalten.« Und ich bin der festen Überzeugung, daß er sich selbst jedes Wort glaubte.
Wenn ich an Herrn Gehringer denke, erinnere ich mich immer an den Tag, an dem wir vom Fenster der Firma aus den Abzug der Russen aus den West-Sektoren beobachteten. Den ganzen Kurfürstendamm herunter sah man eine kilometerlange Schlange von Panje-Wagen fahren, auf denen Möbelstücke, Fahrräder und andere Beutestücke lagen. Ich zählte allein zehn Flügel und fünf Klaviere. »Ein musikalisches Volk«, meinte Gehringer ironisch. Diesen Satz habe ich übrigens später in das Theaterstück *Durchreise* übernommen.
Im Herbst 1945 kam meine große Chance. Es gab einen Mann in Berlin, der die Idee hatte, in dem kleinen Kino am Olivaer Platz großes Kabarett zu machen. Ich glaube, er wollte es »Ewige Lampe« nennen. Er engagierte alles, was gut und teuer war, und ich sollte die Texte schreiben. Er wäre bestimmt ganz schnell pleite gegangen, denn mit den Einnahmen hätte er, selbst wenn das Kino jeden Abend ausverkauft gewesen wäre, nie die Gagen bezahlen können. Zu seinem Glück gab er schon vorher auf.
Aber nun saßen wir da, Hilde Seipp, Kate Kühl, Roma Bahn, Hubert von Meyerinck, Hans Nielsen, der Komponist Albrecht Nehring und ich. Die Texte waren geschrieben, die Chansons komponiert, und gelernt hatten wir auch schon. Wir setzten uns zusammen, überlegten, was wir machen sollten, beschlossen eine eigene Kabarettgruppe zu gründen und nannten uns »Die Außenseiter«. Wir fanden einen Mann, der uns managte, Horst Cornehlsen hieß er, und unsere Premiere fand an einem Sonntagvormittag im Renaissance-Theater statt. Meine Kolleginnen und Kollegen, alle bühnenerfahren, waren schrecklich aufgeregt und hatten natürlich Angst um mich, den Newcomer. Dabei hatte ich überhaupt kein Lampenfieber. Ich war so sicher, weil ich noch nicht wußte, was einem auf der Bühne alles passieren kann – zur falschen Zeit auftreten, den Text vergessen oder falsche Stichwörter geben. Ich improvisierte sogar.
Einige Wochen später hat es mich dann auch erwischt. Ich »las« meine

Gedichte aus einem selbstbemalten Büchlein vor, sprach sie aber natürlich auswendig, wurde durch irgend jemand im Publikum abgelenkt und wußte plötzlich nicht mehr, bei welcher Zeile ich war. Danach habe ich vorsichtshalber immer in das Buch geguckt.
Die Premiere war ein rauschender Erfolg. Albrecht Nehring saß vorne unterhalb der Bühne am Flügel, begleitete und hatte auch ein vielbelachtes Solo. Es klappte alles, die Leute bejubelten uns, lauschten ergriffen, wenn Kate Kühl Chansons mit Texten von Tucholsky vortrug, hörten Hilde Seipp begeistert zu, die von »Einsamen Nächten« sang und anschließend ein englisches Lied so perfekt brachte, daß sie ein paarmal nach der Vorstellung von britischen Offizieren angesprochen wurde. Sie mußte dann immer bedauernd zugeben, daß sie die Sprache gar nicht beherrschte, das Lied hatte sie rein phonetisch gelernt. Roma Bahn und wir drei Männer brachten Aktuelles, hatten große Lacher, und unsere Gruppe bekam phantastische Kritiken. Man feierte uns als erstes literarisches Kabarett nach dem Krieg, und von da an machten wir jeden Sonntag eine Matinee. Es gab kaum eine Bühne in einem Berliner Theater, einem Kino oder einer Schulaula, wo wir nicht aufgetreten sind.
Durch die Kritiken wurde die Fachwelt auf mich aufmerksam, und nun überschlugen sich die Ereignisse förmlich. Ich war plötzlich *der* Nachwuchstextdichter von Berlin, dessen Talent, wie man so schön sagt, zu größten Hoffnungen berechtigte. Wenn man anfängt, verhätschelt einen die Kritik immer, hat man aber zu lange Erfolg, schlägt das oft ins Gegenteil um. Dann wird man plötzlich zum »alten Routinier«.
Nach der zweiten Matinee hielt eines Tages ein britischer Jeep vor unserer Tür. Wir waren sofort beunruhigt, fürchteten, daß das Haus beschlagnahmt werden könnte, und als der junge Soldat auch noch an unserer Tür klingelte, wollte ich gar nicht erst aufmachen – man hatte damals eigentlich immer ein schlechtes Gewissen. Aber der junge Brite überbrachte mir nur einen Brief, auf dem »His Majesty's Service« stand. Ich öffnete ihn und fand darin eine Einladung. Im Keller des Hauses in der Klaus-Groth-Straße, in der der britische Kulturoffizier Major Colbie residierte, sollte eine große Party stattfinden. Ich fühlte mich natürlich ungeheuer geschmeichelt, ging hin und traf dort unzählige Herren. Wie viele von denen Männer waren, weiß ich nicht mehr genau. Ich glaube, man hatte mich irgendwie falsch eingeschätzt. Das ist mir damals des öfteren passiert. Ich war viel mit meinem sechs

Jahre jüngeren und wesentlich hübscheren Bruder unterwegs, und es gab Leute, die mit unseren Familienverhältnissen nicht vertraut waren und uns für ein Paar hielten. Ich lernte eine junge Dame kennen, die gern etwas mit mir anfangen wollte. Ich wußte zwar, was ich mit ihr anfangen sollte, wollte das aber nicht. Aus Rache hat sie dann überall herumerzählt, daß der Flatow »andersrum« wäre. Eines Tages traf ich sie auf einer Party, forderte sie zum Tanz auf, und in dem Augenblick der Stille, in dem die Kapelle zwischen zwei Nummern die Noten wechselte, sagte ich ganz laut zu ihr: »Ich weiß, was Sie über mich verbreiten, aber wenn Sie das auch noch so oft tun, ich werde Ihnen nie das Gegenteil beweisen.« Die junge Dame wurde erst blaß, dann rot und hat von da an weder mit mir noch über mich gesprochen.

Auf der Party in der Klaus-Groth-Straße lernte ich den reizenden Drehbuchautor und Regisseur Helmut Weiss kennen, der mir ein interessantes Angebot machte. Ich sollte die Liedertexte zu seiner musikalischen Komödie *Herzkönig* schreiben, Gerhard Winkler sollte sie komponieren und Rudolf Platte die Hauptrolle spielen. Ich war natürlich sofort Feuer und Flamme und pilgerte in die Nassauische Straße zu Gerhard Winkler, dem Komponisten, vor dem ich als Anfänger natürlich großen Respekt hatte. Ich kannte sein »Neapolitanisches Ständchen«, seine »Capri-Fischer«, »O mia bella Napoli«, den tönenden Feldpostbrief »Mach dir um mich doch bitte keine Sorgen«, »So wird's nie wieder sein« oder »Und wieder geht ein schöner Tag zu Ende«. Dieses Lied hörte ich jeden Tag zum Abschluß einer Sendung im Radio, und eben ist mir auch der Name des Sängers eingefallen: Sven Olof Sandberg.

Voller Ehrfurcht klingelte ich an Winklers Tür. Der Komponist öffnete mir selbst, und ich stellte erfreut fest, daß ich einen freundlichen, aber etwas ruppigen, eben typischen Berliner vor mir hatte, der mich sofort duzte. Winklers Wohnung war nur noch teilweise vorhanden. Die vorderen Zimmer, in denen der große Flügel gestanden hatte, waren bei einem Bombenangriff in die Tiefe gerissen worden. Der Komponist residierte in einem kleinen Zimmer, in dem sich ein Klavier befand und ein Ofen, der herrliche Wärme ausstrahlte. Winkler war nämlich nebenbei nicht untätig, »schob«, wie man damals sagte, und war daher immer im Besitz von englischen Zigaretten, deren Rauch ich sehnsüchtig einsog, ohne sie mir leisten zu können. Aber ich saß wenigstens im Warmen.

Und nun wollten wir zusammen arbeiten. Das ging etwa so vor sich: Winkler setzte sich an das Klavier, klimperte, fand eine Melodie, die ihm gefiel und fragte mich dann: »Curthchen, gibt's das schon?«
Ich hatte natürlich keine Ahnung, und selbst wenn mir die Melodie bekannt vorgekommen wäre, hätte ich es nie zugegeben.
»Also nein«, stellte Winkler kurz fest, spielte mir die Melodie noch einmal vor und machte mir sofort einen sogenannten Schimmel, der etwa so lautete: »Heute eß' ich Bohnen, / morgen eß' ich Schmalz, / denn ich muß mich schonen, / sonst kratzt mich der Hals, / und dann sitz' ich wie bekannt, / froh im Land, / an der Wand, / freu mich auf die Waterkant / und bin weggerannt.«
Ich schrieb mir den »Schimmel«, so nennt man ein Versmuster, auf, Gerhard Winkler setzte sich hin, las den »Telegraf«, die Tageszeitung des Britischen Sektors, und rauchte eine Zigarette. Nach etwa zehn Minuten, in denen ich angestrengt und ergebnislos gebrütet hatte, ließ er die Zeitung sinken und fragte: »Na, Curthchen, haste den Scheißdreck schon fertig?«
Kleinlaut mußte ich verneinen.
Winkler schüttelte etwas verwundert den Kopf und meinte: »Was denn? Noch keine Zeile? Ralphi hätte mir in dieser Zeit schon mindestens drei angeboten.« Damit meinte er Ralph Maria Siegel, mit dem er große Schlager geschrieben hatte.
So ging die Arbeit weiter und manchmal sogar voran. Die meisten Texte schrieb ich aber lieber zu Hause, und da es kalt war und wir keine Kohlen hatten, saß ich dabei völlig angezogen im Bett, mit der Schreibmaschine auf den Knien und hatte beim Tippen Handschuhe an.
Während dieser Zeit trat ich im »Cabaret bei Henry Bender« auf, sagte an und trug eigene Gedichte vor. »Bei Henry Bender« war ein bekanntes Künstlerlokal. Es gab also keine Bühne, sondern nur ein kleines Podium. Das Publikum war zum Greifen nah, ich sah den Gästen direkt ins Auge, bemerkte, ob sie mitgingen oder gar nicht zuhörten. Das war eine gute Schule für mich, denn ich verlor dadurch viel von meiner Schüchternheit.
Hinter dem Restaurant, in dem wir Kabarett machten, gab es einen Gang, der zur Küche führte, zu unserer Garderobe und zu einem kleinen Raum, in dem man »schwarz« essen konnte. Ein Gericht kostete 45 Reichsmark. Das konnte ich mir natürlich nicht leisten, denn meine Gage betrug damals 30 Mark. Zehn Mark bekam ich noch schwarz

dazu. Ich hoffe, daß dieses Buch kein Mensch vom Finanzamt liest, glaube aber, daß die Sache verjährt ist. Meine Gage reichte also höchstens für einen Riegel Schokolade oder einen Teller Suppe, so was bekam man schon für 15 Mark.
Meine größte Enttäuschung erlebte ich an dem Abend, an dem Erich Kästner zu Besuch kam. Er war seit vielen Jahren mein großes Vorbild, und ich hätte doch so gerne gewußt, wie er meine Gedichte finden würde. Aber Kästner ging gleich nach hinten, er wollte nichts hören und sehen, nur essen.
In der nächsten Querstraße des Kurfürstendamms, der Schlüterstraße, gab es ein Büro, in dem Künstler entnazifiziert wurden oder, besser gesagt, entnazifiziert werden wollten. Die meisten kamen allerdings mit einem blauen Auge davon. Ich erzähle das deshalb, weil eines Abends Grethe Weiser in unserer Vorstellung war. Ich begrüßte sie vom Podium aus herzlich und gab meiner Verwunderung darüber Ausdruck, daß sie schon zu uns in die Bleibtreustraße gekommen war, ich dachte, sie müßte zuerst in der Schlüterstraße erscheinen. Das hat sie mir jahrelang übelgenommen.
Ein Programm nannten wir *Zirkus Bender*. Da hatte ich eine Idee, die Bobby, dem Chef des Hauses, etwas Kopfzerbrechen machte. Aber Deta, seine Frau, die mit Charly Mills, dem berühmten Trabrennfahrer, befreundet war, wußte Rat. Man besorgte mir wirklich ein echtes Pony, das durch das Treppenhaus geführt wurde und dann durch eine bis dahin verborgene Tür auf das kleine Podium. Das gab immer einen Sonderapplaus, denn damit hatte keiner gerechnet. Ich hielt das Tier am Zügel und sang ein Chanson, »Du bist ja nur ein Pony, Jonny«. Ich muß zugeben, daß das Pony wesentlich mehr Aufmerksamkeit erregte als mein Vortrag. Nachdem es sich in Berlin herumgesprochen hatte, was sich bei Henry Bender tat, brachten viele Leute Zuckerstücke mit. Davon war das Pony natürlich viel mehr begeistert als ich. Es wieherte erfreut und ließ sich den Zucker schmecken. Ich sang ungerührt weiter, und das Tier sabberte dabei auf meine Hose. Nach dem Auftritt wurde das jetzt im wahrsten Sinne des Wortes süße Pony wieder abgeführt, das heißt, von Wilmersdorf nach Mariendorf gebracht. Und mein Anzug mußte jeden Abend gesäubert werden.
Ein anderes Programm nannten wir *1000 und eine Nacht*. Christel Skoda war die Scheherazade, die dem Sultan Scharjar, das war ich, Märchen erzählen mußte. Als dieses Programm lief, spielten wir wegen der

Stromsperre immer nachmittags um fünf, zur sogenannten Teestunde, Kaffee war damals nur schwer erhältlich. Eines Abends lud mich ein betuchter Gast zu einem doppelten Wodka ein und gab dann noch einen aus. Da ich noch nichts gegessen hatte, wurde mir erst schlecht, und dann mußte ich, auf dem immer noch taghellen Kurfürstendamm, nach Hause laufen, vielmehr torkeln. Ich wankte von rechts nach links, von links nach rechts, merkte es und versuchte verzweifelt gegenzusteuern, aber es gelang mir nicht und ich schämte mich schrecklich. Am nächsten Tag konnte ich keine Zeile schreiben. Seitdem habe ich mich nie wieder betrunken.

Die Uraufführung von *Herzkönig* im Theater am Schiffbauerdamm – Rudolf Platte war damals dort Direktor – am 29. März 1946 fand auch am späten Nachmittag statt. Ich spielte die Revue bei Henry Bender an dem Tag so schnell, daß das Publikum kaum zum Lachen kam, zog mich um, raste zum Bahnhof Savignyplatz und stieg in die S-Bahn. Da ich noch geschminkt war, stellte ich mich in eine Ecke und kehrte den anderen Mitreisenden meinen Rücken zu. Als ich im Theater ankam, lief noch der erste Teil der Vorstellung. Wir hatten übrigens eine großartige Besetzung: Rudolf Platte spielte die Doppel-Hauptrolle, Lisa Lesco war seine Partnerin, Plattes Frau Marina Ried war mit dabei, Otto Stoeckel, Herbert Weißbach, Ewald Wenck und ein junger, gutaussehender Mann, der Peter Hofkirchner hieß und sich später Adrian Hoven nannte.

Nachdem der Pausenbeifall vorbei war, ging ich hinter die Bühne und schminkte mich schnell ab. Und jetzt begannen die Schwierigkeiten. Rudolf Platte, der ab und zu gerne ein Glas trank, hatte, um die Vorstellung nicht zu gefährden, den Alkohol vorsorglich im Garderobenschrank einschließen lassen. Jetzt bekam er, animiert vom großen Erfolg, doch Durst, aber der Schlüssel war versteckt worden. Platte ließ den Schrank aufbrechen, nahm mehrere Schlucke, wie viele weiß ich nicht mehr, auf jeden Fall waren es einige zuviel, und die Pause dauerte fast eine halbe Stunde. Im zweiten Teil war Platte sehr »fröhlich«, aber daß er betrunken war, merkten nur wir und seine Freunde. Er spielte einen Schriftsteller und gleichzeitig den König, und am Schluß hatte man sich einen überraschenden Gag ausgedacht, der vom Publikum bejubelt wurde. Platte hatte nämlich einen Bruder, der ihm sehr ähnlich sah. Während sich Rudolf als Schriftsteller vorne an der Rampe verbeugte, erschien sein Bruder in königlicher Uniform auf dem Schloßbalkon und winkte huldvoll.

Das Stück lief glänzend, das konnte man daran sehen, daß es von Montag bis Freitag angesetzt war, während die *Höllenparade* von Horst Lommer, in der Hubert von Meyerinck mitspielte, am Wochenende lief. Wenn ich die Augen schließe, sehe ich immer noch Hupsi mit seiner schnarrenden Stimme singen: »Bei Stalingrad, bei Stalingrad, da war der Führer nicht auf Draht.« Hupsi war auf Draht. Sogar als er sich das Bein gebrochen hatte, ließ er keine Vorstellung ausfallen und trat mit Gipsverband weiter auf. Sein Spitzname kam nicht von Hubert – Hupsi nannte man ihn, weil er als Kind so viel »herumhupste«.
Als Platte nicht mehr Direktor des Theaters am Schiffbauerdamm war, spielte er *Herzkönig* im Theater in der Kastanienallee im Bezirk Prenzlauer Berg weiter, anschließend *Morgen geht's uns gut* von Benatzky. Dazu schrieb ich ein paar aktuelle Verse, und mein Honorar, natürlich Reichsmark, schickte mir Platte zwei Tage vor der Währungsreform zu. Er muß von irgendwoher einen Wink bekommen haben.
Herzkönig wurde an vielen Bühnen gespielt. Ich habe mir das Stück Jahre später im Nürnberger Opernhaus angesehen, fand es gar nicht mehr gut und wurde in meiner Loge immer kleiner.
Als wir mit unseren »Außenseitern« am Sonntagvormittag im Theater am Schiffbauerdamm gastierten, stellte Hupsi mir in der Pause seine liebste Freundin vor, Edith Schollwer, die kürzlich unter abenteuerlichen Umständen von Hamburg nach Berlin zurückgekommen war. Es gab eine sogenannte Aktion Storch, mit der die während des Krieges verlagerten Berliner Kinder wieder heimgeführt wurden. Die Schollwer fuhr als Krankenschwester verkleidet mit.
Diese Matinee werde ich nie vergessen, weil sie unangenehme Folgen hatte. Kate Kühl konnte an diesem Vormittag nicht auftreten. Einige Tage vorher war unser Ensemble von der Roten Armee eingeladen worden, um bei irgendeinem Jahrestag vor den Soldaten aufzutreten, und da hatte man vergessen, Kate Kühl abzuholen. Sie wartete eine halbe Stunde auf der kalten Straße vergeblich auf den russischen Jeep und bekam am nächsten Tag hohes Fieber. Nun fehlte sie, und unser Programm war zu kurz. Wir mußten improvisieren. Hans Nielsen und ich trugen jeder ein Gedicht vor, das nicht im Programm ausgedruckt war. Als wir uns abschminkten, erschien ein russischer Zivilist, der die Vorstellung aufmerksam verfolgt hatte, in unserer Garderobe, wies uns darauf hin, daß wir zwei nicht eingereichte Gedichte gebracht hatten. Ich sollte mich deshalb einige Tage später in der russischen Komman-

dantur bei einem Major, dessen Namen ich vergessen habe, rechtfertigen. Unser damaliger Agent, Günther Werner, wies sofort alles von sich. Er hätte nichts damit zu tun, versicherte er feige, aber mein Freund Hans Nielsen bot sich sofort an, mich zu begleiten.
Die Kommandantura war in der Luisenstraße untergebracht. Vor der Tür stand ein Sowjetsoldat mit einer Kalaschnikow. Wir sagten ihm, wen wir sprechen wollten, er verstand uns sogar, ging an ein Telefon, das neben der Tür hing, und meldete uns an. Wir traten ein, und als er die Tür hinter uns abschloß, bekamen wir es doch mit der Angst zu tun. Nielsen und ich blickten uns an, und beide merkten wir, daß der andere das Gefühl hatte, wir würden hier nie wieder rauskommen. Wir sahen uns schon auf dem Weg nach Sibirien.
Unser erster Gesprächspartner war ein Russe, der uns freundlich befragte und uns dann einen Leutnant – als Advokaten, wie er sagte – zu seinem Vorgesetzten mitgab. Der Major saß mit finsterem Gesicht hinter seinem Schreibtisch und verhörte uns. Das ging so vor sich: Er sagte einen russischen Satz, den der Leutnant übersetzte, wir antworteten deutsch, der Leutnant übersetzte es dem Major, und nach dem fünften Satz merkten wir, daß der jedes unserer Worte verstanden hatte. Sein Gesicht hellte sich langsam auf, er schenkte uns ein wohlwollendes Lächeln, meinte – jetzt natürlich auf deutsch –, daß ihm unser »antifaschistisches« Programm sehr gefiele und schlug uns vor, im Ostsektor ein eigenes Kabarett aufzumachen, natürlich mit seiner Unterstützung. Wir atmeten erleichtert auf. Zum Schluß fragte er uns, ob wir Kohlen oder Kartoffeln brauchten. Wir hatten beides bitter nötig, lehnten aber stolz ab. Meine Mutter hat mir damals noch monatelang Vorwürfe gemacht.
Als wir die Kommandantura verließen, nickten wir dem wachhabenden Soldaten freundlich zu und machten uns so schnell wie möglich auf den Weg in den amerikanischen Sektor. Wir waren uns natürlich beide darüber einig, nie ein Kabarett im Ostsektor aufzumachen. Schon die Schikanen im Sender Berlin, der in der Masurenallee im alten Funkhaus residierte, hatten mich nachdenklich gemacht. Später blieb der Sender übrigens jahrelang, obwohl im britischen Sektor gelegen, unter russischer Verwaltung. Dort bestand ich gleich nach Kriegsende, zur großen Überraschung meiner Umgebung, die mit Recht fand, daß ich nuschle, die Mikrofonprüfung und durfte sogar eine Morgensendung ansagen. Aber ich habe das Haus, solange die Russen dort waren, eigentlich nie gern betreten.

Ich kann mich an den Silvesterabend 1945/46 erinnern, an dem wir »Außenseiter« eine Abendvorstellung in einem Kino in der Lassenstraße hatten und ich hinterher zum Sender laufen mußte, um dort in einer Livesendung mitzuwirken. An der Tür des Funkhauses stand ein russischer Wachtposten. Er ließ mich sofort ein, aber Kurt Engel, den bekannten Xylophonisten, mit seinem Instrument nicht raus. »Instrument her«, befahl er. Der verzweifelte Engel irrte durch das Haus, um jemand zu finden, der ihm helfen konnte – er mußte anschließend noch zu einer anderen Vorstellung. Endlich erschien ein Redakteur, der den russischen Posten mit einem Glas Wodka in das nächste Zimmer lockte, und Engel konnte entfliehen.
Monate später gab es eine öffentliche Sendung, *Die Sorgenpause* mit den »Drei vom Funk«. Ich sollte die Nachmittagssendung ansagen und mußte meine ganze Conférence, so sauber wie möglich auf der Schreibmaschine getippt, vorher einreichen. Erst eine Stunde vor der Sendung bekam ich mein Manuskript zensiert zurück, mit unzähligen Strichen versehen. Man hatte mit dem Rotstift gewütet und vieles mißverstanden. So hielt man zum Beispiel Persil für Persien und strich den ganzen Absatz.
Ich wollte damals unter anderem ein Gedicht vortragen, das ich »Romanze in Romadour« nannte und das von zwei Käsemaden handelte, die sich ineinander verliebten und heirateten. Das Glück nahm ein jähes Ende, weil ein Käsemesser die Gattin Made in zwei Stücke teilte. »Da war es aus mit diesem Glücke«, hieß es in dem Gedicht, und die letzten beiden Zeilen lauteten: »So ist das Leben, hart und beese,/ein bißchen Glück und sehr viel Käse.« Ob Sie es glauben oder nicht, diese beiden Zeilen hat mir der russische Zensor auch gestrichen. Als ich ihn fassungslos fragte, warum er das getan hätte, zuckte er mit den Schultern und meinte: »Leben ist doch schön!« Zweifel daran wollte er nicht aufkommen lassen. Ich habe es aufgegeben, mit ihm zu diskutieren, wußte, daß man sowieso nicht schneiden konnte – es war ja eine Livesendung –, und habe jeden Satz gebracht, auch die gestrichenen, und kein Russe hat etwas davon gemerkt. Ich hatte wieder mal viel zu schnell gesprochen.
Zwei Jahre später saß ich dort sozusagen auf der Anklagebank. Wir, das heißt mehrere Textdichter, Komponisten und andere – wie man in jener Zeit sagte – Kulturschaffende, waren zu einem Gespräch in den Sender gebeten worden. Es kamen sehr viele, denn es gab Tee, Kekse

und Zigaretten. Nach einer kurzen Einleitung wurde über ein Lied diskutiert, das ich in der Revue *Melodie der Straße* für die Nicolets geschrieben hatte. Das wollte man nicht aufnehmen, weil die vier Sekretärinnen, die auf der Bühne an ihren Schreibmaschinen saßen, im Refrain sangen: »Hundertachtzig brutto,/das heißt Hundertfünfzig netto,/das heißt Arbeitszeit von 8 bis 17 Uhr./Das heißt 6.30 Uhr aufstehn/und ganz in der Arbeit aufgehn,/ doch die Arbeit interessiert uns nicht die Spur.« Das ging den Russen und ihren deutschen Genossen gegen das sozialistische Arbeitsethos. »Man schafft doch gern«, sagten sie, »ja, man freut sich darauf.«
Viele Künstler kamen nacheinander zu Wort, und am Schluß erhob sich mein Freund Theo Mackeben und hielt aus dem Stand ein kleines Referat. Er kam vom ungarischen über das polnische zum litauischen Volkslied, erwähnte fast alle europäischen Staaten und ihre Lieder und bewies, daß die meisten traurig, ja negativ waren und behauptete am Schluß seiner Rede, daß sein großer Schlager »Bei dir war es immer so schön« kein Hit geworden wäre, wenn man statt dessen gesungen hätte »Bei dir ist es immer so schön«.
Theo verteidigte mich rührend, aber es half nichts, mein Lied wurde vom Sender nicht aufgenommen. Das störte mich nicht weiter, ich wußte schon, daß der neugegründete RIAS unsere ganze Revue übernehmen würde.
Das einzige, was mich damals zum Funkhaus in der Masurenallee hinzog, war das neugegründete RBT, das Radio-Berlin-Tanzorchester. Bereits während des Krieges hatte man extra für die Sendungen, die man für die Alliierten ausstrahlte, das Deutsche Tanz- und Unterhaltungsorchester gegründet, das eine Zusammenstellung von hervorragenden Musikern war. Sie wurden fast alle vom RBT übernommen, und die Musik, die man von ihnen zu hören bekam, swingte, daß es eine reine Freude war. Michael Jary dirigierte im Wechsel mit Horst Kudritzky, später übernahm Erwin Lehn das Orchester, das im großen Sendesaal Konzerte veranstaltete. Als Bully Buhlan dort mit seinem eigenen Terrier auf dem Arm meine »Hundeballade« – Musik Adolf Steimel – vortrug, glaubte ich noch ganz fest daran, ein großer Schlagertextdichter zu werden. Detlef Lais, Peter Rebhuhn, Gerhard Wendland und Evelyn Künneke sangen beim RBT. Es war, zumindest bei diesen Konzerten, ein Vergnügen, etwas in oder aus der Masurenallee zu hören.

Radio Berlin, RIAS und überall Kabarett in der Viersektorenstadt

Eines Tages wurde ich nach Zehlendorf in die Milinowskistraße gebeten. Dort lernte ich Frau Dr. Gambke und Herrn Dr. Wallner-Basté kennen. Herr Katz-Karmer hatte mir dieses Treffen vermittelt, als er noch bei Radio Berlin war. Ich glaube, Miss Ruth Norden war auch dabei, wenn ich mich nicht irre, in Uniform.

Die Anwesenden erzählten mir, daß die Amerikaner demnächst einen eigenen Sender in ihrem Sektor etablieren wollten. Ich sollte da mitmachen. Natürlich war ich sofort begeistert, und wenige Tage später kam ich in das Fernamt in der Winterfeldstraße, in der der neue Sender, der zukünftige RIAS (Rundfunk im amerikanischen Sektor), sozusagen zur Untermiete wohnte. Mr. Ostertag und Mr. Schaechter waren schon da. Von beiden lernte ich, wie man Rundfunk macht. Dr. Wallner-Basté wurde Intendant und Frau Dr. Gambke Programmdirektorin. Ich sollte der Leiter der Kabarettabteilung werden, wollte es aber nicht, denn ich hatte mir angesehen, was sie im Archiv hatten und fand fast nur Platten von Alec Templeton und Kate Smith vor. Alle anderen waren für meine Zwecke nicht zu gebrauchen. Es kursierte zwar bereits eine Liste, auf der mein Name in der Rubrik Kabarett stand, aber mannhaft wie ich war, blieb ich bei meiner Ablehnung. Mit diesen, für die Berliner wenig attraktiven Zutaten konnte und wollte ich kein Funkkabarett machen. Später allerdings trat ich dort mit meinen Kollegen von den »Außenseitern« in öffentlichen Sendungen auf. Sie fanden in einem kleinen Saal – es war eigentlich mehr ein großes Zimmer – statt, und das Publikum bestand aus den Damen vom Fernamt, die gerade Pause hatten. Nach einer Viertelstunde mußten wir immer unterbrechen, das winzige Fenster öffnen, um Luft hereinzulassen, da die Damen sonst, wenn sie nicht gesessen hätten, umgefallen wären.

Der RIAS hieß damals noch DIAS – Drahtfunk im amerikanischen Sektor. Nach einigen Monaten zogen wir in die Kufsteiner Straße um.

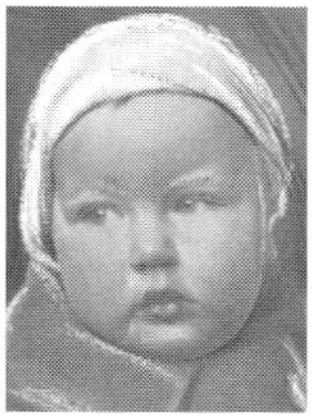

2 War ich nicht ein rundum gut genährtes Baby?
3 Ein typisches Paßfoto, 1936
4 Beim Reichsarbeitsdienst, 1940. Feierabend vor unserer Baracke in Krampf/Schlesien

1 Am Strand von Zoppot/Ostsee, 1920. Meine Eltern waren glücklich, und ich fühlte mich, mit Recht, wie neugeboren.

5 1934 gründeten meine Freunde und ich eine Band, wir nannten uns »Die Radauboys«. Ein treffender Name, meinten die betroffenen Nachbarn.

6 Unser »Zirkus Bender« macht Reklame auf dem Kurfürstendamm, 1947. In der Mitte Jonny, das Pony, unser Zugpferd, rechts Petra Peters und Günther Werner

7 »Die Außenseiter«, 1946. Zum ersten Mal auf einer richtigen Bühne und gleich zwischen zwei ebenso schlecht genährten Prominenten, Hans Nielsen und Hubert von Meyerinck. Rechts unten am Flügel unser Komponist Albrecht Nehring

3 Der Dichter liest eigene Werke, 1946.

Ende 1945 mit Gerhard Vinkler und Helmut Weiss bei ler Arbeit an der musikalischen Comödie »Herzkönig«

0 »Herzkönig« im Atelier, mit Valter Werner und den Funkspatzen«, 1948. Meine erste nd leider letzte Filmrolle

11 »Melodie der Straße«, 1947. Mit Anni Dobra auf dem Sofa. Sehe ich nicht wirklich wie ein Lebemann aus?

12 Lieselott, genannt Mummi, meine erste Frau, vor unserem Haus in Hemdingen/Holstein, 1955

13 Als Conférencier in der Neuen Scala am Nollendorfplatz, 1947

14 »Das Nachtgespenst«, 1953: Liselotte Pulver und Hans Reiser strahlen. Ich nicht! Es war einer meiner ersten, aber leider nicht besten Filme.

5 »Das einfache Mädchen«, 1956, entstand in usammenarbeit mit Dr. Eckart Hachfeld. Hier wird :aterina Valente von Rudolf Prack fristlos gekündigt, 'eil sie sich als »einfaches Mädchen« in sein Haus einge-:hlichen hat, obwohl sie eine bekannte Schlagersängerin t. Ihr Agent (Hans Olden) versucht vergeblich zu ver-ıitteln.

5 »Meine Tochter und ich«, 1962: Hier ahnt der ahnarzt (Heinz Rühmann) noch nicht, daß seine über lles geliebte Tochter (Gertraud Jesserer) einen Freund at, den sie heiraten will.

17 Uraufführung »Das Fenster zum Flur« von Flatow/Pillau im Berliner Hebbel-Theater am 30. Januar 1960. Rudolf Platte mit Inge Meysel, die mit dieser Rolle zur »Mutter der Nation« wurde.

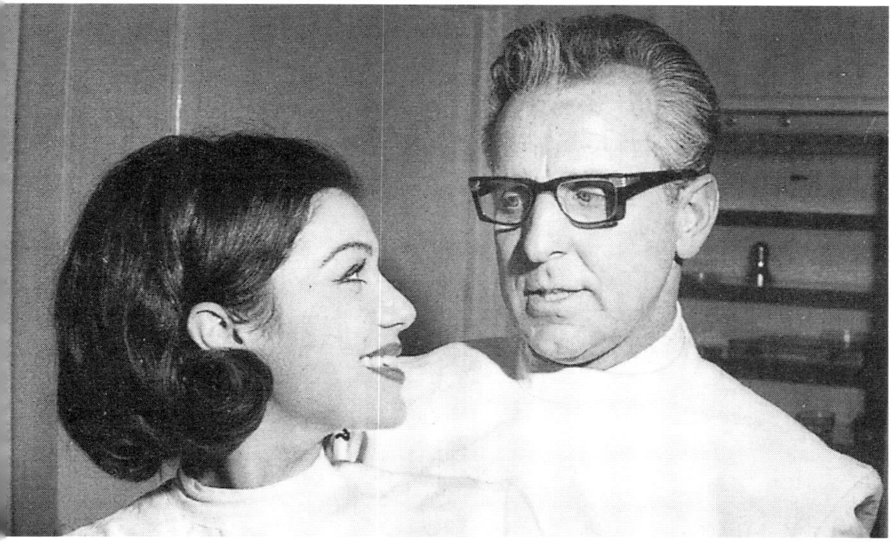

:/19 »Vater einer Tochter«: Probenpause mit Georg Thomalla, Hannelore Elsner und dem vorüber-
hend vollbärtigen Wolfgang Spier (oben) und Uraufführung am 29. Mai 1966 im Theater am
ırfürstendamm. Biggi (Hannelore Elsner) blickt ihren Vater (Georg Thomalla) verliebt an.

20 »Cyprienne oder Scheiden tut nicht weh«: Uraufführung im Kölner Theater am Dom am 29. Dezember 1966. Cyprienne (Monika Dahlberg) spielt mit dem Gedanken, sich Adhémar (Michael Hinz) als Liebhaber zuzulegen,...

21 ...während Emely Schiller, Dagmar Jordan, Dora Dorette, Monika Dahlberg, Rosemari Küh und Marianne Rogée musikalisch fragen: »Wo ist ein Ehemann?«

Der DIAS war nun nicht mehr auf Draht, hieß fortan RIAS und war von Anfang an *der* Berliner Sender. Es wurden viele Mitarbeiter engagiert, Ivo Veit und Werner Oehlschläger leiteten die Abteilung Unterhaltung, und für sie schrieb ich viele Stunden-Sendungen wie *Das muß man gelesen haben, Ein Spieß wird umgedreht, Zu herabgesetzten Preisen, Der Fortschritt schreitet fort, Urwaldkonten werden aufgewertet* und und und. Ivo Veit führte Regie, Hans Rosenthal war Aufnahmeleiter, und ab und zu stand ein junger Bursche, höchst interessiert lauschend, in einer Ecke: Horst Pillau. Wir nahmen nur nachts auf, und wenn ich mich recht erinnere, habe ich mich damals sehr darüber gewundert, daß der Junge schon so lange aufbleiben durfte.
Dann trat Inge Siegel auf den Plan, eine kleine, etwas mollige und sehr energische Person, die erste Frau von Ralph Maria Siegel. Sie wollte öffentliche Sendungen machen, und die fanden dann zuerst im Kleistsaal, später im Titania-Palast in Steglitz statt. Inge Siegel war mit Mr. Froman, einem der amerikanischen Offiziere, befreundet. Das war für uns Autoren von großem Vorteil, denn dadurch bekamen wir ab und zu ein Tütchen, gefüllt mit ein paar Kaffeebohnen, zugesteckt. Mr. Froman hieß eigentlich Frommermann und war einer der Gründer der legendären Comedian Harmonists.
Die Zusammenarbeit mit Inge Siegel war überhaupt überaus nahrhaft. Wenn wir uns zur Vorbesprechung im RIAS trafen, bekam ich in der Kantine ein amerikanisches Essen. Das Fleisch war meist aus der Büchse und der Mais aus der Dose. Der kulinarische Höhepunkt war der Nachtisch: ein Candy, so etwas wie ein Riegel Schokolade. Sie werden sich, wenn Sie jung sind, also die erste Nachkriegszeit nicht mehr miterlebt haben, wundern, wie oft ich über das Essen spreche, aber es gab ja für uns, die wir nicht geschoben haben oder besser gesagt, zu doof waren zum Schieben, auf Lebensmittelkarten so wenig, daß wir eigentlich immer Hunger hatten. Also bitte, halten Sie mich nicht für verfressen, obwohl Sie damit recht hätten.
Viel mehr Spaß als die reinen Hörfunksendungen machten mir allerdings die öffentlichen Veranstaltungen des RIAS im Titania-Palast, die vor vielen Zuschauern stattfanden. Denn da merkte man ja bei jedem Satz, was beim Publikum ankam.
Die erste große Sendung, die ich mit meinem Kollegen und Freund Bruno Balz schrieb, hieß *So leben wir*. Den Titel konnte man so schön kabarettistisch abwandeln, entweder sagte man etwas großkotzig: »So

leben *wir*!« oder stellte, weil es uns so schlechtging, die angenehm überraschte Frage: »So, *leben* wir?«
Bruno Balz war bereits vor und während des Krieges einer der erfolgreichsten Schlagertextdichter gewesen. Allein »Das kann doch einen Seemann nicht erschüttern« brachte ihm so viel Geld ein, daß er sich in Danzig ein Mietshaus kaufen konnte. Nun hatte er alles verloren und trat auch bei Henry Bender auf, wo er seine eigenen Lieder vortrug. Darunter war auch ein sehr trauriges Chanson, »Da oben hab' ich mal gewohnt«. Er wollte damit sagen, oder besser gesagt, singen, sein ehemaliges Zuhause wäre jetzt eine Ruine. Nachdem er fertig war, sich verbeugt hatte, kam ich auf das Podium und enthüllte, daß Brunos Berliner Wohnung im sechsten Stock völlig unversehrt geblieben war, und endete mit dem Satz: »Soviel über dichterische Phantasie.« Darüber wurde viel gelacht, aber Bruno war etwas beleidigt. »Das kannst du doch nicht machen, Kutte«, murrte er. Aber ich habe ihn davon überzeugt, daß die Wirkung seines Chansons dadurch nicht gemindert würde, ich hätte ja alles erst hinterher aufgedeckt.
Die zweite öffentliche Sendung hieß *Zelluloid und Liebe*, die ich zusammen mit R. A. Stemmle, dem bekannten Drehbuchautor und Filmregisseur, schreiben sollte. Adolf Steimel lieferte die Musik. Die Chansons waren längst fertig, wir saßen bei Inge Siegel zusammen, und da Stemmle immer mit ganz kleiner Schrift sein Notizbuch füllte, dachten wir, daß er die Zwischentexte schrieb. Das stimmte leider nicht, er arbeitete eifrig an dem Drehbuch für den Defa-Film *Affäre Blum*. Ich mußte dann ganz schnell auch noch die Zwischentexte schreiben.
Die dritte Titania-Veranstaltung hatte den Titel *Nichts Neues in der Liebe*, die ich zusammen mit Friedel Schuster conferierte. Neulich hat mir jemand ein Band davon zugeschickt, und da erkannte ich nur Friedels Stimme wieder, meine nicht. Ich habe mit heller Stimme, wie eine Kindertrompete, so laut und deutlich wie später nie mehr gesprochen. Was kein Wunder war, denn ich hatte Wochen vorher Sprechunterricht genommen. Da ich unbedingt Sänger werden wollte, nahm ich nach dem Krieg sogar Gesangsunterricht. Nach der fünften Stunde war die Lehrerin heiser, wir gaben auf, ich schrieb darüber eine Kurzgeschichte und verdiente damit das Geld, das die Gesangsstunden gekostet hatten.
In Berlin gab es einen amerikanischen Chimney-Sweep-Club, dessen Chef ein Mr. Potter war. Seine Sekretärin hatte einen Namen, der ein

höchst vielversprechender Komparativ war: Fräulein Geiler. Mr. Potter wollte eine »Schornsteinfeger-Revue« herausbringen. Die Besprechungen dazu dauerten immer sehr lange und fanden öfter als nötig statt, denn bei Mr. Potter zu Hause war es warm, es gab Kaffee, Kekse und Zigaretten. Wir saßen alle um einen runden Tisch, meine Kollegen Balz und Hermann Krause, die Komponisten Eisbrenner, Steimel und Winkler, Mr. Potter, Frl. Geiler, Inge Siegel und ich. So entstand die RIAS-Revue *Wir bringen Glück*.

Die Proben begannen. Ich sollte unter anderem auch einen Sketch schreiben und hatte versprochen, mit dem fertigen Manuskript im Titania-Palast zu erscheinen, war aber, wie fast immer, nicht fertig geworden und behauptete leichtsinnigerweise, daß meine Schreibmaschine versagt hätte. Darauf meinte die resolute Inge Siegel: »Flatolini« – so nannte sie mich immer, weil ich mit Worten jonglierte –, »Flatolini, das macht überhaupt nichts, gehen Sie nach draußen in die Garderobe, da sitzt unsere Sekretärin, der können Sie den Rest gleich in die Maschine diktieren.«

Und wirklich, mich küßte zwar nicht die Sekretärin, sondern die Muse, eine halbe Stunde später war der Sketch fertig und konnte probiert werden. »Reportage auf dem Dach« nannten wir ihn. Ewald Wenck war der Schonsteinfegermeister, Georg Thomalla der Lehrling, ich der Reporter und Wolfgang Müller der Tonmeister, dessen Wagen, wie man annehmen sollte, unten vor dem Haus stand. Wolfgang kam immer mit einer Leiter aus dem leeren Orchesterraum auf die Bühne und meldete, daß mit dem Ton etwas nicht stimmte und wir die Reportage wiederholen müßten.

Ich begann mit dem Satz »Liebe Hörerinnen und Hörer, wir stehen mit unserem Mikrofon auf dem Dach eines Berliner Mietshauses, um die Arbeit unserer Schornsteinfeger zu beobachten.«

Ewald Wenck hatte daraufhin zu sagen: »Ah, der RIAS besucht uns ...«, und Thomalla fügte hinzu: »Und schon so früh!« Mit diesem Satz hatte er, was wir gar nicht erwartet hatten, bei der Vorstellung immer einen Riesenlacher. Und so brachte ihn Thomy dann an allen möglichen Stellen des Dialoges an, ob er paßte oder nicht.

Ich hatte als Reporter einen Hut auf, dessen Futter am Schluß völlig durchgeschwitzt war, weil ich immer wieder krampfhaft versuchte, die Handlung des Sketches voranzutreiben.

Diese »Reportage auf dem Dach« habe ich dann später in die KadeKo-

Revue *Jeder gegen jeden* übernommen. Georg Thomalla spielte wieder den Lehrling, Hans Leibelt den Meister und Willi Rose den Reporter. Der Sketch dauerte bei der Premiere etwa elf Minuten, vierzehn Tage später schon zwanzig Minuten. So oft sagte Thomy »Und schon so früh!«, und so viel wurde darüber gelacht.
Als ich 1946 bei Henry Bender auftrat, bereitete ich eine große Veranstaltung für die Heimkehrerhilfe vor, die der RIAS übertragen wollte. Ich war damals mit einer jungen Dame befreundet, mit der ich eines Tages nach der Vorstellung verabredet war. Ich hatte plötzlich keine Lust, versteckte mich in der Garderobe und ließ ihr bestellen, daß ich schon nach Hause gegangen wäre, weil ich starke Halsschmerzen hätte. Ich hatte natürlich keine. Aber als ich nachts aufwachte, konnte ich plötzlich nicht mehr schlucken, hatte hohes Fieber, und am nächsten Morgen fiel mir sogar das Atmen schwer. Der nette Hals-Nasen-Ohren-Arzt Dr. Kroske kam, schnupperte, genau wie weiland unser Sanitätsrat, und stellte sofort die Diagnose: Diphtherie.
Der Krankenwagen wurde bestellt, traf auch ganz schnell ein, und dann kam ein einzelner Sanitäter die Treppe herauf, ohne Trage, um mich abzuholen. Ich dachte, daß er mich auf den Arm nehmen wollte, und das wollte er wirklich, weil er glaubte, ein Kind wäre erkrankt. Rasch ging er wieder runter, um die Trage zu holen, beförderte mich, mit Hilfe meines Bruders, in den Wagen und fuhr mit mir ins Gertrauden-Krankenhaus. Dort landete ich in der Infektionsabteilung, bekam Hammel-Serum gespritzt, und jeder, der mit mir reden wollte, mußte draußen, in gebührendem Abstand, auf dem Rasen stehen, und so holte sich Franz Otto Krüger, der die Heimkehrerhilfe-Veranstaltung übernahm, Informationen. Die Stationsärztin war übrigens eine bildhübsche junge Frau, kaum älter als ich, und ich verliebte mich sofort in sie. Sie hörte mein Herz ab, überhörte aber, daß es für sie schlug.
Nun lag ich da und mußte drei negative Abstriche haben, um als geheilt entlassen zu werden. Ich machte alles mögliche, ließ mir Cognac bringen, gurgelte damit, aß scharf eingelegte Heringe, und dann waren endlich die ersten beiden Abstriche negativ. Der dritte wurde gemacht. Ich wartete sehnsüchtig auf das Resultat, das negativ sein mußte. Die katholische Schwester kam ins Zimmer und teilte mir bedauernd lächelnd mit, daß dieser entscheidende Abstrich leider positiv wäre. Ich war völlig geknickt, denn ich hatte schon ein Engagement für den nächsten Monat angenommen, und jetzt mußte ich wieder auf drei ne-

gative Abstriche hintereinander warten. Ich habe in dieser Nacht kein Auge zutun können.
Am nächsten Morgen kam dieselbe Schwester ins Zimmer und verkündete fröhlich, der dritte Abstrich wäre natürlich negativ gewesen und ich könne in den nächsten Tagen nach Hause gehen. Ich muß ehrlich zugeben, daß ich diese barmherzige Schwester in diesem Augenblick gern ganz unbarmherzig erschlagen hätte.
Inzwischen hatte sich auch Willi Schaeffers wieder gemeldet. Er und sein Kabarett der Komiker waren monatelang mit einem bunten Programm und der Revue *Himmeldonnerwetter* durch halb Berlin gezogen, von einem Saal in den anderen. Nun hatten sie endlich wieder ein festes Haus gefunden. Die heutige große Disco »Metropol« am Nollendorfplatz war damals die »Neue Scala«, ein Kino, in dem oft vor dem Film ein kleines Programm lief. Unterhalb der Scala, im ersten Stock des Gebäudes, gab es einen Billardsaal, der für das Kabarett der Komiker umgebaut wurde. Der Raum war rechteckig, und an einer der beiden breiten Seiten wurde die schmale Bühne installiert. Mitten im Raum standen zwei mächtige Pfeiler, an denen Scheinwerfer angebracht wurden. Die Pfeiler störten empfindlich, da dahinter keine Zuschauer sitzen konnten, wenn sie nicht nur ein Hörspiel erleben wollten. Einige Jahre später wurden die Pfeiler ausgebaut, von allen Plätzen hatte man freie Sicht, aber die Atmosphäre des Saales war hin.
Der Weg zur Kantine führte über einen großen Hof, und dort konnte man noch lange Zeit die Ruine des Theaters am Nollendorfplatz sehen. Der Bogen des Proszeniums stand noch, und jedesmal, wenn ich vorbeiging, mußte ich an die Vorstellung der *Nacht in Venedig* denken, die ich im Krieg extra besuchte, weil Georg Thomalla dort mitwirkte, und ausgerechnet an diesem Abend war ein anderer für ihn eingesprungen.
Der Abriß eines Theaters stimmt mich immer traurig. Ich weiß noch, daß ich, als ich als Lehrling durch die Charlottenstraße ging, zusehen mußte, wie das »Berliner Theater« dem Arbeitsamt wich. Wie viele schöne Aufführungen hatte ich dort erlebt. Traurig stimmt es mich übrigens auch, wenn nach einer langen Vorstellungsserie auf der Bühne die Kulissen abgerissen werden. Es hat so was Endgültiges.
Im Kabarett der Komiker am Nollendorfplatz lief schon mehrere Monate lang die Revue *Ach, du liebe Zeit* von Michael Freytag – das war das Pseudonym von Günter Schwenns Lebensgefährtin, aber jedes Wort

klang nach Günter. Die Musik hatte Heino Gaze geschrieben, der mit Ulla Harnisch an zwei Flügeln die Revue begleitete.
Die Revue *Himmeldonnerwetter* war von denselben Autoren, und ich sehe heute noch die bezaubernde Friedel Schuster an der Rampe stehen, ihr großes Chanson »Ich bin für alle da und nicht für einen« singen und hinter ihr Georg Thomalla auf eine Fußbank klettern, um so groß wie sie zu sein. Die Schuster wußte lange nicht, was hinter ihr vorging, erst als Hupsi von Meyerinck einmal in der Vorstellung war und unüberhörbar lachte, drehte sie sich um, entdeckte den verlängerten Thomy, und dann gab es hinter der Szene einen Riesenkrach. Friedel Schuster war eine wunderschöne Frau mit einem feingeschnittenen Gesicht, aber wenn sie wütend war, wurde ihre Stimme schneidend und die Ausdrücke, die sie gebrauchte, waren alles andere als fein.
In der Revue *Ach, du liebe Zeit*, deren Handlung durch die ganze Weltgeschichte führte, von Adam und Eva bis heute, geschah etwas Ähnliches, aber mit umgekehrten Vorzeichen. In der Haremsszene sangen Georg Thomalla und Madeleine Lohse vorne an der Rampe ein Duett, und beide freuten sich, daß sie so gut ankamen, ohne zu ahnen, worüber das Publikum lachte. Günter Keil, als Haremswächter verkleidet, tat die ganze Zeit so, als ob er sich mit dem großen hölzernen Krummsäbel die Nägel reinigte. Ich habe mir, als ich seine Rolle übernahm, nicht die Nägel gereinigt, jedenfalls nicht auf der Bühne und schon gar nicht mit einem Krummsäbel.
Günter Keil war viel schnoddriger als ich, ein echter Berliner, mit einer gehörigen Portion Mutterwitz ausgestattet. Er hatte viel größere Lacher als ich, und wenn ich mit ihm in einem Programm auftrat, sorgte ich immer dafür, daß ich vor ihm drankam, nach ihm wäre ich, wie man so schön sagt, abgestunken. Ich hielt Günter lange Zeit für kaltschnäuzig, mußte meine Meinung aber viel später revidieren. Wir saßen Ende 1986 zusammen bei einer Party, die von den »Stachelschweinen« Andrea Brix und Rolf Ulrich veranstaltet wurde, und ich erzählte Günter, daß ich große Angst vor meiner Herzoperation hätte. Er tröstete mich, sprach mir Mut zu. »Es wird schon alles gut werden, Kutte«, sagte er. Zwei Wochen später war er tot. Er wußte damals bereits, daß er sterben würde, aber er ließ sich nichts anmerken, hatte alles geregelt und wollte nicht im Krankenhaus an die vielen Schläuche angeschlossen werden, mit denen man leider oft unnötig ein Leben verlängert.
Nun stand ich also Abend für Abend auf der Bühne des Kabaretts der

Komiker – was heißt nur abends, sonnabends, sonntags und mittwochs hatten wir noch eine Nachmittagsvorstellung, sonntagmorgens eine Matinee und samstagabends meistens eine Nachtvorstellung in irgendeinem Kino.
Den Anfang machte immer die kleine Tanzgruppe des KadeKo, ich stand wartend an der Seite, ließ von unserer Garderobiere rasch noch meinen Anzug kontrollieren, denn ich wußte damals schon, daß jeder Fussel, jeder Fleck sofort die Aufmerksamkeit des Publikums auf sich zieht und von der Darbietung ablenkt. Es gab mal einen Komiker, von dem Willi Schaeffers immer sagte, er hätte ihn »vom Fleck weg« engagiert.
Die Damen der Tanzgruppe knicksten, gingen ab, und ich mußte auf die Bühne, das Publikum begrüßen und schoß dabei ein paar aktuelle Pointen ab. Einige brachten mir Ärger ein. Eines Tages fuhr die Straßenbahn der Linie 76 mit zwei Anhängern den Kurfürstendamm entlang. Ich griff das sofort auf und erzählte, daß die Bahn zur Zeit mehr Anhänger hätte als die LDP – Vorläufer der FDP –, worauf sich die leitenden Herren der Partei sofort bei Schaeffers beschwerten. Am nächsten Tag ließ ich diese Pointe weg, erzählte aber von der Beschwerde und fügte hinzu, daß sie auf einer Vollversammlung der Parteimitglieder, die in dem kleinen Hinterzimmer einer Kneipe stattgefunden hatte, beschlossen worden war. Natürlich gab es wieder Ärger. Parteien besitzen wenig Humor, daran hat sich bis heute nichts geändert.
Im zweiten Teil lief dann die Revue. Thomalla und Madeleine Lohse mußten sich mindestens vierzehnmal umziehen. Das ging hinter zeltartigen Verschlägen vor sich, die sich auf der Seitenbühne befanden. Ich hatte sieben Umzüge und erinnere mich nur daran, daß ich im letzten Bild ein langes weißes Nachthemd trug, an dem hinten Flügel angebracht waren. So als Erzengel verkleidet, wies ich Adam und Eva aus dem Paradies. Am Schluß mußte ich mich blitzschnell umziehen, um noch in meinem einzigen dunklen Anzug zum Finale auf der Bühne zu erscheinen. Von diesem Finale träume ich selbst heute noch. Ich trete mit dem richtigen Fuß an und singe: »Das Leben fängt noch einmal an, noch einmal ganz von vorne an«, aber dann weiß ich im Traum nicht mehr, wie es weitergeht. Jedesmal wache ich schweißgebadet auf. Damals konnte ich meinen Text natürlich.
Dadurch, daß ich fast immer abends auf der Bühne stand, kam ich kaum ins Theater und habe viele interessante Aufführungen nicht se-

hen können. Nur bei Hubert von Meyerinck war ich, im Hebbel-Theater, und erlebte dort zum ersten Mal die schon erwähnte *Dreigroschenoper*. In der Regie von Karl Heinz Martin spielte eine großartige Besetzung: Kate Kühl, Roma Bahn, Reva Holsey, Hans Leibelt und viele andere Prominente waren dabei. In der Pause ging ich in Hupsis Garderobe, gratulierte ihm und sagte, wie sehr ich ihn, gerade in dieser Rolle, bewunderte, in der er doch einen Kerl von einem Mann darstellte. Hupsi guckte mich kurz an: »Wieso?« fragte er. »Hat man was gemerkt?«
Dann habe ich, ebenfalls im Hebbel-Theater, Molnárs *Liliom* gesehen. Hans Albers spielte die Titelrolle. Er war hinreißend. Die Eintrittskarte habe ich übrigens von ihm bekommen, denn kurz vorher hatte ich ihn kennengelernt. Der Komponist Werner Eisbrenner, der auch die Musik zu dem Albers-Film *Große Freiheit Nr. 7* geschrieben hatte, brachte mich zu ihm in die Wohnung, weil wir eine Rundfunksendung über ihn schreiben sollten. Albers empfing uns in einer Pyjamajacke, über der er einen schicken Dressing-gown trug. Obwohl es vormittags war, mußten wir sofort etwas trinken und rauchen, Albers hatte alles da. Eisbrenner brachte eine Platte mit, die Albers besungen, aber noch nicht gehört hatte. Auf dem Fußboden stand ein kleines Koffergrammophon, das man mit einer Kurbel aufziehen mußte, und dann hörten wir »Beim ersten Mal, da tut's noch weh«. Albers war ganz begeistert von sich. »Der Junge ist gut, den engagieren wir!« rief er immer wieder. Anschließend unterhielten wir uns über die Funksendung, die übrigens nie zustande kam. Wir verabschiedeten uns und als wir wieder auf der Straße standen, öffnete sich oben ein Fenster. Albers lüpfte seinen Dressing-gown und winkte uns mit seinem besten Stück zu. »Otto-Otto will auch auf Wiedersehen sagen!« schrie er fröhlich. Wir wurden knallrot, guckten uns verstohlen an, aber zum Glück war kein Mensch außer uns auf der Straße zu sehen.
Victor de Kowa, der damals im Renaissance-Theater bunte Programme herausbrachte, engagierte die »Außenseiter«. Wir sollten den zweiten Teil eines Abendprogramms füllen, den ersten Teil würde der großartige Charaktertänzer Erwin Hoffmann bestreiten. Der war übrigens seines schlimmen Beines wegen vom Wehrdienst befreit gewesen. Victor de Kowa wollte mich kennenlernen, bat mich in sein Büro, sah mich lange an, zuerst, glaube ich, ein wenig befremdet. Dann fiel ihm etwas ein: »Könnten Sie sich nicht eine Brille besorgen, es braucht ja nur et-

was mit Fensterglas zu sein, damit man Ihnen glaubt, daß Sie das geschrieben haben.« Ich habe neulich Fotos aus der Zeit gefunden und fand, daß ich so dämlich gar nicht ausgesehen habe, wie mich de Kowa sah.

Im selben Jahr verfilmte Artur Brauner unsere musikalische Komödie *Herzkönig*. Helmut Weiss führte Regie, Hans Nielsen spielte die Titelrolle, seine Partner waren Sonja Ziemann, Georg Thomalla, Lisa Lesco und Aribert Wäscher. Wegen der Stromsperren wurde nur nachts gedreht. 1946/47 war einer der kältesten Nachkriegswinter. Das Atelier in der Tempelhofer Oberlandstraße war jede Nacht voll von Gästen, die sich aber weniger für die Dreharbeiten interessierten, sie wollten sich nur aufwärmen.

Ich hatte in dem Film auch einen winzigen Part als Lehrer, der dem König mit den »Funkspatzen« musikalisch gratulierte. In dieser Nacht war zufällig der Pressetermin. Ich wurde von allen Seiten fotografiert, zweimal sogar gezeichnet. Aber es erschien weder ein Foto noch eine Zeichnung von mir in der Zeitung, weil man herausgefunden hatte, daß meine Rolle nur aus drei Sätzen bestand. Gerhard Winkler und ich hatten für den Film extra noch einen Foxtrott geschrieben: »Wer denkt in seiner Hochzeitsnacht ans Schlafen.« Die Nummer wurde aber kein Schlager, sie war so, wie der ganze Film, mittelmäßig, brachte uns keinen Ruhm ein, Brauner dafür aber viel Geld, denn *Herzkönig* wurde in Reichsmark gedreht, kam erst nach der Währungsreform heraus und spielte DM ein.

Wilhelm Bendow – Sie erinnern sich doch: »Wo laufen sie denn, wo laufen sie denn? Ach, ist der Rasen schön grün« –, der in dem Film einen Minister spielte, mußten wir mehrmals nachts in verschiedenen Kneipen suchen. Aber wenn wir ihn dann gefunden hatte, konnte er seinen Text. Er klang zwar etwas bedudelt, aber das störte bei ihm nicht, im Gegenteil.

Im Sommer 1947 feierte Wilhelm Bendow auf der Bühne der Neuen Scala sein 40jähriges Bühnenjubiläum. Er stieß mit jedem Gratulanten an, trank sein Glas jedesmal aus und war nach dem zwölften Harten so betrunken, daß er Witze zu erzählen begann, die selbst für Matrosenheime zu unanständig waren. Die Direktion brachte ihn schnell nach unten ins Casino, und die Vorstellung zu seinen Ehren ging ohne ihn weiter.

Wir »Außenseiter« hatten ihm auch gratuliert, saßen später im Casino

an seinem Tisch, er an der Stirnseite, ich unglücklicherweise direkt neben ihm, links von mir Hupsi. Bendow fixierte mich, ich schien ihm zu gefallen: »Mein Gott, hast du einen sinnlichen Mund«, sagte er mehrmals, »gib mir einen Kuß.« Ich suchte verzweifelt nach einem Loch im Boden, in dem ich verschwinden konnte, der Boden tat sich aber leider nicht auf. Nach dem siebten Antrag von Bendow schlug Hupsi auf den Tisch, daß die Gläser hochsprangen: »Laß das«, schrie er, »hat doch gar keinen Zweck. Der Flatow ist doch ganz verfummelt mit Weibern!«
Mit Hupsi blieb ich befreundet, auch nachdem unsere »Außenseiter« kurz nach Beginn der Proben zum zweiten Programm auseinandergegangen waren. Alle hatten Theater- oder Filmverpflichtungen, und dabei verdiente man mehr, denn wir waren ja eine Art Kollektiv. Jeder von uns bekam pro Vorstellung 150 Reichsmark, und dafür konnte man sich damals nicht viel kaufen.
Hupsi mochte die Frauen, mit vielen war er eng befreundet, aber er hatte nichts mit ihnen. Daraus machte er kein Geheimnis. Wenn er von anderen sprach, die sexuell in der gleichen Lage waren, meinte er immer: »Ach, der ist auch unglücklich veranlagt.« Und dann lächelte er ironisch. Hupsi konnte so viel von der großen Theaterzeit und seinen berühmten Kolleginnen und Kollegen erzählen, und man hatte mit ihm viel zu lachen. Er war einer der meistbeschäftigten Schauspieler. Seine Vollglatze – »Dieser Yul Brynner kopiert mich«, sagte er später oft – glänzte in vielen Filmen, die meist gar nicht so gut waren – bei einigen hatte ich auch am Drehbuch mitgewirkt. Hupsi mußte hauptsächlich liebenswürdig oder hämisch grinsen, meckernd lachen oder hektisch reagieren. Er war festgelegt, wie so viele andere Schauspieler. Die Leute lachten über ihn, das war für die Produzenten die Hauptsache, und so wurde er – wie wir sagen – verbraten.
Im Theater konnte er zeigen, was für ein guter Schauspieler er war. Ich habe ihn in vielen Rollen bewundert, und eine werde ich nie vergessen. Gleich nach dem Krieg sah ich Sternheims *Snob* im Deutschen Theater. Ich war eigentlich nur hingegangen, um Gustaf Gründgens zu erleben, und als ich wieder rauskam, war ich von Paul Bildt als Vater Maske geradezu hingerissen. Viele Jahre später kam der *Snob* am Renaissance-Theater heraus, und Boy Gobert spielte die Titelrolle. Er war gut, aber den größten Eindruck machte auf mich Graf Pahlen. Den spielte Hubert von Meyerinck. Er begeisterte in dieser Rolle das Publikum, die Presse und natürlich auch mich.

Zum letzten Mal begegnete ich Hupsi 1970 in der Münchner Kleinen Komödie im Bayerischen Hof. Rudolf Platte spielte dort mein Stück *Das Geld liegt auf der Bank*. Vom Bühneneingang in der Passage führte eine lange steile Treppe nach oben zu den Garderoben. Hupsi war in der Vorstellung gewesen, kam langsam, ja mühsam die Treppe herauf. Er war lange krank gewesen, winkte mir zu, gratulierte zum Stück, und als er ganz oben war, rief er triumphierend: »Die anderen Komiker haben schon geglaubt, daß sie meine Rollen spielen können, aber ich bin wieder da!«
Lange leider nicht mehr. Ein halbes Jahr später, im Frühjahr 1971, erfuhren wir, daß er am 13. Mai gestorben war. Wir sind alle sehr traurig gewesen und wollten ihm natürlich die letzte Ehre erweisen. Die Reise zu seiner Beerdigung und die Trauerfeier, bei der Hupsi, der uns in so vielen komischen Nebenrollen amüsiert hatte, die Hauptrolle spielte, war ein Film für sich.
Loni Heuser und ich flogen mit der PanAm nach Hannover. Dort erwartete uns Hans Raspotnik, ein Mann, der viele Filme produziert hatte und herrlich erzählen konnte, was er alles erlebt hatte – dabei hatte er das gar nicht alles erlebt, was er erzählte. Seine Phantasie blühte und blühte, als Autor wäre er ein zweiter Konsalik geworden. Der braungebrannte Raspotnik hatte den Chef des Flughafens alarmiert, der uns begrüßte, als ob wir Staatsgäste wären. Es fehlte eigentlich nur der rote Teppich. Dann fuhr uns Raspotnik zu dem kleinen Ort, in dem die Trauerfeier stattfand.
»Hans, wovon bist du so braun?« fragte Loni, als wir über die Autobahn fuhren.
»Vom Tennis!« antwortete Raspotnik. »Ich spiele doch jeden Mittag Tennis.«
Loni blickte ihn besorgt an: »In der Sonne? Bist du verrückt? Da kannst du doch einen Sonnenstich bekommen.«
»Keine Angst, Puppele«, Raspotnik lächelte überlegen, »ich trage immer eine Mütze. Da kann nichts passieren.«
Als wir in dem kleinen Café saßen, in dem wir uns vor der Trauerfeier stärkten, mußte Raspotnik Farbe bekennen. Der Kragen seines Oberhemds war braun gefärbt. Er hatte sich doch tatsächlich, nur um bei Loni Eindruck zu schinden, mit einer Bräunungscreme eingerieben.
Raspotnik wechselte schnell das Hemd, und dann gingen wir in die kleine Dorfkirche. Sie war voll von Freunden und Verwandten, viel

Adel und einige Schauspielerinnen und Schauspieler. Alle kannten Hupsi gut und wußten von seiner Veranlagung. Auf den Kirchenbänken lagen die Noten und Texte der Lieder, die gesungen werden sollten. Wir wischten uns einige Tränen aus den Augen, und dann begann der ahnungslose junge Pfarrer mit seiner Trauerrede. Wir schwiegen zuerst ergriffen, aber dann sagte er plötzlich: »Hubertus von Meyerinck hatte soviel zu tun, ging so in seinem Beruf auf, daß er keine Zeit fand, eine Familie zu gründen.« Da wurde es einen Augenblick lang still im Raum. Alles starrte auf die Noten, keiner sah den anderen an. Man biß sich auf die Lippen, und dann geschah das Wunder. Allen gelang es, ihr Lachen zu unterdrücken. Ich guckte auf den Sarg. Wenn es so etwas wie ein Leben nach dem Tod geben sollte, hätte unser Hupsi in diesem Augenblick ganz laut gelacht.

Ein paar Jahre davor hatte Hupsi die Trauerrede für Hans Nielsen gehalten. Er erzählte von der Zeit, in der er mit seinem Freund in der Dahlemer Bitterstraße wohnte, wo sie auch zusammen gekocht hatten. Schluchzend sagte Hupsi: »Es war die schönste Zeit meines Lebens.« Er sprach auch von uns »Außenseitern«. Für mich war es ein ganz merkwürdiges Gefühl, bei einer Beerdigung meinen Namen zu hören. Hupsis Rede war erschütternd. Man merkte, wie nahe ihm der Tod seines Freundes gegangen war. Als wir später alle dem Sarg zum Grab folgten, stand Hupsi etwas weiter weg, sichtlich erleichtert. Er hatte die Rede hinter sich, ihm war ein Stein vom Herzen gefallen. Er strahlte mich stolz an und rief: »Hast du gehört? Ich habe unsere ›Außenseiter‹ erwähnt!«

Doch zurück zu dem strengen Winter 1946/47. Viele Menschen erfroren, Wärmestuben wurden eingerichtet, im Grunewald und im Tiergarten buddelte man mühevoll die letzten Stubben aus, viele zerschlugen ihre Möbel, um ein bißchen heizen zu können. Kohlen gab es kaum, mein tüchtiger Bruder besorgte uns eine Art Kohlenersatz. Das war irgend etwas Zusammengepreßtes, das beim Brennen sehr qualmte. Wir hatten zwar jetzt einen Ofen, aber das Rohr ging nach draußen. Wenn der Wind wehte, blies er das Feuer aus, und das Zimmer war voller Rauch.

An drei Sonntagen hintereinander conferierte ich in der Neuen Scala Matineen mit dem Orchester Kurt Hohenberger und der Sängerin Liselotte Malkowsky. Das Publikum – der Saal war ausverkauft – saß in Mänteln im Zuschauerraum, und ich werde nie die Geräusche vergessen, die klatschende Hände in Handschuhen produzieren.

Bei Willi Schaeffers im KadeKo kam eine alte Revue heraus, die wir neu aufpäppeln mußten. Ich hatte sie schon während des Krieges im großen Haus am Lehniner Platz gesehen. Der Text war von Aldo von Pinelli, die Musik von Peter Kreuder. *Es war einmal* hieß die Märchenrevue, und ich höre noch heute, wie Willi Schaeffers über den Lautsprecher verkündete, in diesem Augenblick betrete der Kompositeur und musikalische Leiter Peter Kreuder den Saal. Er wurde von einem Scheinwerfer zu seinem Platz am Flügel begleitet, gab das Zeichen zum Einsatz, dirigierte und spielte, und ich sehe noch Georg Thomalla und Eva Wolter auf der Bühne tanzen und im Duett singen: »Ich möchte dein Rotkäppchen sein und ich dein böser Wolf, Wolf, Wolf!« Die Brüder Grimm waren am Lehniner Platz Karl Etlinger und Willi Schaeffers gewesen, jetzt wurden sie von Schaeffers und Joe Furtner gespielt. Ich hatte mir eine eigene Szene geschrieben, nach dem Märchen »Von einem, der auszog, das Fürchten zu lernen«. Aber natürlich mußte ich auch andere Rollen spielen, war einer der sieben Zwerge, neben Wolfgang Müller, Erwin Hoffmann, Joe Furtner und den Damen des Ensembles. Im »Tapferen Schneiderlein« war ich der Hofmarschall. Dafür mußte ich mir eine Glatze kleben. Heute hätte ich das nicht mehr nötig.
Der große Walter Felsenstein führte Regie und legte Wert darauf, daß sein Name nicht im Programm genannt wurde. Und das war besser so. In seiner Komischen Oper war er am Platz, da hatte er ab Ende 1947 mit Recht große Erfolge, von denen man noch heute spricht. Für das Kabarett der Komiker war er nicht der richtige Regisseur. Er komplizierte alles und verlangte zuviel.
Im Sterntalermärchen war ich einer der Räuber und mußte mit meinen Kollegen über die Rampe ins Parkett springen und mit einer Flanke wieder zurück auf die Bühne. Nach der fünften Probe gab ich die Rolle ab. Ich war nie ein Sportler und fühlte mich überfordert. Zur Strafe mußte ich dann während der ganzen Proben neben Felsenstein sitzen und Dialoge ändern. Zwei Wochen vor der Premiere reiste er nach Wien und inszenierte einen Klassiker. Joe Furtner leitete die letzten Proben, und als Felsenstein sechs Wochen später sich die Revue ansah, erkannte er sie nicht wieder.
Während der Serie kam es eines Abends zu einem großen Krach. Erwin Hoffmann, dem man alles vorwerfen konnte, aber nicht, daß er viel Humor besaß, spielte das Tapfere Schneiderlein. Er sang an der Rampe ein Chanson, und dann passierte etwas, woran ich – ich schwöre es –

anfangs keine Schuld trug. Ich hatte mir zwei elegante Schnurrbarthälften unter die Nase geklebt, eine davon löste sich plötzlich und fiel herunter. Es gab einen großen Lacher. Ich bückte mich, hob sie auf und drückte sie mir wieder unter die Nase, worauf die andere Schnurrbarthälfte auf dem Boden landete. Das Publikum bog sich vor Lachen. Ich merkte, wie das ankam, und – das muß ich zu meiner Schande gestehen – ich wiederholte die Prozedur noch zweimal. Natürlich hörte kein Mensch mehr Erwin Hoffmann zu. Georg Thomalla, der an dem Abend im Parkett saß, konnte sich gar nicht mehr einkriegen und sein Lachen war nicht zu überhören. Hoffmann ging einfach ab und behauptete hinterher steif und fest, das hätten Joe Furtner und ich alles mit Thomalla verabredet. Wütend schwor er uns, nie wieder das tapfere Schneiderlein zu spielen.

Am nächsten Abend wollte Wolfgang Müller, der die Rolle übernehmen sollte, sich das Kostüm holen. Erwin Hoffmann riß es ihm aus der Hand und spielte natürlich wieder das Tapfere Schneiderlein. Ich hatte mir die beiden Schnurrbarthälften vorsichtshalber mit besonders viel Mastix befestigt. Sie hielten jetzt, aber ich bekam davon eine Hautentzündung und mußte mich von Dr. Peiser, dessen Praxis am Kurfürstendamm lag, behandeln lassen. Sein Sohn wurde übrigens Schauspieler und war später in Hannover mein »Mann, der sich nicht traut«. Alle Patienten, die sich im Wartezimmer befanden, versteckten ihre Köpfe hinter Zeitungen, denn einen Arzt für Haut- und Geschlechtskrankheiten aufzusuchen, war damals höchst verdächtig. Jeder vermutete, der andere hätte etwas, und die meisten hatten auch etwas. Die Geschlechtskrankheiten grassierten in den ersten Nachkriegsjahren, und an jeder Litfaßsäule hing ein Plakat mit der warnenden Aufschrift: »Kennt Ihr Euch überhaupt?« Aber es gab ja Penicillin, man wurde gesund, obwohl einige Leute meinten, daß jede Gonorrhoe zu heilen sei, nur die erste nicht. Die jungen Leute lieben heute gefährlicher, ich beneide sie nicht.

Während im KadeKo die Revue *Es war einmal* über die Bretter ging, lief oben, in der Neuen Scala, der Bing-Crosby-Film *Going my way/Der Weg zum Glück*. Da das Kino andere Anfangszeiten hatte, konnte Willi Schaeffers nach oben steigen und das Vorprogramm conferieren. Die entzückende Ingeborg von Kusserow sang dort unter anderem: »Du bist zwar nicht Clark Gable/und ich nicht Myrna Loy,/trotzdem hab' ich ein Faible/für dich und bleib dir treu.« Der Text war von ihrem da-

maligen Mann, Percy Graf Welsburg. Adolf Steimel hatte die Musik dazu geschrieben und begleitete Ingeborg mit einem kleinen Orchester. Die Elskamp-Brothers waren mit im Programm, und wenn ich mich nicht sehr irre, auch der Mundharmonikavirtuose Eddy Unger.
Schaeffers erkrankte plötzlich, ich mußte einspringen und sollte unbedingt im Smoking auftreten. Den besaß ich nicht. Ich raste durch sämtliche Frack- und Smokingverleihe in Berlin, aber alles, was sie dahatten – es war nicht sehr viel –, paßte mir nicht. Im letzten Augenblick ergatterte ich einen zweireihigen schwarzen Anzug, gebraucht, aber gut erhalten. Er kostete 3000 Reichsmark, und mein Bruder mußte ihn mitfinanzieren.

Mit weißem Hemd und Fliege sah ich sehr festlich aus. Ich legte mir schnell etwas zurecht und begrüßte am nächsten Abend das Publikum in der Neuen Scala. Am Schluß der Show kam wieder eine Steimel-Nummer, die heute noch ab und zu im Radio zu hören ist: »Die Männer sind schon die Liebe wert.« Bei diesem Finale traten wir alle nacheinander auf, und ich hatte die erste Zeile zu singen: »Schon zu Adams Zeit im Paradies war Liebe ein Problem.« Noch Jahre später zuckte ich, wenn das Vorspiel dieser Nummer irgendwo ertönte, zusammen und hatte das Gefühl, jetzt mußt du gleich auftreten und singen. Seit damals bin ich übrigens mit Ingeborg von Kusserow befreundet. Sie ist jetzt schon lange mit Kenneth, einem ehemaligen *wing commander* der Royal Airforce, verheiratet, einem ganz bezaubernden Mann, der ein wunderbares Curryhuhn zubereiten kann – er ist lange in Indien stationiert gewesen.

Inzwischen hatte Friedrich Pasche, den ich als Begleiter von Lale Andersen erlebt hatte, in der Nürnberger Straße das »Cabaret Ulenspiegel« eröffnet. Es war wesentlich literarischer als das KadeKo. Im ersten Programm mußte sich Werner Finck in einer Szene vor einem Gericht verantworten, das aus lauter Männern mit langen Bärten bestand. Ich weiß nicht mehr, worum es in diesem Sketch ging, erinnere mich nur an den ersten Satz. Als Finck auftrat und die Bärtigen sah, meinte er: »Na, das Jüngste Gericht scheint das hier aber auch nicht zu sein.«

Dann kam Günter Neumann aus der Kriegsgefangenschaft zurück und schrieb für das nächste Programm das erste große Chanson. Tatjana Sais, seine Ehefrau, brachte »Die Dame von heute«. Während dieses Programms passierte etwas, was wir nicht für möglich hielten. Der Kalte Krieg war zwar schon eröffnet, aber noch nicht erklärt, und so strichen die sonst so toleranten Amerikaner, in deren Sektor der Ulenspiegel lag, mit Rücksicht auf die Russen die letzten Zeilen des Chansons. In der ersten Strophe hieß es, daß die Frau von heute von Kartoffelpuffern träumt, aber ihr Gepäck ist verlorengegangen: Das Öl ist in der britischen Zone, das Mehl in der französischen, der Zucker in der amerikanischen und die Pfanne in der russischen. In der zweiten Strophe erzählt sie von ihren Freunden, die auch nicht zur Hand sind, weil sie sich in verschiedenen Zonen aufhalten, und am Schluß will sie sich das Leben nehmen, aber das geht ebenfalls nicht, weil der Strick in der britischen Zone, der Nagel dazu in der französischen, der Holzhammer in der amerikanischen ist, und dann kam die Pointe: »… und der Haken liegt in der russischen Zone.« Die letzten Worte mußte Tatjana nun weglassen, aber das Publikum dachte mit, lachte und applaudierte.

»Melodie der Straße«

Loni Heuser war inzwischen mit Theo Mackeben, mit dem sie in Bad Ischl die letzten Kriegstage verbracht hatte, heimgekehrt. Sie brachte im nächsten Programm des Ulenspiegel ein neues Günter-Neumann-Chanson, aber das war, genau wie das erste, mehr ein Chansonzyklus. »Die Leserin hat das Wort« hieß es, und als ich es hörte, wurde mir wieder einmal bewußt, wie falsch und unzureichend, ja abwertend die Bezeichnung Kleinkunst ist. Das war ganz große Kunst. Günter übertraf sich und mich, denn er hatte mir als Textdichter etwas voraus – einen unerhört begabten Komponisten. Daß der auch Günter Neumann hieß, war kein Zufall. Wenn es einer wäre, dann ein sehr glücklicher. Hier wurden, durch ein Versehen, zwei Talente in eine Wiege gelegt. Das Baby nebenan – auch ein Knabe – ging dadurch leer aus und mußte nun völlig unbegabt sein Leben fristen. Er schreibt noch heute Unterhaltungssendungen für das Fernsehen.

Doppelbegabungen wie Günter Neumann sind ganz selten. Mir fällt im Moment nur Willy Rosen ein, Friedrich Hollaender und dann der Mann, der den *Holländer* geschrieben hat. Aber – Bayreuth möge mir verzeihen – ich will nicht den Stab über Wagners gleichnamige Reime brechen. Günter Neumanns Texte sind da doch ein wenig amüsanter.

Sein nächster großer Wurf ließ nicht lange auf sich warten. *Alles Theater* hieß die Kabarettrevue mit Ethel Reschke, Tatjana Sais, Edith Schollwer, Petra Peters, Erik Ode, Werner Oehlschläger, Kurt Strelow und Ewald Wenck. Der große Gustaf Gründgens führte Regie. Wir, das heißt ganz Berlin, waren begeistert und die Kritiker auch.

Im August 1946 kam im Schloßpark-Theater das amerikanische Lustspiel *Drei Mann auf einem Pferd* (Finden Sie nicht auch, der Titel klingt irgendwie nach Sodomie und Gruppensex?) heraus. Regie führte Hausherr Boleslaw Barlog. Es wurde ein großer Erfolg, und das lag nicht nur an Walter Bluhm, sondern auch an der jungen, hübschen blonden Dame, die Barlog lispeln ließ. Hildegard Knef machte das großartig.

Franz Otto Krüger bereitete für den RIAS eine Rundfunkserie vor, die den Titel hatte *Die Fünf mit Tanzmusik*. Ich war einer der fünf, der zweite natürlich Franz Otto, F. A. Königer der dritte, der vierte Klaus-Günter Neumann, den Namen des fünften habe ich leider vergessen. Franz Otto Krüger engagierte die Knef, und bei uns sollte sie natürlich auch lispeln, was sie offensichtlich gar nicht gerne wollte. Sie hatte mit Recht das Gefühl, alle Leute würden glauben, daß sie auch im wirklichen Leben einen Sprachfehler hätte. Die Sendung wurde, wie fast alle im Jahr 1946, nachts aufgenommen. Hildegard Knef war damals mit dem amerikanischen Theateroffizier Kurt Hirsch befreundet. Deshalb kam sie an Nescafé ran, brachte eine Dose mit und gab uns allen etwas davon ab. Im RIAS konnte man zu dieser Nachtzeit kein heißes Wasser auftreiben, und so aßen wir den Nescafé pur. Es war kein pures Vergnügen.
Der geradezu sensationelle Erfolg von Neumanns Revue *Alles Theater* im Ulenspiegel ließ Willi Schaeffers nicht ruhen. Er wollte jetzt kein Programm mit einem bunten ersten Teil und einer kleinen Revue im zweiten mehr spielen. Die Revue mußte abendfüllend sein. Bruno Balz und ich sollten die Texte schreiben, Heino Gaze die Musik, und für die Regie wurde R. A. Stemmle vorgesehen. Wir setzten uns im Büro zusammen und auseinander. Nach langem Hin und Her, das zu nichts Vernünftigem führte, verabschiedeten wir uns, Bruno Balz und ich versprachen hoch und heilig, uns etwas einfallen zu lassen. Wir dachten natürlich gar nicht daran. Wir machten erst mal Ferien. Ich fuhr zu meiner Tante nach Flensburg-Mürwik, hatte dort schöne Tage, lernte ein entzückendes Mädchen kennen – die Nächte waren also ebenso schön – und verschwendete keinen Gedanken an die Revue.
Im August kamen wir wieder im Büro des Kabaretts der Komiker zusammen, und nun guckten uns die Anwesenden erwartungsvoll an. Wir sollten erzählen, was wir uns im Sommer ausgedacht hätten. Bruno Balz warf mir einen hilfesuchenden Blick zu. Jetzt passierte etwas, das mir schon viele Aufträge eingebracht hat, die ich eigentlich gar nicht annehmen wollte. Ich fing an zu spinnen, erzählte von Sketchen, von denen wir bis dahin nicht mal geträumt hatten, von Chansons, von denen noch keine Zeile geschrieben war, und Schaeffers, Gaze, Stemmle und Fräulein Pawlitz, die Direktionssekretärin, hörten aufmerksam zu. Am Schluß applaudierten alle. Sie hatten das Gefühl, die Revue wäre schon so gut wie fertig.

Als wir wieder auf der Straße waren, fragte mich Bruno Balz, der sprachlos zugehört hatte: »Kutte, was haste denn da eben erzählt?«
Sie können es mir glauben oder nicht, ich hatte in diesem Augenblick keine Ahnung mehr. Unser Glück war, daß Fräulein Pawlitz alles mitstenografiert hatte. Am nächsten Tag bekamen wir das Sitzungsprotokoll, und dann fingen wir mit der Arbeit an.
Als die Proben begannen, waren gerade zwei Lieder und eine Szene fertig und die wurde immer wieder probiert. Dann hatte ich noch einen Sketch aus einer RIAS-Show, den ich etwas änderte, Bruno Balz schrieb das Opening »Guten Morgen, Berlin« und ein wunderschönes Schlußlied »Unter tausend Sternen träumt die große Stadt«.
Helga Wille und die Nicolets wurden engagiert. Für die erfand ich zwei musikalische Szenen. In der ersten saßen sie als Sekretärinnen an ihren Schreibmaschinen und beneideten die Briefe, die sie täglich schreiben mußten, weil die in die Ferne gingen, während sie am Schreibtisch blieben. Im zweiten Teil traten sie als Krankenschwestern auf, die von einem großen Hollywood-Star schwärmten: »Oh, Mr. Crosby, das ganze Hospi/tal hast du total verrückt gemacht.« Bruno Balz steuerte ein »Erntefest in Stadtmitte« bei, und das Ensemble sang »Am Brandenburger Tor blühen die Tomaten, am Großen Stern wächst Sellerie und Suppengrün«, und Günter Keil brachte ein eigenes Solo mit. Er sang und tanzte auch zusammen mit Wolfgang Müller und Fritz Lafontaine »Wir sind die Swingheinis, wir sind die Swingbubis«, Edith Schollwer hatte ein großes Chanson und war eine hinreißende Fleischersgattin mit künstlerischen Ambitionen, die bei einem armen Poeten – den spielte mein Freund Walter Gross – ein Chanson bestellt, Ruth Peter und Anni Dobra standen an der Joachimstaler-/Ecke Augsburger Straße und warteten auf zahlende Kunden. Plötzlich war die Revue zu unser aller Erstaunen fertig, die zündende Musik von Heino Gaze auch, R. A. Stemmle hatte alles liebevoll inszeniert, und der begabte Herbert Döblin war auf eine wunderschöne Idee gekommen. Er hatte nicht nur die schmale Bühne bebaut, sondern die ganzen breiten Seiten, rechts und links, bemalen lassen. Wem der Titel *Melodie der Straße* eingefallen war, weiß ich nicht mehr. Unser Bühnenbildner hat ihn wörtlich genommen. Es war eine ganze Berliner Straße entstanden.
Am Tag der Generalprobe war unser Hauptdarsteller Walter Gross nicht anwesend. Er tingelte irgendwo in der Zone. Dieser Vormittag war quälend. Im Zuschauerraum saßen nur ein paar Leute, das waren

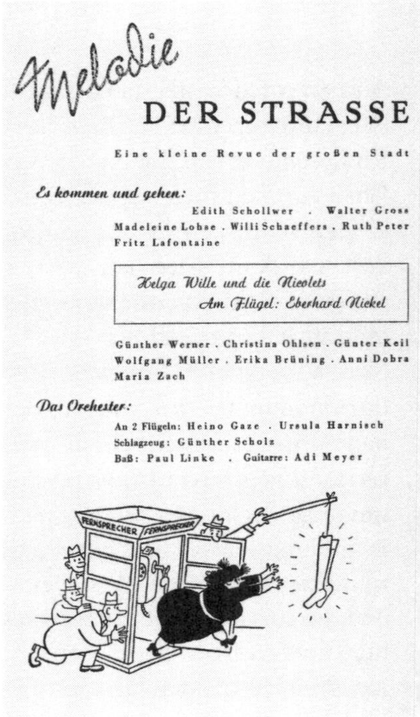

1. April 1948: Zum 200. Mal »Melodie der Straße« im Kabarett der Komiker in der Neuen Scala am Nollendorfplatz (zwei Seiten des Programmzettels)

die Lieferanten der Dekorationsrequisiten und der Kostüme. Die Stimmung war flau, keiner lachte. Die Lieferanten befürchteten, durch schlechte Erfahrungen gewitzt, daß sie nie ihr Geld bekommen würden.

Ich war schrecklich deprimiert. »Du, ich glaube, ich komme heute abend nicht zur Premiere«, flüsterte ich schreckensblaß Bruno Balz zu. »Ach Kutte«, antwortete er seelenruhig, »komm ma' ruhig, vielleicht wird's doch was.«

Es wurde etwas. Nach der Premiere wußten wir Autoren, was wir geschrieben hatten: Kabarettgeschichte. Unsere *Melodie der Straße* wurde bejubelt, das KadeKo war jeden Abend ausverkauft, und die Schauspielerinnen und Schauspieler mußten sich oft in der Garderobe stehend schminken, weil ihre Stühle im Zuschauerraum benötigt wurden. Bei der Premiere blieben übrigens zwei Mitwirkende stecken, zuerst Günther Werner in der zweiten Strophe seines Chansons »Nehm' Se Kitt«. Es war eine Tragödie. Die Souffleuse kam mit ihrem Kopf fast aus dem Souffleurkasten heraus und war bis zur zehnten Reihe zu hören. Nur Günther Werner hörte sie nicht. Er resignierte. »Laß mal, mein Kind«, sagte er und ging ab. Walter Gross passierte dasselbe bei dem Chanson »Semmelmann«. Als er nicht mehr weiter wußte, sagte er nur: »Einen Moment mal«, holte den Text aus der Brusttasche und fragte das Publikum: »Hab' ich Ihnen schon erzählt, daß Semmelmann gestorben ist?« Dann sang respektive las er das Chanson zu Ende. Das Publikum war begeistert.

Nach acht Wochen bestellten uns die Direktoren Nerking und Wilk ins Büro und teilten uns mit, daß sie uns die Revue abkaufen wollten und nannten auch eine durchaus annehmbare Summe. Bruno Balz und ich verständigten uns mit einem Blick. »Das wollen wir Ihnen nicht antun«, sagte ich zu den Direktoren. »Stellen Sie sich vor, Sie müssen die Revue in zwei Wochen absetzen, dann sind Sie böse auf uns, weil Sie zuviel bezahlt haben. Wenn die Revue aber weiter läuft und läuft, werden Sie uns beim Zahlen bestimmt nicht gram sein.« Die Revue lief fünfhundert mal.

Am Premierenabend hatten Günter Neumann und Friedrich Pasche in der zweiten Reihe gesessen, sie sahen und hörten aufmerksam zu. Günter bereitete etwas Neues vor und wollte jede Ähnlichkeit mit dem, was wir auf die Bühne brachten, vermeiden. Es gab später doch eine. Ich hatte nämlich auch eine Szene, in der ein Liebespaar musikalisch seine Situation beklagte. Aber da wir mit verschiedenen Federn schrieben, war alles doch ganz anders. Bei uns saßen Madeleine Lohse und Walter Gross auf den Resten einer Parkbank. Das Holz war verfeuert worden, und die Schrauben auf den übriggebliebenen Steinsockeln drückten etwas. Sie hatten kein Geld, und Walter sang so traurig: »Ich kann dir doch nichts weiter bieten außer mich und bin aus Gram darüber oft ganz außer mir.« Ich weiß, daß manche Leser jetzt zuerst einmal stutzen werden, aber es stimmt grammatikalisch.

Wenige Tage später kam Günter Neumanns Revue *Schwarzer Jahrmarkt* heraus, die Carl-Heinz Schroth inszeniert hatte. Auf der Bühne standen Ann Höling, Bruni Löbel, Georgia Lind, Sigrid Lagemann, Lola Müthel, Tatjana Sais und die Herren Hans Deppe, Hubert von Meyerinck, Hans Nielsen, Werner Oehlschläger und Herbert Weißbach. Bis zum heutigen Tage ist, und mit dieser Ansicht stehe ich nicht allein da, nichts Besseres auf dem Gebiet des Kabaretts geschrieben und auf die Bretter gebracht worden.

So starteten gegen Jahresende 1947 zwei große Kabarettrevuen in Berlin: *Schwarzer Jahrmarkt* im Ulenspiegel, literarischer und politischer als wir, und *Melodie der Straße*, nicht unpolitisch, aber sonst im wahrsten und besten Sinne des Wortes volkstümlicher.
Im Januar 1948 kam Gerhard Winkler zu mir und erzählte von einem Herrn in München, der ein musikalisches Lustspiel schreiben wollte. Das Buch war schon so gut wie fertig. Winkler sollte die Musik machen, ich die Liedtexte schreiben. Ein befreundeter Engländer besorgte uns die Interzonenpässe, ohne die man damals nicht reisen konnte, und dann ging's los.
Die Fahrt nach München stand im Zeichen der Fahrplanmäßigkeit: die Heizung des Zuges im Zeichen einer ausgesprochenen Mäßigkeit, die Gespräche der Interzonenreisenden im Zeichen einer zerfahrenen Planlosigkeit. Gerüchte schwirrten durchs Abteil, und Leute, die es ganz genau wußten, legten anhand ihrer überlegenen Stammtisch-Strategie klar, wie weit die Armeen im Falle eines, ihrer Meinung nach unvermeidlichen Krieges einander überrennen würden. Unser Abteil bestand nur aus Leuten, die genau Bescheid wußten und solchen, die ganz genau Bescheid wußten. Die Mitreisenden, die es besser wußten, schwiegen, weil sie es besser wußten. Gegen 13.30 Uhr war ich rhetorisch matt gesetzt und als harmloser, aber unverbesserlicher Optimist abgestempelt. Die anderen hatten soundsoviel Gründe, warum es zum Krieg kommen müsse. Ich hatte aber nur einen: Warum eigentlich? Ich meinte bescheiden, alle Völker hätten doch noch vom letzten Krieg genug. »Das, mein Freund«, äußerte ein sich sehr gerade haltender Herr mir gegenüber, »ist noch nie ein Grund gewesen!«
Gegen Abend standen wir zwei Stunden im Marienborner Matsch, wateten mit unseren Koffern zur Abfertigungsbaracke und warteten auf die Abstempelung unserer Pässe. Ich habe damals oft Interzonenreisen unternommen, aber seltsam, in Marienborn war der Boden nie trocken. Und wenn ich wirklich vorher einen Sitzplatz im Zug ergattert hatte, war er hinterher immer besetzt.
Am Abend trafen wir in Hannover ein und nun mußten wir wieder warten, diesmal auf den Anschlußzug. Der Hauptbahnhof in Hannover hatte damals zu nächtlicher Stunde etwas vom Danteschen Inferno. Unendlich viele Gestalten lungerten im Halbdunkel herum, man saß auf seinem Koffer, traute sich nicht die Füße zu heben, weil man sonst Gefahr lief, daß einem die Schuhe gestohlen wurden.

Zehn Minuten vor Mitternacht stiegen wir in den nicht übervollen Nordsee-Alpen-Expreß. Dieser Zug war gut beheizt, hatte heile Fensterscheiben und führte auch einen Schlafwagen mit sich, »der aber nicht für gewöhnliche Sterbliche ist«, wie eine ältere Dame spitz bemerkte, »sondern nur für Behörden«.

»Zur Zeit kann leider noch nicht jeder Schlafwagen fahren«, entschuldigte sich der Schaffner. »Wir haben zu wenig Betten.«

»Nein«, antwortete die Dame, »wir haben zuviel Behörden!«

Wenn man eine Reise unternimmt, soll man sich mit den nötigen Unterlagen versehen. Ich hatte alles mit, doch als wichtigste Unterlage erwies sich das Luftkissen, das ich aufpustete und damit meinen drittklassigen Sitz in einen zumindest zweitklassigen verwandelte. Das kostete nichts, denn die Luft gehörte auch in den Westzonen zu den wenigen nicht bewirtschafteten Artikeln. Sie war frei. Manche Leute behaupteten allerdings, sie wäre »drüben« freier als in Berlin. Das waren dieselben, die die Ansicht vertraten, daß sie bei uns sehr dick wäre. Das stimmte nicht. Sie war in Berlin nur stark konzentriert, ich würde sagen, vierfach.

An der Grenze zur amerikanischen Zone wurden wir aus dem Zug geholt. Unser Paß berechtigte uns, was wir nicht wußten, nur zur Fahrt in die britische Zone. Also marschierten wir mit unseren Koffern eine Stunde lang über Straßen und Feldwege und stiegen in der amerikanischen Zone wieder ein. Dort kontrollierte uns niemand mehr.

Der Zug führte, wie sich herausstellte, kein Wasser mit sich. Um in München in einem Zustand anzukommen, der einigermaßen dem mittleren Lebensstandard entsprach, kaufte ich mir in Ulm einen Pappbecher Bier, trank zwei Schluck und wusch mich mit dem Rest. Später las ich einmal in einer Zeitung, Bier sei in Bayern ein Volksnahrungsmittel. Aber wenn Sie dieses Getränk 1948 einmal gekostet haben sollten, wären auch Sie zu der Überzeugung gekommen, daß mein Mißbrauch nicht die schlechteste Verwendungsmöglichkeit war. Jeder weitere Umweg wäre nur zeitraubend gewesen.

Um 18.30 Uhr kamen wir in München an. Vor dem Hauptbahnhof wartete Ralph Maria Siegel, der Textdichter der »Caprifischer«, in einem Wagen auf uns. So zogen wir in München ein, nicht im Triumph, aber immerhin im DKW. Wir fuhren durch die bayerische Hauptstadt, die mir fast genauso zerstört erschien wie Berlin, in die Wohnung des Mannes, der uns als Mitautoren verpflichten wollte. Dessen Wohnung lag in einer unversehrten Straße, unser Zimmer war warm, der Gastgeber reich und das Essen ausgezeichnet. Wir fühlten uns wie im Paradies. Leider war das sogenannte Libretto, das wir vorfanden, nicht zu gebrauchen. Wir arbeiteten nur ein wenig daran herum und besuchten lieber Freunde und Bekannte, die wir lange nicht gesehen hatten, unter anderen R. A. Stemmle, der in einem Zimmer arbeitete, direkt vor einem Kamin, der etwas Wärme verströmte. Er schrieb ein Drehbuch, und auf der anderen Seite des großen Tisches bügelte seine Lebensgefährtin Wäsche.

Stemmle hatte in München viele Beziehungen, und dadurch kam ich zu einem Erlebnis, das ich bis heute nicht vergessen habe: das Wiedersehen mit Karl Valentin. Als wir durch das abendliche München zum »Simpl« gingen, ahnte ich nicht, daß dieses Wiedersehen ein Abschied für immer sein würde.

Der Simpl war brechend voll. Viele Berliner saßen da. Ich teilte mir mit Stemmle einen Stuhl. Und nun warteten wir auf das erste Auftreten Karl Valentins nach Kriegsende. Er hatte zuletzt als Privatmann in Harlaching gelebt, gebastelt, Fahrräder repariert und Messer wie Scheren für jedermann geschliffen.

Theo Prosel sagte ihn an: »Mit einem heiteren und einem nassen Auge«, wie er sich ausdrückte, und dann trat Karl Valentin, hager, im unmodernen Anzug auf das Podium. Über sein pergamentenes Gesicht lief ein schlaues Blinzeln, als er seine überlangen Arme wie eine Balletteuse nach einem Spitzentanz spreizte und die Beine leicht einknickte. »Ich bin wieder da!« bedeutete diese Bewegung. Er wurde empfangen wie ein geliebter Herrscher, der nach langen Jahren des Exils wieder vor sein Volk tritt. Zehn Minuten brandete der Auftrittsapplaus, dann kam Liesl Karlstadt dazu. An das, was sie spielten, kann ich mich nicht mehr erinnern, nur an den Sketch am Schluß, »Der letzte Schuß« hieß er. Das Geräusch des Schusses mußte Liesl Karlstadt auf einer Pauke produzieren. Zuerst war Valentin der Knall zu laut, dann zu nah, Liesl Karlstadt mußte immer weiter weggehen und stand zum Schluß mit der Pauke draußen vor dem Lokal. Als sie wieder hereinkam, erklärte Valentin, nun wäre der Schuß zu leise gewesen. Man kann Valentins Art nicht beschreiben, man muß ihn selbst erlebt haben. Ich weiß nur, daß wir uns vor Lachen bogen, klatschten und sehr fröhlich nach Hause gingen, ja glücklich, weil wir alles um uns herum, die Ruinen und die Misere, vergessen hatten.

Bei Ralph Maria Siegel feierten wir Fasching, und dort lernte ich eine junge Schauspielerin kennen, die ich vor einem Verleger, der sie bedrängte, retten mußte. Wir verliebten uns prompt ineinander und bekamen beide das Angebot für eine Tournee im Saargebiet, das damals noch zu Frankreich gehörte.
Wieder in Berlin, mußte ich bei den Franzosen einen Antrag stellen, bekam die Genehmigung für meine Reise zu spät, und so mußte ein anderer Conférencier in den ersten Vorstellungen für mich einspringen. Tja, und dann reiste ich von Tegel aus mit dem französischen Militärzug, der nicht in Marienborn halten mußte, stolz an den Russen vorbei bis nach Saarbrücken. Dort sprang ich ein, spielte mit Joe Furtner und den anderen Blackouts, die ich vorher kaum probieren konnte. Es war ein Ritt über den Bodensee. Der Star unseres Programms war Willy Fritsch, die großartige Ursula Herking war dabei, eine Tänzerin, die aus dem Zarah-Leander-Film *La Habanera* bekannt war, meine damalige Angebetete und ein kleines Orchester.
Im Saargebiet konnte man schon so gut wie alles ohne Marken bekommen. Willy Fritsch, der sich vorher erkundigt haben mußte, hatte Schablonen der Füße seiner Kinder dabei und kaufte Schuhe für sie und ich mir eine Armbanduhr. Am letzten Abend der Tournee gastierten wir in einem kleinen Ort. Dort lud uns der Apotheker zum Kaffee ein. Es gab sogenannte Fasendküchle, und wir tranken dazu Kirschwasser, von unserem Gastgeber selbst gebrannt. Als wir uns verabschiedeten, merkte ich, daß ich nicht mehr ganz fest auf den Beinen stand. Das ging übrigens den anderen genauso. Denn wir fuhren in zwei Autos zu dem Saal, in dem wir auftreten sollten, und diese beiden einzigen Autos im Ort stießen auf einem Platz zusammen. Zum Glück passierte nichts.
Der lange Saal hatte hinten eine Estrade, auf der mehrere Leute saßen, Karten spielten und sich überhaupt nicht um unsere Vorstellung kümmerten. Willy Fritsch war woanders eingeladen gewesen und noch nicht da. Ich war an diesem Abend, beflügelt vom Kirschwasser, so gut wie nie, wie meine Kollegen mir später erzählt haben. Ich redete und redete, bis ich es geschafft hatte, daß die Herren auf der Estrade ihr Kartenspiel unterbrachen und zuhörten. Ich glaube, meine Conférence dauerte eine halbe Stunde oder länger, auf jeden Fall so lange, bis mir Joe Furtner durch den Vorhang zuflüsterte, daß Willy Fritsch soeben eingetroffen sei. Ich konnte ihn ansagen. Nur ungern verließ ich mei-

nen Platz, denn dort konnte ich mich wenigstens ab und zu am Standmikrofon festhalten.
Joe Furtner und ich blieben noch einen Tag länger in Saarbrücken. Meine große Liebe war von einem Herrn aus Frankfurt mit dem Wagen abgeholt worden, ich war traurig und ging mit meinen Kollegen etwas trinken. Joe trank etwas zuviel, wobei etwas noch milde ausgedrückt ist. Er war so voll, daß er sich nur noch erinnern konnte, daß er in der Wilhelmstraße wohnte. Die Hausnummer hatte er vergessen. Und so mußte ich mit ihm von Haus zu Haus gehen, ihn jedesmal an einer Laterne oder Litfaßsäule abstellen und dann probieren, ob der Haustürschlüssel paßte. Endlich paßte er. Ich schloß auf, schleppte Joe in das Haus, und schon als er die ersten Stufen hinaufkroch, öffnete sich oben eine Wohnungstür. Die Wirtin rief erfreut: »Ah, Herr Furtner!« Sie mußte ihn schon öfter in diesem Zustand erlebt haben.
Am nächsten Tag setzten wir uns in den französischen Zug, den wir leider in Mainz wieder verlassen mußten. Wir brauchten neue Papiere, die wir nur in Speyer bekommen konnten. Der nächste Zug ging erst am nächsten Morgen. Wir beide saßen auf dem Mainzer Hauptbahnhof herum und wußten nicht, wo wir schlafen sollten. Es gab kein Hotelzimmer – wahrscheinlich nicht mal ein Hotel, das in Ordnung war –, und das Deutsche Rote Kreuz konnte uns nicht helfen. Plötzlich entdeckte Joe Furtner ein Schild, mit der Aufschrift »Croix Rouge«.
»Uns Deutsche werden die da doch nicht aufnehmen«, meinte ich pessimistisch.
»Wieso uns Deutsche?« sagte Furtner. »Ich bin doch Österreicher.« Er marschierte sofort guten Mutes zum Croix Rouge. »Je suis un artiste autrichien«, teilte er der Schwester mit. »Je travaille pour les troupes françaises, pour le troupes anglaises, pour les troupes americaines, pour les troupes all ...« Beinahe hätte er allemandes gesagt. Zum Glück konnte er sich noch schnell verbessern und sagte dafür »alliées«.
Und schon bekam er ein Formular, das er ausfüllen mußte, und wir ein Zimmer, warm, mit schneeweißer Bettwäsche. Als wir dann noch feststellten, daß wir von unserem Telefon aus überallhin anrufen konnten, ohne dafür etwas bezahlen zu müssen, führten wir sofort einige Ferngespräche.
Auf dem Formular stand übrigens »Joe Furtner et une personne«. Dieser Niemand war ich.
Am nächsten Tag traf der französische Militärzug in Mainz ein. Wir er-

wischten leider einen Wagen, der im Laufe der langen Reise eiskalt wurde. Der Zug hielt kurz in Wannsee. Dort durften wir eigentlich nicht aussteigen – Joe Furtner ignorierte das, meinte, der französische Posten, der das verhindern wollte, würde schon nicht schießen, was der einem »artiste autrichien« auch nicht antat. Ich fuhr brav weiter nach Tegel. Furtner erzählte mir später, daß der ausgemergelte Gepäckträger in Wannsee seinen Koffer kaum anheben konnte, so schwer war er. Joe hatte eine ganze Platte Leder zum Besohlen der Schuhe mitgebracht.
In Berlin lief die *Melodie der Straße* weiter vor ausverkauftem Haus, und ich war finanziell einigermaßen gesichert. Zu meinem Glück hatte noch jemand im RIAS die Idee, eine Sendereihe *Musik aus Berliner Tanzlokalen* zu produzieren. Sammy Drechsel, der damals beim RIAS Reporter war, und ich zogen los und wurden in allen Lokalen gut aufgenommen. So eine Sendung war ja eine nicht zu unterschätzende Werbung. Wir unterhielten uns mit den Wirten, den Musikern und Gästen. Sammy redete natürlich viel mehr als ich.
Meine große Liebe war inzwischen zu Besuch nach Berlin gekommen, hatte sich ein Zimmer gemietet, da sie bei uns nicht wohnen konnte, wir hatten ja nur zwei Räume in der Wohnung, in die wir, nachdem wir ausgebombt waren, eingewiesen worden waren. In den übrigen Räumen lebten die Wohnungsinhaber. Wir fielen uns in die Arme, verlebten wunderschöne Stunden, und dann plötzlich ließ sie nichts mehr von sich hören. Von ihrer Zimmerwirtin erfuhr ich, daß sie über Nacht weggeblieben war. Und als wir, Sammy und ich, bei unserer Reportage in ein Nachtlokal mit Musik kamen, traf ich sie wieder. Sie saß mit einem anderen Mann in einer Nische Hand in Hand. Ich wußte sofort, daß nun alles vorbei war und habe aus Gram darüber vierzehn Tage lang nichts gegessen. Das erste, was ich dann wieder zu mir nahm, war Rindfleischsuppe, die mir meine besorgte Mutter kochte. Ich weiß bis heute noch nicht, woher sie so viel Fleisch hatte.
Kurz vor der Währungsreform bekamen wir dann endlich eine eigene Wohnung, und so zogen wir um, in den Grunewald. Zogen muß man in diesem Fall wörtlich nehmen, denn wir hatten uns einen etwas größeren Handwagen gemietet, der für unsere wenigen Möbel reichte, und den mußten wir selbst ziehen. Direkt gegenüber wohnten Theo Mackeben und Loni Heuser, und so wurden aus beruflichen nachbarliche Beziehungen und aus nachbarlichen Beziehungen Freundschaft.
Die Beziehungen zwischen den Westmächten und den Russen hatten

sich inzwischen völlig abgekühlt. Im März 1948 verließ der sowjetische Vertreter den alliierten Kontrollrat, im Juni führte man in Ost-Berlin und der sowjetischen Besatzungszone eine Währungsreform durch, die man auch auf West-Berlin ausdehnen wollte. Daraufhin wurde bei uns die Deutsche Mark eingeführt, und die Russen sperrten, wegen der berühmten »technischen Störungen«, die Land- und Wasserwege zwischen West-Deutschland und West-Berlin. Die Blockade begann. Ich sehe uns heute noch in der Joachim-Friedrich-Straße anstehen. Dort wurden in einer Schule die ersten 40 DM, die wir sozusagen als Handgeld bekamen, ausgegeben.

Das KadeKo und der Ulenspiegel wurden geschlossen. Man gab im Augenblick kein Geld mehr für Kultur aus. Während im Westen Deutschlands die Schaufenster wieder voll waren – für mich heute noch ein Wunder, woher das plötzlich alles kam –, konnte man in Berlin noch nicht sehr viel kaufen. Aus der russischen Zone kam nichts mehr zu uns, aber man stellte uns »liebenswürdigerweise« frei, unsere Lebensmittelkarten im Osten anzumelden. Dort bekam man Milch für die Kinder, Obst und Gemüse, mit dem die Russen ihren Sektor förmlich überschwemmten. Nicht viele West-Berliner haben von dieser Möglichkeit Gebrauch gemacht. Dafür waren wir zu stolz. Der amerikanische Militärgouverneur Lucius D. Clay handelte schnell, und bereits Ende Juni begannen die Westalliierten mit der Luftbrücke. Flugzeuge landeten in Tempelhof, in Gatow und die britischen Thunderlands auf dem Wasser der Havel. In Tegel ließ der französische Stadtkommandant die Türme des Berliner Senders, der sich noch immer in russischer Hand befand, einfach sprengen, weil sie dem Bau eines neuen Flugplatzes im Wege standen.

Alle eineinhalb Minuten landete ein Flugzeug, das Lebensmittel, Kohlen oder andere wichtige Güter nach Berlin brachte. Die Kinder warteten in Tempelhof auf die sogenannten Rosinenbomber, deren Piloten Süßigkeiten für sie abwarfen. Man gewöhnte sich an das Dröhnen der Motoren, und ich kann mich erinnern, daß ich eines Nachts beunruhigt aufwachte, weil es so still war. Ich ging zum Fenster und stellte fest, daß dichter Nebel herrschte. Jetzt wußte ich, was mir fehlte: der Fluglärm.

Das Kabarett der Komiker versuchte einen kleinen Neuanfang, etablierte sich im Kassenraum des Kinos am Lehniner Platz, wir spielten ein buntes Programm, und das Geld, das hereinkam, wurde geteilt. Ich

ging, das war leider nicht oft, mit fünf D-Mark in der Tasche nach Hause. Die Ost-Mark behielt übrigens bis zum 20. März 1949 bei uns Gültigkeit, man konnte die Miete damit bezahlen, und als das Geld für die *Musik aus Berliner Tanzlokalen* bei mir eintraf, mußte ich zu meiner größten Enttäuschung feststellen, daß der RIAS zunächst auch drei Viertel Ost und ein Viertel West zahlte. Im Ostsektor der Stadt war der Besitz der Westwährung verboten, blieb aber dort wie in der Zone und der späteren DDR ein begehrtes Zahlungsmittel. An den Sektorengrenzen, die man damals übrigens ungehindert überschreiten konnte, wurden auf der westlichen Seite Wechselstuben eingerichtet. Die Kurse der Ost-Mark sanken von Jahr zu Jahr.
Unser kleines Aushilfskabarett am Lehniner Platz wurde bald wieder geschlossen. Das Kabarett der Komiker ging mit der *Melodie der Straße* auf Tournee in Westdeutschland, die Mitglieder des Ensembles wurden mit Luftbrückenflugzeugen ausgeflogen. Alle beneideten sie, denn das Leben in Berlin war während der Blockade alles andere als normal. Im Feinkostladen am Roseneck konnte man zwar plötzlich Kirschen kaufen, die mußte jemand aus Werder via Ost-Berlin eingeschmuggelt haben, und der rührige Ladenbesitzer pachtete das Grundstück vis-à-vis, hielt dort Hühner, und so bekamen wir auch frische Eier. Aber die Kohlen, die man per Flugzeug heranschaffte, reichten nicht aus. Alle Augenblicke gab es irgendwo Stromsperren. Viele Hausfrauen kochten nur nachts, zu dieser Zeit gingen einige auch zum Friseur. Das Kuchenbacken war damals ein Risiko, man konnte nie sicher sein, ob das Gas nicht irgendwann plötzlich abgestellt wurde.
Wir hatten damals einen Ofen, dessen Rohre durch zwei Zimmer bis zum Schornstein liefen, liefen im doppelten Sinne, denn überall da, wo die Rohre ineinander gesteckt wurden, hing darunter zur Sicherheit ein alter Marmeladeneimer. Zusätzlich hatten wir ein ganz, ganz primitives kleines Öfchen erworben, eine sogenannte Kochhexe. Ich besorgte mir eine Eisenform und buk Waffeln. Das ließ Theo Mackeben, meinen Nachbarn von gegenüber, nicht ruhen. Er besorgte sich auch ein Waffeleisen, aber auf Gas funktionierte das nicht so gut. Eines Tages rief er mich hilfesuchend an. Er hatte den Regisseur Carl Froelich zum Kaffee eingeladen und konnte ihm keine Waffeln servieren. Ich buk sie schnell auf unserer Kochhexe und brachte sie ihm rüber.
Als Theos Lebensgefährtin Loni Heuser verreist war, veranstaltete er eine Party, zu der wir zwei junge Damen eingeladen hatten. Theo hat-

te eine Delikatesse vorbereitet, Weißbrotscheibchen mit Harzer Käse, die im Ofen überbacken werden sollten. Das ging anfangs ganz gut, aber dann muß die Flamme ausgegangen sein, weil das Gas wieder mal gesperrt wurde. Kurz bevor er die Weißbrotstücke aus dem Ofen nahm, strömte das Gas wieder. Die Appetithappen machten gar keinen Appetit, sie schmeckten nach Gas.

Im Herbst 1948 eröffnete das KadeKo seine neue Spielstätte am Nollendorfplatz. Bruno Balz und ich schrieben die Revue *Jeder gegen jeden* oder besser gesagt, wir stellten bereits Vorhandenes neu zusammen. Es war eine Art vorgezogenes Recycling. Bruno brachte ein herrliches Chanson mit, das er kurz nach Kriegsende für den »Frischen Wind«, ein Ostkabarett, verfaßt hatte und schrieb viele Lieder. Ich steuerte drei Szenen bei, die bereits im Rundfunk gelaufen waren. Die erste war »Das Kochbuch im Wandel der Zeiten«, darin erzählt eine adlige Dame, wie oft sie ihr Kochbuch von 1905 bis 1948 den politischen Gegebenheiten anpassen mußte. Im NWDR Berlin sprach Hans Deppe die vornehme Dame, jetzt im KadeKo stand Hans Leibelt in einem pompösen Kleid auf der Bühne. Thomalla spielte mit ihm und Willi Rose »Und schon so früh«, und zum Schluß kam meine Romeo-und-Julia-Parodie. Im Titania-Palast waren Sonja Ziemann und Erik Ode das klassische Liebespaar, im KadeKo Ethel Reschke und Georg Thomalla. Ethel/Julia trank am Schluß das Gift und sagte: »Oh, wack'rer Apotheker, dein Trank wirkt schnell, besonders ist der Rest stark, kein Wunder, zahlt' ich doch in Westmark!« Und da wir damals in Berlin alles doppelt hatten, zwei Oberbürgermeister, zwei Magistrate und auch zwei Polizeipräsidenten, standen sich am Anfang der Parodie nicht die Diener der Montagues und Capulets, sondern die Stumm- und Markgraf-Polizisten am Potsdamer Platz, also an der Sektorengrenze, gegenüber.

»Aber wir dienen dem rechtmäßigen Präsidenten dieser Stadt«, behaupteten die Markgraf-Polizisten.

»Wenn ihr unter einem rechtmäßigen einen recht mäßigen versteht, so seid ihr wohl im Recht«, höhnten die Stumm-Polizisten.

Romeo nahm sich übrigens auf eine gänzlich neue Art das Leben, er stürzte sich statt in ein Schwert in seinen Gummiknüppel.

Den Epilog sprach Hans Leibelt, der während der Vorstellung auf der Bühne einen kleinen Schlaganfall erlitt, aber dennoch weiterspielte. Ich habe ihn bewundert. Das gleiche passierte unserem Komponisten Adolf Steimel. Er erschien eines Tages nicht auf der Probe, es hieß, er sei leicht erkrankt, und ich fuhr sofort zu ihm in die Wohnung. Steimel lag auf seinem Sofa wie ein gefällter Baum, und sein Lächeln wirkte irgendwie entschuldigend – er schämte sich. Er verstand nicht, daß ausgerechnet ihm so etwas zustoßen konnte. Er trank kaum Alkohol und rauchte jeden Tag nur eine Zigarre. Nun mußte er, der sonst so Zuverlässige, uns im Stich lassen und Heinz Reinfeld die Musik des letzten Chansons komponieren. Ich versuchte, Steimel, mit dem ich mich immer so gut verstanden hatte, etwas aufzuheitern und ihm Mut zu machen. Als ich mit der U-Bahn wieder zum KadeKo fuhr, fiel mir der Titel eines Liedes ein, das wir zusammen geschrieben hatten: »Wir lachen oft, um nicht zu weinen.« So war mir zumute.

Unsere Revue kam gut an, der Besuch steigerte sich von Tag zu Tag, und als wir endlich ausverkauft waren, mußten wir aufhören, weil Willi Schaeffers mit der *Melodie der Straße* zurückkam. Er hatte in Hamburg, gegenüber dem Altonaer Bahnhof, ein zweites Kabarett der Komiker eröffnet, brauchte dafür eine neue Revue und griff auf Bewährtes zurück. Aber *Himmerdonnerwetter* reichte ja nur für einen Teil des Abends. Also wurden Heino Gaze und ich beauftragt, die Revue auf volle Abendlänge zu bringen. Wir fuhren nach Gatow, stiegen in eine Luftbrückenmaschine Typ York, die gerade entladen worden war und mit laufenden Propellern auf uns wartete. Dann flog ich zum ersten Mal in meinem Leben und merkte gar nicht, daß wir in der Luft waren, so ruhig lag die Maschine. Sie hatte Kohlen nach Berlin gebracht, das sah und roch man noch, und wir saßen auf prall gefüllten Postsäcken. Keiner von uns mußte sich anschnallen, weder Heino Gaze, noch Hans Leibelt, eine mitreisende Vortragskünstlerin und ich. In Hannover-Langenhagen landeten wir, fuhren in die Stadt, setzten uns in das Bahnhofsrestaurant und feierten so lange, daß wir unseren Zug versäumten. Erst am nächsten Vormittag kamen wir todmüde in Hamburg an und wurden auf dem Hotelschiff St. Louis, das auf der Elbe in St. Pauli auf Grund gesetzt worden war, untergebracht. Jeder bekam eine Kabine, wir packten aus und gingen sofort an die Arbeit.

Auf dem Hotelschiff begegneten wir vielen Schauspielerinnen und Schauspielern, die in Hamburg die ersten Nachkriegsfilme drehten. Man traf sich beim Frühstück und kam abends immer ziemlich spät ins Bett. Schlafen konnte man anfangs sowieso nicht gut. Die Kabinen waren zwar sauber, die Betten gut, aber die Wände dünn, und das Motorengeräusch fehlte. So bekam man alles mit, was in den anliegenden

Kabinen passierte, Erfreuliches und Unerfreuliches, Streit und Versöhnung. Bis auch die Neuankommenden merkten, wie dünn die Wände waren.

Die Zeit in Hamburg war aufregend und schön. Ich liebte und wurde geliebt, hätte meine Freundin, die ich dort kennenlernte, auch gerne geheiratet, aber, wie Brecht sagt, die Verhältnisse waren nicht so.

Eine junge Dame von den Nicolets nahm sich das Leben, und eine Kabarettistin, die auf einer Messe als Propagandistin arbeiten mußte, versuchte dasselbe. Sie wollte sich in die Elbe stürzen, blieb aber mit ihrer Hüfte im viel zu kleinen Bullauge stecken. Und da sagt man immer, dick sein ist ungesund. In diesem Fall war es lebensrettend.

Unsere Revue war zuerst ein großer Erfolg, der Besuch ließ aber schnell nach, und wir bekamen kaum Geld. Zum Glück holte mich Adolf Steimel, der sich inzwischen wieder etwas erholt hatte, nach München. Ich sollte Texte für den Film *Tromba* schreiben. Leider galt mein Interzonenpaß auch wieder nur für die britische Zone, aber Jochen Richert, der Vater der Fernsehlotterie, besorgte mir einen Platz im Schlafwagen. Wir gaben dem Schaffner ein Trinkgeld und fuhren ungestört nach München.

Nach der Arbeit mit Steimel – meine Texte hatten mir nicht gefallen – kam ich, nun mit etwas Geld versehen, wieder nach Hamburg. Im KadeKo gab es eine Umbesetzung. Hans Leibelt, der den Petrus spielte, verließ uns, ging ans Thalia-Theater und spielte dort im *Haus in Montevideo* den Pastor. Er besorgte mir eine Premierenkarte, und ich erlebte eine wunderbare Aufführung. Valérie von Martens und Curt Goetz servierten die Pointen unverwechselbar liebenswürdig-trocken. Und Ingeborg Körner war entzückend.

Das KadeKo in Hamburg lief immer schlechter. Schaeffers zahlte so gut wie nie, ich pumpte mir bei einem Kollegen Geld, besorgte mir britische Pfundnoten, bekam einen Platz in einer BEA-Maschine und landete in Berlin-Tempelhof. Nun saß die ganze Familie wieder ohne Geld da. Aber die erste GEMA-Abrechnung rettete uns. Ich konnte mir 600 DM-West abholen, und wir fühlten uns, ein paar Tage lang, richtig reich.

Gleich nachdem ich wieder in Berlin war, sollte ich für den RIAS eine Blockade-Sendung schreiben. Einen Tag, nachdem das Manuskript fertig war, wurde die Blockade aufgehoben, und nun war plötzlich alles nicht mehr aktuell. Zum Glück fiel mir etwas ein, womit ich die Sen-

22 »Das Geld liegt auf der Bank«: Uraufführung im Berliner Hebbel-Theater am 4. Oktober 1968. Rudolf Platte als Gustav Kühne, auch »Der kühne Gustav« genannt, verteidigt seine Berufsehre als versierter Geldschrankknacker…

23 …und hier eine Szene mit Rudolf Platte und Liane Hielscher.

In den siebziger Jahren mit Hans Rosenthal
i den Proben zu »Dalli-Dalli« in München

25 »Der Mann, der sich nicht traut«: Uraufführung am 29. November 1973 im Theater am Kurfürstendamm. Georg Thomalla als Standesbeamter Wolfgang Jäger, der sich am Ende doch noch traut Julia alias Eva Kerbler zu heiraten…

26 …und hier mit unserer zweiten Julia, Doris Gallart, in einer Situation die das Happy End ahnen läßt.

27 Sawatzki kehrt heim. Harald Juhnke spielte ämtliche männlichen Mitglieder der Familie in ler ZDF-Serie »Preußen-korso«, die ich zusammen nit Werner E. Hintz und Horst Pillau schrieb.

8 Johanna von Koczian, nita Kupsch und Harald uhnke, der, wie man eht, »Ein Mann für alle älle« in der gleichnami-en ZDF-Serie war.

29/30 »Der Mann, der sich nicht traut« 1976 in der Münchner Kleinen Komödi im Bayerischen Hof. Der Standesbeamte hat wieder eine bezaubernde Julia: Grit Boettcher. – 197 kam »Vater einer Tochter« zum zweite Mal im Theater am Kurfürstendamm heraus. Der Vater blieb, aber die Tochter war neu: Kristina Nel.

31 Mitte: Traudl un Hans Rosenthal haben gut lachen. M ist etwas nachdenklich zumute. Es ist immerhin mein 60. Geburtstag,…

32 …zu dem mir auch die »Stachelschweine« Rolf Ulri und Wolfgang Grun gratulieren.

3 Am 18. Juli 1980 nach der rauung vor dem Standesamt chmargendorf. Vor lauter ervosität hatten Brigitte und ich weimal »Ja« gesagt.

Vier Bundesverdienstkreuz-tter: Mit Walter Gross, Hans senthal und Heinz Oskar uttig, 1980

35 Eingerahmt von meinen besten Freundinnen, Loni Heuse und Edith Schollwer

36 Peter Baché überreicht mir die Goldene Kamera, 1984.

/38 Oben: Peter Weck spielte die Hauptrolle und führte Regie bei der ZDF-Serie »Ich heirate eine milie«. Der Autor störte wieder einmal am Drehort.
ıten: Werner (Peter Weck) sucht mit seinen angeheirateten Kindern beim Juwelier (Gerhard Friedrich) ı nicht ganz billiges Weihnachtsgeschenk für seine Angie aus.

39/40 Oben: Das ist die echte Familie: Brigitte, Boris, Pamela und der angeheiratete Vater. – Unten: W sich die Bilder gleichen. Die Fernsehfamilie: Thekla Carola Wied, Peter Weck, Julia Biedermann, Timo Niesner und Tarek Helmy, beobachtet von Bruni Löbel, in der Serie »Ich heirate eine Familie«

dung retten konnte. Ich verlegte die ganze Geschichte in das Jahr 1989. Eine Großmutter erzählt ihren Enkelkindern von der Blockade. So konnte ich fast alles, was ich geschrieben hatte, verwerten. Die Oma war nicht so einfach zu besetzen, wir mußten lange suchen, Thomalla wollte schon einspringen, aber dann übernahm die damals dafür viel zu junge Edith Schollwer die Rolle. Sie sprach mit zittriger Stimme von den alten Zeiten, und ihre Enkelinnen – das Sunshine-Quartett – sangen fröhlich: »Aber uns're Großmama erzählt so schön vom Frieden, aber uns're Großmama ist auch schon ziemlich alt ...«, und Edith fuhr dann fort: »... eine schöne Zeit war den Menschen beschieden, gar kein Krieg, nicht mal kalt.«

Leider ging der Kalte Krieg, Ost gegen West, noch lange weiter, genau wie die »Insulaner«-Sendung im RIAS. Im Dezember 1948 erklang zum ersten Mal das Lied »Der Insulaner verliert die Ruhe nicht«. Von diesem Moment an hörte ganz Berlin die Sendung, vor allem auch die Menschen in der russischen Zone, aus der später die DDR wurde. Edith Schollwer sang das Titellied, Walter Gross sprach mit unverwechselbarem Zungenschlag den »Funzionär«, Tatjana Sais und Agnes Windeck, die Damen, die sich zufällig auf dem Kurfürstendamm trafen, Bruno Fritz telefonierte mit Polowetzer, Ewald Wenck war dabei, Ilse Trautschold und Joe Furtner.

Günter Neumann hatte damals seine fruchtbarste Zeit. Außer für die Insulaner schrieb er für den RIAS noch viele Kabarettsendungen unter dem Pseudonym seiner Vornamen Günter Christian Ludwig. Ich habe sein Leben in meiner Laudatio zum Paul-Lincke-Ring beschrieben:

Hahnenklee, den 25. September 1973

Am Ausbruch des Ersten Weltkrieges nahm er als Einjähriger teil, einer der jüngsten Einjährigen von 1914, denn er war gerade ein Jahr vorher auf die Welt gekommen. Trotz erblicher Vorbelastung – sein Vater hatte eine Uniform-Fabrik, allerdings stellte er nur Straßenbahner- und Postuniformen her –, obwohl also die Uniformen sozusagen in der Familie lagen, man könnte fast sagen herumlagen, zog es den heranwachsenden Knaben nicht zu ihnen hin, und als er später eine anzog, dann nur, weil man ihn einzog. Günter war zwar Soldat, aber nie ein Krieger, und schon gar nicht ein kalter. Und wenn er je einen Flügel stark gemacht hat, dann höchstens einen Konzertflügel. Seinen Heldenmut hat er schon frühzeitig eingetauscht gegen Zivilcourage. Die muß er 1929 besessen haben, als er – noch Schüler – im Kabarett der Komiker bei Willi Schaeffers auftrat. Der damals anwesende Erich Kästner soll sich heute noch an den Anzug des Klavierhumoristen erinnern, der in seinem Lied ein Mädchen auf die Frage »Liebst du Gustav Freytag?« antworten ließ: »Nein, ich gehe mit Gustav jeden Sonnabend aus.« Ich konnte diesem Ereignis leider nicht beiwohnen, da ich mich zu der Zeit gerade auf den Besuch des Goethe-Gymnasiums vorbereitete. Wenn ich gewußt hätte, wie kurz der Besuch werden würde, hätte ich mir dieses Erstauftreten natürlich nicht entgehen lassen, aber ich kann mir auch so ganz genau vorstellen, wie Günter Neumann damals aussah. Genauso wie heute. Höchstens etwas dünner, das Haar etwas voller, heute ist er etwas voller und das Haar dünner, aber er hatte damals bestimmt schon die ruckartigen Bewegungen, er machte bestimmt schon die etwas linkisch wirkende Verbeugung, er wirkte immer gehemmt, sprach hastig, fast atemlos. Wenn er am Flügel sitzt, dann ist er um ein Lächeln fast nie verlegen, und dieses verlegene Lächeln macht ihn so unerhört sympathisch. Außerdem spielt er großartig Klavier, sein Anschlag ist nie ein Anschlag auf den Komponisten, kurzum, er gehört zu den angenehmsten Begleiterscheinungen seiner Interpreten.

1930 ist der Primaner Günter Neumann bereits heimlicher musikalischer Leiter des berühmten Kabaretts »Die Katakombe«. Er arbeitet zusammen mit Werner Finck, Rudolf Platte, Erik Ode, R. A. Stemmle, Edmund Nick und den vielen anderen, die mir jetzt böse sind, weil ich sie nicht erwähne.

Günter Neumann studierte dann Musik bei Professor Heinz Tiessen, belegte literarische Kleinkunst bei Friedrich Hollaender, Rudolf Nelson und Mischa Spoliansky. Populäres hörte er bei Paul Lincke und Walter Kollo, und das Coupletschreiben lernte er bei Otto Reutter. Die Älteren unter Ihnen erinnern sich vielleicht noch an diese Form, kurze Strophen, und die Pointe bildet die letzte, immer wiederkehrende Zeile. Das kann heute kaum noch einer, »Das ham Se wohl vergessen in der Eile«, wie Tatjana Sais im Insulaner sang.

Die Weimarer Republik ging zu Ende, aus dem Cabaret wurde das Kabarett. Neumann schrieb eine harmlos gemeinte Revue über ein Fräulein Lenz und die Drei Eisheiligen. Den Nazis, die sich in den letzteren wiederzuerkennen glaubten, gefror das Lächeln, und die Gestapo schloß das »Tingeltangel«.

Günter Neumann, der sich sein Studium selbst finanzieren mußte – sein Vater stellte die falschen Uniformen her, die Straßenbahn wurde nicht aufgerüstet –, Günter schrieb weiter! 1938 kam seine Sport-Revue *Gib ihm* im KadeKo heraus mit Tatjana Sais, Loni Heuser, Werner Finck, Rudolf Platte und – heute dreht er selbst die bezauberndsten Filme – Jacques Tati. Diese Revue hatte angenehme Folgen, den ersten Drehbuchauftrag von Rühmann für *Paradies der Junggesellen*. Die nächste nicht. Sie hieß *Nacht muß es sein*, und daraufhin wurde am Tag der Premiere ganz Deutschland verdunkelt. Die Premiere fand am 1. September 1939 statt. 1944 schrieb er für die Varieté-Revue *Utopia* zündende Texte, daraufhin brannte die Scala ab. Das lag natürlich nicht an den Texten, sondern am Phosphor. Diese Revue habe ich dreimal gesehen und kann heute noch ganze Strophen singen, aber ich laß es lieber, ich will dir ja nicht schaden.
Der Krieg begann für Günter Neumann in einer Kraftfahrer-Kompanie in Perleberg – das muß ein Versehen gewesen sein, er kann heute noch nicht Auto fahren. Er beendete ihn als Komponist, Autor und Darsteller in einem Kriegsgefangenenlager.
Der Frieden brach aus, statt Kanonen gab es Kanonenöfen. Zwei davon standen links und rechts von der Bühne im Cabaret Ulenspiegel. Das Publikum trug Handschuhe, nicht weil es vornehm war, sondern weil die Hände froren. Günter war wieder da – und wie er da war: mit zwei großen Chansons oder besser gesagt Chansonzyklen. Tatjana Sais brachte »Die Dame von heute«, Loni Heuser »Die Leserin hat das Wort«. Nach diesen Chansons ging es in Berlins Ulenspiegel Schlag auf Schlag. Die Revue *Alles Theater*, Regie Gustaf Gründgens, und *Schwarzer Jahrmarkt*, den Carl-Heinz Schroth inszenierte. Aus dem *Schwarzen Jahrmarkt* wurde der Film *Berliner Ballade*, aus der satirischen Zeitschrift »Der Insulaner« die wohl berühmteste Kabarett-Sendung der Nachkriegszeit. Die Folgen hatte Günter Neumann zu tragen. Es waren fast hundertfünfzig Folgen.
Tja, was soll ich noch erwähnen? Den Film *Herrliche Zeiten*, die Nelson-Revue *Berlin Weh-Weh* im Theater am Kurfürstendamm, die deutsche Übertragung des Musicals *Kiss me Kate*. Man hat mir damals gesagt, daß Neumanns Texte besser sind als das Original. Das kann ich nicht beurteilen, ich kenne nur die deutsche Fassung. Das Original kann unmöglich besser sein!
Günter Neumann war Mitarbeiter vieler Kurt-Hoffmann-Filme: *Der*

Engel, der seine Harfe versetzte, Wir Wunderkinder – in Hollywood und in Moskau ausgezeichnet –, drei Spessart-Filme folgten. *Wir Wunderkinder*, mein Lieblingsfilm, erhielt den Silberlorbeer von Selznick, einen Kunstpreis der Stadt Berlin und in Kürze – ich bin gleich fertig – den Paul-Lincke-Ring.
Günter Neumann hat eine unverwechselbare künstlerische Handschrift. Eine kluge Frau hat mir einmal gesagt, man kann soviel Korsetts tragen, wie man will, die anderen sollten es nur nicht merken. So ist es auch mit den Versen von Günter Neumann. Man merkt ihnen das Korsett der Reime nicht an.
Wir verdanken Neumann viele, viele Chansons, meine Arbeit hat er entscheidend beeinflußt. Ich dichte gelegentlich auch, aber als ich dann gemerkt habe, daß ich das nie so elegant hinbekommen werde wie Günter, habe ich aus lauter Verzweiflung angefangen, Theaterstücke zu schreiben. Ich verdanke ihm sehr viel.
Wir leben heute in einer Zeit, in der viele Kabarettisten uns glauben lassen wollen, sie beabsichtigen gar nicht, das Publikum zum Lachen zu bringen, dabei können sie es bloß nicht. Man ist der Ansicht, daß Gesinnung allein abendfüllend ist, man schreibt mit politischem Engagement, mit erhobenem Zeigefinger. Günter Neumann arbeitet noch ganz altmodisch: mit Einfällen.
Er ist nicht nur in Berlin geboren, er ist auch der geborene Berliner. Einen Insulaner-Berg gibt es schon. Berlin sollte Neumann ein Denkmal setzen. Schon zu Lebzeiten. Später hat er so wenig davon. Mit seinen Insulaner-Sendungen hat er etwas fertiggebracht, wofür wir ihm Dank schulden. Er hat Berlin lachen lassen über Zustände, über die wir eigentlich hätten weinen müssen. Er hat uns und der Welt gezeigt, daß ein politisch Lied nicht unbedingt ein garstig Lied sein muß. Es kann auch witzig sein und Charme haben.
Kurzum, Günter Neumann ist ein Mann, der seinesgleichen sucht. Hoffentlich tut er es nicht, denn dann kann er lange suchen. –

Als wir nach meiner Laudatio in Hahnenklee beim Essen saßen und die Suppe aßen, fragte Günter mich leise, wie ich das denn gemeint hätte, als ich sagte: »Ich kann heute noch ganze Strophen singen, aber ich lasse es lieber, ich will dir ja nicht schaden.« Ich erklärte ihm, daß ich seinen Chansons nicht schaden wolle, weil ich so schlecht singen kann. Günter war beruhigt, ich wurde aber nachdenklich. Sollte er im Drit-

ten Reich etwas geschrieben haben, das ihm, nach dem Zusammenbruch, politisch schaden könnte? Beim Hauptgericht überlegte ich noch, aber schon als das Dessert aufgetragen wurde, verwarf ich den Gedanken wieder. So etwas paßte doch gar nicht zu Günter.
Als sich das Verhältnis Ost-West etwas verbessert hatte, geschah etwas Seltsames. Neue Leute kamen in den RIAS, und Günter Neumann wurde plötzlich von einigen als Kalter Krieger verschrien. Er stand nicht mehr auf der Seite derer, die Wandel durch Annäherung priesen und nicht an eine Wiedervereinigung glaubten. Dabei hatte er doch nur das Lächerliche etwas lächerlicher gemacht und es dem befreienden Lachen preisgegeben. Sein Freund Hans Rosenthal, der bei den letzten öffentlichen Insulanern Regie geführt hatte, blieb ihm treu. Er machte weiter Sendungen von und mit Günter, sehr lustige Schlagerfestivals, in denen die Musik der Zwanziger Jahre gespielt wurde, die Dialoge, die er erst mit Günter, dann mit Theo Lingen sprach, wurden vom Publikum bejubelt. Dann heckten die beiden zusammen die *Dalli-Dalli*-Sendung aus. Günter schrieb die Chansons und die Klassiker-Parodien, in denen die Kandidaten die Fehler herausfinden mußten, die er hineingeschmuggelt hatte. Günter saß wieder einmal an einem Flügel, an dem anderen Heinrich Riethmüller.
Während der Probenzeit zu einer Sendung legte sich Günter abends ins Bett und wachte nicht mehr auf. Hans Rosenthal wurde gerufen, regelte alles und fuhr dann zur Probe. Es mußte ja alles weitergehen, »the show must go on«. Hans ließ sich nichts anmerken, obwohl er sehr, sehr traurig war. Am Schluß hielt er eine kleine Rede vor den laufenden TV-Kameras und erzählte seinem Publikum, daß er seinen besten Freund und Lehrer verloren hätte. Nicht nur ihm, auch uns kamen die Tränen.
Bei der Trauerfeier hielt ich in der Kirche eine Rede und stellte auch eine Sendung zusammen, in der viele Prominente über Günter sprachen. Ich nahm ein kleines Aufnahmegerät mit nach Hause, Werner Finck besuchte mich und sagte folgendes in mein Mikrofon: »Als Günter Neumann zu mir in die Katakombe kam und uns begleitete, trug er eine Fliege, er war damals noch Primaner, und ich finde, so sah er heute noch aus. Wir wollten ja immer etwas zusammen machen, aber daraus wird ja wohl nun wahrscheinlich nichts mehr werden …«
Nach der *Melodie der Straße* und *Jeder gegen jeden* schrieb ich 1950 für das KadeKo noch eine Revue mit dem optimistischen Titel *Wir sind*

über'n Berg – damit zitierte ich unseren Regierenden Bürgermeister Ernst Reuter. Eine meiner letzten RIAS-Sendungen hieß *Der Fortschritt schreitet fort*, eine lustige Geschichte von der Steinzeit bis heute. Daraus entstand die KadeKo-Revue. Viel Neues kam dazu, Olaf Bienert schrieb die Musik, und wir bekamen eine großartige Besetzung zusammen.
Zu dieser Zeit gastierte in den Bars von Berlin eine bekannte Schönheitstänzerin, deren Name Laya Raki sehr fernöstlich klang, obwohl sie aus Westdeutschland stammte. Edith Schollwer spielte bei uns die Schönheitstänzerin Ria Nackedeia, die in einer Art hausgemachtem Hawaiianisch sprach, bis sie bei einem Rundfunkinterview vor Aufregung plötzlich in rheinischem Dialekt antwortete. Sie stand die ganze Zeit hinter einem Paravent, nur ihr Kopf und ihre nackten Schultern waren zu sehen, und mit diesem Sichtschutz, der uns vermitteln sollte, daß sie nackt war, sang sie auch das Chanson »Ich bin keine Schönheit, ich kann auch nicht tanzen, ich bin eben Schönheitstänzerin«. Als Edith am Schluß abging, wurde einmal das Licht aus Versehen kurz eingeschaltet, und da sah man, daß sie einen trägerlosen Pullover trug und dazu eine Sepplhose. Es gab einen großen Lacher, und seit diesem Abend ging das Licht an dieser Stelle immer wieder wie zufällig an.
Bruno Fritz war der Steinzeit-Briefträger, später brachte er das ernste Chanson »Vom unruhigen Gefühl«, das er mit seiner unverwechselbaren Stimme – Edelmetall nannte ich sie mal – vortrug. Rita Paul stand im Mittelalter in härenem Hemd gefesselt auf einem Scheiterhaufen als eben verurteilte Hexe und beklagte in einem Lied ihr Schicksal. Sie sang hinreißend. Ich war immer ein Fan von ihr, und ich glaube heute noch ganz fest, sie hätte, so wie sie aussah und mit ihrem Talent, auch in Amerika große Karriere machen können.
Unser Bürgermeister Reuter trug immer eine Baskenmütze. Edith Schollwer spielte in der Revue eine Szene, die auf dem Flughafen Tempelhof vor einer aufgemalten PanAm-Maschine stattfand. Sie war da die Schauspielerin Lene Leiser – der Name der Frau, die ich damit meinte, klang verdächtig ähnlich –, die, der unsicheren Zeiten wegen, von Berlin nach Westdeutschland gezogen war und nach einem zehnminütigen Berlin-Besuch vorsichtshalber rasch wieder ins Flugzeug stieg. Edith hatte darin zu sagen: »Wie soll ganz Berlin wieder unter einen Hut kommen, wenn unser Bürgermeister eine Baskenmütze trägt?« Dieser Satz war immer ein großer Lacher. An einem Abend kam er besonders gut an. Ein Herr in der zweiten Reihe konnte sich gar nicht

mehr einkriegen. Edith guckte ins Parkett und erkannte ihn. Es war Ernst Reuter.

Nach 1950 war ich noch eine Zeitlang Mitarbeiter des Kabaretts »Nürnberger Trichter«, das Kurt Tuntsch, der Mann, der die »Filmbühne Wien« leitete, in den Räumen des Ulenspiegels aufgemacht hatte. Dr. Eckart Hachfeld, Thierry und andere schrieben Sketche und Chansons. Ich war vor allem für die sogenannten Openings zuständig, die Titelsongs, die dann meistens auch – mit abgewandeltem Text – beim Finale gesungen wurden. Mein Freund Walter Gross, Bruno Fritz, Edith Schollwer, Ursula Herking und viele andere saßen während der Probe im Parkett und hörten zu, als Rita Paul den Titelsong der Revue *Mal seh'n, was uns blüht* sang:

Der Himmel blau, die Luft so lind,
die Sonne schon sehr willig,
es weht ein zarter Frühlingswind,
so märzlich und aprillich.

Vom Eis befreit sind Strom und See,
man fühlt sich neu geboren,
und nur im kleinen Eiscafé
wird ganz und halbgefroren.

Die Männer sind so unverschämt,
und manches Auge winkt uns.
Die Frühlingsmüdigkeit, die lähmt,
und trotzdem, sie beschwingt uns.

Nach so viel Glück ist uns zumut,
man kann es kaum erwarten,
man schläft so schlecht und träumt so gut,
und schaut in jeden Garten.

Refrain:
Mal sehn, was uns blüht,
mal sehn, was geschieht,
ob die Träume Träume bleiben,
wenn die Knospen Blüten treiben.

Man wartet und hofft
und man freut sich so oft,

aber jetzt schon jubeln, wäre verfrüht …
erst mal sehn, was uns noch blüht.

Ich saß neben der von mir hochverehrten Ursula Herking. Schon nach den ersten vier Versen blickte sie mich von der Seite an. »Du bist ja ein Dichter!« flüsterte sie mir zu, und es war kein Funken Ironie in ihrer Stimme. Es klingt heute komisch, aber damals fühlte ich mich wie geadelt.

In den ersten Nachkriegsjahren kamen in Berlin viele Mischlingskinder zur Welt. Die farbigen GIs waren bei den Damen sehr beliebt. Olaf und ich griffen diese »Zeiterscheinung« auf und schrieben für Rita einen Song, in dessen Refrain es hieß »In meinem Heimatland bin ich nur eine Fremde, und in der Fremde fühl' ich mich nicht zu Haus'«. Er schloß mit den Worten: »Man muß nur durch die Haut den Menschen sehen.« Rita war und ist eine Naturbegabung. Sie sang das Lied schon bei der ersten Probe genau so, wie wir Autoren es uns vorgestellt hatten. Sie gestaltete es, ohne daß der Regisseur ihr etwas sagen mußte. Sie fühlte, was sie sang. Wir waren begeistert.

Unser Regisseur Rudolf Schündler war damals völlig mit den Nerven runter. Er brach sogar einmal in Tränen aus. Und in diesem Zustand wollte er, ganz im Gegensatz zum Inhalt des Chansons, unsere Rita mit einem Bananenrock à la Josephine Baker auftreten lassen. Olaf und ich blickten uns nur an und liefen sofort, ohne unsere Mäntel anzuziehen, rasch um die Ecke ins KadeWe, um ein einfaches Kleidchen zu kaufen. Dort standen wir eine ganze Weile unbeachtet – wie wir glaubten – herum. Alle Verkäuferinnen waren emsig mit etwas beschäftigt, keine bediente uns. Bis wir erfuhren, weshalb. Man hielt uns, ohne Mäntel, für Abteilungsleiter, die kontrollieren wollten, ob gearbeitet wurde. Wir klärten eine Verkäuferin auf, bekamen sofort ein billiges Fähnchen, und damit war Rita richtig ausgestattet.

Als Deutschland wiederbewaffnet wurde, schrieb ich eine Parodie auf »Lili Marleen«. Edith Schollwer marschierte mit geschulterter Laterne vor einem Kasernentor, an dem der Bühnenbildner noch eine kleine Pappkanone aufgestellt hatte. Der Text kam, wie immer bei mir, viel zu spät. Bei der ersten Probe schmiß Edith die Noten auf den Boden und trampelte darauf herum. Olaf steckte sie schweigend wieder in seine Aktentasche. Bei der Premiere sang Edith das Chanson natürlich. Überall auf der Bühne hatten sich Kolleginnen versteckt, um soufflieren zu können. Edith schaffte es allein, bekam viel Beifall, dem Publikum gefiel's, nur dem Komponisten, Norbert Schultze, überhaupt nicht. Er fand, es wäre eine Art Sakrileg.

Für die Stachelschweine schrieb ich noch einige wenige Texte und dann – sozusagen als Abschied – machte ich für den SFB eine große Sendung über die Geschichte des Berliner Kabaretts mit dem Titel *Vom Alex zur Gedächtniskirche.* Wir hatten eine Bombenbesetzung, Tatjana Sais, Edith Schollwer, Trude Hesterberg, Nina Westen, Willi Schaeffers, Günther Lüders, Dietmar Schönherr, Werner Finck, Wolfgang Müller, Peter Frankenfeld und das ganze Ensemble der Stachelschweine. Damit war das Kapitel Kabarett für mich abgeschlossen. Ich finde, so etwas sollen Jüngere machen, die noch nicht wissen, daß alles schon einmal da war, und mit Bauch und Mercedes kann man schlecht auf die Barrikaden gehen. Die einzige Ausnahme bildet für mich Wolfgang Gruner, der, obwohl schon in den Siebzigern, heute noch so frisch die Pointen bringt wie einst im Mai – und, beinahe hätte ich ihn vergessen: Dieter Hildebrandt.

Von der Bühne hatte ich mich, nachdem die *Melodie der Straße* lief, als Darsteller so gut wie zurückgezogen. Wenn ich daran denke, daß mich 1945 der große Jürgen Fehling in sein Theater in Zehlendorf bestellte und mich engagieren wollte, schüttle ich heute immer noch den Kopf. Er hatte von irgendwoher gehört, ich wäre so ein schlagfertiger Spreeathener, und da er gerade dabei war, eine Berliner Posse vorzubereiten, müßte ich für den Kommis doch die richtige Besetzung sein, dachte er. Es gelang mir, mich ihm auszureden. Ich verehre die Schauspieler, würde auch gerne einer sein, kann mir aber keine Texte merken. Mein Gedächtnis verläßt mich zu leicht. Deshalb habe ich mir den einzigen Beruf gewählt, in dem ich mir alles aufschreiben kann.

Einmal hat es mich noch gejuckt. Das war, als *Der Mann, der sich nicht traut* im Theater am Kurfürstendamm lief. Darin gibt es einen zerstreuten Oberarzt, der nur in den letzten beiden Bildern auftritt. Den hätte ich zu gerne gespielt und hatte die Rolle sogar schon gelernt. Aber alle Schauspieler wurden im Laufe der Serie einmal krank oder umbesetzt, nur Kurt Mühlhardt, der Oberarzt, spielte alle 517 Vorstellungen. Wahrscheinlich war das gut. Ich hätte meinem Stück sicher nur geschadet.

Kintopp

Wenn ich an die ersten Nachkriegsjahre zurückdenke und nachlese, was ich damals alles gemacht habe, dann weiß ich nicht mehr, wann ich eigentlich zum Schlafen gekommen bin, denn nach Rundfunk und Kabarett kam für mich ein neues Medium hinzu: der Film. Die ersten Produzenten meldeten sich.

Filme haben mich schon als kleinen Jungen interessiert. Jeden Sonntag ging ich in die Jugendvorstellung. Der Eintritt betrug 30 Pfennige, und jedes Kind bekam ein Geschenk, eine Wundertüte oder ein Nappo, das war eine ziemlich feste, klebrige Masse mit Schokoladeguß, ein sogenannter Plombenzieher. Wir sahen meistens Wildwestfilme mit Tom Mix und Big Boy Williams. Unsere Stammkinos waren die »Rote Mühle« und das »Rivoli«, gleich hinter dem Bahnhof Halensee. Beide gibt es nicht mehr, genau wie die Kammerlichtspiele an der Ecke Kurfürstendamm/Cicerostraße, das »Schau Schau« und das »Regina« in der Wilmersdorfer Straße. Dort sah und hörte ich den ersten Tonfilm meines Lebens *Das Lied ist aus* mit Willi Forst. Den Film fand ich gut, den Ton nicht. Das Haus, in dem sich das Regina befand, ist übrigens erhalten geblieben, und in den Räumen des Kinos befindet sich schon lange ein gutes Restaurant.

Ich sammelte Starpostkarten, las Filmkritiken und ärgerte mich, daß manche Streifen nicht jugendfrei waren. Da stand dann immer an der Kasse ein Schild mit der Aufschrift »Jugendlichen unter 18 Jahren ist der Zutritt nicht gestattet«. In einige dieser Filme habe ich mich reingeschlichen, mit hochgeschlagenem Mantelkragen, den Hut tief ins Gesicht gezogen. Daß ich aber einmal selbst Drehbücher schreiben würde, habe ich, auch als ich über achtzehn Jahre alt war, nicht erwartet. Ich hatte damals nur zwei Vorbilder. Ich wollte Gedichte schreiben können wie Erich Kästner und Komödien wie Curt Goetz.

Meine Mitarbeit an Filmen beschränkte sich zunächst auf Liedertexte, *Herzkönig* habe ich schon erwähnt, für *Morituri* schrieb ich zwei Lieder, eins davon nach einer Komposition von Artur Brauner: »Ein Lied ist leis verklungen«. Als ich es verfaßte, wußte ich noch nicht, wie recht ich damit hatte. Es ist sofort verklungen. Außer Artur Brauner hat das Lied niemand mehr gesungen.

Es folgten zwei Nummern für *Eva im Frack*, und das Drehbuch dieses Films war das erste, das ich bearbeiten durfte. Für *Wenn Männer schwindeln* konnte ich 1950 dann schon ganze Szenen beisteuern.

Eine Zeitlang war ich für die Produzenten so eine Art Feuerwehr. Überall, wo noch etwas Pfeffer im Dialog fehlte, durfte ich ihn im Drehbuch drüberstreuen, meistens in letzter Minute, oft war der Film schon im Atelier. Eine Zeitlang assistierte mir mein Bruder. Ich erinnere mich noch genau an den Tag, an dem wir in einem kleinen Büro der Realfilm in Hamburg saßen und ein Buch umschrieben. Plötzlich stürzte der Produktionsleiter in den Raum und erkundigte sich, ob es noch eine Szene gäbe, die im Wohnzimmer spielte. Ich blickte meinen Bruder an und entschied kurzerhand: »Die Dekoration können Sie abreißen. Wenn noch eine wichtige Szene kommen sollte, lassen wir sie im Schlafzimmer spielen.«

Theo Lingen, der mich sehr mochte, holte mich eines Tages nach Bendestorf. Dort wurde der Film *Hilfe, ich bin unsichtbar* gedreht. E. W. Emo war der Regisseur, und der drehte immer schneller, als ich umschreiben konnte. Einmal gelang mir die neue Fassung einer Szene besonders gut, und auf den Dialog war ich richtig stolz. Emo kam, las sie, fand sie auch ausgezeichnet und bedauerte sehr, daß er die alte Fassung gerade vorhin schon gedreht hatte.

Die Arbeit war oft nicht leicht, aber ich bereue keinen Tag, weil ich immer blitzschnell etwas erfinden und aufpassen mußte, daß es zu dem übrigen Film paßte. Es war ein wunderbares Gehirntraining, und manchmal machte es sogar Spaß.

Die Neufassung des Films *Wenn Männer schwindeln* muß mir gelungen sein. Das erlebte ich an der Reaktion des Publikums, als er in der Berliner Waldbühne uraufgeführt wurde. In der Mitte der Vorführung begann es heftig zu regnen, aber der größte Teil der Zuschauer blieb bis zum Schluß sitzen. Es wurde viel gelacht, besonders über Rudolf Platte, der einen Diener spielte, der, wenn er ausging, immer einen Dreiviertelmantel und eine Melone trug. Kurt Tuntsch, der die Waldbühne gepachtet hatte, engagierte ihn sofort für den nächsten Filmabend am folgenden Samstag, da sollte er im Vorprogramm in derselben Kostü-

mierung auftreten. Ich schrieb den Text für ihn und fuhr am Abend des 15. September, es war ein Mittwoch, in der Schillerstraße.
Als ich unten klingelte, öffnete sich oben ein Fenster, und Platte rief mir zu, daß er in einer Minute unten wäre. Dabei hing er so weit aus dem Fenster, daß ich fürchtete, er könnte es weitaus schneller schaffen. Er kam aber dann die Treppe herunter, schloß die Haustür auf, und ich merkte sofort, daß er etwas zuviel getrunken hatte. Wenn ich ganz ehrlich sein will, müßte ich sagen, er war voll wie eine Haubitze. Vorher hatte es wohl einen großen Streit mit seiner Frau gegeben, und er hatte sich hinterher mit Alkohol getröstet. Als wir in der Wohnung waren, las er sofort mein Manuskript laut vor und betonte jede Pointe völlig falsch, was mir weh tat. Aber er war sichtlich zufrieden mit dem Text.
Ich ging zur Geburtstagsfeier meines Bruders und alarmierte von dort aus Herrn Tuntsch. Der bekam einen großen Schreck, schickte gleich einen Mitarbeiter zu Platte, der ihn bis Samstag nicht aus den Augen ließ.
Kurz vor Beginn der Vorstellung kam Platte völlig nüchtern in die Waldbühne, stand eine Weile an der Seite, begann zu frieren, ging zu Kurt Widmann, dem Chef der Tanzkapelle, und fragte ihn, ob er etwas zum »Aufwärmen« dabei hätte. Widmann hatte. Er zog einen Flachmann aus der Tasche, Platte nahm einen größeren Schluck, und der zeigte sofort Wirkung. Als er angesagt wurde, stolzierte er schwankend auf die Bühne, die ersten Sätze sprach er noch auswendig, 20000 Menschen lachten, und nun passierte etwas, was ich nie vergessen werde. Platte wußte nicht weiter, blickte hilflos in das Innere seiner Melone, wo er vorsorglich das Manuskript, das auf Durchschlagpapier geschrieben war, deponiert hatte. Eine leichte Brise kam auf, und ein Blatt nach dem anderen flog davon. Ich stand etwa fünfzehn Meter von ihm entfernt an der Seite der Bühne und konnte ihm nicht helfen. Es war schrecklich für mich. Das Publikum wurde unruhig, aber der Pianist besaß äußerste Geistesgegenwart. Er begann mit dem Vorspiel des Chansons »Ach, Luise«, das Platte eigentlich erst später singen sollte. Der ergriff den musikalischen Rettungsanker, sang das Chanson und brachte es ohne einen Versprecher über die Bühne. Er hatte Ralph Benatzkys *Bezauberndes Fräulein* so oft gespielt, daß er »Ach, Luise« wahrscheinlich auch in Vollnarkose singen konnte. Das Publikum applaudierte, Platte verbeugte sich, ging ab, und ich sammelte, als der Film lief, die Blätter meines Manuskripts wieder ein.

Bei der Arbeit an *Wenn Männer schwindeln* lernte ich den Regisseur Carl Boese kennen. Er war ein alter Praktiker, hatte vor dem Krieg öfters zwölf Filme im Jahr inszeniert und war ein Spezialist für Lustspiele. Boese sah aus wie der Kronprinz in etwas kleinerer Ausführung. Er war ein Kavalier alter Schule und ein perfekter Techniker. Wenn er einen Film drehte, wußte er abends ganz genau, wieviel Schnittmeter er geschafft hatte. Er saß beim Drehen immer mit der Stoppuhr in der Hand da, hatte einige verschiedenfarbige Bleistifte, mit denen er eine Schnittskizze machte. Danach konnte die Cutterin arbeiten. Er verbrauchte nicht so viel Material wie manche Regisseure heute, die beim Drehen noch nicht genau wissen, was sie eigentlich wollen. Boese ging äußerst sparsam mit dem Material um.
Als ich mit ihm arbeitete, war er schon ein Mann im fortgeschrittenen Alter, der immer etwas melancholisch von seinem Bugatti erzählte, mit dem er früher von der Berliner Ufa zur Münchner Bavaria gerast war. Die Räder und der Verschluß waren aus Kupfer, er brauchte bloß mit einem kleinen Kupferhämmerchen dagegenzuschlagen und schon konnte er ein Rad wechseln. Nach dem Krieg war er sehr stolz auf seinen nagelneuen VW, der alle Extras hatte, die es damals gab, unter anderem auch einen Höhenmesser. Ich habe nie wieder ein Auto mit Höhenmesser in Berlin entdeckt.
Boese drehte 1952 den Film *Der keusche Lebemann*, dessen Drehbuch ich bearbeitete und bei dem ich zweiter Regieassistent war. Dieser Film wurde in vierzehn Tagen fertig, weil wir oft bis in die Nacht arbeiteten. Thomalla spielte die Hauptrolle, und seine junge Partnerin durfte ich vom Flugplatz abholen. Es war, soweit ich mich erinnere, ihr zweiter Film. Marianne Koch sah bezaubernd aus. In einer Szene, ich glaube, es war die Verlobung, mußte sie mit Thomalla Pfirsichbowle trinken, in der natürlich kein Alkohol war, sondern Tee mit Fruchtstücken. Die Einstellung, in der sie anstießen und anschließend ihr Glas ex tranken, mußte, da immer wieder irgend etwas nicht stimmte, vierzehnmal gedreht werden. Als Carl Boese die fünfzehnte Klappe schlagen lassen wollte, protestierte der Tonmeister. Er bat, diese Einstellung auf den nächsten Tag zu verschieben, da der Magen von Thomalla wegen der vielen falschen Bowle so laut kollerte, daß der Dialog kaum zu hören war.
Während des Drehens bewunderte ich Carl Boese. Er blieb immer ruhig und wußte alles. Wenn Grethe Weiser in der Diele die Handschuhe

in der linken Hand hatte, sorgte er dafür, daß sie sie in der nächsten Szene, die zwei Tage später in einer anderen Dekoration gedreht wurde, nicht aus Versehen in der rechten Hand hatte. Boese hatte sich alles notiert. Heute haben es die Regisseure viel leichter. Man knipst alles mit einer Polaroidkamera und weiß später genau Bescheid.
Beim nächsten CCC-Film sollte eigentlich Kurt Hoffmann Regie führen. *Der Onkel aus Amerika* war vor vielen Jahren schon einmal gedreht worden – damals hieß er *Man braucht kein Geld*, die Hauptrollen spielten Hans Moser und Heinz Rühmann. Brauner bat mich, nach dieser Vorlage ein neues, wesentlich moderneres Drehbuch zu schreiben, und ich machte mich sofort an die Arbeit. Als ich etwa dreißig Seiten fertig hatte, sagte Heinz Rühmann ab. Daraufhin stieg auch Kurt Hoffmann aus. Er sah in der Rolle nur Rühmann. Die CCC engagierte Georg Thomalla, der als findiger Bankangestellter später zwar ganz anders war als Rühmann, aber ausgezeichnet. Waltraut Haas wurde seine Partnerin, Grethe Weiser ihre Mutter, und Hans Moser spielte seine alte Rolle noch einmal, bezaubernd grantig und liebenswert. Für Hoffmann wurde Carl Boese geholt, und alles schien in Ordnung. Ich hatte mein Drehbuch abgeliefert und wandte mich einem anderen Film zu. Plötzlich sollte Theo Lingen engagiert werden. Artur Brauner wünschte, daß dessen Rolle wesentlich vergrößert würde. Ich fragte ihn, wie lang der Film denn nun werden sollte, wir hätten ja nicht vor, *Ben Hur* zu drehen. Ändern wollte ich nichts, stieg aus und verlor dadurch natürlich meine Abnahmerate. Hans H. Rameau arbeitete das Buch um. Lingen sagte auch ab, Joe Stöckel wurde verpflichtet, und nun sollten Schlager den Film aufpeppen. Dafür holte man Michael Jary und baute eine Westernbar auf – der Onkel kam ja aus Amerika! –, in der sich Grethe Weiser und die anderen tummelten.
Ich lag inzwischen mit meiner ersten schweren Gastritis im Martin-Luther-Krankenhaus, als die Produktion mich anrief. Boese wollte jetzt die Bar drehen und wußte plötzlich nicht wie, ihm fehlten Dialogsätze. Ich müsse unbedingt sofort aufstehen und ins Atelier kommen, um etwas zu erfinden. Jetzt war ich doch stolz, daß man mich brauchte, es war für mich ein kleiner Triumph, und meinem Magen ging es schlagartig besser.
Am nächsten Morgen stand ich im Atelier, blickte in das Drehbuch und fing an zu improvisieren, ließ Walter Gross mit Ruth Stephan tanzen, die beiden waren herrlich komisch, erfand neue Sätze und Gags. Nach

drei Tagen war die – wenn Sie mich fragen, völlig überflüssige – Bar abgedreht, und ich durfte eine ansehnliche Tagesgage einstecken. Manchmal ist das Schicksal auch auf seiten des Drehbuchautors.
Meine »Filmzeit« währte fast zwanzig Jahre. Ich schrieb eigene Drehbücher und fremde um, lernte Schauspieler und Schauspielerinnen kennen, Regisseure und Kollegen, aber ich glaube, die beiden wichtigsten Männer, mit denen ich damals arbeitete, waren Bobby E. Lüthge und Artur Brauner.

Bobby

Mit Bobby E. Lüthge schrieb ich ein Drehbuch für Artur Brauner. Der fertige Film hieß *Schwarze Augen*, Will Quadflieg spielte einen berühmten Geigenvirtuosen, Georg Thomalla seinen Manager. Die weiblichen Hauptrollen waren mit Cornell Borchers und Angelika Hauff besetzt. Rosita Serrano sang zwei Lieder. Neulich lief der Film im Fernsehen. Ich sah ihn mir an, hörte, was gesprochen wurde und konnte mich an kein Wort erinnern, obwohl der Dialog von mir war.

Den Tag, an dem ich zum ersten Mal Bobby E. Lüthges Arbeitszimmer betrat, werde ich nie vergessen. Dort standen ein gewaltiger Schreibtisch, zwei Sessel und ein kleines Tischchen, alles aus schwerer Eiche, aber das Beeindruckendste war für mich das große Bücherregal, auf dem ganz oben, unter der Decke, die 225 Drehbücher standen, die er geschrieben hatte, alle fein säuberlich eingebunden. Ich streifte sie bei jedem Besuch mit einem geradezu ehrfürchtigen Blick.

Bobby war einer der bekanntesten Drehbuchautoren, er verstand sein Handwerk und besaß viel Phantasie. Er hatte schon die Bücher geschrieben, als der Film noch stumm war. Manchmal, wenn er sehr nervös war, sprach er von »Titeln« – das waren die beim Stummfilm in die Spielszenen eingeblendeten Sprechtexte – und meinte damit den Dialog.

Am Ersten Weltkrieg hatte er als Artillerieoffizier teilgenommen, und auf der Seite, wo die Kanone gestanden hatte, hörte er schwer. Rheuma hatte er auch. Während der kalten Jahreszeit trug er über seiner Hose ein großes Stück Wollstoff, das an der Taille befestigt war, eine Art wärmender Rock.

Während wir die Handlung des Filmes »bauten«, ging er aufgeregt auf und ab und spielte mir jede Szene vor. Ich mußte mir, obwohl ich ihn bewunderte, große Mühe geben, ernst zu bleiben. Zwischendurch erzählte er von den goldenen Zeiten des Films, von Rabinovitsch und Pressburger und anderen Produzenten, mit denen er zusammengearbeitet hatte. Ich hörte ihm gern zu. Aber er mir auch, wenn ich in sein gesundes Ohr sprach.

Ich war damals jung, stand noch am Anfang der Karriere und fand natürlich manches, was er vorschlug, altmodisch. Trotzdem muß ich sagen, ich habe viel von ihm gelernt, aber einen Ratschlag nie befolgt. »Curthchen, wenn wir den Film fertig haben, streuen wir noch ein paar Aphorismen rüber«, sagte er mir einmal. »Ich habe da hinten zwei Kästen voll stehen.« Dabei wies er auf das Regalfach hinter seinem Schreibtisch, in dem die Kartons standen, gefüllt mit treffenden und lustigen Bemerkungen, die er in den Tageszeitungen gefunden, ausgeschnitten und gesammelt hatte. Ich habe mir nie einen Zettelkasten angeschafft.

Bobby war ein liebenswürdiger und liebenswerter Kavalier der alten Schule und trug manchmal sogar ein Monokel, das ihm sehr gut stand. Im Zweiten Weltkrieg war er reaktiviert worden, lag aber nicht im Schützengraben, sondern war in Paris stationiert, wo er sehr gut gelebt haben mußte. Dort erwarb er viele goldene Zigarettenetuis. Nach dem Krieg verscherbelte er jeden Monat eins davon, hatte dadurch viel Geld, wenn auch nur Reichsmark.

Vor der Währungsreform schrieb er kein Drehbuch, verkaufte nicht eine Idee, aber sofort nach der Einführung der D-Mark legte er los, und das erste Buch brachte ihm DM 25000 ein. Damit war er damals ein reicher Mann. In den Jahren darauf verfaßte er die Drehbücher der damals erfolgreichsten Farbfilme, *Schwarzwaldmädel* und *Grün ist die Heide*. Bei der Premiere von *Schwarzwaldmädel* – Sonja Ziemann und Rudolf Prack spielten die Hauptrollen – saß ich in der Waldbühne. Auf der Leinwand lief gerade ein langer, langweiliger Umzug – später erfuhr ich, daß die Crew zu den Außenaufnahmen Trachten, die sie bei der Berliner Theaterkunst geliehen hatten, mitnehmen mußte, die im Schwarzwald vorhandenen reichten nicht aus. Ich sah mir den Umzug eine halbe Minute mit an, verließ dann meinen Platz, aß oben an einer Bude zwei Bockwürste, und als ich wieder runterkam, war der Umzug immer noch nicht beendet. Der Film spielte Millionen ein, genau wie *Grün ist die Heide*.

Zu dieser Premiere hatte mich Bobby eingeladen. Sie fand im »Delphi« statt. Als ich dort ankam, schmetterte vor dem Kino eine Blaskapelle in Jägeruniform fröhliche Weisen, und an der Ecke Fasanen-/Kantstraße staute sich der Verkehr. Die Hauptdarsteller wurden bei ihrer Ankunft

bejubelt, und einige Millionen Zuschauer gingen später ins Kino, um diesen Film zu sehen. Ich nicht. Ich habe mich gedrückt.
Am nächsten Tag rief mich Bobby an und wollte wissen, wie mir der Film gefallen hatte.
»Gut«, log ich.
Aber dann kam eine Frage, deren Beantwortung mich ins Schwitzen brachte: »Curthchen, Sonja und Rudi verschwinden doch Hand in Hand in der nächtlichen Heide. Meinst du, daß da etwas passiert ist?«
Ich überlegte verzweifelt, wie ich mich aus dieser Affäre ziehen sollte. »Bobby«, sagte ich dann diplomatisch und eigentlich ganz ehrlich, »du, das weiß ich nicht so genau.«
»So soll es auch wirken«, rief Bobby, »es muß offenbleiben.«
Sie können sich gar nicht vorstellen, wie erleichtert ich aufatmete.
Nach dem Riesenerfolg von *Grün ist die Heide* ließen die dankbaren Produzenten Bobby eine richtige Bar in seine Diele bauen. Dort stand er, wenn Besuch kam, mit weißer kurzer Jacke, ein Mixerschiffchen auf dem Kopf, und bediente seine Gäste. Unvorsichtigerweise hat er sich in diesem Aufzug von einem »Spiegel«-Fotografen ablichten lassen, und eines Tages prangte das Bild auf der Titelseite des Magazins. Daß der dazugehörige Artikel im Innern natürlich nicht gerade schmeichelhaft für Bobby war, kann sich jeder vorstellen. Der Heimatfilm wurde damals von den Intellektuellen abgelehnt. Jetzt kommt er wieder, und die Volksmusik boomt.
Bobby hatte viele, wesentlich jüngere Freundinnen und besaß einen echten Fuchsmantel, der wie ein Wanderpokal von einer an die nächste weitergereicht wurde. Am Schluß trug ihn seine langjährige Freundin, die ihn verließ, weil er partout nicht heiraten wollte. »Im letzten Akt führt man keine neue Person ein.« Mit diesem Satz begründete er dramaturgisch seine ablehnende Haltung, die er später bestimmt bedauert hat.
Die Arbeit an unserem letzten gemeinsamen Drehbuch begannen wir in Berlin und setzten sie auf Sylt fort. Als wir fertig waren, fuhren wir mit unseren Autos nach Hamburg. Dort trafen wir Hans Wölffer und Ingeborg Körner, seine spätere Frau, und sahen uns auf der Reeperbahn Damenringkämpfe im Schlamm an, eine höchst unappetitliche Darbietung. Den Damen, die da barbusig rangen, war es nicht unangenehm, daß wir zusahen, aber uns. Wir gingen schnell wieder raus. Schlamm drüber.

Am nächsten Morgen fuhren wir nach Berlin. Ich weiß nicht mehr, ob Bobby damals noch seinen großen Lincoln besaß, den er sich nach seinem ersten Nachkriegserfolg angeschafft hatte, ein richtiges Schiff. (Als er noch ganz neu war, lud er mich voller Stolz zum Mitfahren ein. Nach fünf Minuten blieb der Wagen auf dem Kurfürstendamm stehen. Das Benzin war alle. Bobby mußte mit einem Fünfliter-Kanister zur nächsten Tankstelle laufen und Sprit holen. Damit kam er dann ein paar Straßenecken weiter, denn der Lincoln schluckte mächtig.) Am Samstag kamen wir in Berlin an und am Sonntag gingen wir in die Waldbühne. Dort boxte unser, wie wir hofften, künftiger Hauptdarsteller Conny Rux gegen Tiger Jones. Der arme Conny wurde so vernichtend geschlagen, es war gar nicht mit anzusehen. Sein ganzes Gesicht war verschwollen, er bekam die Augen nicht mehr auf und mußte in die Kabine geführt werden.
Artur Brauner, der auf der anderen Seite des Ringes saß, sprang auf, winkte uns zu und gleichzeitig ab. Damit war das Projekt gestorben, denn der Film sollte *An Conny kommt keiner vorbei* heißen.
Bobby und ich blieben befreundet, arbeiteten aber nicht mehr miteinander, jeder schrieb für sich.
Als ich Bobby nach längerer Zeit wiedersah, erschrak ich. Er war alt geworden und litt an Arteriosklerose in fortgeschrittenem Stadium. Es war unendlich traurig mitzuerleben, wie er die Verben verwechselte und alles gleich wieder vergaß, was er gerade gesagt hatte. Der einst so quicke Verstand dieses fröhlichen Menschen verkümmerte langsam.
Eines Tages wurde er ins Westend-Krankenhaus eingeliefert. Der Komponist Friedrich Schröder und ich fuhren hin, um ihn zu besuchen. Auf dem Wege erzählte ich Friedel, daß in dem Krankenhaus vor vielen Jahren mein Vater mit schwerem Gelenkrheumatismus gelegen hatte und zwar in einem Raum, den er mit acht oder neun Kranken teilen mußte. Als wir die Tür öffneten, prallte ich zurück. Es war dasselbe Krankenzimmer, und mittendrin lag Bobby in einem Bett, das links und rechts mit Gittern versehen war, damit er nicht rausfallen konnte. Er freute sich über unseren Besuch nicht so sehr, wie wir dachten. Ich glaube, er hat sich geschämt, daß wir ihn so sahen.
Die letzten Monate seines Lebens verbrachte Bobby in einem Siechenheim in der Berkaerstraße. Dort bewohnte er mit einem kranken Schauspieler zusammen ein Zimmer. Als wir ihn besuchten, lag er auf seinem Bett und trug seinen schicken Glencheckanzug, auf den er so

stolz war. Er strahlte mich an, sagte gleich, daß wir wieder etwas zusammen schreiben müßten. Ich nickte nur, ich wußte, daß er das ja gar nicht mehr konnte. Es war eine Tragödie, daß dieser Mann, der im Film eine so große Rolle gespielt und viel Geld verdient hatte, so arm enden mußte. Gut, seine Freunde unterstützten ihn, und sein Hauswirt hielt ihm immer noch die Wohnung frei, ohne daß Bobby Miete zahlen mußte. Kurt Ulrich, der Chef der Berolina-Film, meinte, daß Bobby die Zahlen seines »Nummernkontos« in der Schweiz vergessen hätte. Aber das glaube ich nicht. Er hatte schon so viele Jahre nichts mehr verdient, und dann schwindet das Geld sehr schnell. Ulrich und Hans Wölffer haben Bobby unterstützt, und Günter Schwenn erzählte mir später, er habe ihm immer ein paar Fünf-Mark-Stücke mitgebracht, die er in seinem Nachttisch verstaute. Damit konnte Bobby ab und zu Trinkgelder geben und sich dann wieder wie ein Kavalier fühlen, so wie früher.
Als wir das erste Drehbuch für Artur Brauner schrieben, saßen wir, wie immer, um 14 Uhr in Bobbys Arbeitszimmer. Unser Produzent rief an:
»Herr Lüthge«, begann Brauner vorsichtig, »ich hoffe, daß ich Sie nicht beim Schlafen störe.«
»Herr Brauner, zum Schlafen habe ich meine Leute«, belehrte ihn Bobby und zwinkerte mir zu.

Der Produzent

Artur Brauner – es gibt wohl keinen anderen Filmproduzenten, um den sich so viele Anekdoten ranken, und meistens geht es darin um Geld. Brauner ist so populär, daß die Berliner ihn »Atze« nennen. Böse und neidische Zungen halten ihn immer noch für einen Dilettanten, wenn auch für einen unerhört geschickten. Das stimmt nicht. Der Mann ist ein Vollprofi, eine überragende Persönlichkeit, der Mann hat was. Das allerbeste, was er hat, ist für mich allerdings seine Frau Maria, die ich sehr verehre. Nicht nur, weil sie Gutes tut, sondern weil sie so ist, wie sie ist, eine warmherzige, bezaubernde Frau.

Brauner besitzt eine ungeheuere Überzeugungskraft, hat unsere Sprache sehr schnell erlernt und spricht sie fast noch schneller als Thomalla. Er ist fleißig wie kein anderer. Es geht die Sage, die allerdings verbürgt ist, daß er zuweilen nachts in der Badewanne lag, die mit kaltem Wasser gefüllt war, damit er beim Lesen von Drehbüchern nicht einschlafen konnte. Aber ich habe ihn des öfteren auch beim Feiern erlebt. Da singt er osteuropäische Lieder, deren Texte er vergessen hat, er singt dann immer nur »Dei, dei dei«. Und tanzen kann er. Meiner ersten Frau hat er dabei einmal zwei Rippen angebrochen, so fest hat er sie an sich gedrückt. Mich hat er auch gedrückt, allerdings nicht beim Tanzen, sondern bei Honorarverhandlungen.

Brauner ist ein Mensch, dem man keinesfalls vorwerfen kann, daß er verschwenderisch ist. Er ist auch nicht direkt geizig. Ich glaube, man sollte es am besten so bezeichnen: Er hält sein Geld zusammen, und dabei ist einiges zusammengekommen.

Um gleich allen andersartigen Verleumdungen entgegenzutreten, muß ich sagen, gezahlt hat Artur Brauner immer, wenn auch verspätet. Ich erinnere mich noch an die Gespräche mit Inge Laeppché, seiner Sekretärin. Wenn ich sie anrief und fragte, wann denn endlich meine erste oder zweite Drehbuchrate käme, tröstete sie mich damit, daß sie sagte, der Scheck läge bereits auf dem Schreibtisch von Herrn Brauner.

Als er dann viele Tage später bei mir eintraf, hätte er eigentlich staubbedeckt sein müssen, war es aber nicht. Ich nehme an, Fräulein Laeppché hat ihn vorher abgewischt.
Ich lernte Brauner gleich nach dem Krieg kennen. Damals wohnte er noch in der ersten Etage einer Villa in der Pücklerstraße. Wir saßen bei Drehbuchbesprechungen meistens um einen großen Tisch herum und bemühten uns, das große Gemälde nicht anzugucken, das an der Wand hing. Es war das Hochzeitsbild, zeigte Artur Brauner noch mit vollem Haar, neben ihm seine Frau Maria, damals blond. Beide standen auf den Stufen eines Gebäudes, das wie das Capitol aussah. Das Bild sah sehr nach Hofmaler Fischer aus. Ich glaube, er hat es auch gemalt.
Brauner besaß anfangs drei Autos, alles schwarze 170er Mercedesse, mit denen ich mit ihm oft nach Spandau gefahren bin. Dort entstanden gerade die CCC-Film-Ateliers. Bei einem Auto fehlte am Fahrersitz die Rückenlehne, aber ich stellte fest, daß man sich sehr gut am Lenkrad festhalten konnte.
Meinen ersten eigenen Wagen verdanke ich Herrn Brauner. Ich hatte die Texte zu einem Kulturfilm verfaßt, bekam dafür DM 1500, legte DM 1000 bar dazu und erwarb von ihm einen viertürigen Fiat 1500. Als ich das Auto abholen wollte, mußte ich es abschleppen lassen. Es blieb aber nicht das letzte Mal, daß es die Werkstatt sah. Die Monteure von Fiat grüßen mich heute noch. Bei der ersten Fahrt auf dem Kurfürstendamm merkte ich, daß die Vorderräder zu flattern begannen, wenn man schneller als 45 km/h fuhr. Das störte mich natürlich, damals gab es ja noch keine Geschwindigkeitsbegrenzung. Also mußten andere Reifen her. Der Wagen lief sehr gut, wenn ich ihn zum Laufen bringen konnte, denn beim Starten gab es immer Schwierigkeiten. Die Lichtmaschine funktionierte nicht, sie lud nicht auf, und die Batterie hatte nie genug Strom. Ich parkte den Wagen meistens an einer etwas abschüssigen Stelle, schob ihn mit offener Tür an, sprang, wenn er eine bestimmte Geschwindigkeit erreicht hatte, hinein, schaltete in den zweiten Gang, und sehr oft sprang der Motor dann an.
Später fuhr ich mit meinem Bruder nach München. Der Fiat lief satte 90 Stundenkilometer, aber die Heizung funktionierte nicht, wahrscheinlich hatte er gar keine, es war ja ein Vorkriegsmodell. Alle 50 Kilometer mußten wir aussteigen und die Windschutzscheibe eisfrei machen. Ein halbes Jahr später verkaufte ich den Wagen und erwarb einen nagelneuen VW. Der war gegen den Fiat ein Rolls-Royce.

Viele, viele Jahre später fuhr ich mit Artur Brauner von München nach Berlin. Bis zur Grenze saß ich am Steuer, der Produzent neben mir, ein Drehbuch lesend. Ab und zu blickte er kurz auf den Tacho, sah, daß der Zeiger um die 120 Stundenkilometer zitterte und meinte dann ermahnend: »Hundertzehn ist ein gutes Tempo!«

Als wir die DDR-Grenze erreichten, wurden wir eingewiesen. Ein Vopo kam und kommandierte: »Gehen Sie mit Ihrem Gepäck in die Abfertigungshalle!«

»Ich mit meinen Koffern auch?« fragte Brauner.

»Na sicher!« Der Grenzer war sehr überrascht über die Frage eines Untergebenen. So behandelten sie uns ja damals.

»Und wer soll meine Koffer tragen?« forschte Brauner und schenkte dem Grenzer einen treuherzigen Blick.

»Na, Sie natürlich!« bellte der.

»Ich? Ich kann sie nicht tragen! Ich bin frisch operiert.«

Der Grenzer blickte ihn lange an, überlegte, was er jetzt sagen oder tun sollte. Ob Sie es glauben oder nicht: Artur Brauners Gepäck durfte im Wagen bleiben.

Nach der Grenze setzte sich der Produzent persönlich ans Steuer und gab ordentlich Gas. Es war dunkel, und wir überholten einen Wagen nach dem anderen. Plötzlich stutzte ich: »War das nicht eben …? Natürlich. Herr Brauner!« rief ich nervös. »Wir haben eben einen Wagen der Volkspolizei überholt.«

»Na und?« meinte Brauner ungerührt. »Wir sind schneller!« Er drückte noch mehr auf das Gaspedal, und wir kamen unbehelligt in West-Berlin an.

Warum ich das erzähle? Brauner ist ein Mann, der keine Angst hat, vor nichts und vor niemand. Und er besitzt das, was mehr ist als Frechheit: Chuzpe. In den letzten Jahren drehte er, mutig wie kein anderer deutscher Produzent, Filme, die in der Nazivergangenheit spielen, die manche Deutsche noch nicht einmal angefangen haben zu bewältigen. Viele seiner Verwandten sind in den Todeslagern umgekommen. Einige halten ihn deshalb für verrückt, andere ziehen vor ihm den Hut. Ich auch. Mögen ihm seine Filme Geld einbringen oder wenigstens einen Oscar.

Der zweite Film, den ich für ihn schreiben sollte, hatte zuerst den Titel *Paradies der Glatzköpfe*. Später hieß er *Maharadscha wider Willen*. Ich stieg aus und textete nur die Lieder. Friedrich Schröder machte die Mu-

sik und die Arbeit uns beiden viel Spaß. Mit dem Komponisten hatte ich schon im Kabarett bei Henry Bender zusammengearbeitet, dort saß er auch am Flügel und spielte ein Medley seiner bekanntesten Schlager. Ein fröhlicher Schwabe mit viel Talent.
Für den Film entstanden in kurzer Zeit drei Musiknummern: »Überall wohnt das Glück« – entschuldigen Sie, das klingt etwas nach Schlager, es wurde aber keiner, obwohl die Schallplatte, die Rudi Schuricke besang, ganz gut verkauft wurde. Das zweite Lied hieß »Feuerwehr, Feuerwehr, mein kleines Herz brennt lichterloh«. Diesen musikalischen Hilferuf stieß Rita Paul aus, die auch die dritte Nummer brachte: »In einer Nacht am Ganges.« Ich wettete damals mit Brauner, welche Nummer den größeren Erfolg haben würde. Er tippte auf »Feuerwehr«, ich auf die »Nacht am Ganges«. Es ging um eine Kiste Champagner. Brauner verlor, die Ganges-Nummer war in der RIAS-Sendung *Schlager der Woche* nämlich wochenlang die Nummer eins. Den Champagner habe ich bis heute nicht bekommen. Ich hoffe nur, daß Artur Brauner dieses Buch liest. Ich glaube, ich werde es ihm vorsichtshalber schenken.
Er hat mich in seiner Autobiographie merkwürdigerweise nicht erwähnt, obwohl ich viele Drehbücher für die CCC geschrieben habe. Er berichtete darin mehr von seinen künstlerischen Filmen, die er gedreht hat. Das Geld, das er dafür brauchte, hatte er allerdings mit meinen Lustspielen verdient. Wir verdanken uns viel.
Inzwischen war ein neuer Stern am Schlagerhimmel aufgegangen: Caterina Valente. Die CCC wollte sie in einem Musikfilm groß herausbringen. Ein Exposé lag schon vor, ich sollte das Drehbuch schreiben und Paul Martin die Regie übernehmen. Ich fuhr für zwei bis drei Wochen nach München und durfte mit einem Mann arbeiten, von dem man nur lernen konnte. Paul Martin war ein Herr, hatte Geschmack und verstand viel vom Timing. Er spürte bei der Arbeit sofort, daß eine Szene zu lang wurde, er wollte immer Tempo haben. Die Filme, die er vor dem Krieg mit Lilian Harvey und Willy Fritsch gedreht hatte, waren eigentlich so etwas wie gute Hollywood-Komödien, mit viel Charme und trockenem Humor – kein Wunder, bei einigen Büchern hatte Curt Goetz am Dialog mitgearbeitet.
Paul Martin war ein Künstler, der sein Handwerk verstand. Ich habe damals während der Arbeit viel profitiert, außerdem war die Zeit mit ihm sehr nahrhaft. Frau Martin kochte geradezu himmlisch. Als ich

nach Berlin zurückfuhr, nahm ich viele Erfahrungen mit und zwölf zusätzliche Pfunde.

Hier beschäftigte ich mich mit dem Dialog und die Produktion mit der Besetzung. Man suchte einen Partner für Caterina Valente, der auch singen konnte. Brauner schlug einen Mann vor, den der Verleih zuerst ablehnte, weil er keinen Namen hatte. Der hartnäckige Produzent setzte ihn durch, und der junge Mann hatte nach dem Film einen Namen, einen sehr guten: Peter Alexander. Rudolf Platte wurde engagiert, Ruth Stephan, Hubert von Meyerinck und viele andere. Der fertige Film hieß *Liebe, Tanz und 1000 Schlager* und war ein großer Kassenerfolg. Neulich sah ich ihn mal wieder im Fernsehen und fand, ein paar Schlager weniger hätten dem Film nicht geschadet. Aber die Nummern damals liefen in allen Sendern, und viele Platten wurden verkauft. Sie wurden ja von der Erfolgsfabrik Feltz/Gietz fertig angeliefert und von Paul Martin sehr geschickt eingebaut.

Damals arbeitete ich noch nicht gern allein wie heute, sondern lieber mit einem Partner. Dr. Eckart Hachfeld, ein bekannter Kabarettist, der viel für das Düsseldorfer »Kom(m)ödchen« geschrieben hat und dessen aktuelle Gedichte unter der Überschrift »Amadeus geht durch's Land« jede Woche auf der letzten Seite der Illustrierten »Stern« zu lesen waren, wurde mein Co-Autor. Unser erster Film hieß *Ein Mann muß nicht immer schön sein*, die Hauptrollen spielten Peter Alexander und Georg Thomalla. Als unser Buch fertig war, bat uns Brauner, es zu straffen und viele Einstellungen zu streichen. Der Produktionsleiter hatte nämlich bei der Kalkulation festgestellt, daß man für unsere Fassung achtundzwanzig Drehtage benötigte. Wir strichen zähneknirschend, vereinfachten einiges und kamen auf zweiundzwanzig Drehtage. Der Regisseur Hans Quest drehte unser Buch nachher in achtzehn Tagen. Man merkte es dem Film an, er war so gar nicht Oscar-verdächtig.

Was eine Frau im Frühling träumt ist auch einer von den Streifen, an die ich mich nur ungern erinnere. Zuerst sollte der liebe Hans Deppe Regie führen, aber er sprang ab. Wir hatten nämlich am Anfang des Films eine Szene geschrieben, in der aus einer langweiligen Party eine vergnügte Gesellschaft wurde. Grund dafür war eine Toilettenpapierrolle, die bei Benutzung fröhliche Weisen von sich gab. Ein Gast entdeckte diese musikalische Rolle, erzählte leise dem Nächsten davon, der verriet es seiner Frau, die es weitersagte, bis durch die Benutzung des stillen Örtchens die Stimmung aufgelockert war. Der Gastgeber stellte

übrigens solche Scherzartikel her. Deppe las die Szene, war in seinen heiligsten Gefühlen verletzt und sagte ab, Erik Ode übernahm die Regie.
Irgendwann beschlossen wir Autoren, ihn am Drehort zu besuchen, und das wurde für ihn und uns sehr peinlich. Die Schauspieler sprachen gar nicht unseren Text. Das Buch war von anderen Kollegen bearbeitet worden, ohne daß man uns etwas davon erzählt hatte. Überarbeitungen kommen beim Film oft vor. Ich habe viele gemacht, aber immer vorher den Originalautor verständigt. Ich finde, selbst im Filmgeschäft ist etwas Fairneß angebracht. Winnie Markus, Rudolf Prack und Ivan Desny spielten übrigens die Hauptrollen, und ich glaube, der Film lief recht gut.
Der nächste entstand nach einer eigenen Idee von Dr. Hachfeld und mir. *Das einfache Mädchen* nannten wir ihn, und der Titel blieb überraschenderweise auch bestehen. Wir erfanden einen großen Schriftsteller, dessen Roman *Das einfache Mädchen* verfilmt werden sollte. Die Produktion wollte die Hauptrolle mit einem Showstar besetzen, den der Literat hochmütig ablehnte. Die Schlagersängerin schwindelt sich unter falschem Namen in sein Haus, der Schriftsteller und sein kleiner Sohn verlieben sich in sie, und nach einigen Komplikationen nimmt die Geschichte ein glückliches Ende. Rudolf Prack spielte den Schriftsteller, Caterina Valente den Showstar, Ruth Stephan und Rudolf Platte ein herrliches zweites Paar. Werner Jacobs führte Regie, und wir Autoren waren über diesen Film nicht unglücklich. Die Valente sang und spielte bezaubernd, und die Musik störte weder die Handlung noch uns. Das, was uns später am meisten freute – im Gegensatz zu Artur Brauner –, war unser Vertrag. Darin hatten wir die Rechte nur für eine bestimmte Zeit vergeben. Als der Film dann im Fernsehen lief, waren sie abgelaufen und unser Produzent mußte nachzahlen.
Über *Heute blau und morgen blau* sollten wir den gnädigen Mantel des Vergessens breiten. Dr. Hachfeld war zum Glück nicht ganz so empfindlich gegen Alkoholgenuß wie ich, und die Erinnerungen an seine Studentenzeit halfen uns sehr. Paul Dahlke spielte die Hauptrolle, und der Regisseur Harald Philipp setzte den Film so geschmackvoll wie möglich in Szene. Falls er mal im Fernsehen laufen sollte, schimpfen Sie nicht, man kann ja umschalten. *Heute blau und morgen blau* schrieben wir übrigens nicht für die CCC-Film, sondern für eine Münchner Firma.

Artur Brauner engagierte uns für *Hier bin ich, hier bleib ich*, einen Film nach einem bekannten französischen Lustspiel. Caterina Valente war wieder einmal die Hauptdarstellerin, Hans Holt ihr Partner, Wolfgang Neuss und Wolfgang Müller spielten mit und viele, viele andere. Über eine Szene in diesem Film habe ich mich furchtbar aufgeregt. Die Handlung lief etwa so: Caterina, ein Mädchen aus dem Volke, kommt in das Schloß des Grafen – Hans Holt – und sinkt abends in ein wunderschönes Bett. Nach einer Blende sollte sie am nächsten Morgen singend durch den hochherrschaftlichen Park tanzen. Wir hatten in unserem Buch vermerkt, daß wir dabei an eine fröhliche Nummer gedacht hatten, wie »Good morning, good morning«. Als ich mir in der Vorführung die Szene ansah, fiel ich fast vom Stuhl. Caterina tanzte in Kapitänsjacke durch den Park und sang dabei »Mal seh'n, Kapitän, mal seh'n, Kapitän, für wen sich die Mädchen entscheiden«.
Ich sprang sofort auf, ging zu Herrn Brauner und fragte ihn, wie es denn dramaturgisch begründet wäre, daß Caterina plötzlich eine Uniform trägt und woher sie die hat.
»Gefunden!« antwortete der Produzent.
Damit war der Fall erledigt.
In einem Zirkus, der in Berlin gastierte, traten damals drei dressierte Schweine auf, die mit ihrem Ringelschwanz im Takt wedeln konnten. Die hatte man auch in diese Szene eingebaut. Sie haben uns übrigens weniger gestört als die Uniform und das Lied.
Ich glaube, das war auch der Grund, warum der deutsche Musikfilm später unterging. Ich finde, wenn man schon Schlager in einem Film bringt, sollten sie wenigstens ein wenig zur Handlung passen und nicht einfach so – »fertig eingekauft« – eingebaut werden, daß eine Hauptdarstellerin eine Jacke »finden« muß, damit sie etwas singen kann.
Dr. Hachfeld und ich waren inzwischen ein gesuchtes Autorenduo geworden, und nun stach uns der Hafer. Wir nahmen zwei Aufträge gleichzeitig an. Der erste Film hieß *Ihr 106. Geburtstag* – nach der Komödie *Mamouret* von Jean Sarment –, der zweite *Der Pauker* nach einem eigenen Stoff. Den hatten wir vorher bei einer Münchner Produktion eingereicht, und nun mußte er ausgerechnet in der gleichen Zeit gedreht werden wie der andere Film.
Beim *106. Geburtstag* sollte Günther Lüders Regie führen. Als das Buch fertig war, saßen wir zusammen und besprachen die Besetzung. Margarete Haagen war die 106jährige, das stand fest, auch Paul Hub-

schmid. Günther Lüders, Dr. Hachfeld und ich saßen in meinem Arbeitszimmer und mußten ziemlich lange auf Herrn Brauner warten. Der kam dann an, japste nach Luft, lockerte mit der Hand seinen Kragen, atmete tief durch und versicherte uns, daß er völlig fertig sei. Vier Stunden später waren wir erledigt und Brauner noch ganz frisch. Die Besetzung der kleineren Rollen ging ungefähr so vor sich:

»Was halten Sie von Herrn X?« fragte Brauner den Regisseur. Herr X war gar nicht gut, aber billig.

Deshalb sagte Lüders diplomatisch: »Herrrr Brrrauner, dieser X ist ein guter Freund von mir, aber leider völlig falsch für die Rolle.«

»Herr Lüders, was halten Sie von Herrn Y?« wollte Brauner dann wissen.

»Oh, Herrrr Brrrrauner, Herrr Y ist ein guter Freund von mir …«, redete sich Lüders wieder heraus, »aber mit dieser Rolle würden wir ihm keinen Gefallen tun.«

So ging das eine halbe Stunde weiter. Plötzlich blickte Brauner den Regisseur nachdenklich an. »Herr Lüders«, meinte er, »ich glaube, es ist nicht gut, wenn man mit Ihnen befreundet ist, dann bekommt man ja keine Rolle.«

Der Stoff vom *Pauker*, der sich in einen guten Pädagogen verwandelt, hat uns viel Spaß gemacht, Rühmann und dem vorgesehenen Regisseur Axel von Ambesser auch, und aus München kam ein erfreuliches Echo. Als das Buch fertig war, herrschte zunächst Schweigen, und dann bat man uns, nach München zu kommen.

Wir warteten in Axel von Ambessers Wohnung auf Heinz Rühmann und die Herren vom Verleih. Der Regisseur bereitete uns auch schon darauf vor, daß dem Hauptdarsteller das Buch überhaupt nicht gefallen hätte. Rühmann traf ein, begrüßte uns höflich distanziert und sagte, was ihn an dem Buch störte. Es war eigentlich alles. Nun schritt Herr Andam vom Verleih ein. Er war selber Autor und konnte sehr gut erfinden. Andam erzählte den Stoff jetzt hintereinander in verschiedenen Fassungen. Einmal war der Pauker ein Spätheimkehrer, einmal kriegsverletzt, einmal geschieden und einmal litt er unter seiner Frau. Rühmann hörte zu und sagte plötzlich zu meiner Überraschung: »Aber meine Herren, wir wollen doch bei unserem schönen Stoff bleiben!«

Genau das hatte Andam gewollt. Wir änderten einiges, und als wir wieder in Berlin waren, schrieb der Leibautor von Rühmann noch ein paar Szenen um.

Durch die Arbeit am *Pauker* lernte ich Gert Fröbe kennen. Er sollte in dem Film den Catcher spielen, und als er auf meinem Sofa saß, spielte er mir seine Rolle gleich vor. Er demonstrierte das so echt, daß sein Gesicht rot anlief und sich auf seiner Stirn Schweißtropfen bildeten. Für mich war das die erste Begegnung mit diesem großen Komödianten, und ich war nicht nur beeindruckt von ihm, ich wurde sein größter Fan. Wenn Sie sich an die Szene im Film erinnern, in der Fröbe Rühmann Catchergriffe beibringt, werden Sie verstehen, warum ich ihn verehrt habe.

Alte Kameradinnen

Wenn man mich fragen würde, wer von meinen beiden ältesten Freundinnen die jüngere war, müßte ich bedauernd die Achseln zucken. Ich weiß es wirklich nicht. Loni Heuser verschwieg ihr Alter nie, Edith Schollwer immer, solange ich sie kenne. Wenn man bei ihren Geburtstagen eingeladen war, verkündete sie nur lakonisch: »Ich bin wieder ein Jahr älter geworden. Das muß euch genügen!« Sie wollte nichts von ihrem Alter wissen, und wir sollten es nicht. Was natürlich zur Folge hatte, daß in ihren letzten Lebensjahren ein großes Rätselraten begann. Irgend jemand wußte genau, daß sie mindestens schon Anfang Neunzig sein mußte, andere schätzten sie auf kurz vor Hundert. Da Edith bestimmt hat, daß auf ihrem Grabstein nur das Todesdatum stehen soll, werden wir Genaueres nie erfahren. Die Fernsehproduzenten, bei denen sie gedreht hatte, erzählten mir, daß das Geburtsdatum auf der Steuerkarte immer von einem großen Tintenfleck bedeckt war.

Fest steht, daß keine von beiden die ältere sein wollte. »Als ich – blutjung – nach Berlin kam, war Edith schon ein gefeierter Star«, erzählte Loni jedem, der es hören wollte.

Wenn Edith das erfuhr, sagte sie nur: »Ich habe mit vierzehn angefangen.«

Loni kannte ich viel länger als Edith, aber nicht persönlich. Ich habe sie vom Parkett oder Rang aus in der Scala oder im Kabarett der Komiker bewundert. Sie sang Chansons von Herbert Witt oder Günter Neumann und sie brachte sie so trocken, daß keine Pointe unter den Tisch fiel. Und wenn sie mit Hellmuth Krüger Sketche spielte – sie waren meistens von ihm –, bog sich das Publikum vor Lachen, ich bog mit.

Nach dem Krieg heiratete Loni Theo Mackeben. Vor dem Standesamt warteten Wolfgang Lukschy, Franz Otto Krüger und ich. Wir hatten ein Schild um den Hals, auf dem zu lesen war: »Wir gratulieren unserem Pappi!« Theo Mackeben mußte so lachen, daß er sich erst zu Hause wieder beruhigte.

Edith war ein großer Operettenstar gewesen. Sie hatte eine herrliche Sopranstimme und, was die meisten Kolleginnen und Kollegen nicht können, sie sang so, daß man jedes Wort verstand. Lange Zeit war sie der Star des Theaters am Nollendorfplatz, dessen Intendant Harald Paulsen sie sehr schätzte. Das Theater stand unter der Schirmherrschaft des Reichspropagandaministeriums. Goebbels soll sich eines Tages gefragt haben, warum immer nur die Schauspieler und Schauspielerinnen der anderen Theater in Filmen mitwirkten – der deutsche Film unterstand ihm nämlich auch. Und schon drehte Edith mit Marika Rökk und Johannes Heesters den Operettenfilm *Gasparone*. Der Kameramann, es war der berühmte Konstantin Irmen-Tschet, nahm Edith nach den ersten zwei Tagen beiseite und sagte ihr: »Ich kann Sie doch nicht nur von vorne aufnehmen, denn Ihr Profil sprengt jede Leinwand.« Edith hatte nämlich eine nicht sehr kleine, aber anmutig gebogene Nase. Das war das einzige, was Edith und Loni gemeinsam hatten, dadurch sahen sie sich ähnlich, und Loni wurde auch einmal gesagt, daß ihre Nase sich nicht für den Film eignete.
Nach den Warnungen der Kameraleute entschlossen sich die Damen, ohne daß eine von der anderen wußte, ihre Nasen von Prof. Rohde operieren zu lassen. Sie müssen sich beide das gleiche Modell ausgesucht haben, denn hinterher sahen sie sich noch viel ähnlicher als vorher und wurden zuweilen miteinander verwechselt. Das hatten beide nicht gern. Zweimal begrüßte meine Wirtschafterin Loni mit den Worten: »Guten Tag, Frau Schollwer.« Worauf sich diese sofort wütend auf das Sofa schmiß. Hinterher tat sie so, als ob sie darüber lachte.
Loni drehte viel mehr Filme als Edith, spielte meistens Schwiegermütter, Managerinnen und Ehefrauen, deren Männer vor ihr Angst hatten. 1976 war sie im Berliner Theater des Westens die Tante Alicia in Frederick Loewes Musical *Gigi*. Dann hörte sie plötzlich auf zu spielen und zog sich ins Privatleben zurück. Weshalb, weiß niemand, aber wir haben es alle bedauert. Es war viel zu früh. Man sah sie jetzt, elegant wie immer, bei Theaterpremieren und anderen Festlichkeiten. Wenn sie einen Raum betrat, trat sie nicht ein, sie trat auf. Loni sah bis in ihr hohes Alter hinein fabelhaft aus und das wollte sie auch, eitel wie sie war, immer bestätigt wissen. Folgenden Dialog führten wir beide x-mal:
Loni: Curth, wie seh ich aus?
Ich: Gut, Loni!
Loni: Nicht sehr gut?

Ich: Doch, sehr gut!
Loni: Curth, du lügst!
Dabei habe ich erst viel später gelogen, nach ihren zwei Schlaganfällen. Da habe ich immer gesagt, wenn ihre Stimme sehr undeutlich war: »Loni, du sprichst heute schon viel besser als das letzte Mal.«
Loni war eine souveräne Gastgeberin. Wenn sie Geburtstag hatte oder eine Party gab, stand ein opulentes warmes und kaltes Buffet in ihrem kleinen Eßzimmer. In den beiden anderen Räumen waren alle Stühle und Sessel besetzt, einige Gäste mußten immer stehen. Es waren noch rauschende Feste, aber von Jahr zu Jahr kamen immer weniger Gäste. Die fehlenden lagen auf verschiedenen Friedhöfen Berlins. Zu Lonis 91. Geburtstag kamen nur ein paar Verwandte, ihr Arzt, zwei Freundinnen und wir, meine Frau und ich.
»Du kommst doch zu meiner Beerdigung?« war der erste Satz, den sie zu mir sagte.
»Natürlich, Loni«, versuchte ich zu scherzen, »aber nur, wenn ich erste Reihe bekomme und einen Mittelplatz habe.«
Loni lächelte weise. Sie wußte, daß es ihr letzter Geburtstag war. Zweimal war sie auf ihrer Treppe gestürzt und mußte sich auf einen Stock stützen, der so gar nicht zu ihrem eleganten Kleid, ihren sorgfältig gepflegten Fingernägeln paßte. Sie sprach sehr, sehr undeutlich und ihr Gehör hatte auch sehr nachgelassen. Ich mußte schreien, wenn ich mit ihr sprach. Wir saßen dicht zusammen. Sie hatte mich sehr gern. Ich war der einzige Mann, der von ihren Festgästen übriggeblieben war. Wenn ihre Zunge auch schwer war, spitz war sie immer noch. Sie deutete auf eine Dame und sagte leise zu mir: »Die ist blöd!«
Ein paar Tage später schlief sie im Martin-Luther-Krankenhaus für immer ein. Nur wenige Menschen kamen in den großen Saal des Krematoriums Wilmersdorf. Die Trauerfeier war dadurch eigentlich doppelt traurig. Man hatte sie wahrscheinlich zu kurzfristig angesetzt, und wer kennt schon eine Schauspielerin, die dreiundzwanzig Jahre nicht mehr in der Öffentlichkeit war. Plötzlich erklang aus den Lautsprechern Lonis Stimme. Sie sang das berühmte Lied, mit dem sie gleich nach dem Krieg in dem Villon-Stück *Die Geduld der Armen* großen Erfolg hatte. Meine Frau war ganz begeistert von Lonis Stimme. Ich war bei der Uraufführung dabeigewesen und wenn ich die Augen schließe, sehe ich Theo dirigieren.
Oft ertappe ich mich in den letzten Wochen dabei, daß ich am Telefon

ihre Nummer wählen will. Neulich bin ich an ihrem Haus vorbeigefahren, das Küchenfenster war offen, und ich mußte sofort an Friedchen denken, die Wirtschafterin, die viel älter war als Loni und vor wenigen Jahren gestorben ist. Loni behandelte sie immer nach Gutsherrinnenart, duzte sie, und Friedchen sprach ihre Chefin immer in der dritten Person an.
Eines Tages war Loni wütend auf sie und schrie sie an: »Soll ich dir eine runterhauen?«
Friedchen war nicht auf den Mund gefallen. »Wenn gnä' Frau mich fragen, dann nicht!« antwortete sie.
So einen dienstbaren Geist hatte Edith nicht, aber sie feierte auch Feste. Sie waren nicht ganz so groß wie bei ihrer Kollegin, aber ungeheuer gemütlich. Sie hatte immer ein paar Paladine, die die Arbeit machten. Roman Najuch kümmerte sich um die Getränke, und Herr Storch, der eine große Konditorei besaß, kam immer mit einem oder zwei frischen Prager Schinken an. Wer das Sauerkraut brachte, weiß ich nicht mehr, aber noch ganz genau, wer für den Käse sorgte, das war Joe Furtner, der stundenlang seinen Spezial-Liptauer zubereitete. Die kleinen Räume waren brechend voll. Werner Eisbrenner, Günter Neumann oder Werner Oehlschläger saßen am Flügel, es herrschte eine Riesenstimmung.
In den letzten Jahren lud Edith an ihrem Geburtstag in ein gutes Restaurant ein, wo sie viele Leute erkannten. Sie besaß immer noch eine große Popularität. Die Berliner haben ihr nie vergessen, daß sie in der RIAS-Sendung *Günter Neumann und seine Insulaner* dabei war, in der *Rückblende* und in vielen Revuen im Kabarett der Komiker spielte. Ab und zu hörte man ihre Stimme noch im Rundfunk, und durch die Fernsehserie *Die Wicherts von nebenan* kannten sie viele Leute als Oma Käthe. Als wir beide kurz vor dem Mauerfall im Ost-Berliner Metropol-Theater waren und vor Beginn des zweiten Teils einen Blick ins Orchester warfen, spielte ein Klarinettist leise die Melodie des *Insulaner*-Liedes, das Edith viele Male gesungen hatte.
Eines Tages stürzte sie in ihrem Schlafzimmer, konnte nicht mehr ans Telefon gehen, eine gute Bekannte, die beunruhigt war, kam bei ihr nur bis vor die Tür, weil von innen der Schlüssel steckte. Man rief den Schlüsseldienst, dann die Feuerwehr, die sie ins Krankenhaus brachte. Ich besuchte sie, kam fröhlich ins Zimmer, da herrschte Edith mich an: »Wer sind Sie? Was wollen Sie hier?«
Sie erkannte mich nicht mehr. Es war schrecklich. Ich erzählte von ge-

meinsamen Erlebnissen und plötzlich bemerkte ich, daß sie sich mit beiden Händen an die Schläfen faßte und sie massierte. Ich glaube, sie versuchte krampfhaft sich zu erinnern, wer das war, der an ihrem Bett saß. Ich verabschiedete mich schnell, und nachdem meine Tränen getrocknet waren, fuhr ich traurig nach Hause.
Später hat sie sich wieder erholt, lebt nun in einem Pflegeheim in Lichtenrade.

Der Weg zum Standesamt und seine Folgen

1952 passierte etwas, das mein Leben völlig veränderte. Mein Bruder war bei der geschiedenen Frau eines Freundes zum Kaffee eingeladen und nahm mich mit. Schon bei der zweiten Tasse verliebte ich mich in die entzückende junge Dame, die gerade einen Skiunfall gehabt hatte. Ihr braunes Gesicht kontrastierte mit dem Weiß des Gipsverbandes. Sie war trotz ihrer Behinderung fröhlich, lachte viel, und ich merkte, daß ich ihr auch sympathisch war. Wir verabredeten uns, und dann humpelte sie mit mir von Premiere zu Premiere. Einen Monat später bekam sie eine kleine Gehhilfe und damit konnte sie sogar tanzen. Im Sommer fuhren wir zusammen an die Nordsee, wohnten natürlich getrennt – sie war ja mit ihrer Familie in Westerland –, sonnten uns und gingen zusammen aus, oft ins »Trocadero«. Dort saß ich meistens allein an unserem Tisch und beobachtete voller Neid Vater und Tochter, die so harmonisch miteinander tanzten. Sie hätten Preise erringen können. Ich bin kein so großer Tänzer, ich unternehme nur Schritte. (Die Tanzszenen habe ich später in *Vater einer Tochter* eingebaut.)
Im Spätherbst hielt ich bei Herrn Schäfer um die Hand seiner Tochter an. Er wolle sie mir gerne geben, sagte er, möchte mich aber darauf aufmerksam machen, daß meiner zukünftigen Frau noch eine Operation bevorstand, und keiner wußte, ob sie danach richtig laufen könnte. Ich sagte, das sei mir völlig egal, ich wollte mit ihr ein ganzes Leben lang durch dick und dünn gehen, auch wenn sie dabei hinken sollte. Das ganze Leben währte dann fast dreizehn Jahre. Der Hochzeitstermin wurde festgelegt, Lieselott und ich fuhren herum und suchten eine Wohnung. Ein Zufall half uns. Hans Carste hatte ein Haus erworben und benötigte seine Fünfzimmer-Wohnung in der Grunewalder Taubertstraße nicht mehr. »Mummi« und ich machten sofort Vertrag, mein zukünftiger Schwiegervater ließ die Wohnung renovieren, wir bekamen nicht nur teure, sondern auch schöne Möbel, und bis zum 30. Januar 1953 – ich nannte ihn später den Tag der Machtübernahme mei-

ner Frau – wurde die Wohnung fertig. Ich hätte mir das alles nicht leisten können, soviel verdiente ich damals nicht, und ausgerechnet als der Hochzeitstermin näher rückte, war mein Bankkonto auch noch auf einem Tiefstand.
Als Trauzeuge war neben meinem Schwiegervater Theo Mackeben vorgesehen. Drei Wochen vor der Hochzeit arbeitete ich in der CCC-Film, ging dann, in einer Pause, hinunter zu dem kleinen Restaurant am Wasser, und dort spielte man im Radio eine Mackeben-Melodie nach der anderen. Ich wurde stutzig. Plötzlich kam mein Freund, der Komponist Olaf Bienert, ins Lokal, setzte sich zu mir an den Tisch und brachte mir schonend bei, daß Theo am Abend zuvor gestorben war. Ich war fassungslos. Ein paar Tage vorher hatten Mummi und ich ihn und Loni noch in ihrem neuen Haus besucht. Wir saßen zusammen am Kamin, tranken kalte Ente, waren so vergnügt und hatten viele gemeinsame Pläne für die Zukunft. Man hat im Leben so wenig Freunde und wenn man einen von ihnen verliert, verliert man ein Stück seines eigenen Lebens.
Die Vorbereitungen zur Hochzeit lenkten mich etwas ab. Es war ja noch so viel zu tun. Die Zeitungsleute interviewten uns, und der »Abend«, dem ich damals viele Beiträge geliefert hatte, wollte mir auch gratulieren. Die Redaktion machte es sich ziemlich leicht. Sie ließ mich alles selber schreiben. Und so konnte man am nächsten Tag lesen:

Hochzeitsrede eines Junggesellen

Wieder haben wir einen Verblendeten unter uns, der glaubt, in den siebenten Himmel zu kommen, und die anwesenden Ehemänner wagen – aus Angst vor ihren ebenfalls anwesenden Ehefrauen – nicht, ihn eines Besseren zu belehren.
Im blühenden Alter von dreiunddreißig Jahren, als Junggeselle im Zustand völliger körperlicher Frische, erlag er der frischen Körperlichkeit seiner jetzigen Gattin, die ihm mit Erfolg eingeredet hat, daß es nicht gut wäre, ledig zu sein. Mit dem heutigen Tage hat sie ihn erledigt.
Sie sitzt jetzt neben ihm, noch im bräutlichen Schleier, aber bald wird sie den Schleier fallen lassen, und dann wird er das Angesicht einer Ehefrau sehen. Dann wird sie anfangen, ihm etwas abzugewöhnen. Frauen wollen den Männern immer etwas abgewöhnen. Zuerst das Rauchen, dann das Trinken und zum Schluß das Widersprechen.
Gewiß, sie wird ihm als Ehefrau die Socken stopfen, aber er wird sich

nicht mehr darauf davonmachen können. Sie wird ihm seine Lieblingsspeisen kochen so oft und so lange, bis er sie nicht mehr mag, aber dann wird sie ihre Lieblingsspeisen kochen, und er wird das auslöffeln müssen, was sie ihm vorsetzt, denn die Ehefrau ist die Vorgesetzte des Mannes.
Sieh, wie deine Schwiegereltern lächeln. Sie wissen warum. Aber beachte bitte die Tränen in den Augen deiner Mutter. Eine Mutter gibt ihren Sohn nur ungern her, denn sie als Frau weiß, was ihn erwartet.
Ich kannte den jungen Ehemann schon, als er Schüler war, ich kannte ihn als Lehrling und als Junggesellen. Jetzt hat der Junggeselle seine Meisterin gefunden!
Vielleicht habe ich mir mit diesen Worten Freunde geschaffen, Freundinnen auf keinen Fall, denn die Frauen halten gegen alle Männer zusammen, wegen eines einzigen Mannes hingegen gehen sie auseinander.
Meine Herren, lassen Sie uns das Glas erheben auf das Wohl der Frauen, denn der Glaube versetzt Berge, das Leben macht aus Jünglingen Männer, aber das größte Wunder sind die Frauen, sie machen aus Junggesellen – Ehemänner. Und aus Ehemännern … das ist aber etwas anderes! –

Die Zeichnung stammt von meinem Freund Eduard Hedtstück, einem ungeheuer begabten Mann, der als Maler Pinsel im Kabarett der Komiker auftrat und viel beklatscht wurde.
Ich wollte immer mal ein Kinderbuch schreiben mit dem Titel *Der Storch im Salat*. Mein Freund hatte auch schon einige Illustrationen gemacht, aber aus dem Projekt wurde dann nichts, andere Arbeiten kamen dazwischen, und meine Stieftochter, der ich es eigentlich widmen wollte, wurde inzwischen zu alt dafür.

Hedtstück war ein richtiger Bohemien. Einmal sagte er zu mir: »Curth, du machst es völlig falsch. Du arbeitest von morgens bis abends. Du mußt es dir einfacher machen, so wie ich. Leg dich ins Bett und warte auf Einfälle.« Er starb dann, wenige Jahre später, dort, wo er gewartet hatte, im Bett.

Unser Polterabend wurde groß gefeiert, und am nächsten Morgen wollte ich meiner Frau, sozusagen als Hochzeitsgeschenk, einen jungen Hund mitbringen. Wir beide liebten Hunde, und jetzt, in der eigenen Wohnung, konnten wir uns endlich diesen Wunsch erfüllen. Ich hatte den Hund bereits gekauft und wollte ihn vor der Trauung abholen. Leider war die Frau, von der ich ihn erworben hatte, nicht zu Hause. Ich klingelte und klingelte, aber niemand öffnete, nur der junge Hund und seine Mutter sprangen wütend bellend gegen die Tür.

Inzwischen wartete man sehnsüchtig auf mich, und es wurden schon Befürchtungen laut, daß ich es mir vielleicht anders überlegt hätte. Aber ich kam dann doch noch rechtzeitig in die Delbrückstraße, und wir fuhren gemeinsam zum Rathaus Schmargendorf. Walter Gross war als Trauzeuge eingesprungen. Olaf Bienert nahm die Zeremonie auf Band auf. Dann ging es wieder nach Hause, wir tranken Champagner, erholten uns ein bißchen, und am Abend begann eine große Feier mit vielen Gästen, die wieder im Hause meiner Schwiegereltern stattfand – von dem Buffet schwärmte man noch jahrelang.

Die gesamten Stachelschweine waren eingeladen, gingen zwischendurch zu ihrer Vorstellung und kamen dann wieder. Walter Gross mußte auch einen Auftritt absolvieren und wurde mit einer Polizeieskorte hin und zurück gebracht. Irgend jemand hatte davon Wind bekommen und verbreitet, daß er entführt werden sollte. Walter war ja, durch seinen »Funzionär« bei den Insulanern in Ost und West beliebt, nur nicht bei den DDR-Machthabern.

Mummi und ich waren um zwölf Uhr völlig übermüdet und zogen uns in die eigenen vier Wände, die neu tapeziert und gestrichen waren, zurück. Die Feier ging bis vier Uhr morgens ohne uns weiter. Mein Schwiegervater tanzte die ganze Nacht durch. Diesem Mann, der nun schon lange nicht mehr ist, habe ich ungeheuer viel zu verdanken. Er war so verständnisvoll, interessierte sich für alles und hatte trotz seiner vielen Arbeit, er war Chef einer großen Konfektionsfirma und viel unterwegs, immer Zeit für ein Gespräch. Man kann es Zufall nennen oder Fügung, daß er am 31. Juli geboren war, genau wie mein Vater, allerdings ein paar Jahre später. Er liebte seine Tochter und seine Enkelin abgöttisch. Ich war sehr glücklich, hatte wieder so etwas wie einen Vater.

Meine Frau wurde ein paar Wochen später operiert, und als sie wieder in ihrem Krankenzimmer war, das im Erdgeschoß lag, präsentierte ich ihr im Hof unseren jungen, nicht ganz rassereinen Schäferhund. Er hatte ein schwarzes Fell, und wir gaben ihm den Namen unseres Lieblingssängers, Satchmo. Als wir aber eines Tages zufällig dabei waren, als ihn unser Fräulein Erna, der gute Geist unseres Hauses, »Kretschmar« rief und er auch darauf hörte, tauften wir ihn um. Fortan hieß er »Dicker«.

Der Dicke war eine starke Persönlichkeit. Als wir später noch »Teddy«, einen wunderschönen rassereinen Schäferhund dazu kauften, richtete sich der immer nach dem älteren.

Der Dicke hatte ein Gedächtnis wie ein Elefant. Über uns wohnte ein gutaussehender Knabe, der den Hund einmal mit Steinchen bewarf. Das hat der Dicke ihm nie vergessen. Jedesmal, wenn er ihn traf, bellte er ihn an. Monate später gingen wir am Grunewaldsee spazieren. Der Dicke sprang ins Wasser, verhedderte sich in Schlingpflanzen und drohte zu ertrinken. Der Knabe, der über uns wohnte, war zufällig in der Nähe, hüpfte sofort ins Wasser, tauchte unter und rettete den Hund. Das ließ er sich noch gefallen, aber kaum war er auf sicherem Boden, da bellte er den Jungen auch schon wieder wütend an. Er dachte gar nicht daran, des bißchen Lebensrettung wegen den Steinwurf zu vergessen.

Brauner schickte uns als »Hochzeitsgeschenk« einen Drehbuchvertrag für die Verfilmung des berühmten, fast klassischen Lustspiels *Der Raub der Sabinerinnen* der Gebrüder Schönthan. Curt Goetz sollte den Theaterdirektor Striese spielen, Valérie von Martens die Frau Striese. Goetz sagte plötzlich ab, weshalb, sagte er nicht, ich nehme aber an, er wollte das Drehbuch selbst schreiben. Einige Zeit vorher hatte er eine Bearbeitung des Stückes verfaßt, in der seine Frau auch die Frau Striese spielte. Nun, Goetz möge mir verzeihen, die Gebrüder Schönthan haben schon gewußt, warum bei ihnen die Frau auf der Bühne nie erschien. Emanuel Striese erzählt so rührend von ihr, er stellt sie sozusagen auf ein Podest, man sieht sie im Geiste vor sich, und so gut kann keine Darstellerin sein, wie sie einem vorschwebt.

Ich weiß, Goetz brauchte eine Rolle für seine Frau. Er spielte seine Fas-

sung im Renaissance-Theater. Ich saß im Publikum, merkte ihm an, daß er nicht mehr gesund war, seine unverwechselbare Stimme klang leiser, und die von mir so hochverehrte Valérie von Martens war gar nicht schlecht. Aber ich wollte Frau Striese nicht sehen, ich wollte sie mir nur vorstellen. Nachdem Goetz abgesagt hatte, sagte ich auch ab.
Ich habe viele Strieses gesehen, unter anderen auch Rudolf Platte, der gut war, aber viel zu trocken. Als er krank war, sprang Fritz Rémond für ihn ein, und der besaß diese köstliche sächsische Suada, er war der Schmierendirektor, der nicht nur mich zum Lachen und zum Weinen brachte. Er konnte sich aufblasen wie ein Ochsenfrosch und war dann wieder so klein, so arm. Man glaubte ihm den Striese. Rémond hatte die Rolle siebzehn Jahre vorher gespielt und schon damals nicht richtig gelernt. Er improvisierte und improvisierte, und vieles, was er redete, war gar nicht von den Gebrüdern Schönthan, aber es paßte immer.
Ich stand manchmal in der Kulisse und sah zu, wie Friedrich Schoenfelder, der den Professor Gollwitz spielte, höllisch aufpassen mußte.
Nur wenn Rémond mal Atem holte, konnte er rasch einen Satz seiner Rolle anbringen.
Ich weiß nicht, wer später das Drehbuch zum *Raub der Sabinerinnen* geschrieben hat, nur daß der Film gedreht wurde und Gustav Knuth den Striese spielte.
Ich arbeitete während dieser Zeit mit dem Ehepaar Gribitz an dem Film *Hollandmädel*. Die Gribitzens wohnten in der ersten Etage des Hauses in der Giesebrechtstraße, in dessen Parterre sich der berühmteste Puff Berlins befand, der Salon Kitty. Einige Male begegnete ich im Treppenhaus bildhübschen jungen Starlets, die sich sofort abwandten. Sie wollten nicht erkannt werden.
Johannes Alexander Hübler-Kahla übernahm die Regie, ich wurde sein Assistent und fuhr mit meiner Frau im Wagen nach Nordwyk. In Holland sollten die Außenaufnahmen stattfinden. Artur Brauner versprach sich sehr viel von den schönen bunten Tulpenfeldern, machte dann aber plötzlich einen Rückzieher und drehte den Film in Schwarzweiß. Das war billiger. Wir kamen etwas zu spät, die Tulpenfelder waren schon halb verblüht, und es stürmte so, daß die berühmten holländischen Windmühlen gebremst werden mußten, sonst hätten sie ausgesehen wie Ventilatoren. Die Schlußszene des Films drehten wir in einem kleinen Ort, ich glaube, er hieß Sparendam. Ein großes Volksfest wurde inszeniert, ich mußte im holländischen Outfit einspringen,

tanzte erst mit Sonja Ziemann, während sich Frau Brauner mit Gunnar Möller drehte. Dann entdeckte sich das Filmliebespaar. Möller entschwebte mit der Ziemann, und ich tanzte mit Frau Brauner weiter. Erst nach Beendigung der Szene wurde mir klar, daß ich eben Walzer getanzt hatte, Walzer in Holzschuhen! Es klapperte, aber es klappte. Schade, daß ich zum Presseball nicht in Holzschuhen antreten kann.
Den Rest des Films drehten wir in den CCC-Ateliers in Berlin-Spandau. Der Film wurde kein Ruhmesblatt für mich und die Lieder, die ich mit Heino Gaze schrieb, keine Schlager, obwohl eine Nummer davon auf einer Schallplatte erschien.
Aber der Besuch in Holland gab mir die Möglichkeit, noch einmal zur Rotterdamsche Straat 95 zu fahren. Dort war unsere Familie, sechzehn Jahre zuvor, zum letzten Mal vereint gewesen.
In Berlin wartete noch eine Aufgabe auf mich, die sich als sehr mühevoll herausstellte. Die meisten *Hollandmädel*-Szenen waren bisher im Freien gedreht worden, und dabei hatte man nur den sogenannten Primärton aufgenommen, damit die Schauspieler später bei der Synchronisation wußten, was sie beim Drehen gesprochen hatten. Nun war ich im Atelier mit Hans Moser, der sich selbst synchronisieren sollte. Es wurde eine Katastrophe. Moser stand vor der Leinwand, der Film lief, er sollte einen Satz sagen und kam immer zu spät. Ich schlug vor, ihm auf die Schulter zu tippen, wenn er drankäme. Daraufhin sprach er immer eine Sekunde zu früh. Ich ließ die Cutterin kommen, die sich anhörte, was wir aufgenommen hatten. Sie versprach, den Ton am Schneidetisch etwas nach vorn, respektive nach hinten zu ziehen. Und so konnte ich mit Hans Moser ein Glas Wein trinken gehen. Ich habe ihn natürlich eingeladen. Moser war äußerst sparsam, und als ein Beleuchter im Atelier meinte, er müsse eine Lage Bier ausgeben, wurde er richtig grantig.
Einige Tage vorher war ein Anruf aus Hamburg gekommen. Eine dortige Produktion wollte mich zur Mitarbeit an einem Film gewinnen. Das Drehbuch lag vor, aber es gefiel dem Verleih überhaupt nicht. Ich schrieb mit Assistenz meines Bruders ein neues Manuskript, das akzeptiert wurde.
Liselotte Pulver hatte einige Monate zuvor ihren großen Erfolg mit dem Film *Klettermaxe* gehabt. Und nun wollte man etwas Ähnliches drehen, was natürlich kein guter Einfall war. Den Film nannte man später *Das Nachtgespenst*, und weder Frau Pulver noch ich sind auf diesen

Streifen stolz. Carl Boese führte Regie. Er war sehr alt geworden. Bei Besprechungen schlief er manchmal ein, wir anderen taten dann so, als bemerkten wir das nicht, schauten ihn nicht an und redeten laut weiter, damit er beim Aufwachen nicht das Gefühl hatte, wir hätten ihn beim Schlafen erwischt.

Vor Drehbeginn lud uns ein Hamburger Filmtycoon, ein kleiner Mann, der sich sehr gerade hielt und von seiner Wirkung auf Frauen überzeugt war, zu einer Motorbootfahrt auf der Ostsee ein. Wir kamen am Zielort an, aßen zusammen, und dann entschied der große Filmmann, daß die Produzenten und ich wieder mit dem Wagen nach Travemünde fahren sollten, während er meine Frau auf dem Motorboot mitnahm. Wir beide dachten uns nichts dabei, er schon, wie sich herausstellte.

Die Ostsee war ziemlich bewegt, meiner Frau bekam das Schaukeln des Bootes, verbunden mit dem Geruch des Dieselmotors, überhaupt nicht. Der Filmmann verschwand in der Kombüse und als er wieder herauskam, war er splitternackt. Bei diesem Anblick ging es meiner Frau auch nicht besser. Später erzählte sie mir, daß ich, wenn sie mit ihm ins Bett gegangen wäre – in der Kombüse stand eins –, einen Drehbuchauftrag nach dem anderen bekommen hätte. Sie blieb lieber an der frischen Luft. Den nächsten Auftrag hatte der Verleiher schon unterschrieben, einen anderen bekam ich von ihm nie mehr.

Während der Dreharbeiten wollte Liselotte Pulver unbedingt die berühmte Herbertstraße kennenlernen. Der Produzent nahm sie und mich mit. Den Ausflug hätte er lieber nicht machen sollen. Denn einige der dort ansässigen Damen freuten sich, ihn wiederzusehen und begrüßten ihn mit seinem Namen.

Der nächste Film war eigentlich der erste, der mir richtig Spaß machte und den ich mir nach der Fertigstellung auch gerne ansah. Er hieß *Das Fräulein vom Amt*. Hierfür lag nur ein Exposé vor, und ich ging sofort in die Winterfeldstraße, um mich mit dem Tätigkeitsfeld der Damen vom Fernamt vertraut zu machen. Sie waren alle sehr nett zu mir, gaben mir Ratschläge, und das Buch wurde schnell fertig. Zu meiner großen Freude übernahm der von mir so verehrte Carl-Heinz Schroth die Regie, Thomalla und Renate Holm waren das Liebespaar, und Harry Meyen spielte mit Ruth Stephan zwei andere wichtige Rollen. Die Stephan war hinreißend komisch und dabei doch so rührend, daß einem das Herz aufging.

Dieser Film brachte mir viel Geld ein, denn Michael Jary machte die Musik, Bruno Balz und ich sollten die Liedertexte schreiben. Wir beide saßen tagelang jeden Morgen geduldig in Jarys Haus in der St.-Benedikt-Straße und warteten auf den großen Meister. Der kam dann meistens erst eine halbe Stunde später aus der ersten Etage herunter, setzte sich an einen für meine Ohren ziemlich verstimmten Flügel und spielte uns eine Musik vor, die uns gut gefiel. Ich hatte für die Hauptzeile einen Einfall: »Heut' liegt was in der Luft.« Bruno fand das gut und erfand gleich die beiden Zeilen, die davor kamen: »Mir ist so komisch zumute,/ich ahne und vermute.« Mir war nicht ganz wohl dabei. Erstens wurde »mute« auf »mute« gereimt, und zweitens sind »ahnen« und »vermuten« doch dasselbe. Ich wollte die Sache etwas mildern und dafür sagen: »Mein Liebling, ich vermute.« Bruno verstand mehr davon. Es blieb bei seinen Zeilen, und die Nummer wurde ein Schlager, »Heut' liegt was in der Luft« wurde nicht nur mit Bully Buhlan und Mona Baptiste aufgenommen, viele andere Interpreten sangen es nach. Ich muß Ihnen eingestehen, daß ich, wenn ich die ersten beiden Zeilen höre, immer noch zusammenzucke. Aber ich glaube, ich bin der einzige, den sie stören. Bruno hat recht behalten. Bei unseren Besprechungen hat er einen sehr weisen Satz gesagt, den ich nie vergessen werde: »Kutte, wenn uns mal nichts mehr einfällt, dann brauchen die anderen zehn Jahre, ehe sie es merken.«

Der nächste Streifen hieß *Wie werde ich Filmstar?* Ich schrieb ihn nach einer eigenen Idee. Theo Lingen führte Regie und spielte mit Oskar Sima zusammen die beiden Betrüger, die mit dem Titel des Films Anzeigen aufgeben, von den Leuten, die sich für begabt halten, Probeaufnahmen machen und sich dafür bezahlen lassen – natürlich ist nie ein Meter Film in der Kamera. Bei den Aufnahmen passierte wieder etwas, was mich einige Jahre später bewogen hat, nicht mehr für Film und Fernsehen zu schreiben. Da liefert man ein Manuskript ab, kann nicht kontrollieren, was im Studio daraus gemacht wird. Es ist nichts mehr zu ändern, wenn es im Kasten ist. Nur einmal in meiner Karriere ist es mir gelungen, eine Neuaufnahme zu erreichen.

Für *Wie werde ich Filmstar?* hatte ich mir eine Szene ausgedacht, in der ein Fahrradbote mit seinem kleinen Bruder, den er für unheimlich begabt hält, ins Atelier kommt. Der Bruder bekommt aber keinen Ton heraus. Der ältere greift ein, demonstriert dem »Filmgewaltigen«, wie gut sein begabter Bruder singt. Ein echter Filmmann ist zufällig dabei,

und daraufhin wird nicht der kleine, sondern der große Bruder engagiert. Im Film wurde der Kleine von Peterli Hinnen gespielt, der konnte natürlich singen, und damit war die schöne Idee gestorben. Außerdem hatte ich eine Schauspiellehrerin eingebaut, die jede oder jeden als Schüler annimmt, um Geld zu verdienen. Aber da man Agnes Windeck dafür engagierte, wurde die Frau seriös. Es war ein Jammer. Nur die Nummer, die ich mit Bruno Balz schrieb, tröstete mich etwas darüber hinweg, denn »Zwei Herzen im Mai« werden heute immer noch irgendwann irgendwo gesungen.
Im darauffolgenden Sommer saß ich mit meiner Frau in einer kleinen Pension auf Sylt beim Frühstück. Nebenan unterhielt sich ein Ehepaar über Filme. Plötzlich hörte ich, wie die Frau sagte, daß sie gerade einen schrecklichen Film gesehen hätte. Ich spitzte die Ohren. »Wie hieß der denn?« wollte ihr Mann wissen. »*Wie werde ich Filmstar?*« antwortete die Frau. Später wunderte sich die Pensionswirtin, daß ich an diesem Morgen nur ein halbes Brötchen gegessen hatte. Mir war der Appetit vergangen.

Bretter, die von nun an meine Welt bedeuten

Ende der fünfziger Jahre kam Hildegard Knef aus Amerika zurück. Man begrüßte die Heimkehrerin bereits an der Grenze von West-Berlin und brachte sie in einer Art Triumphzug in die Stadt. Nun rotierte die Filmindustrie. Jeder wollte so schnell wie möglich etwas mit ihr drehen. Leider war man etwas zu schnell, denn *Madeleine und der Legionär* wurde kein Erfolg und das mit Recht. Als wir, meine erste Frau und ich, nach der Premiere aus dem »Zoopalast« kamen, waren wir sehr enttäuscht. Wir liebten die Knef und fanden, daß man ihr mit dieser Rolle keinen Gefallen getan hatte.
»Sie müßte ganz etwas anderes spielen«, sagte ich nachdenklich.
»Aber was?« fragte meine Frau.
Ich überlegte und meinte dann: »Am besten eine junge Berlinerin, die sich in einen Amerikaner verliebt, mit ihm in die Staaten geht, weil sie fest glaubt, daß er sie dort heiratet. Das tut er aber nicht, und sie kehrt einige Jahre später nach Berlin zurück, mit einem kleinen Jungen, dessen Vater ein anderer Amerikaner ist, der sie auch nicht geheiratet hat, weil er schon verheiratet ist.«
Meine Frau fand das gut. Ich wollte sofort das Exposé für einen Film schreiben, ließ es dann aber, weil ich fühlte, daß aus diesem Stoff ein Theaterstück werden konnte. Ich hatte damals gerade ein Filmdrehbuch beendet, bekam die Abschlußrate und sagte zu meiner Frau, daß wir jetzt etwas sparsam sein müßten, ich wolle endlich etwas für die Bühne schreiben, und daran verdient man erst Geld, wenn das Stück in einem Theater gespielt wird. Das dauert und manchmal hat man das Pech, daß es gar nicht zur Aufführung kommt. Ich fragte Horst Pillau, ob er mitmachen wollte. Er wollte. Wir begannen mit der Arbeit, und jetzt geschah etwas Merkwürdiges. Während das Gerippe des Stücks entstand, rückte die Figur der Anni Wiesner immer mehr in den Vordergrund und am Schluß wurde sie die Hauptrolle. Pillau und ich hatten beide dominante Mütter und konnten aus unseren Erfahrungen

schöpfen. Als die Handlung stand, begannen wir mit den Dialogen. Die Arbeit daran ging uns so leicht von der Hand, daß das Stück bereits vier Wochen später fertig war.
Ich diktierte das handgeschriebene Manuskript meiner Sekretärin in die Maschine, wir lasen das Ganze noch einmal durch, und es gefiel uns. Horst Pillau meinte: »Selbst wenn es nie aufgeführt wird, schadet es nichts, die Arbeit daran hat so viel Spaß gemacht.«
Der Titel *Das Fenster zum Flur* war uns schon eingefallen, aber nun wußten wir nicht, wie wir es nennen sollten. Komödie? Nein, lieber nicht, denn dann hätten die Kritiker geschrieben, eine Komödie ist das nun wirklich nicht. Lustspiel? Dann hätte man uns mit Lessing verglichen, *Minna von Barnhelm* ist ja auch ein Lustspiel. Und so kamen wir dann auf Volksstück. Da gab es für die Kritiker wenig Vergleichsmöglichkeiten, denn so etwas war nach dem Krieg noch nicht geschrieben worden.
Wir hatten während der Entstehung des Stückes immer an Grethe Weiser gedacht. Sie las das Manuskript und war begeistert. Ich ging zu dem Verlag Felix Bloch Erben, und die nahmen es sofort an, es wurde ein Vertrag gemacht, und ich paßte, gewitzt durch Drehbuchvertragserfahrung, genau auf. Und das war ein Glück. Da stand nämlich ein Passus, der mir gar nicht gefiel. Wir sollten uns verpflichten, jedes neue Stück zuerst Bloch Erben anzubieten. Das habe ich sofort streichen lassen.
Es vergingen einige Monate, und plötzlich sagte Grethe Weiser ab. Irgend jemand, ich weiß bis heute nicht, wer es war – hatte aber damals Professor Kurt Raeck, den Direktor des Renaissance-Theaters, im Verdachte –, muß ihr abgeraten haben. Ein Stück zu spielen, in dem sich ihr Partner im vierten Bild mit Schlaftabletten umbringen will, aber das falsche Röhrchen erwischt und statt dessen Abführpillen nimmt, deren Wirkung im fünften Bild eintritt – natürlich nicht direkt auf der Bühne, nur die Spülung rausch diskret –, davor scheute sie zurück. Pillau und ich waren sehr traurig, aber Peter Haensel gab das Manuskript Inge Meysel, die hatte keine Angst davor und sagte zu.
Im Hebbel-Theater begannen die Proben, an denen uns Erik Ode, der Regisseur, nicht teilnehmen ließ. Einmal schlichen wir uns heimlich ins Theater und trafen auf der Treppe Inge Meysel, die ein sehr schickes, dunkelblaues Kostüm trug und einen kecken Hut auf dem Kopf hatte. Wir stellten uns vor und fragten sie, ob ihr das Stück gefiele. Die Mey-

sel schüttelte lächelnd den Kopf und meinte: »Nein, zu viele Pointen für mich!« Sie gab einige davon Rudolf Platte ab, der ihren Mann, den Straßenbahnfahrer, spielte.
So etwas erlebte ich zum ersten Mal. Ich erinnere mich an einen Film, dessen Drehbuch ich bearbeitet hatte. Da rauschte plötzlich Grethe Weiser aus dem Atelier und rief mir empört zu: »Mein Zurtchen«, so nannte sie mich immer, weil sich mein Vorname mit »C« schreibt, »du kannst doch einer Nebenrolle nicht so eine gute Pointe geben!« Die hatte sie sich gerade angeeignet. Ursula Herking huschte kurz darauf mit Tränen in den Augen an mir vorbei.
Die Uraufführung vom *Fenster zum Flur* rückte heran. Pillau und ich quartierten uns in einer Art Verschlag ein, von dem aus man, hinter der letzten Parkettreihe sitzend, geschützt durch ein Schiebefenster, die Vorstellung verfolgen konnte. Ich hatte wieder einmal Magenbeschwer-

Das Fenster zum Flur

Volksstück in fünf Bildern (zusammen mit Horst Pillau)

UA: 30.01.1960 Hebbel-Theater, Berlin

Regie: Erik Ode
Bild: Emil Hasler
Regie-Assistent: Jürgen Pangritz
Technische Leitung: Paul Petersilge
Inspizient: Ernst Krause
Beleuchtung: Walter Bobsien
Souffleuse: Dorothee Penther

Personen der Handlung:

KARL WIESNER, Straßenbahnschaffner	Rudolf Platte
ANNI WIESNER, seine Frau	Inge Meysel
HELEN (alias Helene), die ältere Tochter	Bettina Schön
INGE, die jüngere Tochter	Dinah Hinz
HERBERT, der Sohn, Medizinstudent	Ernst Jacobi
DAN, Helens Sohn	Hugh u. Bruce Hegyi/Craig Poling
ERICH SEIDEL, Klempnermeister	Gert G. Hoffmann
ADAM KOWALSKI, polnischer Musiker	Michael Weichberger

AR: Verlag Felix Bloch Erben, Berlin

Die Mitwirkenden der Uraufführung »Das Fenster zum Flur« im Hebbel-Theater, Berlin, 30. Januar 1960

den und mich mit einigen Fläschchen Underberg versorgt. Die Vorstellung lief, wir schwitzten und waren schrecklich aufgeregt. Ich weiß nur noch, daß Pillau mir plötzlich ein Fläschchen aus der Hand riß, einen großen Schluck nahm, obwohl er gar keine Magenschmerzen hatte.
Der Pausenbeifall war enorm. Wir stürzten aus unserem Verschlag und wollten schnell zur Bühne, um dem Publikum nicht zu begegnen. Friedrich Luft, der es sehr eilig hatte, er mußte ja seine Vorkritik durchgeben, entdeckte uns. »Hier sind mir zuviel Autoren«, knurrte er und lief rasch zum Telefon.
Die Premiere am 30. Januar 1960 wurde zu einem überwältigenden Erfolg. Die Schauspieler, der Regisseur, der Bühnenbildner und wir mußten immer wieder auf die Bühne, um uns zu verbeugen. Am Schluß wurde der eiserne Vorhang heruntergelassen, aber der Applaus hörte nicht auf. Pillau und ich wurden sogar vor den eisernen Vorhang gerufen. Artur Brauner warf ein Programmheft auf die Bühne. Ich hob es auf und las, was er darauf geschrieben hatte. Es war ein Angebot für die Verfilmung des Stückes. Ich sagte ihm dann hinterher, er müßte mit dem Verlag sprechen. »Das mach' ich, das Stück ist so menschlich«, rief er begeistert, verhandelte mit dem Verlag, rief mich dann an und meinte mit trauriger Stimme: »Der Preis ist leider unmenschlich.«
Helmut Käutner gratulierte uns: »Ein guter früher Zuckmayer.« So stufte er unser Stück ein. Wir waren sehr stolz. Grethe Weiser kam übrigens am Schluß hinter die Bühne: »Mein Zurtchen«, sagte sie traurig, »ich könnte mich jetzt natürlich in den Bauch beißen.« Nun ja, sie hatte Angst vor dem Durchfall, und nun war es keiner geworden. Im Gegenteil. Inge Meysel wurde durch dieses Volksstück zur »Mutter der Nation«.
Ich weiß nicht, an wieviel Theatern *Das Fenster zum Flur* inzwischen gespielt wurde. Es steht noch heute auf dem Spielplan einiger Bühnen. Ich weiß auch nicht mehr, in wieviel Sprachen es übersetzt wurde. Mir fällt im Moment nur Türkisch und Finnisch ein. Erni Singerl spielte es auf bayrisch, Heidi Kabel in leicht verständlichem Platt, Margot Rainer und Ruedi Walter in Schwyzer Dütsch. Verfilmt wurde es auch und zwar von der Melodie-Film mit einer großartigen Besetzung, außer der Meysel und Platte waren Götz George und Sonja Ziemann mit dabei. Aber wir fanden den Film stellenweise sehr kitschig, und der Schluß war, wie wir sagen, »mit Schokolade begossen«. Das lag daran, daß der Regisseur unser Drehbuch unbedingt bearbeiten mußte, und das tat

ihm nicht gut, dem Regisseur schon, denn er hat daran verdient, aber dem Film nicht. Am Schluß spielte eine Straßenbahnerkapelle, die bei uns gar nicht vorgesehen war. Der Film hieß *Ihr schönster Tag*. Unser schönster Tag wurde die Premiere nicht.

Das Stück kam auch im Wiener Volkstheater heraus. Zur Premiere reisten Pillau und ich natürlich an. Aber bereits auf der Generalprobe merkten wir, daß Fritz Muliar als Straßenbahner zwar großartig war, aber Paula Pfluger, die die Anni Wiesner spielte, war eigentlich eine Salondame. Sie paßte nicht ins Souterrain. Professor Leon Epp, der Direktor, meinte hinterher: »Wir hätten natürlich auch Lotte Lang nehmen können, aber wir wollten die Rolle aus dem Ensemble besetzen.« Hätte er bloß Lotte Lang genommen, die wäre genau richtig gewesen.

Ansonsten hatte ich bei meiner Wien-Reise viele erfreuliche Erlebnisse. Ich wohnte im Hotel Imperial, hatte ein großes, elegantes Zimmer, ein riesiges Bad und eine kleine Toilette mit Telefonanschluß. Wenn mein Kollege Pillau mich anrief oder ich ihn, erkundigte er sich jedesmal, von wo aus ich jetzt sprach.

Die Wiener Staatsoper wollte ich unbedingt einmal von innen sehen. Da keine Besichtigungen gemacht wurden, mußte ich mir eine Oper anhören. Ich muß sagen, daß ich sehr gerne in Konzerte gehe, aber mit Opern damals nichts am Hut hatte. An dem Abend gab es den *Rosenkavalier* von Richard Strauss, und ich war begeistert von der herrlichen Musikdramaturgie. Elisabeth Schwarzkopf als Marschallin machte mich zum Opernfan. Ich stand hinterher noch eine halbe Stunde lang am Bühnenausgang, um auf sie zu warten. Leider muß sie einen anderen Weg genommen haben.

Bei meinen Spaziergängen entdeckte ich ein jüdisches Restaurant, und dort stand auf der Speisekarte ein Gericht, das ich in frühester Jugend mit größtem Appetit gegessen hatte: Scholent, ein besonders gehaltvoller, traditioneller Sabbat-Eintopf. Mein Magen mußte sich im Laufe der Jahre verändert haben, denn mein Verbrauch an Underberg war hinterher enorm. Noch in einer Loge des Burgtheaters leerte ich die letzte Flasche.

Von der Leinwand auf die Bühne

Ende der fünfziger Jahre klingelte bei mir das Telefon. Der Constantin-Verleih rief an. Man suchte dringend einen Stoff für Heinz Rühmann und fragte, ob ich vielleicht eine Idee hätte. Ich hatte eine. Mir schwebte nämlich schon lange die Geschichte von einem Vater vor, der seine Tochter über alles liebt. Das Vorbild war mein Schwiegervater. Über einen Zahnarzt wollte ich auch immer schon mal etwas schreiben, und das Exposé von *Vater einer Tochter* floß mir, wie man so schön sagt, förmlich aus der Feder, obwohl ich mit einem Filzschrift schreibe. Ich fand dafür eine etwas andere Form als sonst und schrieb es aus der Sicht der Tochter, so wie sie es in ihrem Tagebuch notiert hatte. Als das Exposé in München eintraf, herrschte dort großer Jubel. Auch Rühmann war begeistert, und der Film sollte so schnell wie möglich gedreht werden. Der Hauptdarsteller hatte wohl gerade Zeit. Ich bekam einen Drehbuchvertrag, und nun verlangte man von mir, das Manuskript innerhalb von drei Wochen zu schreiben. Das schaffte ich natürlich nicht. Ich brauchte fünf Wochen, und als das Buch dann in München ankam, gefiel es Herrn Rühmann überhaupt nicht.

Die Summe, die man für Drehbücher bekommt, wird immer in drei Raten gezahlt. Die erste bei Vertragsabschluß, die zweite bei Ablieferung, die dritte bei Abnahme. Die bekam ich jetzt natürlich nicht.

Ich hörte dann überhaupt nichts mehr vom Verleih und der Produktion, schrieb eine dreiteilige Serie für Bully Buhlan mit verschiedenen Gästen und führte auch Regie. Die Aufnahmen wurden in Baden-Oos gedreht. Es war ein sehr harter Winter, besonders bei einer Außenaufnahme froren wir entsetzlich. Auf den Schienen einer stillgelegten Strecke standen drei alte Waggons. Die Szene, die wir drehten, spielte gleich nach dem Krieg. Überall sollten draußen Menschen an den Türen hängen oder auf den Trittbrettern stehen und die meisten von ihnen noch alte Uniformen anhaben, die man nach dem Krieg trug, weil es noch keine neuen Anzüge gab.

Die Statisten saßen im Schminkraum, bereits in Uniform. Ich war nebenan und hörte, daß man – nun in Uniform – nur über Kriegserlebnisse sprach. Jeder gab eine aufregende Geschichte zum besten und jeder versuchte, den anderen zu übertrumpfen. Ich merkte, daß für viele Menschen der Krieg das größte Erlebnis ihres Lebens war.
Nun drehten wir also draußen. Das Playback hatten wir vorher aufgenommen, Bully Buhlan und Peter Frankenfeld sangen das Lied »Verzeih'n Sie, mein Herr, geht dieser Zug nach Kötschenbroda?« Rauch wurde vorbeigeblasen, die Schauspieler und Statisten wippten, so daß man das Gefühl hatte, der Zug fuhr. Die Muster, die wir später in der Vorführung sahen, waren sehr gut. Aber als der Ton am Schneidetisch angelegt wurde, stellte sich heraus, daß die Kamera durch den Frost etwas zu langsam gelaufen war, und der Cutter brauchte viele Tage, um Ton und Musik wieder anzupassen.
Als ich eines Abends müde vom Atelier in mein Hotel in Baden-Baden kam, rief der Regisseur Thomas Engel aus München an und erzählte mir, daß er einen Film für Rühmann inszenieren sollte. Er hätte zwei Drehbücher bekommen, die ihm gar nicht gefielen, aber dann war ihm der erste Teil meines Buches in die Hände gefallen. Davon sei er begeistert und bat mich, ihm die zweite, irgendwo verlorengegangene Hälfte zu schicken. Das tat ich gleich, als ich wieder zu Hause war. Das Echo, das daraufhin aus München kam, überraschte mich. Jetzt war man plötzlich von dem Drehbuch, das man damals abgelehnt hatte, richtig angetan. Ja, man hatte mir gegenüber geradezu ein schlechtes Gewissen. Heinz Rühmann sagte zum Produktionschef Dr. Manfred Barthel: »Hoffentlich hat man's ihm« – damit meinte er mich – »damals nett gesagt.« Das hatte man natürlich nicht, aber inzwischen vergessen. Ich wurde nach München eingeladen, durfte den Probeaufnahmen beiwohnen, die man mit Gertraud Jesserer machte. Sie bekam die Rolle und spielte sie ganz reizend. Rühmann war ungeheuer freundlich zu mir, hatte dann aber wieder einige Wünsche, die ich nicht alle akzeptierte. Man brachte mich zum Bahnhof, ich fuhr nach Hause und hörte dann wieder überhaupt nichts mehr, weder von der Produktion noch vom Verleih. Später erfuhr ich auf Umwegen, daß man den Titel geändert hatte. Der Film hieß jetzt nicht mehr *Vater einer Tochter*, sondern *Meine Tochter und ich*, ein Titel, der sehr an Ralph Benatzkys *Meine Schwester und ich* erinnerte.
Mit meiner Frau sah ich mir den Film in Hamburg an und mußte fest-

stellen, daß man doch wieder viel geändert hatte, die Tochter bekam zum Geburtstag keine Tischtennisplatte, sondern ein Cabriolet. Die ganze Geschichte war in eine etwas gehobenere Gesellschaftsschicht verlagert worden. Ich stand als einziger Drehbuchautor auf dem Vorspann und bekam von der Kritik Schläge für Dinge, die ich gar nicht geschrieben hatte. Rühmann, die Jesserer, Knuth und Agnes Windeck waren bezaubernd, aber der Film als Ganzes hat mir nicht gefallen. Übrigens, die dritte Rate habe ich bis heute nicht bekommen.

Ich saß an meinem Schreibtisch und grämte mich einige Zeit, bis mir plötzlich einfiel, daß man aus dem Stoff doch ein Theaterstück machen

Vater einer Tochter

Komödie

UA: 29.05.1966, Theater am Kurfürstendamm, Berlin

Inszenierung: Wolfgang Spier
Bühnenbild: Hans W. Lenneweit
Tanzeinstudierung: Heiner Jordan
Regie-Assistenz: Wolfgang Koch
Inspektion und Ton: Herbert Jacob
Technische Leitung: Hermann Klatt
Beleuchtung: Hans Lange

Personen der Handlung:

Dr. Robert Stegemann, Zahnarzt	Georg Thomalla
Brigitte, genannt Biggi, seine Tochter	Hannelore Elsner
Jochen Siebert, ein junger Mann aus der Miederbranche	Jürgen Wölffer
Dr. Leopold Walter, genannt Poldi, noch ein Zahnarzt	Friedrich Schoenfelder
Frau Winkler, Haushälterin	Ruth Nimbach
Ursula Krone, die Tochter des Chefs	Marie-Louise Schiemer
Frau Grünow, Patientin	Steffi Ronau
Willy Raschinsky	Hans Georg Panczak/Gruntram Jordan
Der Ober	Gerd Prager
Frau Lolita	Lilo Hartmann
Vera, ein Miedermannequin	Ursel Peter
Garderobenfrau	Peggy Hauert
Hotelportier	Wolfgang Neusch
Ein junger Mann	Wolfgang Koch

AR: Verlag Felix Bloch Erben, Berlin

Die Mitwirkenden der Uraufführung »Vater einer Tochter« im Theater am Kurfürstendamm, Berlin, 29. Mai 1966

könnte. Nach fünf Wochen war die Komödie fertig. Thomalla gefiel die Hauptrolle, der Direktion Wölffer das Stück, und am 29. Mai 1966 fand die Uraufführung im Theater am Kurfürstendamm statt.
Schon die Proben waren eine reine Freude. Wolfgang Spier führte Regie, die blutjunge Hannelore Elsner spielte die Tochter, Friedrich Schoenfelder den Freund des Vaters und Jürgen Wölffer den zukünftigen Ehemann der Tochter. Ich werde nie die Probe vergessen, auf der Jürgen zum ersten Mal seinen Hochzeitsfrack trug. Hans Wölffer, sein Vater, stand an der Rampe. Ihn interessierte im Augenblick nicht die Szene, die vorbereitet wurde, er sah nur seinen Sohn an, voller Vaterstolz.
Die Wortgefechte zwischen Thomalla und Schoenfelder waren von Wolfgang Spier glänzend in Szene gesetzt worden. Obwohl ich die Dialoge ja nun kannte, war es doch ein großes Vergnügen für mich, sie zu hören und zu sehen. Es ist schön und selten, daß man etwas auf der Bühne genauso erlebt, wie man es sich am Schreibtisch vorgestellt hat.
Ich kam zu fast jeder Probe, aber da ich eine neue Serie schrieb, erschien ich immer erst mittags im Theater. Wolfgang Spier hielt bei der Premierenfeier eine kleine Rede und darin sagte er: »Jeden Mittag, so gegen halb eins, spürte ich im Rücken einen kleinen Zug. Da wußte ich, daß der Autor im Theater war und direkt hinter mir saß, was mich etwas störte. Aber ich muß eingestehen, daß ihm sehr viel Gutes eingefallen ist, das mir wahrscheinlich auch eingefallen wäre, wenn er nicht hinter mir gesessen hätte.«
Die erste Voraufführung war ausgesprochen aufregend. Als Thomalla mitten in seinem Monolog war, ging das Licht aus und die Notbeleuchtung an. Thomy machte natürlich weiter, bezog die »Verdunklung« sofort in den Text mit ein, aber Wolfgang Spier, der neben mir in der Loge saß, sprang auf, lief hinter die Bühne und sorgte dafür, daß der Vorhang fiel. In beiden Theatern hatte es einen Kurzschluß gegeben, auch Harry Meyen mußte nebenan in der Komödie seine *Tausend Clowns* unterbrechen. Erst zehn Minuten später war der Schaden behoben, und wir fingen unser Stück noch einmal ganz von vorne an. Thomy war entzückend, das Publikum liebte ihn, und Hans Wölffer verschob die Premiere des nächsten Stückes, so daß *Vater einer Tochter* über 250mal im Theater am Kurfürstendamm lief.
Zwei Wochen später sollte das Stück mit Johannes Heesters in der Hauptrolle in Wien gestartet werden. Ich schickte dem Regisseur ein

Buch mit den sehr guten Strichen von Wolfgang Spier zu, stellte aber, als ich in Wien ankam, fest, daß er sich überhaupt nicht danach gerichtet hatte. Nun kommt es des öfteren vor, daß ein Regisseur ein Stück etwas anders sieht als der Autor. Das ist sein gutes Recht. Aber die Auffassung des Wiener Spielleiters war leider falsch. Er hatte nichts gestrichen, das Stück war zu lang. Wir fingen an zu diskutieren, was zu nichts führte, und ich merkte wieder einmal, daß man mit Regisseuren, die unsicher sind, schlecht zusammenarbeiten kann, weil sie unbedingt recht behalten wollen. Mit sicheren Regisseuren wie Wolfgang Spier ist die Arbeit viel leichter.

Ich fuhr schließlich zu Heesters hinaus, wir arbeiteten beide zusammen, verabredeten Striche, und dann rückte die Premiere heran. Heesters war als Vater wunderbar. Er spielte die Rolle so menschlich wie kein anderer, außer Thomalla. Beim Abschied von der Tochter weinte das Publikum vor Rührung. Ich auch, aber eigentlich mehr, weil die ganze Vorstellung nicht so geworden war, wie ich es mir vorgestellt hatte.

Das Stück spielte Thomalla dann in München, in Zürich, Köln und auf einer Tournee. Es lief in vielen Theatern, nicht nur in Deutschland und Österreich, am Schluß sogar in Finnland.

Daß *Vater einer Tochter* in Bremen aufgeführt werden sollte, hat mich, ehrlich gesagt, sehr überrascht. Kurt Hübner, der Intendant, umgab sich damals mit vielen jungen, vielversprechenden Talenten, machte Aufführungen, die beachtet und gelobt wurden, so daß man schon dachte, die Zeitschrift »Theater heute« wohnte in Bremen zur Untermiete.

Ich wollte die Premiere gerne miterleben, buchte meinen Flug, bestellte ein Hotelzimmer, und dann kam aus heiterem Himmel die Nachricht, daß die Premiere fünf Tage früher stattfinden sollte und zwar nicht, wie vorgesehen, in den Kammerspielen in der Böttcherstraße, sondern im Großen Haus.

Ich bekam im Reisebüro noch ein neues Ticket, aber als ich in Tempelhof an den BEA-Schalter kam, war das Flugzeug überbucht. Man bedauerte und wollte mich erst mit der nächsten Maschine in die Hansestadt befördern. Daraufhin erklärte ich mit fester Stimme, daß dieses Flugzeug zu spät für mich in Bremen ankäme. Ich bat die Leute von der BEA, doch selbst beim Intendanten anzurufen, um ihm zu erklären, daß es nicht meine Schuld wäre, wenn ich zu spät zur Premiere käme. Jetzt wurden die Damen und Herren am Schalter unruhig, man flü-

sterte aufgeregt miteinander, und ich bekam doch noch einen Platz in der Maschine, keinen sehr guten. Ich saß auf einem Klappstuhl der Stewardessen, war aber pünktlich in Bremen.
Dort erfuhr ich vom Intendanten, warum die Premiere vorverlegt worden war. Peter Zadek war mit der Inszenierung von Shakespeares *Maß für Maß* nicht rechtzeitig fertig geworden. Ich lernte den Regisseur kurz kennen, er lag mehr als daß er saß in einem Fauteuil, völlig erschöpft. Alfred Kirchner, der *Vater einer Tochter* in Szene setzte, war wesentlich weiter mit den Proben. Also hatte man kurzerhand die Dekorationen aus der Böttcherstraße ins Große Haus geholt und sie, da sie viel zu klein waren, mit einem Rahmen versehen.
Bevor die Premiere begann, trat der Intendant persönlich vor den Vorhang. Es war zwar schon über Rundfunk verbreitet worden, daß an diesem Abend nicht *Maß für Maß* aufgeführt wurde, aber er hielt es für richtig, dem Publikum noch einmal selbst mitzuteilen, daß mein Stück gespielt wurde. Ein Bremer Freund hat mir erzählt, daß einige Besucher, die zu spät kamen und keine Shakespearekenner waren, bis zum dritten Bild glaubten, *Maß für Maß* zu sehen, das Zadek kurzerhand in eine Zahnarztpraxis verlegt hatte.

Rückfälle und ein Haus in Dahlem

Nun ging meine Mitarbeit beim deutschen Film langsam zu Ende. Zusammen mit Dr. Hachfeld entstand noch das Lustspiel *Kindermädchen für Papa* gesucht. Susanne Cramer spielte die Hauptrolle, Gunther Philipp, Claus Biederstaedt waren ihre Partner, und mit R. A. Stemmle schrieb ich das Buch für *... und abends in die Scala.* Caterina Valente tanzte und spielte, daß es eine reine Freude war. Brauner ließ mich ja leider nur diese leichten »Filmchen« schreiben, deshalb war ich sehr froh, als mir eine Münchner Firma das Exposé von *Der Gauner und der liebe Gott* zuschickte. Der Autor, Stefan Gommermann, kam nach Berlin, und wir arbeiteten ein neues Exposé aus, später schrieb ich das Drehbuch und sorgte dafür, daß Gert Fröbe den Gauner spielte, Karlheinz Böhm den echten Pfarrer und nicht, wie vorgesehen, umgekehrt. Wieder besuchte mich Fröbe und machte mir vor, wie er die Rolle spielen werde. Er war als pfiffiger Gauner, der sich als Pfarrer verkleidet, in dem Film, den Axel von Ambesser inszenierte, bezaubernd und bekam dafür den Ernst-Lubitsch-Preis. Später heiratete Fröbe eine Reporterin des RIAS, die er kennengelernt hatte, als sie ein Interview mit ihm machte.

Bei meinem nächsten Aufenthalt in Paris bekam ich von Fröbe eine Eintrittskarte für die Uraufführung des Films *Paris-brule-t-il?* Sie fand im Palais Chaillot statt, und ich mußte durch ein Spalier von Angehörigen der Résistance gehen, die mit brennenden Fackeln in der Hand den Weg säumten. Als ich mir das Programmheft kaufte, nahm ich all mein Französisch zusammen, damit keiner am Akzent merkte, daß ich Deutscher war. Wir mußten eine halbe Stunde auf General de Gaulle warten, aber dann lief endlich der Film, der mir sehr gefiel. Ich weiß nicht, in welcher Fassung *Brennt Paris?* in Deutschland lief, aber sie war bestimmt nicht so authentisch wie die in der Seine-Stadt, da sprachen nämlich die Franzosen französisch, die Amerikaner und Briten englisch und die Deutschen deutsch.

Habe ich schon alle meine Filme beschrieben? Nein, da war noch *Musketier der Liebe* mit Corny Collins, Carlos Thompson, Hubert von Meyerinck und Boy Gobert. Als letzterer Intendant der Berliner Staatstheater war, trafen wir uns bei der Journalistin Cornelia Herstatt. Er erzählte, daß ihm das Buch von mir damals sehr gefallen hätte, allerdings erst, als er von mir erfuhr, daß es von mir war und er schon etwas getrunken hatte.

Anfang der sechziger Jahre kamen Horst Pillau und ich noch einmal zusammen. Artur Brauner gab uns ein Exposé mit dem Titel *Dr. Reuter reist nach Rom* und versprach uns, daß Heinz Rühmann und Liselotte Pulver die Hauptrollen spielen würden. Wir schrieben und schrieben, Detlef Müller schrieb um, und dann bekamen wir eine Drehbuchprämie der Bundesregierung, die wir durch drei teilten. Der Film wurde gedreht, hieß plötzlich *Die Hochzeitsreise*, Liselotte Pulver spielte, aber für Heinz Rühmann war Dieter Hallervorden engagiert worden. Pillau und ich sahen uns den Film im Vorführraum der CCC an und als wir wieder rausgingen, hatten wir beide etwas gemeinsam: Magenbeschwerden.

Das lag nicht am Regisseur Ralf Gregan und nicht an Hallervorden, der sehr komisch und menschlich anrührend war, aber wir hatten eben beim Schreiben an Rühmann gedacht, und der Film war so ganz anders geworden. Jetzt läuft er ab und zu im Fernsehen und heißt *Eine Nervensäge gegen alle.*

Einen Film hätte ich beinahe noch vergessen. Der Regisseur Wilhelm Thiele hatte vor der Nazizeit hier bei uns den Film *Die Drei von der Tankstelle* gedreht. Jetzt kam er als William Thiele aus Amerika zurück und brachte das Buch eines Films mit, den er drüben mit Deanna Durbin und dem großen Dirigenten Leopold Stokowski gedreht hatte. Brauner wollte einen deutschen Aufguß machen, und so entstand mit meiner Hilfe der Film *Sabine und ihre 100 Männer*. Die begabte und viel zu früh verstorbene Sabine Sinjen spielte die Hauptrolle, Dieter Borsche ihren Vater, und Brauner schmückte den Film noch musikalisch mit dem großen Yehudi Menuhin. Der Film soll vielen gefallen haben.

Meine letzte Kintopp-Tat war die Drehbuchbearbeitung von *Ganovenehre.* Gert Fröbe war wieder einmal ein prächtiger Ganove, aber seine Mimik litt leider darunter, daß der Regisseur den Einfall hatte, ihn den ganzen Film lang mit einem halb geschlossenen, starren Auge spielen

zu lassen. Bei den Dreharbeiten lernte ich den herrlichen Mario Adorf kennen und den unvergeßlichen Curt Bois. Wolfgang Staudte drehte den ganzen Film im Atelier und lange Szenen in einer Einstellung durch. Einmal war ich dabei, als Bois nach dreißig Sekunden das Zimmer verließ, die anderen spielten über zwei Minuten weiter, es stimmte alles, Staudte war begeistert, aber kurz vor den letzten zwei Sätzen kam Bois wieder in den Raum und erkundigte sich vor laufender Kamera, ob alles in Ordnung wäre, was er vorhin gemacht hätte. Staudte tobte, denn er mußte jetzt die ganze Einstellung noch einmal drehen.
Zum Abschluß wurde die Presse in das CCC-Studio eingeladen, in dem der Friedhof aufgebaut war, auf dem eine wichtige Szene spielte. Ich weiß bis heute nicht, was sich Staudte davon versprochen hatte, keine Außenaufnahmen zu machen, aber ich nehme an, es waren künstlerische Gründe. Wahrscheinlich wollte er keine Realität aufkommen lassen. Für die Presse und die Gäste war der Friedhof nicht gerade stimmungshebend. Helen Vita, die mitspielte, sang ihre berühmten frivolen Lieder, die im Kabarett immer belacht und beklatscht wurden. Auf dem Friedhof kamen sie kaum an. Ich glaube, es lag nicht nur an der Dekoration, sondern auch daran, daß es im Atelier zu hell war. Im Zuschauerraum eines Kabaretts ist es dunkel. Bei Licht genieren sich die Herren, in Gegenwart ihrer Damen über Helen Vitas Frivolitäten zu lachen.
Während *Vater einer Tochter* in Berlin am Kurfürstendamm lief, ließen wir uns scheiden. Wir waren nicht böse aufeinander, aber uns nicht mehr so gut, daß wir eine richtige Ehe führen konnten. Man könnte es auch so sagen: Erst gingen unsere Interessen auseinander, dann wir. Meine Frau hatte Reitunterricht genommen und wollte ein Gestüt in Schleswig-Holstein aufmachen. Mein Schwiegervater, der seiner Tochter jeden Wunsch erfüllte, kaufte in der Nähe von Quickborn viele Hektar Land und ein altes Bauernhaus, das er völlig umbauen ließ. In Hemdingen, so hieß der kleine Ort, bekam ich das schönste Arbeitszimmer meines Lebens, mit einer Wendeltreppe, die oben zum Schlafzimmer führte und unten zum Archiv. Aber ich bin nun mal kein Mensch für das Land. Wenn ich morgens um neun Uhr noch etwas müde mein Arbeitszimmer betrat, kamen die Bauern gerade vom Feld zurück, und ich hatte, wenn ich Zeitung las, immer ein schlechtes Gewissen. Jedes Telefongespräch war ein Ferngespräch, und ich telefoniere doch so gern. Reiten konnte ich auch nicht. Ich habe es einmal auf unserem Pony ver-

sucht, das daraufhin jedesmal, wenn ich näher kam, sofort zum anderen Ende der Weide flüchtete. Kurzum, ich war fehl am Platze, ich nannte Hemdingen immer mein »Cayenne, aber ohne Pfeffer«.

Schon im ersten Schleswig-Holstein-Jahr nahm ich mir eine kleine Wohnung in Berlin, und am 15. Dezember 1965 wurde die Scheidung ausgesprochen. Ich weiß noch, daß alles sehr schnell ging. Mein Anwalt, Dr. Reichardt, war mit Valérie von Martens in Kalifornien, und die Vertreterin Mummis, Frau Dr. Movsessian, mußte auf dem Gang rasch einen Kollegen im Talar suchen, der für ihn einsprang. Der fragte mich immer nach Einzelheiten, und ich mußte mich bei der Rechtsanwältin meiner Frau erkundigen. Aber in fünf Minuten war die Ehe geschieden und ich etwas enttäuscht. Ich fand, das war für fast dreizehn Ehejahre etwas zu kurz.

Meine erste Frau wurde dann die vierte Frau ihres dritten Mannes, und ich glaube, die Ehe wurde sehr gut – kein Wunder bei siebenfacher Erfahrung. Leider ist er vor ein paar Jahren gestorben, und sie züchtet, jetzt ganz allein, Pferde in Virginia. Jeder von uns beiden freut sich, wenn er etwas vom anderen hört. Mit meiner Stieftochter Gaby, die aus der ersten Ehe meiner Frau stammt, telefoniere ich jeden Sonntag. Ich glaube, ich bin ihr in den Jahren unserer Ehe ein guter Daddy gewesen.

Nach der Scheidung suchte ich eine neue Wohnung oder ein kleines Haus. Die eineinhalb Zimmer am Roseneck wurden mir auf die Dauer zu klein. Mein Arbeitszimmer war gleichzeitig mein Wohn- und Eßzimmer, und die Couch, auf der ab und zu Gäste übernachteten, stand auch noch darin. Für meine vielen Bücher, die noch in Schleswig-Holstein lagerten und nach Berlin kommen sollten, war kein Platz.

Nun flatterten mir die Angebote der Makler ins Haus, und ich war jeden Tag unterwegs, um Häuser zu besichtigen. Ich glaube, ich sah mir in diesen Wochen mindestens fünfzig Villen an. Zum Glück nahm sich meine alte Freundin Edith Schollwer Zeit, mich zu begleiten. Die meisten Objekte waren viel zu teuer für meinen Geldbeutel, aber eines Tages sahen wir uns zwei leerstehende Häuser in Dahlem an, die hintereinander auf einem Grundstück standen. Ein Vater hatte sie, wie wir später erfuhren, 1930 für seine beiden Töchter bauen lassen. Das müssen damals noch Zeiten gewesen sein.

Die Mormonen, die zuletzt darin wohnten, wollten beide Gebäude verkaufen. Im Vorderhaus hatten die leitenden Herren ihr Domizil gehabt. Dort war alles gut erhalten und das Haus deshalb wesentlich teurer, das hintere, in dem die Missionare gewohnt hatten, dagegen ziemlich heruntergewirtschaftet. Fast in jedem Zimmer standen Metallbetten übereinander, und in allen Räumen gab es eine Waschgelegenheit. Ich hätte dort glatt eine Art Artistenpension aufmachen können, nur eine Seelöwennummer wäre nicht unterzubringen gewesen, denn es gab keine Badewanne, nur zwei Duschen. In der Veranda sah man keine Scheibe, alle waren mit Regalen, auf denen Akten und Bücher lagerten, zugebaut. Ich wollte schon wieder gehen, als mein Blick auf eine Fensterecke fiel. Von dort aus hatte man eine wunderschöne Aussicht in den kleinen Garten. Ich war plötzlich wie elektrisiert und wußte sofort: Dort wird dein Schreibtisch stehen, dort wirst du arbeiten können, und ich habe recht behalten.

Ich handelte noch ein paar Mark herunter, dann machten wir Vertrag und ich mich an die Finanzierung. Ich hatte seit Jahren schon einen Bausparvertrag, aber der war noch nicht fällig. Ich zahlte rasch noch das, was ich hatte, dazu und mußte eine Lebensversicherung abschließen, damit die Sparkasse zu ihrem Geld käme, falls ich während meiner monatlichen Abzahlungen – das machte ich dann zehn Jahre – das Zeitliche segnen würde. Tja, und dann begannen wir zu renovieren. Das dauerte fast fünf Monate.

In der Besuchstoilette fehlte das Handwaschbecken. Ich weiß nicht, von wem die Fröbes das erfahren haben, aber eines Tages traf ein Paket aus Paris ein. Es enthielt ein wunderschönes Waschbecken, daß sie bei Porcellan Reynaud in der Rue Faubourg St. Honoré für mich gekauft hatten.

Im August 1966 kam ein Anruf aus Langeoog. Krista Jussenhoven, die Tochter des bekannten Kölner Komponisten Gerhard Jussenhoven (»Man müßte noch mal zwanzig sein« u. a.) fragte an, ob ich Zeit für ein neues Projekt hätte. Ich trat gleich in ein Fettnäpfchen, weil ich mich erkundigte, weshalb sie keinen rheinischen Dialekt spräche. Sie war zunächst etwas beleidigt, aber das, was sie mir dann anbot, klang interessant. Man hatte vor, aus *Cyprienne*, der alten Komödie von Sardou und Najac, ein kleines Musical zu machen. Ich sollte die Dialoge bearbeiten und die Liedertexte schreiben. Der Premierentermin lag auch schon fest. Am 29. Dezember 1966 würde – wenn alles gutging – der Vorhang im Kölner Theater am Dom aufgehen.

Die Arbeit war sehr hektisch, viel Zeit hatten wir ja nicht. Mein Glück war, daß ich mich in die vorgesehene Hauptdarstellerin verliebte. Die

Cyprienne oder Scheiden tut nicht weh

Musical, mit der Musik von Gerhard Jussenhoven, nach dem Bühnenstück von Sardou und Najac „Also gut – lassen wir uns scheiden“

Bearbeitung: Heinz Hilpert

UA: 29.12.1966, Theater am Dom, Köln

Inszenierung: Dieter Stürmer
Bühnenbild: Ulrich E. Milatz
Kostüme: Carló Coehne
Musikalische Leitung: Walter Schmidt-Binge und Heinz Lesch
Musikalische Einrichtung: Walter Schmidt-Binge
Choreographie: Heiner Jordan
Technische Leitung: Heinz Balk
Regieassistenz: Jürgen Claassen
Inspektion: Karl Jürgen Vostell

Personen der Handlung:

Cyprienne	Monika Dahlberg
Des Prunelles	Carlos Werner
Adhémar de Gratignan	Michael Hinz
Clauignac	Hans Künster
Frau v. Valfontaine	Dora Dorette
Frau v. Brionne, eine junge Witwe	Emely Schiller
Fräulein v. Lussignan	Rosemari Kühn
Bafourdin O'Steuerrat	Gert Plantikow
Josephine, Zofe	Marianne Rogée
Jacqueline, Zofe	Dagmar Jordan
Bastien, Diener	Klaus Jaegel
Portier im „Lapin Rouge“ und M.François, Virtuose	Heiner Jordan
Oberkellner	Arno Görke
Jeannot, Kellner	Jürgen Claassen
Jacques, Kellner	Jürgen Flimm
Bijou Einbunnk	Dagmar Jordan
Jamarot Pol. Kommissar	Gert Plantikow

AR: Verlag Felix Bloch Erben, Berlin

Die Mitwirkenden der Uraufführung »Cyprienne oder Scheiden tut nicht weh«, Theater am Dom, Köln, 29. Dezember 1966

Verse flossen mir nur so zu. Gerhard Jussenhoven kam mit dem Komponieren kaum nach. Der Regisseur Dieter Stürmer schickte mir die von ihm schon eingestrichenen Akte nacheinander per Luftpost zu. Der zweite Akt kam nie an. Er lag im Postsack der PanAm-Maschine, die in der Nähe von Berlin abstürzte.
Ich arbeitete verbissen, flog oft für einen oder mehrere Tage nach Köln, um mich mit Gerhard Jussenhoven abzustimmen, der eine sehr einfühlsame Musik schrieb. Die Lieder, Duette und Ensembles paßten genau in die Fin-de-siècle-Zeit, in der das Stück angesiedelt war.
Im Dezember 1966 hatte ich zwei Premieren, eine private und eine berufliche. Am 22. zog ich in mein Haus ein. Es war zwar noch nicht ganz fertig, aber man konnte dort schon leben, mit einigen Einschränkungen natürlich. Die Heizung funktionierte, aus den Hähnen der Waschbecken kam warmes Wasser, aber als ich zum ersten Mal ein Bad nehmen wollte, floß nur kaltes Wasser aus dem Hahn. Kein Mensch, nicht mal der rührige Architekt, hatte bemerkt, daß dafür ein Gasdurchlauferhitzer zuständig war, der im Keller an der Wand hing und natürlich kaputt war. Ich hatte einen nagelneuen Elektroherd, der, als ich am ersten Weihnachtsfeiertag meine traditionelle Pute zubereiten wollte, streikte, und ein Handwerker war natürlich nicht aufzutreiben. Ich mußte die Pute in der alten Wohnung braten und sie dann so schnell wie möglich in das Haus transportieren, wo meine Gäste schon warteten.
Die zweite Premiere fand im Theater am Dom statt. Das Publikum war sehr zufrieden, die Besetzung großartig. Monika Dahlberg spielte und sang die Cyprienne, Carlos Werner den Prunelles, Michael Hinz den Adhémar, Dora Dorette die fünffache Witwe, die in einem großen Chanson erzählt, wie ihre ehemaligen Männer auf der Strecke geblieben sind, findet das aber gar nicht so traurig und betont demonstrativ: »Schwarz steht mir so gut.« Die Dorette, die ich schon vom Kabarett der Komiker her kannte, war hinreißend.
Krista Jussenhoven, die damals Dramaturgin des Theaters am Dom war, machte ein paar Jahre später ihren Doktor und ist heute Verlegerin meiner Theaterstücke.
Bald darauf kam wieder ein vielversprechendes Angebot. Wolfgang Spier fragte an, ob ich Interesse hätte *Boeing-Boeing*, das bekannte Lustspiel von Marc Camoletti, neu zu übersetzen und mit Liedertexten zu versehen. Es sollte auf Vico Torriani, der gerade im ZDF seinen letzten

Goldenen Schuß abgefeuert hatte, zugeschnitten werden. Ich holte mir also die Originalfassung, guckte mir die deutsche Fassung an, die ich aus urheberrechtlichen Gründen nicht benutzen durfte, und machte eine neue Adaption.
Wir, Spier und sämtliche Mitwirkenden, saßen oft zusammen, diskutierten, und noch während der letzten Proben am Staatstheater Oldenburg entstand ein neuer, überraschender Schluß. Am Abend der Uraufführung am 25. Oktober 1970 stand ich, wie immer, in der Bühnengasse. Vico war sehr, sehr komisch, aber plötzlich merkte ich, daß

Boeing-Boeing Jumbo-Jet

Musical nach Marc Camoletti, mit der Musik von Peter Thomas

UA: 25.10.1970, Staatstheater Oldenburg

Inszenierung: Wolfgang Spier
Orchester: Teddy Stauber
Gesangstexte: Curth Flatow
Musikalische Einstudierung: Peter Thomas
Choreographie: Kurt Steigerwald
Bühnenbild/Kostümberatung: P. A. Schwarzlose
Bühnenbildherstellung: Atelier Günther Karreh
Inspektion: Heiko Höpfner
Technische Leitung: Dietmar Czernik

Personen der Handlung:

Guschti Gutschwager, Freund von Harald, Schweizer	Vico Torriani
Harald, Freund von Guschti, Deutscher	Bob Franco
Jutta, Stewardess der Lufthansa	Silvia Frank
Janet, Stewardess der Pan American Airways	Anke Syring
Jacqueline, Stewardess der Air France	Emely Schiller
Frau Galutschek, Haushälterin	Herta Worell

AR: Thomas Sessler Verlag, Wien

Die Mitwirkenden der Uraufführung »Boeing-Boeing Jumbo-Jet«, Staatstheater Oldenburg, 25. Oktober 1970

er mit dem Rücken zum Publikum weitersang und sich langsam zur Seite schwindelte. Plötzlich zischte er mir zu. »Meinen zweireihigen Blazer, aber schnell!« Ich wußte zwar nicht genau, was los war, lief aber rasch in die Garderobe und holte den Blazer. Vico zog sich während des Spiels auf der Bühne um und reichte mir den Einreiher. Bei der Gele-

genheit merkte ich, was los war. Der Reißverschluß an Vicos Hose war kaputtgegangen. Aber der Zweireiher verdeckte das Malheur.
Bob Franco spielte den Mann, der zur gleichen Zeit mit drei Stewardessen befreundet war. Die Aufführung wurde von Wolfgang Spier sehr hübsch angerichtet, und die Oldenburger liebten die musikalische Komödie, das merkte man am Beifall. Die anschließende Tournee lief nicht so gut und die Serie im Berliner Hebbel-Theater schwer an. Aber schon nach einer Woche waren die Vorstellungen jeden Tag ausverkauft.
Bob Franco ist inzwischen schauspielerisch und körperlich umfangreicher geworden. Im letzten Jahr spielte er in Düsseldorf den Modeschöpfer in *Keine Ehe nach Maß*. Wir hatten uns lange nicht gesehen, und ich war von ihm sehr angetan. Was für ein begabter Mann, ein richtiger Komödiant. Es kommt selten vor, daß aus einem gutaussehenden Liebhaber ein richtiger Komiker wird, und so etwas braucht man. Komiker gibt es leider viel zu wenige.

Meine Mutter und die Serien, die sie nicht mehr erlebt hat

Der Erfolg von Inge Meysel im *Fenster zum Flur* hatte Folgen, für mich neununddreißig. Denn ich schrieb drei Serien à dreizehn Folgen für sie. Zuerst *Gertrud Stranitzki*, die Geschichte einer Modellschneiderin, dann erfand ich deren Schwester, *Ida Rogalski*, Mutter von fünf Söhnen. Ich konnte mir damals schon keine Namen merken, deshalb brachte ich die Söhne immer durcheinander. Frau Meienburg, die mir jahrzehntelang am Schreibtisch gegenüber saß, paßte zum Glück auf. Die letzte Serie hieß *Wo die Kinder herkommen*. Es waren Geschichten von Kindern, die in einem Adoptivheim leben. Leider behielt man den Titel, an dem ich sehr hing, nicht bei, sondern nannte die Serie dann höchst profan *Kinderheim Saasener Chaussee*. Die Meysel war großartig, aber diverse Eingriffe der Dramaturgin gefielen mir nicht und schadeten der Serie.

Als ich gerade an den letzten Folgen arbeitete, starb die Frau, der wir, mein Bruder und ich, unendlich viel verdanken, unsere Mutter. Sie war eine sehr starke Frau, nicht körperlich. Krank war sie eigentlich schon solange ich mich erinnern kann, hatte ein offenes Bein, bekam später Osteoporose und ihr Herz war auch nicht in Ordnung. Irgendeinen Arzt beschäftigte sie immer. Aber als Mutter hatte sie Kraft. Sie war unser Familienvorstand, denn sie mußte uns ja relativ früh den Vater ersetzen, für uns sorgen und das konnte sie. Unsere Mutter war nicht geizig, aber sparsam, sie teilte ein und zu. Immer hatte sie Geld versteckt, nicht viel, aber wenn wir etwas brauchten, konnten wir uns an sie wenden. Ich glaube, einer der schwärzesten Momente ihres Lebens war der, an dem ich ihr sagte, daß ich mir ein Konto bei der Bank eingerichtet hatte. Bis dahin hatte sie immer mein Geld verwaltet, und ich bin dabei nicht schlecht gefahren.

Eine ganze Zeitlang wohnten wir im ersten Stock in der Küstriner Straße, zusammen mit unserer Großmutter und Tante Fine, der Schwester meiner Mutter. Sie hieß eigentlich Josefine Löwenstein-Leonhard, war mit einem begabten Komponisten verheiratet gewesen, der während des Ersten Weltkriegs starb. Tante Fine hatte ein großes Herz, war die Liebe in Person, nur ab und zu etwas leichtsinnig. Sie wettete nämlich gern. Oft ging sie am Nachmittag in das Wettbüro in der Nestorstraße, setzte aber leider meistens auf Pferde, die nicht so schnell liefen wie die anderen. Dann kam sie gesenkten Kopfes zurück. Unsere Großmutter saß erwartungsvoll am Erkerfenster, Tante Fine blickte hinauf, zuckte traurig die Achseln, ging dann kurz in die kleine Meyer-Filiale, besorgte sich eine Miniflasche Weinbrandverschnitt und tröstete sich damit, wenigstens vorübergehend.

Als meine Großmutter starb und unser Vater ins Ausland ging, lebten wir vier zusammen, mußten, weil wir die Miete nicht mehr bezahlen konnten, die Wohnung räumen, zogen in einen kleinen Laden und von dort aus in einen noch kleineren in der Nestorstraße. Dort wurden wir ausgebombt. Tante Fine arbeitete im Haushalt mit und war immer für uns da. 1961 stürzte sie, zog sich einen Beckenbruch zu und kam ins Martin-Luther-Krankenhaus. »Laßt mich doch in Ruhe sterben«, waren ihre letzten Worte. Wir werden sie nie vergessen.

Wir vier waren eine verschworene Gemeinschaft gewesen und hatten das große Glück, daß bei uns nicht Schmalhans Küchenmeister war, sondern unsere Mutter. Sie konnte improvisieren, es kam immer etwas auf den Tisch, nur mußten mein Bruder und ich aufpassen, daß sie selbst genug aß. »Eßt ihr mal, ich brauch nicht so viel«, sagte sie immer bei Tisch. Wenn ich jetzt behaupte, unsere Mutter war so etwas wie ein Stehaufmännchen, stimmt das, obwohl es komisch klingt. Sie rappelte sich immer auf, auch wenn sie mal große Schmerzen ertragen mußte. Eines Tages gelang es ihr nicht. Sie war allein im Haus, wollte ein Fenster schließen, stolperte und stürzte so unglücklich, daß sie allein nicht wieder auf die Beine kam. Mit großer Mühe robbte sie zum Schreibtisch, auf dem das Telefon stand, zog es an der Schnur herunter und rief in der Firma meines Bruders an. Leider war der unterwegs, aber sein Sozius, Herr Zeunert, der oft von seiner alten, kranken Mutter erzählte, setzte sich sofort in seinen Wagen und fuhr so schnell es ging in die Karlsbader Straße, kam nicht in die abgeschlossene Wohnung hinein, holte sich eine Leiter, kletterte durch das zum Glück noch offene Fenster ins Zimmer, drehte sich suchend um und hatte das schreckliche Gefühl, zu spät gekommen zu sein, als er meine Mutter mit geschlossenen Augen auf dem Boden liegen sah. Aber da machte sie schon die

Augen auf und lächelte ihn an. »Wie geht es Ihrer Mutter?« erkundigte sie sich, und Herr Zeunert war einen Augenblick lang ziemlich verblüfft. Er dachte, daß er eine verunglückte alte Dame vorfinden würde, die kaum noch Luft bekam, und nun machte die gleich Konversation.

Unsere Mutter nahm lebhaften Anteil an unseren Erfolgen und Mißerfolgen. Ich weiß noch, wie glücklich sie war, als meine Theaterstücke herauskamen. Sie las auch als erste die Manuskripte meiner Fernsehserien und Komödien, und wenn ich hörte, daß sie lachte, stand ich sofort vom Schreibtisch auf, stürzte ins Nebenzimmer und wollte wissen, worüber sie eben gelacht hätte. Sie war meine erste Kritikerin und wenn sie etwas nicht verstand, stellte ich meistens fest, daß sie recht hatte und verbesserte die Szene. Manchmal konnte sie einem aber auch eine kalte Dusche verabreichen, ohne daß sie es wollte. Als ich glaubte, auf dem Höhepunkt meiner Laufbahn zu sein, sah sie mich manchmal nachdenklich an. »Mein Junge, was hast du früher für schöne Sachen geschrieben«, sagte sie kopfschüttelnd, und ich saß da wie ein begossener Pudel. Geld hatte unsere Mutter auch später immer, das versteckte sie irgendwo und konnte es manchmal selbst nicht wiederfinden. Als wir nach ihrem Tode die Wohnung auflösten, entdeckten wir in einem Stapel Handtücher noch 2000 DM.

Ich rief meine Mutter oft an, in den letzten Monaten ihres Lebens jeden Morgen, war immer froh, wenn sie sich meldete und fragte meistens unvorsichtigerweise: »Mutti, wie geht es dir!« Da beklagte sie sich, weil es ihr nicht gutginge, daß sie die ganze Nacht kein Auge zugetan hätte und es wohl bald mit ihr zu Ende gehen würde. Dann redete ich eine halbe Stunde auf sie ein, machte Witze, und wenn sie zum ersten Mal lachte, war ich glücklich. »Du dummer Junge, was redest du da wieder!« meinte sie beinahe unwillig, und dann wußte ich, daß es mir gelungen war, sie auf andere Gedanken zu bringen. Wenn ich aufgelegt hatte, mußte ich mich immer erst eine Weile erholen.

Noch heute bin ich froh darüber, daß sie die letzten Wochen ihres Lebens bei mir im Haus verbracht hat. Sie lebte in der ersten Etage und schaffte es nicht mehr, die Treppe herunterzukommen. Als ich eines Tages nach Hause kam, saß sie unten in der Eßecke und strahlte mich an. Sie freute sich, daß ihr diese Überraschung gelungen war. Mein Bruder und mein Vetter hatten sie gemeinsam heruntergetragen.

Eines Tages gab ich ihr wieder ein paar Dialogseiten zum Lesen. Meine

Mutter seufzte: »Ich kann das nicht mehr, mein Junge«, sagte sie. Da wußte ich, daß es mit ihr bald zu Ende gehen würde.
Als sich ihr Zustand verschlimmerte, ließ sie unser Hausarzt ins Westend-Krankenhaus bringen. Sie kam in die Station von Professor Schwab, zu dem sie großes Vertrauen hatte. Als sie das letzte Mal bei ihm war, ging es ihr hinterher wesentlich besser. Nun legte man ihr einen Tropf an, und das paßte ihr gar nicht. Als wir sie am nächsten Tag besuchten, war sie schon etwas verwirrt. Sie hatte sich den Tropf einfach herausgerissen und der Schwester mitgeteilt, daß sie etwas erleben würde, wenn sie versuchen würde, ihr noch einmal einen zu legen. »Mein Sohn wird das Krankenhaus kaufen«, verkündete sie mit drohender Miene. Ich glaube, daß sie uns in ihrem Zustand überschätzte, denn selbst wenn mein Bruder und ich zusammengelegt hätten, für das Westend-Krankenhaus hätte es nicht gereicht.
Am nächsten Morgen rief mich Professor Schwab an. »Ihre Mutter liegt im Koma«, sagte er. »Sollen wir sie noch mit einem Tropf quälen?«
»Nein!« antwortete ich, telefonierte mit meinem Bruder und wir fuhren sofort ins Krankenhaus.
Stundenlang saßen wir an ihrem Bett, sprachen sie immer wieder an, aber sie antwortete nicht mehr. Irgendwann entdeckte mein Bruder eine Träne in ihren verschlossenen Augen. Unsere Mutter muß gespürt haben, daß wir bei ihr waren. Ihre Temperatur sank, und dann kam plötzlich ein langer Atemzug, der wie ein Seufzer klang. Ich wußte sofort, daß es ihr letzter war, aber mein Bruder wollte es nicht wahrhaben. »Hol einen Arzt, er muß sofort kommen!« rief er aufgeregt.
Ich ging in das Zimmer der Stationsärztin, dort war man gerade beim Nachmittagskaffee und etwas ungehalten über die Störung. Man wollte mich beruhigen, aber ich schleppte dann die Ärztin doch zu uns und sie stellte den Tod unserer Mutter fest. Das war der Augenblick, in dem wir keine Kinder mehr waren, sondern richtige Erwachsene.
Ich habe, obwohl ich sehr traurig war, halbtags weitergearbeitet, die Serie mußte ja fertig werden. Man kann, wenn man sich mit dem Schicksal seiner Figuren befaßt, sein eigenes für eine ganze Weile vergessen. Allerdings war es mir manchmal etwas peinlich, wenn mir etwas Komisches einfiel. Aber dann dachte ich, wenn meine Mutter das jetzt lesen würde, könnte ich sie nebenan lachen hören.

Premiere mit Hindernissen

Nun sollte ich zwischen der Filmarbeit wieder etwas für das Theater schreiben. Das Stück *Das Geld liegt auf der Bank* verdanke ich eigentlich nur dem Umstand, daß Verleiher nicht zuhören können, jedenfalls damals nicht. Sie hatten viel zuviel eigene Ideen, von denen sie sich mehr versprachen als ich. 1967 hatte ich ein Exposé eingereicht, eine Geschichte, an der ich hing. Ein Geldschrankknacker, der – an seinem vierzigsten Geburtstag nach einem gerade erfolgreichen »Bruch« – in Gefahr gerät, gefaßt zu werden, schwört hoch und heilig, in den nächsten vierzig Jahren keinen Geldschrank mehr anzufassen. Das zweite Bild spielt vierzig Jahre später. Die Söhne, die damals als junge Burschen bei den Bankeinbrüchen assistiert hatten, haben inzwischen große Karriere im bürgerlichen Leben gemacht. Der eine ist ein bekannter Verleger geworden, der andere Direktor eines Gymnasiums. An seinem achtzigsten Geburtstag will der Vater nun wieder anfangen mit dem Geldschrankknacken und zum Schluß rettet er die Bank vor einem Überfall. Er wollte in der folgenden Nacht dort einbrechen und geht auf die Burschen, die vorher, am hellichten Tag, die Bank überfallen, also an »sein« Geld wollen, mit einer Brechstange los.
Das Exposé las niemand oder man überlas es, und als ich die Geschichte erzählte, hörte man mir nicht zu, obwohl ich mit Recht behauptete, daß es doch eine gute Story für einen Film mit Heinz Rühmann wäre. Im Winter erzählte ich sie bei einem geselligen Abend Rudolf Külüs, dem Direktor des Hebbel-Theaters. Er hörte zwar nicht gut, aber zu, war begeistert, steckte Rudolf Platte an, und nun geschah etwas, was ich nie wieder erlebt habe. Die Besetzung wurde engagiert, obwohl noch keine Zeile von dem Stück geschrieben war. Das machte mich ziemlich nervös.
Nach der Beerdigung meiner Mutter bekam ich drei eitrige Mandelentzündungen hintereinander, man spritzte mir Penicillin, aber es half nicht viel. Ich ging in die Hals-Nasen-Ohren-Klinik des Westend-Kran-

kenhauses zu Professor Naumann. Er guckte mir in den Hals und sagte etwas, wovor ich mich jahrelang gefürchtet hatte: »Die Mandeln müssen raus.«
Ich weiß nicht, was mich bewog, kurz vor Pfingsten ins Krankenhaus zu gehen. Gut, ich hatte Angst, aber die Angst vor dem Stück war größer als die vor der Operation. Einen Tag später wurde ich in den OP geschoben, die Schwestern und der Arzt waren fertig – übrigens nicht *der* Professor Naumann, sondern der Oberarzt gleichen Namens, der Professor schickte mir hinterher nur die Rechnung. Der Anästhesist verspätete sich, ich lag auf dem Rücken und erzählte dem Operationsteam Witze. Es war leider kein gutes Publikum. Endlich kam der Narkotiseur, der dann auch an meinem Bett saß, als ich wieder – entmandelt – aufwachte. Er legte sofort den Finger auf seine Lippen und gab mir damit zu verstehen, daß ich auf keinen Fall reden dürfte. Ich dachte gar nicht daran. Dazu hatte ich viel zu große Schmerzen, obwohl der Eisbeutel, den man mir um den Hals gewickelt hatte, etwas half.
Nun lag ich also, vorübergehend sprachlos, im Bett. Die Tür öffnete sich, und eine ehemalige Freundin kam herein. Hübsch, frühlingshaft bunt, wie ein Paradiesvogel gekleidet, setzte sie sich auf mein Bett und bemitleidete mich. Nun hatte mich aber eine Freundin neueren Datums ins Krankenhaus gebracht, und ich begann zu schwitzen, weil ich nicht wußte, wie ich der Neuen – wenn sie jetzt ebenfalls käme – erklären sollte, wie ich zu der Ehemaligen stand. Schreiben hätte zu lange gedauert. Zum Glück trafen die beiden nicht aufeinander.
Kaum war ich aus dem Krankenhaus entlassen, meldete sich schon das Theater. Der Premierentermin stand wieder einmal fest. Ich begann zu arbeiten. Rudolf Platte, der um die Ecke in der Starstraße wohnte, kam jeden zweiten Tag zu mir und las, was ich geschrieben hatte. Das meiste fand er entzückend, aber ein paarmal machte er mich darauf aufmerksam, daß die eine oder andere Pointe schon einmal in einem anderen Stück gefallen war. Ich strich sie.
Die Uraufführung wurde verschoben, weil das Stück nicht zur rechten Zeit fertig wurde. Sie fand nun während der Berliner Festwochen Anfang Oktober 1968 statt, wodurch die Aufführung wesentlich größere Aufmerksamkeit erhielt.
Als die Proben begannen, bekamen die Schauspieler nur die ersten drei Bilder in die Hand. Das vierte wurde gerade abgeschrieben, und alle überlegten, wie das Stück wohl weitergehen würde. Man schloß Wetten

ab. Platte, der genau Bescheid wußte, sagte nichts. In der ersten Probenwoche schrieb ich das fünfte und letzte Bild. Ich war fast jeden Tag im Theater und änderte noch dies und das. Oft wird manches anders gesprochen, als man es am Schreibtisch »gehört« hat. Außerdem mußte gestrichen werden, denn das Stück war viel zu lang.

Schließlich nahte die Generalprobe, zu der ich Frau Becker, die bei mir jahrelang den Haushalt führte, einlud. Sie ging in der Pause, nicht etwa, weil ihr das Stück mißfiel, sie dachte, es wäre zu Ende. Nach der großen Auseinandersetzung zwischen dem Vater und seinen Söhnen könnte doch nichts mehr kommen, meinte sie. Ich muß mir jetzt mal sehr auf die Schulter klopfen, denn mir ist es bei diesem Stück gelungen, im zweiten Teil eine große Überraschung zu präsentieren. Es ging sozusagen noch einmal los, und die Besucher hatten guten Grund, sich vom Buffet wieder auf ihre Plätze zu begeben.

Einen Kritiker beobachtete ich, wie er in der Pause ging. Er schrieb dann übrigens die einzige schlechte Besprechung. Rudolf Külüs hatte sich große Mühe gegeben, das Stück gut zu besetzen. Liane Hielscher, die mir schon in der *Stranitzki* gefallen hatte, spielte die weibliche Doppelrolle, Heinz Giese und Henning Schlüter waren die erwachsenen Söhne. Regie hatte Ottokar Runze. Platte und das Ensemble wurden bejubelt, auch der Autor, der wieder einmal während der Vorstellung in dem kleinen Verschlag geschwitzt hatte, durfte sich ein paarmal verbeugen. Mit diesem Stück stellte ich den ersten Nachkriegsrekord in Berlin auf, es lief 508mal, und mein Hauptdarsteller bekam den Spitznamen »Langspielplatte«. Er spielte das Stück noch in München und auf einer großen Tournee. Es folgten Willy Reichert in Stuttgart, Peter Oehme in Düsseldorf, Willy Millowitsch in Köln, Peter Schiff auf Tournee, und vor einigen Jahren hatte Georg Thomalla als Geldschrankknacker große Erfolge in Frankfurt und Berlin am Kurfürstendamm.

Einige Jahre später flog ich zur dänischen Premiere des Stückes nach Kopenhagen und ich muß sagen, ich war nicht nur neugierig, ich freute mich auf die Vorstellung. Vorher lernte ich den Theaterdirektor kennen, den Regisseur, den Übersetzer und einige Mitglieder des Ensembles. Alle sprachen perfekt deutsch. Als ich in der Loge saß, konnte ich, obwohl ich kein Wort verstand, der Handlung gut folgen. Das letzte Bild vor der Pause begann, jetzt mußte gleich die große Auseinandersetzung des Vaters mit den Söhnen kommen, aber die kam nicht, sondern die Pause. Etwas verstört blieb ich in der Loge sitzen. Als es dann weiterging, merkte ich, daß der Regisseur oder der Übersetzer die Auseinandersetzung in den zweiten Teil verlegt hatte. O Gott, dachte ich so bei mir, wie wird das weitergehen? Es ging weiter und wurde noch schlimmer. Den Schluß, die Aufklärung, wo die Beute immer versteckt war – in einem Schließfach der Bank –, hatte man einfach weggelassen, und so wissen die dänischen Theaterbesucher bis heute noch nicht, warum das Stück *Das Geld liegt auf der Bank* heißt.

Nach dem Schlußbeifall ging ich hinter die Bühne, weil ich wissen wollte, weshalb man diese entstellenden Operationen an meinem Stück vorgenommen hatte. Aber jetzt beherrschte plötzlich niemand mehr die deutsche Sprache. Man blickte mich im wahrsten Sinne des Wortes verständnislos an und zuckte die Achseln. Eine Verständigung konnte nicht stattfinden. Selbst auf der Premierenfeier saß ich isoliert herum, ging ziemlich früh ins Hotel, legte mich ins Bett und wunderte mich die ganze Nacht. Die Sprachstörung war ja etwas zu durchschaubar. Aber ich bin nicht nachtragend, ich streiche mir noch heute ab und zu auf mein Brot die Butter, auf deren Packung »Lurpak« steht.

Während meiner Mitarbeit bei *Dalli-Dalli*, einigen Drehbuchbearbeitungen, Chansons für den Rundfunk und Liedertexten für Filme entstanden die *Märchen für Orchester*. Peter Thomas schrieb die Musik, und verschiedene Sprecher erzählten die Geschichten, die wir uns ausgedacht hatten. Wir wollten etwas Neues machen, doch ganz so neu war es ja nicht, denn Prokofieffs *Peter und der Wolf* gab es schon. Aber uns allen machten die Märchen sehr viel Spaß, auch dem großen Orchester des WDR, das von Werner Müller dirigiert wurde. Eine Langspielplatte kam heraus, aber die für Musik verantwortlichen Redakteure an den Sendern zogen nicht so mit, wie wir es uns erhofft hatten. Deshalb wandte ich mich wieder dem Theater zu.

▷
Besetzungszettel aus dem Programmheft zur Uraufführung »Das Geld liegt auf der Bank«, Hebbel-Theater, Berlin, 4. Oktober 1968

Uraufführung

DAS GELD LIEGT AUF DER BANK

Ein Vorspiel, das ein Nachspiel hat

von

Curth Flatow

Regie: Ottokar Runze
Bühnenbild: Werner V. Töffling
Kostüme: Rotraud Braun

Regie-Assistenz: Brigitte Schumann
Abend-Regie: Erik Vaessen

Inspizient: Joachim Ross
Souffleuse: Lilly Göbel

Technische Leitung: Horst Mielke
Beleuchtung: Manfred Reichpietsch
Maskenbildnerin: Ingrid Maßmann

GUSTAV KÜHNE
genannt „Der kühne Gustav" .... Rudolf Platte

ERIKA
seine Frau ....
BARBARA
genannt „Barbi", seine Tochter .... } Liane Hielscher

WOLFGANG } seine Söhne .... Frank Lorenz / Heinz Giese
ALFRED } seine Söhne .... Pierre Peters-Arnolds / Henning Schlüter

CORNELIA
Wolfgangs Tochter, Studentin .... Dagmar Heller

WILLI BÖTTCHER
Kriminalkommissar
HANS
sein Sohn, Journalist .... } Gert Günther Hoffmann

ERNST WERNER GOTTSCHALK
Vertreter der Firma „ARAN-Alarmanlagen" .... Günter Glaser

HERBERT EHRENREICH
Generaldirektor der Bank .... Erik Vaessen

Ein Polizist .... Joachim Ross

Pause (20 Minuten) nach dem 3. Bild

Aufführungsrechte: Verlag Felix Bloch Erben, Berlin 12

Eine kleine Bitte an unsere Besucher: Wir hoffen, daß der zweite Teil unserer Komödie für Sie eine Überraschung bringt. Gönnen Sie sie bitte auch Anderen. Verraten Sie sie nicht!

Mein erfolgreichstes Stück

Im Jahr 1969 sah ich in einem Ostsender ein Fernsehspiel, in dem es um das Leben und Lieben einer Standesbeamtin ging. Ich suchte gerade einen Stoff für Georg Thomalla und kam dadurch auf die Idee, ihn einen geschiedenen Standesbeamten spielen zu lassen, der immer, wenn er ein Paar traut, Magenschmerzen bekommt, weil er – oft zu Recht – annimmt, wieder zwei Menschen ins Unglück zu schicken.

Diese Idee und verschiedene Einzelheiten erzählte ich meinem Verleger, Dr. Peter Haensel, der im Martin-Luther-Krankenhaus lag. Es war eine etwas gespenstische Szene. Der todkranke Mann, der sechs Monate zuvor eine schwere Magenoperation hatte über sich ergehen lassen müssen und sehr schlecht aussah, hatte dennoch sein Krankenzimmer zum Büro umfunktioniert. Er telefonierte mit München, um einen Nachfolger für den verstorbenen Direktor der dortigen Komödien, Gerhard Metzner, zu finden. Er bekam einen Anruf, den er erfreut mit »Ach, du bist es Fritz« quittierte. Fritz war Friedrich Dürrenmatt.

Dr. Haensel war schwach, aber quicklebendig, hörte mir aufmerksam zu und war von meiner Geschichte sehr angetan. Ich versprach, ihn am Samstag wieder zu besuchen. Als ich Ende der Woche seine Frau anrief, um ein Treffen zu verabreden, war es am anderen Ende der Leitung einen Augenblick still. »Peter ist vor einer halben Stunde gestorben«, sagte mir dann Frau Haensel mit tonloser Stimme.

Ich war erschüttert. Peter Haensel war, obwohl nur wenige Jahre älter als ich, so etwas wie ein väterlicher Freund für mich, einen seiner Verlagsautoren bei Felix Bloch Erben. Man konnte nicht nur über Stoffe mit ihm reden. Er wußte immer, wo in diesem Augenblick welche Schauspielerinnen oder Schauspieler engagiert waren und wann sie frei sein würden. Er war über sämtliche Spielpläne der deutschsprachigen Theater bestens informiert, mit den Direktoren respektive Intendanten per du, und man konnte sich auf ihn verlassen. Es wird mir immer in Erinnerung bleiben, daß er, als er gehört hatte, daß unsere Mutter gestorben war, schon zwei Stunden später bei mir erschien und seine Hilfe anbot. Seinen persönlichen Einsatz bei Theatern und Schauspielern habe ich später sehr vermißt. Ich werde nie die dritte Probe zu *Vater einer Tochter* vergessen. Ich hatte ganz still hinten im Zuschauerraum gesessen und sofort gespürt, daß die Darstellerin der Haushälterin eigentlich mehr eine »gnädige Frau« war, während die Dame, die den Part der Patientin übernommen hatte, eine viel bessere Wirtschafterin abgeben würde. Ich rief bei Felix Bloch Erben an. Dr. Haensel ging mit mir zum Direktionsbüro der Komödie, sprach mit Hans Wölffer, und daraufhin wurde umbesetzt. Beide Damen waren zuerst traurig, aber dann doch recht zufrieden über den Rollentausch. Ich natürlich auch.

Viele Jahre nach dem Tod von Peter Haensel ging ich zu den Proben einer anderen Komödie und war überhaupt nicht zufrieden. Die beiden jungen Schauspielerinnen im Ensemble entsprachen, vorsichtig ausgedrückt, nicht meinen Vorstellungen. Ich intervenierte bei der Direktion, hatte aber keinen Erfolg. Dann schlug ich vor, die Damen auszubezahlen und zwar von dem Geld, das ich mit meinen Tantiemen verdienen würde. Ich wollte unbedingt zwei andere Schauspielerinnen haben.

Wieder alarmierte ich den Verlag. Zwei Vertreter dieser Institution kamen ins Theater, sahen sich die Probe an, und dann fiel hinterher ein schrecklicher Satz: »Aber, Herr Flatow, so schlimm finden wir die Damen nicht!« Ich habe damals nur geschluckt, aber das war der Grund, aus dem ich später zu einem anderen Theaterverlag gegangen bin. Die Damen blieben natürlich und haben mich, als das Stück dann lief, immer wieder gestört. Die Rollen waren mit ihnen einfach falsch besetzt.

Nachdem Peter Haensel gestorben war, bat man mich, die Trauerrede im Berliner Krematorium zu halten. Ich mußte am Tag davor nach Wien. Dort war in den Kammerspielen des Theaters in der Josefstadt die österreichische Premiere von *Das Geld liegt auf der Bank.* Hans Weigel war einige Jahre vorher noch Kritiker gewesen. Als er *Das Fenster zum Flur* gesehen hatte, schrieb er – der Abführtabletten wegen – von der »Darmatogie« des Stückes und verriß es. Jetzt hatte er *Das Geld liegt auf der Bank* ins Wienerische übersetzt, und nun klang alles ganz anders. Aber das wußte ich am Nachmittag noch nicht. Da saß ich im Hotel und schrieb die Rede für die Trauerfeier. Dann ging ich in rei-

zender Gesellschaft zur Premiere, neben mir saß eine Redakteurin des Österreichischen Rundfunks, war von Fritz Muliar begeistert und etwas traurig, daß es danach keine Feier gab, weil der Hauptdarsteller einen Auftritt bei einer Veranstaltung der Wiener Polizei hatte. Mit der mußte er sich gut stellen, denn dann gab es weniger Strafmandate.
Ich feierte allein mit der Redakteurin in einer Weinstube, stand am nächsten Morgen um fünf auf, flog über Frankfurt nach Berlin, diktierte Frau Meienburg die Rede und war furchtbar aufgeregt, weil es mein Debut im Krematorium war. Nervös fragte ich meinen Bruder, ob es da ein Mikrofon gäbe. »Es wird schon keiner ›lauter!‹ rufen«, beruhigte er mich. Ich versuchte meine große Traurigkeit zu dämpfen, indem ich jedem erzählte, ich ginge jetzt zum Krematorium und würde dort fragen: »Wo ist hier der Eingang für Mitwirkende?«
Bei der Trauerfeier saß ich auf einer Bank neben Joana Maria Gorvin, die nach mir drankam. Ich starrte vor mich hin und entdeckte plötzlich, daß zwischen mir und dem Pult zwei Kränze lagen. Krampfhaft überlegte ich, wie ich ans Pult gelangen sollte, ohne zu springen. Die Gorvin legte beruhigend ihre Hand auf meine, und es gelang mir dann auch, meine Rede einigermaßen vernünftig abzulesen. Seitdem habe ich einige Male im Krematorium sprechen müssen. Zuletzt für meinen Freund Günter Schwenn. Ich halte sehr gerne Reden, aber lieber bei fröhlichen Anlässen, denn ich habe nahe am Wasser gebaut. Bei Bully Buhlans Beerdigung mußte ich meine Rede abbrechen, denn ich brach in Tränen aus.
1969, 1970 und in den nächsten beiden Jahren schrieb ich Verschiedenes für Funk, Film und Fernsehen, aber in meinem Hinterkopf schlummerte immer die Idee zum *Mann, der sich nicht traut*. Anfang 1973 begann ich ernsthaft an dem Stück zu arbeiten. Bevor ich mit dem Schreiben begann, hatte ich mich in meinem Bekanntenkreis umgehört. Überrascht, ja geradezu erschrocken war ich, als ich hörte, wie viele Menschen schlechte Erfahrungen mit und in der Ehe gemacht hatten. Jeder, den ich befragte, winkte erst einmal ab, seufzte traurig und erzählte mir dann, was er mit ihr, respektive sie mit ihm Erschröckliches durchgemacht hatte. Ich hörte soviel Böses, so daß mir die ersten sieben Bilder bis zur Pause unglaublich flott von der Hand gingen, bekam dadurch aber einen kleinen Schock. Ich war gerade auf der Suche nach einer Frau und stellte aufgrund des Erfahrenen meine Bemühungen vorübergehend ein.

Für den zweiten Teil des Stückes benötigte ich nun Positives über die Ehe. Sie können sich gar nicht vorstellen, wie viele Menschen ich befragen mußte, bis ich endlich zwei fand, die mir Erfreuliches berichten konnten. Der erste war Witwer, der zweite erst dreieinhalb Wochen verheiratet, also beide keine zuverlässige Quelle. Es blieb mir gar nichts anderes übrig, als für den zweiten Teil Gutes zu erfinden, was mir 1973 nicht schwerfiel, ich war seit acht Jahren geschieden, und Sie wissen ja, Erinnerung verklärt ungemein. Das Stück nahm also ein Happy-End, aus sechs Menschen wurden drei Paare, und das Publikum applaudierte dann wider besseres Wissen.
Ich habe seitdem oft über die Ehe nachgedacht. Wie fängt so was an? Zwei Menschen finden sich, sie finden sich bezaubernd, und besinnungslos vor Glück – also nicht ganz zurechnungsfähig – bestellen sie das Aufgebot. Es kommt zur Trauung. Vor dem Standesbeamten hat man vielleicht vorübergehend klare Momente, und das berühmte »Ja« klingt oft schon verdächtig brüchig. Aber dann ist es zu spät. Die Gäste sind geladen, das teure Buffet wartet, man hört im Geiste bereits die Sektkorken knallen. Und so tritt man, vielmehr man stolpert, von leisen Zweifeln geplagt, in den Stand der Ehe.
Ich will natürlich nicht zu pessimistisch sein. Immer muß es ja nicht schiefgehen. Es soll, so wurde mir von verschiedenen Seiten versichert, auch gute Ehen geben, sogar sehr gute, siehe Philemon und Baucis. Die Mehrheit ist allerdings nur ganz gut. Aber woran liegt es, wenn es nicht klappt? Meiner Ansicht nach an der falschen Reihenfolge. Die Paare gehen zuerst zum Standesamt und dann zur Eheberatung. Der umgekehrte Weg wäre viel ratsamer. Wenn man zuerst zur Eheberatung gehen würde, könnte – wenn man Glück hat – Schlimmes verhindert werden. Ich weiß, daß mir Scheidungsanwälte diesen Rat übelnehmen werden. Er ist für sie ja geradezu geschäftsschädigend. Aber es wird sich sowieso niemand daran halten, denn die Liebe ist nicht nur eine Himmels-, sie ist eine Weltmacht und gewinnt immer. Zumindest die erste Runde.
»Mit der Ehe geht es meistens wie mit dem Tode, nur wenige sind darauf vorbereitet«, schrieb Niccolò Tommaseo im vorigen Jahrhundert. Sämtliche Lustspielautoren werden applaudieren, denn eine durch und durch glückliche Ehe ergibt keinen Stoff für eine Komödie.
Viele Ehen gehen auseinander, weil die Partner sich erst in der Ehe entwickeln und eines Tages feststellen, daß sie ganz verschiedene Interes-

sen haben. Ich kenne ein Paar, das die gleichen Interessen hat. Beide interessieren sich für jüngere Menschen. Er sich für seine Sekretärin und sie sich für den Knaben aus der Videothek. Das Ehepaar feiert in diesem Jahr Silberne Hochzeit, und alle Menschen sprechen von einer glücklichen Ehe. Ein Bekannter von mir, vierundsechzig Jahre alt, hat vor fünf Jahren eine blonde Endzwanzigerin zur Frau genommen. Sie liebe ihn wie einen Vater, gestand sie mir erst neulich. Und das war keine Lüge. Sie hat seit ein paar Monaten ein Verhältnis mit seinem Sohn aus erster Ehe.

So, jetzt will ich lieber aufhören, mich über das Thema zu verbreiten. Wenn meine Frau das liest, bekomme ich sowieso Ärger. Sie weiß natürlich, daß ich nur Spaß mache, wird aber bestimmt sagen, daß der zu weit geht. Es soll ja immer noch Menschen geben, die mich ernst nehmen. Und so füge ich zum Abschluß die Sätze hinzu, die der bekehrte Standesbeamte Jäger am Schluß des Stückes *Der Mann, der sich nicht traut* sagt: »Sie denken sicher, daß ich meinen Prinzipien untreu geworden bin ... Bin ich gar nicht ... ich halte die Ehe nach wie vor für ein äußerst riskantes Unternehmen! Den richtigen Partner zu finden, den Partner fürs Leben – das ist so wie sechs Richtige im Lotto! Aber trotzdem tippen jede Woche viele Hunderttausende ... Warum soll man da nicht auch in der Ehe sein Glück versuchen ...?! Der zweite Rang ist ja auch immer ganz schön ...! und der dritte besser als gar nichts ... Die Hauptsache ist doch, daß ein Mensch da ist, der für einen da ist und für den man dasein kann ... Eins steht fest: Es gibt nichts Schlechteres als die Ehe – aber es ist bis jetzt auch nichts Besseres erfunden worden ...!«

Als ich dreiviertel des Stückes fertig hatte, das ich übrigens nicht Komödie nannte, sondern »Ein Stück von Curth Flatow« – diese Bezeichnung war ehrlich, denn ich hatte nicht nur viele eigene Erfahrungen, sondern auch meine immer wiederkehrende Gastritis darin verarbeitet –, gab ich es dem Regisseur Wolfgang Spier zu lesen, der bei jedem zweiten Satz laut lachte. Das vollendete Manuskript studierte Direktor Hans Wölffer im Arbeitszimmer meines Hauses. Es waren quälende Minuten. Wölffer las Seite für Seite, blätterte um und lachte nicht ein einziges Mal. Eine Viertelstunde hielt ich es im Erdgeschoß aus, dann floh ich in die erste Etage. Nach einer Stunde etwa rief mich Wölffer zu sich. Ihm hätte das Stück großartig gefallen, sagte er und er freue sich schon auf die Premiere.

URAUFFÜHRUNG

Der Mann, der sich nicht traut

Ein Stück von Curth Flatow

Inszenierung: Wolfgang Spier

Bild: Wladimir Udinzoff

Personen:

Wolfgang Jäger, Standesbeamter	Georg Thomalla
Ullrich, sein Sohn	Jürgen Wölffer
Julia Goertz	Doris Gallart
Gaby, ihre Nichte	Rebecca Völz
Fräulein Lamm	Barbara Schöne
Robertino	Aurelio Wilmo Malfa
Sonja Jäger, „Geschiedene"	Cordula Hubrich
Dr. Gnippik	Kurt Mühlhardt
Teddy Brennet	Carlos Placha
Kim, koreanische Krankenschwester	Harlin Respati
Griesbach	H. B. Jaro

Pause nach dem 9. Bild

Regie-Assistenz: Wolfgang Koch / Daniela Delis – Inspektion und Ton: Herbert Jacob – Techn. Leitung: Hermann Nusch – Techn.-Assistent u. Werkstattleitung: Norbert Schumacher

Souffleuse: Ingeborg Biernatzki – Maske: Karin Otto – Beleuchtung: Joachim Kosmehl – Dekorationsmalerei: Fr. Joachim Grieger – Requisite: Waltraut Onasch

Polsterarbeiten: Herbert Binding – Gewandmeisterin: Käthe Gernhardt – Küchendesign: Dieter Neisz

Die OSTA-Küche wurde uns von der Firma Stöckle GmbH. zur Verfügung gestellt

Kostüm-Ausstattung: Salon Matthias-Alba, 1 Berlin 15, Brandenburgische Str. 28

Die Telefonapparate stellte die Fa. Krone GmbH., Wilmersdorfer Str. 79, freundlicherweise zur Verfügung

Aufführungsrechte: Verlag Felix Bloch Erben, Berlin

Wir bitten um Verständnis, daß das Fotografieren im Zuschauerraum nicht gestattet ist

Besetzungszettel aus dem Programmheft zur Wiederaufnahme »Der Mann, der sich nicht traut«, Theater am Kurfürstendamm, Berlin, Spielzeit 1974/75. Die Uraufführung hatte, mit teilweise anderer Besetzung, am 29. November 1973 stattgefunden.

Anfang Oktober 1973 begannen die Proben. Georg Thomalla war mit Feuer und Flamme dabei, genau wie Barbara Schöne, Eva Kerbler, Dany Mann, Detlev Eckstein und die anderen, treffend besetzten Schauspieler. Eva Kerbler, die Partnerin von Thomalla, rief mich übrigens zwei Tage vor der Premiere an: »Curth, was glaubst du, wie lange wird das Stück gespielt werden?« fragte sie. »Ich habe nämlich noch ein anderes Angebot, und ich weiß nicht, ob ich es annehmen soll.«
»Das kann ich dir leider nicht sagen«, antwortete ich, »vielleicht wird es nur an einem Abend gespielt oder mehrere Jahre.«
Teilweise hatte ich recht, denn allein am Kurfürstendamm ging *Der Mann, der sich nicht traut* ja 517mal über die Bühne.
Am Abend der Uraufführung, am 29. November 1973, liefen Wolfgang Spier und ich unruhig hinter der Bühne auf und ab. Bei den ersten Bildern war in den Voraufführungen mehr gelacht worden, aber Spier beruhigte mich. »Das ist bei Premieren immer so«, sagte er, »da sitzen erstens die Kritiker im Parkett und zweitens Leute, die eingeladen sind. Beide Parteien lachen nicht so viel.«
Das Stück wurde ein Riesenerfolg. Und dennoch, ich war mit dem Schluß nicht zufrieden, schrieb ihn um und setzte vierzehn Tage später neue Proben an. Nach sechshundert Vorstellungen – Thomalla spielte auch in Zürich weiter – habe ich übrigens noch etwas geändert. Am Schluß des dritten Bildes wurde nicht so gelacht, wie ich es erwar-

tet hatte und deshalb auch nicht so viel geklatscht. Ich strich die letzten drei Dialogzeilen, und schon kam der Applaus spontan.
Thomalla hatte sich selbst etwas ausgedacht, womit er großen Erfolg hatte. Im ersten Bild ist der Standesbeamte Jäger allein in seinem Büro und hält einen großen Monolog. An einem Abend kam ein Ehepaar zu spät zur Vorstellung. Zu-spät-Kommende sitzen grundsätzlich in der Mitte, und so mußten viele in der Reihe aufstehen, um sie durchzulassen. Thomalla unterbrach sofort seinen Monolog, wies das Ehepaar ein, wofür er viel Beifall bekam. Dann erzählte er im Eiltempo – er konnte ja sehr schnell sprechen –, manchmal nur in Stichworten, was bisher passiert war, bis die Hand der Souffleuse sichtbar wurde. Er drückte sie und sagte dann: »Von hier ab ist es neu.« Den Eheleuten war die allgemeine Aufmerksamkeit, die sie erregt hatten, bestimmt etwas peinlich, aber die anderen Besucher – Schadenfreude ist ja die reinste Freude – lachten und hörten gar nicht auf zu klatschen. Nun hatte Thomy Blut geleckt. Von diesem Abend an mußten die Logenschließerinnen immer ein paar Besucher zu spät in den Zuschauerraum lassen, damit er sie begrüßen und informieren konnte. Viele Leute erzählten mir stolz, daß sie an dem Abend im Theater waren, an dem einige zu spät kamen und Thomalla seinen Monolog unterbrochen hätte. Die mußte ich enttäuschen, das passierte bei jeder Vorstellung.
Ich weiß nicht, an wieviel Theatern das Stück gespielt wurde, aber allein Georg Thomalla stand in der Rolle des Standesbeamten über 1500mal in Berlin, München und 1977/78 in Zürich auf der Bühne.
Am Silvesterabend 1977 war ich privat sehr traurig. Auch der Gedanke, daß das Stück an diesem Tag in Deutschland, Österreich und der Schweiz siebzehnmal über die Bretter ging, konnte mich nicht trösten.
1975 hatte ich die Schauspielerin Ursula Herwig bei den Stachelschweinen kennengelernt. Sie lieh ihre Stimme vielen ausländischen Stars, machte Synchronbücher und führte auch Regie. Ich verliebte mich in diese begabte, entzückende Person, die nur einen Fehler hatte, den ich etwas zu spät erkannte, und als ich ihn erkannt hatte, nicht mehr ändern konnte: Sie trank. Wir lebten fast drei Jahre lang wie Mann und Frau zusammen, sie wohnte die meiste Zeit bei mir, und ich glaube, sie hat mich auch geliebt und nie betrogen – wenn sie nüchtern war.
Man nimmt Frauen das Trinken übler als Männern. Das liegt wahr-

scheinlich daran, daß man eine Frau, vor allem die, die man liebt, gern auf einen Sockel stellt, und wenn sie dann trinkt, torkelt und lallt, findet man das widerlich. Ursula trank, hatte einen Autounfall, betrank sich wieder, verunglückte und wurde ihren Führerschein los. Immer wieder passierte etwas, wir stritten uns, versöhnten uns aber jedesmal.

Am 29. November 1977 fuhr ich nach Zürich, um am Bernhard-Theater *Der Mann, der sich nicht traut* zu inszenieren. Wir verabschiedeten uns vor meiner Haustür. Ursula mußte zum Synchron nach Lankwitz, ich zum Flughafen Tegel.

In Zürich stürzte viel auf mich ein. Das Inszenieren, das Kümmern um die noch nicht fertigen Dekorationen, Umbesetzungen, kurz und schlecht, ich rief erst nach zwei Tagen, am späten Abend, bei Ursula an. Sie war noch nicht zu Hause. Leider kam ich nicht auf die Idee, die Nummer der Stachelschweine zu wählen, vielleicht hätte ich sie dann noch erreicht, alles wäre anders gekommen und sie würde noch leben. Am nächsten Vormittag, es war ein Samstag, rief ich wieder an und erfuhr von ihrer Tochter, daß sie noch immer nicht nach Hause gekommen war. Nun wurde ich schon etwas unruhig, dachte aber noch, daß sie vielleicht bei einer Kollegin übernachtet hätte.

Als das Telefon am Morgen darauf in meinem Hotelzimmer klingelte, war Ursulas Halbbruder am Apparat. Er teilte mir mit, daß seine Schwester verschwunden sei und die Polizei jetzt nach ihr suche.

Die Proben begannen am Nachmittag, ich wurde andauernd gestört. Die Berliner Boulevardblätter riefen an und wollten Stellungnahmen von mir haben. Dann meldete sich ein befreundeter Journalist und erzählte mir, daß man am Rande des Landwehrkanals, in etwa zwanzig Zentimeter Wassertiefe, eine weibliche Leiche gefunden hätte und ein Mitarbeiter des Kabaretts schon auf dem Wege dahin wäre, um sie zu identifizieren. Es war Ursula. Einen Tag später flog ich nach Berlin, ging zu der Mutter meiner Freundin, ihrer Tochter und lernte ihre Zwillingsschwester kennen. Sie war Ursula so ähnlich, daß mir der Atem stockte. Die Polizei verhörte mich, ich erfuhr, daß Ursulas Körper Verletzungen aufwies und daß man bei ihr 2,5 Promille festgestellt hätte. Keiner konnte sich vorstellen, wie sie mitten in der Nacht durch den Tiergarten zu der Stelle gekommen war, wo man sie gefunden hatte. Ich überließ der Zwillingsschwester meinen Wagen und flog wieder zurück nach Zürich. Die Premiere stand ja vor der Tür.

Am Tag der Beerdigung nahm ich die erste Maschine nach Frankfurt, von dort aus wollte ich mit der PanAm nach Berlin weiterfliegen, aber die Swissair konnte des schlechten Wetters wegen nicht landen, kreiste eine halbe Stunde und flog nach Düsseldorf. Dort erfuhr ich, daß die nächste Maschine nach Berlin erst gegen 13.00 Uhr fliegen würde. Die Beerdigung war um 11.00 Uhr. Ich versuchte eine Privatmaschine zu chartern, aber es gelang mir nicht. Eine Stunde lang saß ich auf dem Flughafen herum, zur Untätigkeit verdammt. Dann flog ich zurück nach Zürich. Dieser Tag war einer der schlimmsten meines Lebens.

Die Polizei hat die Ermittlungen übrigens bald eingestellt. Die Umstände, die zu Ursulas Tod im flachen Wasser geführt haben, ob sie jemand in ihrem betrunkenen Zustand in den Landwehrkanal gestoßen hat, mit wem sie vorher zusammen war, alles das werden wir nie erfahren.

Ehrenämter und Fernseharbeiten

Am 1. November 1967 erhielt ich folgenden Brief von Herrn Stingl, seinerzeit Geschäftsführer des Verbandes deutscher Bühnenschriftsteller und Bühnenkomponisten e. V.:

> Sehr geehrter Herr Flatow,
> der Vorstand hat in seiner Sitzung am 31. Oktober 1967 Sie einstimmig gemäß § 11 der Satzung als Präsident der Sektion Bühnenschriftsteller kooptiert.
> Wir dürfen Ihnen zu dieser Ihrer Wahl die herzlichen Glückwünsche übermitteln und verbleiben
> mit den besten Empfehlungen
> stets Ihr
> Josef Stingl
> Geschäftsführer

Dem Vorstand hatte ich schon längere Zeit angehört, nun wurde ich der Nachfolger von Dr. Erich Ebermayer. Inzwischen heißt unser Verband längst Dramatiker-Union, und heute bin ich schon über drei Jahrzehnte Präsident der Sektion Bühnenschriftsteller. Der Präsident der Komponisten ist jetzt Professor Giselher Klebe. Dies nicht, um mich zu »berühmen«, sondern nur damit Sie verstehen, wie es zu dem Curt-Goetz-Ring kam.

Unser Verband hatte schon Anfang der achtziger Jahre Valérie von Martens, der Witwe des Komödienautors, in den Ohren gelegen, einen Curt-Goetz-Preis für das beste deutschsprachige Lustspiel zu stiften. Wir telefonierten oft miteinander, und es war jedesmal ein großes Vergnügen, ihr zuzuhören. Sie war zwar vielen Menschen, vor allem den Regisseuren, sehr unbequem, denn sie verwaltete höchst konsequent das künstlerische Erbe ihres Gatten und wollte, daß man Curt Goetz vom Blatt spielt, so wie er es damals selbst gespielt hatte. Ob er es heu-

te noch genauso spielen würde, steht auf einem anderen Blatt. Wenn zum Beispiel der Direktor eines kleinen Theaters aus Platz- und Geldmangel dem Professor Traugott Nägler im *Haus in Montevideo* statt zwölf Kindern nur sechs zugestanden hat, erhielt er sofort von der rührigen Witwe einen Protestbrief, der sich gewaschen hatte.
Was einen aber immer wieder versöhnte, war, daß sie zugab, unbequem zu sein. Ich erinnere mich noch sehr gut an ein Telefongespräch, bei dem wir uns über unseren Verlag unterhielten. Da sagte sie: »Bloch Erben würde sicher sehr froh sein, wenn hier bei uns, so wie früher in Indien, die Witwenverbrennung eingeführt werden würde.«
Einmal erzählte sie mir auch von einem großzügigen Angebot. Man hatte ihr für die Filmrechte von *Der Lügner und die Nonne* einen sechsstelligen Betrag in Aussicht gestellt, allerdings mit der Bedingung, sie dürfe nicht in das Drehbuch hineinreden. »Ich habe lange überlegt«, vertraute sie mir an, »und dann hörte ich plötzlich, wie mein Mann von oben zu mir sprach: ›Mausi, nimm das Geld, und sieh dir den Film später nie an!‹« Er hatte recht, ich habe den Film gesehen.
Von dieser Valérie von Martens, der man keinesfalls vorwerfen konnte, daß sie nicht sparsam war, erwarteten wir nun, daß sie uns einen Preis stiften würde. Sie ließ uns sehr charmant abblitzen, um sich dann etwas viel Besseres einfallen zu lassen: den Curt-Goetz-Ring. Dieses wertvolle Schmuckstück ist erstens eine einmalige Ausgabe, und zweitens schmückt es ja den Träger nicht nur, sondern – ich will hier keine Absicht unterstellen – verpflichtet auch, Curt Goetz zu spielen, wenn man es nicht schon längst getan hat.
Anfang März 1984 trat Ingeborg Wölffer an mich heran und bat mich, die Laudatio auf den ersten Ring-Träger zu halten, auf Carl-Heinz Schroth. Ich sagte sofort zu, denn ich liebte diesen herrlichen Schauspieler schon lange. Im Krieg habe ich in den Kammerspielen des Deutschen Theaters im *Kleinen Herrn Niemand* und in *Meine Nichte Susanne* über ihn gelacht. Ich war also ein ziemlich alter Fan von ihm. Schroth konnte rühren ohne jede Rührseligkeit, die Pointen fallen lassen, ohne daß sie unter den Tisch fielen, er hatte jene herrliche Gelassenheit, jene liebenswürdige Unverschämtheit, die man so gerne verzeiht, und wenn im Faltenwurf seines Gesichts ein Lächeln aufblühte, dann ging nicht nur den Damen das Herz auf.
Ich setzte mich also hin, verfaßte die Laudatio, und am Vorabend der Verleihung kamen die Schroths zu uns nach Hause. Schroth wollte un-

bedingt wissen, was ich morgen über ihn sagen wollte. Er las die Laudatio, und als er das Manuskript wieder auf den Tisch legte, entdeckte ich ein paar Tränen in seinen Augen. »Darauf muß ich doch antworten, mit einer Rede«, meinte er und blickte mich verzweifelt an, »und so was kann ich nicht, so was habe ich noch nie gemacht, so was liegt mir nicht!«

Als ich am nächsten Morgen im Foyer der Komödie mit meiner Laudatio fertig war, erhob sich Schroth, betonte wieder, diesmal vor Publikum, daß er »so was nicht könne«, und dann hielt er eine Rede, die so himmlisch pointiert war, daß ich schätze, er hatte bestimmt drei Wochen lang daran gearbeitet. Welch ein herrlicher Komödiant, nicht nur auf der Bühne!

Der Curt-Goetz-Ring ist nur eine Leihgabe. Nach fünf Jahren muß er von dem Träger oder der Trägerin an einen Nachfolger respektive Nachfolgerin weitergereicht werden, dessen/deren Namen er oder sie vorher schriftlich festgelegt hat, ohne ihn zu verraten. Carl-Heinz Schroth gab ihn an die bezaubernde Anaid Iplicjian weiter, und ich hielt in Hamburg, im Foyer der dortigen Komödie, die Laudatio. 1994 konnte sich Wolfgang Spier den Ring an den Finger stecken. Wieder durfte ich sprechen. Das war ziemlich schwierig für mich, denn auf Wolfgang Spier hatte ich bis dahin schon mindestens sieben Reden gehalten.

In Kürze muß Spier den Ring weitergeben. Er weiß schon, an wen. Valérie von Martens wird ihm von oben oder wo immer sie auch ist – auf jeden Fall an der Seite ihres Mannes –, auf die Finger sehen.

Otto Meissner habe ich es zu verdanken, daß ich viele Jahre lang für das Fernsehen arbeitete. Ich wollte zuerst nicht, schon gar nicht mit ihm, denn ich hatte ihn eigentlich in schlechter Erinnerung. Einige Jahre vorher, als er noch Unterhaltungschef beim ZDF war, hatte er mich zu einer Besprechung nach Mainz eingeladen. Ich flog von Hamburg nach Frankfurt und fuhr von dort mit der Bahn nach Mainz. Auf dem Lerchenberg unterhielten wir uns angeregt, und am Schluß der Besprechung teilte er mir mit, daß er mir zu seinem größten Bedauern die Reisespesen nicht ersetzen könne. Ich schluckte, verabschiedete mich und flog nach Hause.

Einige Jahre später gründete Meissner eine Produktionsfirma in Berlin, die Nova-Film, und bekam viele Fernsehaufträge. Eines Tages rief er an, um mich für eine Mitarbeit zu gewinnen, aber ich wollte nicht für dieses Medium schreiben. Der Produzent blieb hartnäckig, und eine Woche später saß ich zusammen mit Werner E. Hintz, Horst Pillau, Otto Meissner und Peter Gerlach, seinerzeit Unterhaltungschef des ZDF, im Büro der Nova-Film in der Wilmersdorfer Straße. Gerlach hatte – mit Recht – einen Narren an Harald Juhnke gefressen, und wir sollten für ihn eine Sendung schreiben, in der er die Möglichkeit hatte, alle Register seines Könnens zu ziehen.

Peter Gerlach ist für mich der kompetenteste Mann der Fernsehunterhaltung. Zu seinem Sechzigsten bescheinigte ich ihm, daß er nicht nur klug sei, sondern Serien-weise. In Gesprächen mit ihm entstand *Preußenkorso*. Jeder von uns Autoren schrieb einige Episoden, Pillau noch dazu die Rahmenhandlung, und Juhnke spielte fast alle männlichen Rollen, den jungen Offizier Sawatzki, den alten Großvater, seinen eigenen Onkel und den Mann, der für seine Verdienste um den Bau der Berliner Gasometer geadelt wird. Otto Meissner besetzte die anderen, fast nur weiblichen Rollen mit sehr guten Schauspielerinnen und engagierte als Regisseur Claus Peter Witt. Mit ihm erlebte ich ein Einverständnis, das ich mit anderen Spielleitern auch immer gern gehabt hätte. In einer Episode schenkt Frau von Sawatzki ihrem Mann zur Feier der Erhebung in den Adelsstand das Gemälde eines Gasometers. An dem Tag, an dem die Szene gedreht wurde, kam ich zufällig ins Atelier und entdeckte mit Schrecken, daß man einen ganz modernen Gasbehälter gemalt hatte. Ich ging sofort zu Witt und sagte ihm, daß ich mir einen alten Gasometer vorgestellt hätte, so wie er in den letzten Jahren des 19. Jahrhunderts gebaut wurde. Witt reagierte sofort, ein neues Bild wurde besorgt oder extra gemalt, das weiß ich nicht mehr so genau, aber als Frau von Sawatzki das Tuch, das das Bild auf der Staffelei verhüllte, entfernte, blickte ihr Ehemann gerührt auf einen schönen alten Gasometer, aus Ziegeln erbaut, mit kleinen Türmchen, eine trutzige Burg des vergangenen Fortschritts. Claus Peter Witt sei Dank!

Preußenkorso endete kurz vor Beginn des Ersten Weltkriegs, brachte hohe Einschaltquoten, und wir mußten noch zwei Folgen dazuschreiben. Eine begann nach dem Ersten, die letzte nach dem Zweiten Weltkrieg. Später schnipselte ich aus den drei Folgen noch eine 90-Minuten-Sendung zusammen und drehte mit Harald Juhnke eine neue Rahmenhandlung.

Der nächste Streich war *Ein Mann für alle Fälle*. Pillau hatte keine Zeit, ich schrieb fast alles ganz allein, nur eine Episode steuerte ein Kollege bei.

Als Otto Meissner mit dem ersten Buch in Mainz war, rief er mich von dort aus aufgeregt an. Ich müsse sofort das nächste Flugzeug nach Frankfurt nehmen. Peter Gerlach hätte das Buch überhaupt nicht gefallen. Ich flog, Meissner ließ mich in Frankfurt abholen, zwei Stunden später war ich am Lerchenberg. Der Produzent empfing mich schon unten am Eingang des ZDF-Gebäudes und war völlig niedergeschlagen, er sah schon alle seine Felle davonschwimmen. Wir setzten uns in das Büro von Herrn Gerlach, der ließ uns eine halbe Stunde warten, kam dann etwas nervös zu uns, und seine Miene verriet, daß er das Projekt fallen lassen wollte.
Nun machte ich etwas, das mir bei Drehbuchbesprechungen immer sehr gut geholfen hatte, ich ging ins Detail. Ich schlug das Manuskript auf und erkundigte mich, ob ihm die Rahmenhandlung mißfiele. Etwas widerwillig gab er zu, daß sie eigentlich sehr hübsch wäre. Dann ging ich mit ihm Episode für Episode durch, und am Schluß stellte sich heraus, daß er nur den Beitrag meines Kollegen nicht mochte, weil der einen ganz anderen Stil hatte. Daran hatte er sich festgelesen. Ich schlug ihm eine andere Geschichte vor, und plötzlich war alles in Butter. Der Produzent und ich flogen erleichtert nach Berlin zurück. Wolfgang Liebeneiner wurde für die Regie verpflichtet, ein Könner mit viel Geschmack, Juhnke war als »Mann für alle Fälle« wendig, pfiffig und sehr charmant. Wieder waren die anderen Rollen hoch besetzt, Elisabeth Wiedemann war dabei, Barbara Schöne, Nadja Tiller, und die 90-Minuten-Sendung gefiel allen so gut, daß ich noch zwei weitere Folgen schreiben mußte. Später schnitt ich aus allen drei Folgen eine zusammen. Zu aller Überraschung wurde es ein richtiger Film. Johanna von Koczian und Harald Juhnke waren ein Liebespaar par excellence. Nun wurde leider immer nur die Zusammenfassung wiederholt. Ich hatte mir, mit großer Mühe, selbst in den Finger geschnitten.
Anfang 1979 saß ich neben der bekannten Schauspielerin Ursula Heyer in einer Maschine der PanAm. Auf dem Flug nach Berlin erzählte ich ihr, wie sehr ich mich nach einer Frau und Familie sehnte. Wir sprachen ausführlich über das Thema, damals dauerte der Flug ja noch viel länger als heute. In Tegel gingen wir wieder auseinander, und nach gar nicht langer Zeit rief sie mich an, sagte, daß sie eine Frau kenne, eine gute Freundin von ihr, die gut zu mir passen würde. Demnächst wollte sie uns zusammenbringen. Sie und Rainer Brandt, ihr Gatte, hatten vor, ein großes Essen in ihrem Haus in Wannsee zu geben.

Der 17. Februar 1979 war wieder so ein Tag, der mein Leben vollkommen veränderte, diesmal aber wirklich entscheidend. In Berlin herrschte eisige Kälte, es lag viel Schnee, und ich mußte ganz langsam fahren, obwohl ich es sehr eilig hatte, denn ich war schrecklich neugierig auf die Frau, die mir Uschi zugedacht hatte. Schon als ich mir in der Diele den Mantel auszog, erkundigte ich mich, ob *sie* schon da wäre. Sie war schon da und sie gefiel mir sofort. Aber sie saß in einer Ecke des Zimmers mit einem Mann zusammen und unterhielt sich sehr angeregt mit ihm, ohne mich zu beachten. Die beiden schienen sich sehr gut zu kennen. Irgendwie paßte mir das überhaupt nicht und ich stellte erstaunt fest, daß ich schon eifersüchtig war, bevor ich mit ihr ein Wort gewechselt hatte. Wenn ich gewußt hätte, daß dieser Herr sich in wichtiger Hinsicht überhaupt nicht für Frauen interessierte, wäre ich beruhigt gewesen. Endlich stellte Uschi mich ihr vor, wir sprachen kurz miteinander, ihre Stimme gefiel mir genausogut wie ihr Aussehen – dunkles Haar, mittelgroße, blendende Figur und schöne schlanke Beine, die man bei Ballettänzerinnen selten findet. Rainer Brandt beobachtete uns höchst interessiert.
Uschi bat ins Eßzimmer – den Raum nannte ich später den »Kuppelsaal bei Brandts« – und plazierte mich an dem großen Tisch direkt neben der mir Zugedachten. Wir unterhielten uns, sie erzählte, daß sie geschieden wäre, mit ihren beiden Kindern zusammenlebte und Ballettunterricht gäbe. Brigitte – um jetzt endlich ihren Namen zu nennen – war etwas zurückhaltend, aber ich redete und redete, wollte möglichst viel von ihr über sie wissen, erfuhr, daß ihre Tochter zwölf Jahre alt war, ihr Sohn acht. Heiraten wollte sie nie mehr, sagte sie, weil sie schlechte Erfahrungen gemacht hätte. Mir gelang es, sie ein paarmal zum Lachen zu bringen, und am Schluß war sie nicht mehr ganz so reserviert. Wir gingen nachts zu unseren Autos, die wir zufällig nebeneinander geparkt hatten, kratzten das Eis von den Scheiben, und dann fuhr jeder nach Hause.
Ein paar Tage später rief ich Brigitte an. Das kostete mich sehr viel Überwindung, denn ich hätte lieber schon am nächsten Morgen mit ihr telefoniert, aber ich hielt es für taktisch besser, etwas zu warten. Bei Uschi Heyer hatte ich ihr erzählt, daß ich eine Einladung zum Kripoball hätte und sie gefragt, ob sie nicht mitkommen würde. Sie wollte es sich überlegen, meinte sie. Jetzt hatte sie es sich überlegt, kam mit und sah in ihrem schwarzen Abendkleid bezaubernd aus. Und obwohl sie

mehrmals mit mir tanzen mußte, verabredete sie sich – o Wunder – wieder mit mir. In den nächsten Wochen war ich immer öfter mit ihr zusammen. Wir gingen zu Theaterpremieren, ich lernte ihre Kinder kennen, die mich von Anfang an mochten, ich sie auch. Sie wären am liebsten gleich zu mir gezogen, aber ich glaube, das lag nicht an mir, sondern mehr an Anka, meiner Schäferhündin, mit der sie spielen konnten und die sehr lieb zu ihnen war.

Brigitte hatte mir vorher gesagt, daß sie nie einen Mann heiraten würde, zu dem ihre Kinder nicht ja sagen würden. Sie sagten ja. Ostern besuchte ich die Familie im Bayerischen Wald, und Brigitte bedauerte es schon sehr, daß sie für die großen Ferien eine Reise nach Griechenland gebucht hatte, an der ich nicht teilnehmen konnte, weil ich in Berlin zu tun hatte.

Denn Peter Frankenfeld, der *Musik ist Trumpf* zu einem Publikumserfolg gemacht hatte, war nach längerer Krankheit plötzlich gestorben. Hans Rosenthal und einige andere sprangen für ihn ein, aber Peter Gerlach wollte jemand haben, der die Sendung ständig präsentierte und kam natürlich auf Harald Juhnke. Der war, als er das erfuhr, überglücklich. Ich mußte einen kleinen Spot schreiben und nahm ihn mit Juhnke in München auf. Man verpflichtete mich als Autor. Ich schrieb die gesamten Conférencen, einige Chansons und arbeitete sogar einen amerikanischen Sketch um, den Harald Juhnke dann mit Günter Pfitzmann spielte. Sie waren beide umwerfend komisch.

Peter Gerlach überwachte persönlich die Vorbereitungen, die schon im ICC stattfanden, obwohl da noch gebaut wurde. Viele große Namen des Showgeschäfts wurden verpflichtet. Wir waren, wenn man das Ballett, die Beleuchtung, den Inspizienten, den Regisseur, den Redakteur und den tapfer im Parkett harrenden Autor mitrechnet, ein riesengroßes Ensemble. Im ganzen Haus funktionierte nur eine Toilette, noch dazu in einer anderen Etage, und Sie können sich vorstellen, was das für eine Rennerei gab.

Wir drehten einen Vorspann mit meinem, teilweise neu textierten Lied »Ich bin ein Mann für alle Fälle«, das Peter Thomas komponiert hatte. Juhnke mußte sich fast zu jeder Zeile umziehen. Einmal war er ein Offizier, ein anderes Mal ein Ballettänzer, dann wieder ein Araber an einer Tankstelle und so weiter und am Schluß sang er dann als Juhnke, in Erinnerung an Peter Frankenfeld:

»Es stand ein Meister an dieser Stelle,
ich bin kein Meister, nicht mal Geselle,
bin nur ein Mann für alle Fälle.«

Ich war sehr stolz auf diese Zeilen, mit denen Juhnke großen Erfolg hatte. Sie waren eine Verbeugung vor seinem Vorgänger, vor dem er, sozusagen, bescheiden zurücktrat.

Einen Tag vor der offiziellen Eröffnung des ICC wurde die Sendung von dort aus live übertragen. Harald Juhnke schloß sich vorher in seiner Garderobe ein und hörte Platten von Frank Sinatra. Als er auf die Bühne kam, fühlte er sich so locker wie sein großes Vorbild, war ganz sicher, sprach die Moderation von mir so, als ob ihm jedes Wort gerade eben erst selbst eingefallen wäre und strahlte gute Laune aus. Barbara Schöne, seine Assistentin, stand ihm in nichts nach. Die beiden ergänzten sich wunderbar. Es wurde eine gelungene Sendung, die wieder einmal hohe Einschaltquoten hatte.

Am nächsten Tag hatte Juhnke auf den Titelseiten der Boulevardpresse alkoholfreie Schlagzeilen und wurde der Liebling der Nation. Die Sendung wurde ein Knüller, aber nach den ersten drei Folgen hörte ich auf, lieferte nur ab und zu noch Beiträge. Ich wollte frei sein, frei für das Theater.

Regie, junge Liebe, »Durchreise« und »Ich heirate eine Familie«

Jürgen Wölffer, dem jungen neuen Direktor der beiden Theater am Kurfürstendamm, hatte ich schon vor einigen Jahren eine Fortsetzung von *Vater einer Tochter* versprochen. Jetzt setzte er das alte Stück noch einmal an, ich sollte Regie führen und leider tat ich es auch.
Ich merkte bei der Arbeit daran, wieviel einfacher es ist, ab und zu auf einer Probe zu erscheinen und dem Regisseur Ratschläge zu geben, als Tag für Tag sein eigenes Stück, das man so gut kennt, Szene für Szene immer wieder zu sehen und zu hören. Ich fand das langweilig. Außerdem merkte ich, daß ich nicht arrangieren kann, das heißt, zu bestimmen, wie sich die handelnden Personen auf der Bühne zu bewegen haben. Beim Hörspiel kann ich Regie führen, weil ich genau weiß, wie jedes Wort gesprochen werden muß. Aber beim Theater – komisch –, da weiß ich oft nicht, was ich will, nur was ich auf keinen Fall haben möchte. Ich spüre immer, was falsch ist, ohne das Richtige herstellen zu können. Während der Probenzeit hatte ich auch noch einen Autounfall, bei dem zum Glück niemand verletzt wurde. Damals habe ich mir geschworen, nie mehr Regie zu führen und bin, trotz vieler Angebote, standhaft geblieben. Sollten Sie mal hören, daß ich vorhabe, irgendwo zu inszenieren, dann bitte ich Sie herzlich, mich anzurufen und auf diese Zeilen hinzuweisen.
Der zweite Aufguß von *Vater einer Tochter* kam im November 1978 heraus. Georg Thomalla spielte wieder den Vater, Kristina Nel die Tochter, Lutz Riedel ihren Zukünftigen, Hasso Degner den befreundeten Zahnarzt und Inge Wolffberg die Haushälterin. Sie gaben alle ihr Bestes. Dem Publikum gefiel es wieder, die Vorstellungen liefen auch ganz gut, aber ich war nicht zufrieden, vor allem nicht mit mir. Ich sah die vielen Fehler, die ich gemacht hatte, ohne sie ändern zu können.
Jetzt arbeitete ich an der Fortsetzung, machte mir viele Notizen, wußte bereits, wie das Stück anfangen sollte und hatte auch schon den Schluß. Der Zahnarzt erzählt der Patientin vom ersten Stück, die wie-

der mal zur Behandlung kommt, von seiner Tochter, die jetzt mit ihrem Mann in Afrika lebt, glücklich ist, ein Kind ist auch schon unterwegs. Da erscheint die Tochter plötzlich in der Praxis und teilt dem Vater mit, daß sie nicht mehr zu ihrem Mann zurück will. Der Vater hat inzwischen eine sehr hübsche Sprechstundenhilfe gefunden, in die er sich verliebt, und hat ihr sogar schon die Ehe versprochen. Seine über alles geliebte Tochter stört ihn sehr. Auch den Titel des Stückes hatte ich bereits: *Opa eines Enkels*. Aber irgendwie kam ich mit der Arbeit nicht weiter. Immer wieder schrieb ich um, und mein Papierkorb war jeden Abend randvoll.

Eines Tages besuchte uns bei einer Sitzung der Dramatiker Union der Kollege Richard Bars, ein alter Theaterhase. Ich erzählte ihm von meinem Plan, und er riet mir sofort ab. »Noch nie ist die Fortsetzung eines Stücks ein großer Erfolg geworden«, warnte er mich. »Denken Sie an *Krach im Hinterhaus*, das war ein Zugstück, *Krach im Vorderhaus* lief lange nicht so gut.« Er zitierte noch einige andere Beispiele, Lustspiele, deren Titel mir inzwischen entfallen sind. Ich weiß nur noch, daß er mich völlig überzeugte. Ich legte die Notizen beiseite – das tue ich übrigens sehr oft, hole sie dann nach ein, zwei Jahren wieder hervor, finde, daß das, was ich geschrieben habe, eigentlich gar nicht so schlecht ist, arbeite weiter daran, und irgendwann wird das Stück fertig. Die Notizen zu diesem Stück liegen allerdings noch heute in meinem Archiv.

Das Jahr 1979 war für Brigitte und mich die schöne Zeit der jungen Liebe. Ich war zwar fast schon sechzig Jahre alt, aber das Laufen auf Freiersfüßen verjüngte mich zusehends. Wir waren so oft wie möglich zusammen, und daß ich nach Köln mußte, um dort die Tournee von *Vater einer Tochter* zu starten, störte uns eigentlich sehr. Ich hatte mich in Köln um alles zu kümmern, um die Proben, um die Dekoration, um die Tonbänder, und mein Magen streikte bald wieder. Das einzig Erfreuliche war das Wiedersehen mit Willy Millowitsch, in dessen Theater in der Aachener Straße unser Stück herauskam. Ich kannte ihn ja schon von *Das Geld liegt auf der Bank*. Er hatte Plattes Rolle gespielt, und ich war ungeheuer überrascht von ihm gewesen. Vorher hatte ich ihn ja nur auf dem Fernsehschirm erlebt. Dort war er meistens in deftig komischen Rollen zu sehen, und nun erlebte ich ihn von einer ganz anderen Seite. Er war leise, rührend und liebenswert, ein großer Schauspieler, ein Erzkomödiant.

Als ich damals von der Premiere von *Das Geld liegt auf der Bank* wie-

der nach Berlin kam, spielte Platte dasselbe Stück noch immer im Hebbel-Theater. Er erkundigte sich sofort: »Na, wie war denn der Millowitsch?«
Ich antwortete: »Gut, sogar sehr gut!«
Das wollte Platte anscheinend gar nicht hören. »Du bist genau wie der Zuckmayer«, blaffte er mich an. »Der ist auch in ganz Deutschland herumgereist und hat jedem Schauspieler gesagt, daß er sein bester Hauptmann von Köpenick wäre.«
In Millowitschs Theater probten wir nun bis in die Nacht hinein, denn wir hatten nur wenig Zeit. Am Tag der Premiere machten wir schon um 16.00 Uhr Schluß, denn wir wollten uns alle noch ein wenig ausruhen. Johannes Killert, der den Poldi spielte, legte sich hin und bat den Hotelportier, ihn rechtzeitig zu wecken. Das vergaß der aber, weil plötzlich ein ganzer Schub Gäste ankam.
Im Theater war das erste Bild gerade vorbei. Ich saß oben, an der Seite, an einer Stelle, die man nur über eine Leiter erreichen konnte und bediente das Tonbandgerät. Die Stimme der Tochter und die Musik, alles mußte ja zur rechten Zeit eingeblendet werden. Neben mir hockte ein junger Mann, der genau aufpaßte. Er sollte später auf der Tournee den Ton steuern.
Das zweite Bild begann, und jetzt hätte eigentlich Poldi auftreten müssen, Poldi kam aber nicht. Thomalla merkte das und begann zu improvisieren. Ich kletterte so schnell wie möglich die Leiter hinunter, lief hinter die Bühne, sah, daß Killerts Garderobe leer war, stürmte aus dem Theater und raste im Hundertmetertempo zum gegenüberliegenden Hotel. Dort beschimpfte Killert gerade den Portier, weil der ihn nicht geweckt hatte.
»Herr Killert, kommen Sie!« brüllte ich den Schauspieler an. »Die Vorstellung steht!«
Nun machten wir zu zweit einen Spurt, aber als wir im Theater ankamen, brandete gerade Beifall auf. Thomalla hatte die Szene ganz allein gespielt, und viele Zuschauer hatten gar nicht gemerkt, daß Poldi in dem Bild fehlte. Thomalla hatte einfach einen Monolog daraus gemacht, in dem er immer zitierte, was wahrscheinlich sein Freund Poldi jetzt gesagt hätte. Eine tolle Leistung. So etwas konnte nur Thomy.
Unsere Bühnenbilder waren erst am Premierentag fertig geworden. Entworfen hatte sie Wladimir Udinzoff, einer der talentiertesten, geschmackvollsten jungen Männer, die ich kannte, denn er ist leider

schon lange nicht mehr. Er hatte auch die Bühnenbilder für *Der Mann, der sich nicht traut* entworfen. Sie bekamen bei der Premiere einen Extrabeifall.
Ende 1979 kam Wolfgang Rademann zu mir. Ich hatte ja für ihn schon drei Filmkomiker-Sendungen geschrieben, jetzt wollte er mich zur Mitarbeit an seinem neuesten Projekt gewinnen, einer Serie, die auf einem Luxusdampfer spielt. Ich weiß nicht, ob der Titel *Das Traumschiff* damals schon feststand, später hieß sie jedenfalls so.
Für Wolfgang Rademann habe ich ein Faible. Er ist so ein herrlich schnoddriger Berliner, man kann mit ihm lachen, mit ihm arbeiten, nicht nur, weil er ein ungeheuer sympathischer Mann ist, er imponiert mir. Ich glaube, er ist der einzige Produzent ohne Produktion, den ich kenne und der einzige Mann, der viel Knoblauch essen kann, auch bevor er mit einer Schauspielerin verhandelt. Zu seinem sechzigsten Geburtstag habe ich ihn in meiner Gratulationsrede so beschrieben:
»Sie sind ein Weltmann, ein Weite-Welt-Mann. Sie haben schon so viele Länder entdeckt. Christoph Kolumbus war gegen Sie ein kleiner Heimatforscher. Ich habe Ihnen hier einen winzigen Atlas mitgebracht, handlich, paßt in jede Plastiktüte, damit Sie immer sehen, wo Sie gerade sind. Und darauf habe ich entdeckt, daß es noch ein paar weiße Flecken auf dem Atlas gibt, unerforschte Gebiete, kein Missionar hat sich bis heute dahin getraut, aber ich bin sicher, wenn es mal einer schafft, wird er bestimmt von den Eingeborenen erfahren, daß Rademann letzte Woche schon da war, auf Motivsuche.«
Nun saß dieser Weite-Welt-Rademann auf meiner Couch und bot mir an, daß ich zur Einstimmung auf das *Traumschiff* eine Woche lang einen Kurztrip auf der »Vistafjord« machen könnte, und zwar im Pazifik. Am 10. Januar 1980 sollte es von Fort Lauderdale aus losgehen, und Brigitte durfte zu ermäßigtem Preis mitkommen. Besser kann man einem Autor ein Projekt nicht schmackhaft machen.
Brigitte wohnte mit den Kindern über Weihnachten und Neujahr bei mir im Haus. Am 31. Dezember klingelte das Telefon. Man teilte ihr mit, daß ihre Mutter soeben verstorben war. Sie war schon sehr lange krank gewesen, nun hatte ihr Herz aufgehört zu schlagen. Ich glaube, ich habe meiner späteren Frau damals etwas zuviel zugemutet. Auf der anderen Seite hat ihr der Trubel etwas geholfen, ihren Schmerz vorübergehend zu vergessen.
Am 8. Januar war die Beerdigung, am 9. mein sechzigster Geburtstag.

Empfang in der Akademie der Künste, viele Reden, ich mußte antworten, Blumen und Geschenke, abends eine große Party in meinem Haus. Am nächsten Tag flogen wir mit der PanAm nach Frankfurt, übernachteten im Hotel am Flughafen, am Tag darauf starteten wir, und am Nachmittag amerikanischer Zeit waren wir in Miami. Wieder Übernachtung in einem großen Hotel, mit dem Wagen nach Fort Lauderdale, und dann gingen wir an Bord der Vistafjord, wo uns Wolfgang Rademann empfing. Er führte uns durch das ganze Schiff, vom Bug bis zum Heck, vom Sonnendeck bis zum Maschinenraum. Und die Turbinen, die mit Dieselöl betrieben werden, ahnten nichts davon, daß Rademann auf dem Schiff bald Dampf machen würde. Aber er war so stolz auf die Vistafjord, obwohl er weder der Reeder noch der Kapitän war, stolzer noch als Noah auf seine Arche.
Die Karibikkreuzfahrt war wunderschön, ging aber, wie alles Schöne, viel zu schnell zu Ende. Nachdem wir einigen Jungferninseln kurze Besuche abgestattet hatten, kehrten wir nach Fort Lauderdale zurück. Brigitte war braun geworden, ich, mit meiner Sonnenallergie, huschte von Palme zu Palme, doch die spendeten leider zu wenig Schatten. Wieder ging es über Frankfurt zurück nach Berlin. Um 12 Uhr kamen wir dort an, und die arme Brigitte mußte schon um 14 Uhr Ballettunterricht geben. Und das nach nur zwei Stunden Schlaf im Flugzeug.
Ich setzte mich hin und schrieb drei Episoden für die ersten *Traumschiffe*. Wenn in der Presse hinter meinem Namen nicht in Klammern das Alter stand, las man dort eine ganze Zeitlang *Traumschiff*. Man tut so, als ob ich alles geschrieben hätte, und das stimmt nicht, ich habe nur für die drei Anfangssendungen etwas beigesteuert.
Brigitte und ich beschlossen zu heiraten. Das Dachgeschoß wurde für die Kinder ausgebaut. Wenn Sie *Ich heirate eine Familie* gesehen haben, wird Ihnen das bekannt vorkommen. Anfang Juli zog Brigitte mit den Kindern bei mir ein, und am 18. Juli ließen wir uns trauen. Die Zeremonie im Rathaus Schmargendorf wäre feierlicher gewesen, wenn nicht so viele Fotoreporter dabeigewesen wären. Die schossen andauernd Bilder und haben uns so abgelenkt, daß wir beide aus Versehen zweimal »Ja« gesagt haben. Uschi Heyer und mein Bruder Rudi waren Trauzeugen und sind deshalb mitverantwortlich.
Vor der Tür standen Brigittes kleine Ballettschülerinnen Spalier, ein Mädchen brachte uns auf der Flöte ein Ständchen, Edith Hancke schmiß Reis, Loni Heuser streute Blumen, und ein Bekannter von ihr

war mit einem Kassettenrekorder gekommen, aus dem »Hei, heute morgen mach' ich Hochzeit« dröhnte. Bei uns gab es ein kleines Frühstück, dann wollten wir uns kurz mal hinlegen, aber ein befreundeter Filmproduzent kam zu spät und ging nicht. Dafür traf Heinrich Riethmüller mit seiner Frau eine Stunde zu früh zur Feier ein. Wir schafften es gerade noch, uns umzuziehen, bevor der Trubel losging.
Neulich habe ich mir mal die alten Hochzeitsfotos angeguckt. Brigitte sah bei der Trauung in ihrem taubenblauen Complet bezaubernd aus, und ich streckte meinen Bauch, der damals wesentlich umfangreicher war, auch noch raus. Abends waren die Herren im Smoking, und die meisten Damen trugen lang. Und Heinrich Riethmüller spielte auf dem Flügel Kompositionen von Fritz Schulz-Reichel, der hinter ihm stand. Er war schon lange krank, und dieser Pianist mit den Zauberhänden konnte nicht mehr selbst spielen. Auf dem Gruppenfoto habe ich viele Freunde entdeckt, die nicht mehr am Leben sind. Fritz Schulz-Reichel, Bully Buhlan, die Plattes, Heinz Oskar Wuttig und Marlise Ludwig, seine Frau, eine bekannte Schauspiellehrerin – sie hat unter anderen Harald Juhnke und Wolfgang Gruner ausgebildet –, und meine beiden engsten Freunde Walter Gross und Hans Rosenthal.
Einige Tage nach der Hochzeit ging die neue Familie auf die Reise. In Genf verließen wir die Autobahn und fuhren auf der Route Napoléon nach Südfrankreich. Es war eine herrlich kurvige Strecke, bergauf und bergab. Zweimal ging der Motor des Mercedes auf einer Anhöhe aus. Als es dunkel wurde, kamen wir an einen Ort, der Les Baraques hieß, ein nicht gerade vielversprechender Name. Wir fanden einen kleinen Gasthof, bekamen ein Zimmer, in dem wir zu viert übernachten konnten, was besonders die Kinder freute. Und dann ging es nach unten zum Abendessen. Wenn Sie gerne Kartoffelsuppe essen, sollten Sie sich unbedingt den Namen des Ortes merken. Dort gibt es die beste Kartoffelsuppe, die ich in meinem Leben gegessen habe. Wir aßen uns daran satt, aber damit fing das Essen ja erst an. Die freundliche Wirtin muß unseren Appetit überschätzt haben.
In Plascassier, einem kleinen Ort in der Nähe von Grasse, verlebten wir eine herrliche Zeit. Wir wohnten in einer Villa, und Robert, der gute Geist des Hauses, bekochte uns. Er war übrigens aus der gleichen Gegend wie der Rotwein, den er uns servierte. Er heißt Côtes de Provence. Wir trinken ihn heute noch gerne.
Als wir zurückkamen, mußten wir leider Anka, unsere Schäferhündin,

Uraufführung

DURCHREISE

Die Geschichte einer Firma
von Curth Flatow

Inszenierung: Jürgen Wölffer

Bild: Ulrich E. Milatz
Kostüme: Andrea Kleber

Personen:

Max Salomon .... Georg Thomalla
Siegfried Fraenkel .... Wolfgang Sembdner
Gütschow .... Hans Nitschke
Daisy .... Franziska Oehme
Werner Böhm .... Torsten Sense
Herr Rosenstein .... Toni Herbert
Monika Helmholtz .... Ute Willing
Helmut Naumann .... Wilfried Herbst
Gertrud Stranitzky .... Waltraut Habicht
Ernst Fiedler .... Ekkehard Fritsch
Klaus Wagner .... Martin Wölffer
Herr Grünefeld .... Hans-Horst Jochmann
2 SA-Leute .... Toni Herbert
Rüdiger Medam

Pause nach dem 10. Bild

Regie-Assistenz: Wolfgang Koch – Inspektion und Ton: Rüdiger Medam – Technische Gesamtleitung: Norbert Schumacher – Beleuchtungsmeister: Helmut Stresemann – Souffleuse: Jutta Klöppel
Maske: Karin Otto – Requisite: Christine Leipnitz / Woitek Grin – Werkstattleitung: Horst Kwandt – Dekorateur: Herbert Binding – Dekorationsmalerei: Fr. Joachim Grieger

Um die Frisuren der Damen kümmert sich Udo Walz, Fasanenstraße 42, 1000 Berlin 15, und „Hotel Kempinski".
Die im Stück getragenen Brillen stellte uns freundlicherweise „Die Brille", Olivaer Platz 16, 1000 Berlin 15, zur Verfügung.
Die auf der Bühne verzehrten Backwaren liefert uns täglich die Konditorei Möhring, bitte beachten Sie auch die Werbung auf Seite 16.
Make-up: René Koch, Cosmetic Charles of the Ritz, Berliner Make-up College, Helmstedter Straße 16, 1000 Berlin 31.

Aufführungsrechte: Felix Bloch Erben Verlag, Berlin

Wir bitten um Verständnis, daß das Fotografieren im Zuschauerraum nicht gestattet ist.

Besetzungszettel aus dem Programmheft zur Uraufführung »Durchreise«, Theater am Kurfürstendamm, Berlin, 30. September 1982

einschläfern lassen. Ich ging mit ihr abends zum Tierarzt und kam dann mit der Leine zurück. Brigitte und ich heulten. Wir schwindelten den Kindern vor, daß Anka beim Tierarzt geblieben war, um weiterbehandelt zu werden, fuhren am nächsten Morgen zum Tierheim Lankwitz und erstanden unsere Ella, eine junge freche Mischlingshündin. Die Kinder freuten sich, und der Kummer über Anka war nicht so groß. Ich setzte mich wieder an den Schreibtisch und versuchte, meinen alten Traum endlich zu realisieren: *Durchreise – Die Geschichte einer Firma.* Jürgen Wölffer wollte das Stück im Theater am Kurfürstendamm herausbringen, selbst Regie führen und die Hauptrolle mit Georg Thomalla besetzen. Es wurde eine Arbeit, an die ich besonders gern zurückdenke. Ich konnte ja viel von dem, was ich in der Nazizeit erlebt hatte, unterbringen. Es wurde ein Stück, das eigentlich ernst war, obwohl viel gelacht wurde. Das hat man mir manchmal zum Vorwurf gemacht, weil man nicht merkte, warum ich das Publikum lachen ließ. Der Humor war doch nur eine Art Transportmittel. Wie hätte ich das Schicksal des jüdischen Chefs Max Salomon und seines halbjüdischen Lehrlings Fraenkel dem breiten Publikum schmackhaft machen können?
Ute Willing spielte das junge Mädchen, das zur liebenden Frau wird. Ich wollte sie zuerst gar nicht für die Rolle haben, weil sie keine Berlinerin ist, aber sie hat mich überzeugt. Man glaubte ihr jedes Wort. Ekkehard Fritsch war der Nazi, erst servil, dann böse und am Schluß, als der Krieg vorbei war, wieder der Mann, der es damals »so gut« mit

seinem Chef Salomon gemeint hatte. Thomalla spielte nach langer Zeit wieder einmal eine ernste Rolle mit dem typischen jüdischen Humor, den ich von meinen Chefs kannte. Thomy war großartig!

Es war eine sehr gute Aufführung, und ich glaube, *Durchreise* ist mein bestes Stück geworden, mein *Faust*, wie Ingeborg Wölffer damals sagte. Auf jeden Fall ist es mein Lieblingsstück. Unsere Pamela, die damals sechzehn Jahre alt war, ging in die Vorstellung und erklärte hinterher, daß ihr *Durchreise* ein Bild von der Nazizeit vermittelt hätte, das sie noch nicht kannte. In der Schule wurde nicht viel darüber gesprochen.

Durchreise wurde noch im Hamburger Ernst-Deutsch-Theater gespielt, ging auf eine große Tournee, und in Bremerhaven lief es auch noch. Südlich des Mains stand es auf keinem Spielplan. Schade. Die Vorstellung wurde vom Süddeutschen Rundfunk aufgezeichnet, und ausgezeichnet wurde sie auch noch als »Aufführung des Jahres« vom Berliner Theaterclub.

Jetzt wollte das ZDF wieder eine Serie mit Harald Juhnke machen. Ich schlug einen Stoff vor, der ein Stück meines Lebens war: *Ich heirate eine Familie*. Dem Produzenten und dem Sender gefiel es, und ich mußte gleich mit der Arbeit anfangen. Plötzlich ließ Juhnke eine Sendung platzen, und das ZDF trennte sich von ihm. Peter Weck wurde verpflichtet. Obwohl Weck ein ganz ähnlicher Menschentyp ist wie ich, also einer, der nicht drauflosgeht, sondern kontert, machte mir die Umstellung anfangs große Schwierigkeiten, und das ist noch milde ausgedrückt.

Das Jahr 1983 wurde noch dazu eines der turbulentesten meines Lebens. Zuerst kam Hans Rosenthal mit einer Idee. Er wollte eine große öffentliche Sendung für den SFB produzieren, in der an alle jüdischen Komponisten erinnert werden sollte, deren Werke in der Nazizeit nicht gespielt werden durften. *Das gibt's nur einmal. Noten die verboten waren* wurde eine Livesendung, die aus der Freien Volksbühne in Berlin übertragen wurde. Da habe ich wieder einmal meinen Freund Hans bewundert. Er sprach meine Texte mit einer Frische und einer Eindringlichkeit, wie nur er es konnte. Ich kann mich noch erinnern, daß der SFB den Satz »Der Walzer hat den Krieg überlebt, der Komponist leider nicht« streichen wollte. Hans setzte ihn durch. Er war von einem mitreißenden Elan. Die Sendung wurde ein großer Erfolg, auch für mich. Am nächsten Tag kam ein Anruf. Eine weibliche Stimme sagte nur: »Ju-

densau!« und legte auf. Schade, ich hätte der Dame gerne noch gesagt, daß Jude nur zu fünfzig Prozent stimmt, und wenn sie mich schon mit einem Schwein vergleiche, wäre doch Eber besser am Platz gewesen.
Die Arbeit an der ersten Folge von *Ich heirate eine Familie* war eine einzige Katastrophe. Ich bekam eine Gastritis, die ich nicht loswurde und schwere Schlafprobleme, mehrere Male wollte ich alles hinschmeißen. Ich weiß nicht, wie viele Nächte ich damals im Arbeitszimmer auf und ab ging. Ich kam einfach nicht über die ersten dreißig Seiten hinaus. Otto Meissner, der Produzent, war verzweifelt. An einem Samstag kam Peter Gerlach extra aus Mainz nach Berlin und meinte: »Wenn's nicht geht, müssen wir die Sendung eben absetzen.« Was ihm sehr leid täte, denn der Anfang hätte ihm gut gefallen.
Das war ein weiser Satz, der mir wohltat. Ich fuhr für drei Tage in eine Klinik in der Nähe von Fulda, die sich auf Naturheilkunde spezialisiert hatte, konnte dort plötzlich ohne Medikamente schlafen, und am dritten Tag spritzte man mir Frischzellen. Ob es die waren oder der vorübergehende Tapetenwechsel, weiß ich nicht. Auf jeden Fall ging bei mir nach einigen Tagen – wie man so schön sagt – der Knoten auf. Ich diktierte die erste 90-Minuten-Folge in einem Ruck hintereinander in die Maschine von Frau Meienburg und war, was bei mir sehr selten vorkommt, mit jedem Satz zufrieden. Meiner Anfangsschwierigkeiten wegen hatte ich Otto Meissner gebeten, die zweite Folge vorsichtshalber von einem Kollegen schreiben zu lassen. Mein Freund Heinz Oskar Wuttig, dessen Serien *Alle meine Tiere* und *Salto mortale* so erfolgreich waren, sprang für mich ein. Ich sprach mit ihm alles durch, was in dieser Folge passieren sollte und machte mich frohen Mutes an die dritte Folge. Als etwa die Hälfte fertig war, bat mich meine Sekretärin um ein paar Tage Urlaub, sie wollte nur einen kurzen Trip nach Westdeutschland machen. Notgedrungen diktierte ich einer anderen Dame weiter und die letzten Seiten schrieb ich im Wartezimmer eines Hals-Nasen-Ohrenarztes mit der Hand.
Dann rief Frau Meienburg bei mir an. Mit tränenerstickter Stimme erzählte sie mir, daß ihr Mann unterwegs von einem Auto überfahren worden und seinen Verletzungen erlegen war. Sie stand unter Schock und wollte nicht mehr weiterarbeiten. Sie tat mir unendlich leid. Einige Tage war ich sehr niedergeschlagen, denn wenn einem ein Mensch sechsundzwanzig Jahre gegenüber gesessen hat, gewöhnt man sich schlecht an ein neues Gesicht.

Inzwischen begann Peter Weck, der auch Regie führte, zu drehen. Er machte das ganz entzückend, und wenn ich sagen sollte, als was er besser war, als Darsteller oder als Regisseur, dann kann ich nur sagen, ich kann es nicht sagen. Thekla Carola Wied, die ich, das muß ich zu meiner Schande gestehen, vorher nicht kannte, obwohl sie schon einen Preis bekommen hatte, spielte die geschiedene Frau mit drei Kindern und wurde, was sie gar nicht wollte, eine zweite »Mutter der Nation«. Maria Sebaldt spielte ihre Freundin und Herbert Bötticher deren Mann. Bruni Löbel war Frau Rebe, die Haushälterin, und Herbert Herrmann der Freund von Weck.

Mitten in der Vorarbeit für die vierte Folge wurde ich an den Drehort gerufen. Es war gerade Pause, Thekla Carola Wied und Maria Sebaldt saßen auf der Terrasse eines Cafés am Roseneck und erklärten mir, daß sie den Dialog der zweiten Folge nicht sprechen könnten. Sie hätten das Gefühl, sie wären plötzlich ganz andere Menschen als in der ersten Folge. Ich las mir die Seiten durch, die sie zu drehen hatten und stellte fest, daß sie recht hatten. Es war ein völlig anderer Stil.

Ich schrieb den Dialog, den sie anschließend in dem Kindermodenladen sprechen sollten, in einer Stunde um, und die Damen hatten nicht viel Zeit, ihn zu lernen. Die Szene kam gleich nach der Pause dran.

Nun blieb mir nichts anderes übrig, als mit der zweiten Folge noch einmal ganz von vorne anzufangen, wobei ich immer die Szenen, die am nächsten Tag aufgenommen werden sollten, vorziehen mußte. Ich schaffte es zum Glück und machte mich dann an die vierte Folge.

Vorhin habe ich in mein Tagebuch geguckt und zu meinem größten Erstaunen gelesen, daß ich damals zwischendurch noch Chansontexte für Harald Juhnke verfaßt habe. Das ZDF hatte ihn inzwischen wieder gnädig in seine Show-Arme geschlossen.

Nach Wien mußte ich auch noch fliegen, da die vierte und vorerst letzte Folge dort spielte. Dann machten wir endlich Urlaub in Kampen. Aber auch auf Sylt erreichten mich noch Änderungswünsche aus Wien.

Nach der Ausstrahlung der ersten Folge rief mich Juhnke an: »Der Weck ist für die Rolle viel besser als ich!«

Ich weiß nicht mehr, was mich dazu trieb, die vierte Folge damit enden zu lassen, daß Angie, sprich Thekla Carola Wied, ihrem Werner – Peter Weck – gesteht, daß sie ein Kind erwartet. Nun mußte die Serie nämlich im nächsten Jahr weitergehen. Wieder sollten eine Anderthalb-Stunden-Sendung und drei 45-Minuten-Folgen entstehen. Das Haus,

das wir für die ersten vier Folgen gemietet hatten, war inzwischen verkauft worden. Wir fanden eine neue Villa. Der Umzug, Angies Schwangerschaft, der verletzte Daumen von Frau Rabe – Bruni Löbel war in dieser Rolle zum Küssen und den beiden Vorbildern, die ich hatte, erschreckend ähnlich –, das alles gab viel her. Ich hatte überhaupt eine Besetzung, von der ein Autor nur träumen kann.
Julia Biedermann war eine herrliche Tanja, aber mir später – das Gefühl hatte ich jedenfalls – etwas böse, weil ich die Figur leicht zickig angelegt hatte. Ihre beiden Brüder wirkten sehr überzeugend.
Ich heirate eine Familie kam beim Fernsehpublikum so gut an, daß ich dafür und für *Das gibt's nur einmal* eine Goldene Kamera bekam. In der Laudatio zitierte man den mahnenden Satz aus der Rosenthal-Sendung, der der Jury besonders gut gefallen hatte: »Wir müssen wach bleiben, damit wir ruhig schlafen können.« Mit mir zusammen wurde Prinz Philip, der Herzog von Edinburgh, ausgezeichnet, und ich erinnere mich noch, wie leutselig er sich mit uns unterhielt, die linke Hand immer auf dem Rücken haltend.
Unsere Kinder Boris und Pamela mußten natürlich bei der Verleihung dabeisein, denn sie gehören ja zu der Familie, die mir den Serienstoff mit in die Ehe brachte. Kurz vor Mitternacht wurden sie von Brigitte in ein Taxi gesetzt, und wir feierten bis zum frühen Morgen weiter.
Heute noch ärgere ich mich, daß ich bei den Dankesworten auf dem Podium vergessen habe, was ich am Vormittag erlebt hatte. Der Textdichterverband hatte mir eine telegrafische Gratulation geschickt. Daraus hatte die Post folgendes gemacht: »Lieber Curth Flatow, herzliche Glückwünsche zur Goldenen Hochzeit. Der deutsche Textilverband.«
Bis *Ich heirate eine Familie* ausgestrahlt wurde, stand meine Nummer noch im Telefonbuch. Nun brach eine Flut von Anrufen über mich herein. Viele geschiedene Frauen mit Kindern wollten mich sprechen, andere schrieben Briefe. Ich hatte ihnen Hoffnung gemacht, daß ihnen auch noch ein Mann über den Weg laufen würde, der sie mit Anhang heiraten würde.
Ich wiederum hoffte, daß ich mit meiner Serie viele Männer auf die Idee gebracht hatte, eine geschiedene Frau zu heiraten, die in der gleichen Lage war wie Angie. Ich kann nur aus eigener Erfahrung sagen, es wird zwar manchmal aufregend, aber es macht glücklich.
Im nächsten Telefonbuch stand mein Name nicht mehr. Die Boule-

vardpresse machte Home-Storys, ein Fotograf wollte sogar Brigitte und mich im Schlafzimmer knipsen, was wir natürlich ablehnten. Die Kinder wurden in der Schule darauf angesprochen, und als Angie ihr Kind bekam, wollten alle wissen, wann es denn nun bei uns soweit wäre. Als ich Kandidat bei *Dalli-Dalli* war, habe ich in dem Gespräch mit Hans Rosenthal gesagt: »Wir geben uns alle Mühe, aber wir lassen uns nicht drängeln.«

Wir hätten natürlich gerne noch ein Kind gehabt und haben lange darüber nachgedacht. Aber wir fanden, daß es egoistisch wäre. Was hätte dieses Kind von seinem Vater? Holte ich es von der Schule ab, würden die Klassenkameraden sagen: »Dein Opa steht draußen.« Ich finde auch den ganzen Jubel darüber, daß der große Anthony Quinn mit achtzig noch ein Kind gezeugt hat, schrecklich. Das arme Kind wird seinen Vater doch nie richtig kennenlernen können, höchstens in alten Filmen bewundern dürfen.

Wieder blieb ich meinem Prinzip treu. Nach dreimal vier Folgen *Ich heirate eine Familie* und einer extra Weihnachtssendung machte ich Schluß, obwohl es das Publikum gern gesehen hätte, wenn die Serie weitergegangen wäre. Ich glaube, es war richtig so.

Wirbel um »Romeo mit grauen Schläfen«

Das Entstehen eines jeden Stückes hat seine eigene Geschichte. Man kommt oft nur auf Umwegen zum Ziel. So erging es mir auch mit meiner nächsten Komödie.

Herr Rittig vom Südwestfunk wollte eine Fortsetzungsreihe mit Georg Thomalla produzieren, fünf oder sechs kleine Theaterstücke, die vor Publikum aufgezeichnet werden sollten. Ich würde zwei davon liefern, eins nach einem englischen Kurzexposé und eins nach einem eigenen Stoff. Ich sagte zu. Das erste Stückchen nannte ich *Das Bett*, mein eigenes *Kein Mann zum Heiraten*. Es war die Geschichte eines schon etwas älteren, eitlen Filmstars, den seine Tochter zum Großvater macht, was er natürlich gar nicht gern hat, denn er bildet sich ein, daß er noch ganz gut Liebhaber spielen könnte. Als das Stückchen aufgezeichnet werden sollte, wurde ich vom Sender nach Baden-Baden eingeladen. Erwartungsvoll saß ich mitten im Publikum, das, von den Fernsehkameras abgelenkt, nicht so gut reagierte, wie ich es mir vorgestellt hatte. Ob es an der Regie lag oder daran, daß Georg Thomalla natürlich überlastet war, weiß ich nicht. Wahrscheinlich war alles zu viel für ihn. Wer kann schon mehrere Hauptrollen kurz hintereinander lernen und dann vor Publikum spielen.

Am Kurfürstendamm wartete man schon lange auf ein neues Stück für Thomy, und jetzt wurde Jürgen Wölffer langsam ungeduldig. Wieder einmal saß ich am Schreibtisch und zerbrach mir den Kopf, bis mir einfiel, daß man aus meiner TV-Geschichte *Kein Mann zum Heiraten* doch ganz gut eine abendfüllende Komödie machen könnte.

Die Arbeit ging gut voran. Trotz einiger Magenverstimmungen und mehrerer schlafloser Nächte wurde das Stück fertig. Aber nun war im Berliner Spielplan kein Platz mehr. Isebil Sturm, die neue Direktorin der beiden Münchner Boulevardtheater, las das Manuskript, war sehr angetan, wollte das Stück in ihrer Kleinen Komödie im Bayerischen Hof uraufführen und verpflichtete Jürgen Wölffer als Regisseur. Jürgen

verabredete sich mit Thomalla, der mit meiner *Durchreise* auf Tournee war und sprach mit ihm alles durch. Die anderen Rollen wurden besetzt und der Bühnenbildner engagiert. Alle freuten sich schon auf die Proben. Ich flog mit meiner Familie nach Fuerteventura, wir erholten uns gut und kamen braungebrannt nach Berlin zurück.
Ein paar Tage später rief mich Jürgen Wölffer an, er war völlig verstört. Toni Mackeben, Thomallas Agentin, hatte gerade mit ihm telefoniert und für ihren Schützling abgesagt. Ich konnte es im ersten Augenblick gar nicht glauben. Mein Freund Thomy, für den ich die Komödie geschrieben hatte, ließ mir mitteilen, daß er mit dem Stück nichts anfangen könne. Das wäre nichts für ihn. Er hielt es nicht mal für nötig, mich selbst anzurufen. Das hat mich, ehrlich gesagt, tief verwundet, und die Narbe tut heute noch ab und zu weh. Es gab auch keine Möglichkeit, ihn umzustimmen. Man hätte auf dem Vertrag bestehen können, aber dann hätte Thomy wahrscheinlich ein Attest geschickt.
Nun standen wir also sechs Wochen vor Probenbeginn ohne Hauptdarsteller da. Isebil Sturm schäumte vor Wut. Es begann eine fieberhafte Suche nach einem anderen Hauptdarsteller. Aber schon nach ein paar Tagen rief mich mein Freund Charly Niessen aus Prien an und erzählte mir, daß Axel von Ambesser die Rolle übernehmen wolle. Ich war glücklich. Ambesser war zwar schon etwas zu alt dafür, aber ein zauberhafter Schauspieler, ein Komödiant, den ich verehrte.
Thomalla, der davon nichts wußte, rief jetzt endlich bei mir an. Er spekulierte anscheinend darauf, daß Frau Sturm statt *Opa eines Enkels* – so hieß mein neues Stück nach wie vor – *Durchreise* spielen würde. Er wolle auch damit im Zürcher Bernhard-Theater gastieren. Frau Mackeben, vor Aufregung krank geworden, war erleichtert, daß wir einen Ersatz gefunden hatten. Sie sprach von Zürich, ich sagte ihr, daß ich die Aufführung dort verboten hätte. Frau Mackeben erschrak, meinte, daß das doch nicht ginge, die Direktion Grabowsky hätte schon einen Vertrag mit Bloch Erben. Das stimmte aber zum Glück nicht. Es wurde, weil ich dagegen war, auch keiner abgeschlossen.
Axel von Ambesser, der *Opa eines Enkels* sehr mochte, zog sich damit in die Berge zurück, um die Rolle in aller Ruhe lernen zu können. Nach ein paar Tagen rief er mich an und sagte, daß ihm der Titel nicht gefiele. Wir überlegten und fanden einen Titel, der Ambesser besser schmeckte: *Romeo mit grauen Schläfen*. Regisseur, Verlag und Direktion gefiel er auch.

Bei uns zu Hause gab es in dieser Zeit einigen Kummer. Ich mußte einen Passierschein für den Ostsektor beantragen und kam im Forum Steglitz an einem Zoogeschäft vorbei. Dort saß eine kleine süße Schäferhündin im Schaufenster, die mich unendlich traurig ansah. Wahrscheinlich hat sie jeden Vorbeikommenden so angeguckt, aber ich fühlte mich persönlich angesprochen. Als ich von der Passierscheinstelle wieder zurückkam, sah sie mich wieder an, als ob sie sagen wollte: »Bitte, nimm mich doch mit!« Als ich wieder zu Hause war, erzählte ich das sofort meiner Frau und den Kindern, und am selben Abend hatten wir einen zweiten Vierbeiner. Der jungen Hündin, die von allen geliebt wurde, auch von unserer Ella, die schon fünf Jahre bei uns war, gaben wir den Namen Cosy. Sie war zwar süß, aber noch nicht stubenrein, und unser Fußbodenbelag litt sehr. Einige Flecken waren gar nicht wieder rauszubekommen, wir mußten sie mit einem Teppich verdecken. Unser zweisitziges Sofa nahm Cosy eines Nachts fast völlig auseinander, aber wenn man liebt, verzeiht man.

Als wir nach Fuerteventura flogen, wohnte Frau Beyer, eine Bekannte von uns, in unserem Haus und paßte auf die Hunde auf, die stundenlang friedlich auf dem geflickten Sofa schliefen. Woran es lag, was jetzt passierte, wissen wir bis heute nicht. Ob Frau Beyer, die sehr an Ella hing, die Hündin bevorzugte, oder ob Cosys erste Hitze die Ursache war, auf jeden Fall lagen sich, als wir zurückkamen, die beiden Hündinnen auf zwei Sofas gegenüber und knurrten sich böse an. Es hatte auch schon die ersten Beißereien gegeben. Ein paar aufregende Wochen lagen vor uns.

Mit unserer alten Ella mußten wir nachts zum Tierheim Lankwitz fahren, weil ihr bei einer Beißerei ein Augenlid aufgerissen worden war. Sie bekam eine Narkose, und der Tierarzt nähte das Lid wieder zusammen. Mit Cosy mußte ich nach Düppel zur Tierklinik. Sie hatte irgendwas am Bein abbekommen und wurde geröntgt. Wir standen in diesen Tagen Todesängste aus. Wenn wir schliefen oder versuchten zu schlafen, wurde Cosy an meiner Seite des Bettes angebunden, Ella auf der anderen, neben meiner Frau. Als unser Freund Hans Rosenthal uns besuchte, wollte jede der Hündinnen ihn als erste begrüßen, es kam zu einer schrecklichen Beißerei, bei der nicht nur meine Frau, sondern auch Hans etwas abbekam. Beide mußten gegen Tetanus geimpft werden.

Es blieb uns gar nichts anderes übrig, als einen Hund abzugeben, das

war natürlich Cosy, denn Ella hatte die älteren Rechte. Nun suchten wir ein neues Herrchen oder Frauchen für den Hund. Eine Freundin von Loni Heuser wollte sie nehmen, wir brachten die Hündin hin, aber bereits am nächsten Morgen rief die Dame aufgeregt an und bat uns flehentlich, den Hund wieder abzuholen. Sie hatte ihn in der Diele angebunden(!), der Hund hatte den Strick durchgekaut und war dann zu ihr ins Schlafzimmer gestürmt. Er suchte ganz einfach menschliche Wärme. Das konnten wir verstehen, denn es ist unmöglich, ein Tier in der ersten Nacht in einer fremden Wohnung allein zu lassen.
Wir brachten den Hund wieder nach Hause, er war sichtlich durcheinander und tat uns unendlich leid. Wir suchten weiter und fanden dann ein neues Herrchen für sie, einen alten Herrn in Tegel, der einen noch älteren Hund besaß und vor allem einen großen Garten. Ich fuhr mit Cosy hin, das Milieu gefiel mir, und ich ließ die Hündin da. Vom Zaun aus blickte sie mir nach, genauso wie an dem Tag, an dem wir sie gekauft hatten. Ich hatte auf der Rückfahrt Tränen in den Augen und ein schlechtes Gewissen, aber es gab ja keine andere Lösung.
Inzwischen hatte Axel von Ambesser wieder angerufen. Er wollte die Gespräche mit dem Baby streichen. Seine Frau fand, die erinnerten sie an *Daktari*. Ich hing an diesen Szenen, Wölffer auch. Wir ließen uns nicht umstimmen und hatten, wie sich später herausstellte, recht. Das Publikum amüsierte sich sehr über die Monologe, die der Opa an der Wiege seines Enkels hielt. Das Lachen oder Weinen des Kindes wurde über Band eingespielt.
In Berlin erreichte uns eine neue Hiobsmeldung, diesmal aus Tegel. Cosy vertrug sich weder mit dem Kater noch mit dem Hund. Ja, sie hatte sogar den freundlichen alten Rüden gebissen. Nach einigen Wochen rief der Herr aus Tegel wieder an. Er wurde mit dem Hund nicht fertig. Cosy biß alles, was ihr vor die Schnauze kam, und er wollte das Tier, das sichtlich nicht in Ordnung war, einschläfern lassen. Ich bat ihn, es nicht zu tun. Ich wollte dabeisein, wenn sie eingeschläfert würde, sie im Arm halten, damit sie bis zum Schluß die Nähe ihres Herrchens spürt. Am nächsten Nachmittag sollte ich Cosy abholen, aber schon am Morgen kam wieder ein Anruf. Die Hündin hatte sich nachts unter dem Zaun durchgebuddelt und war verschwunden. Wir haben sie nie wieder gefunden.
Die Meldungen, die aus München kamen, waren auch nicht gerade erfreulich. Dort hatten inzwischen die Proben begonnen. Jürgen Wölffer

rief jeden zweiten Tag an, und seine Stimme klang von Tag zu Tag deprimierter. Axel von Ambesser hatte anscheinend nicht genug Zeit zum Lernen gehabt und große Schwierigkeiten mit dem Text. Wölffer überlegte schon, ob er die Proben nicht lieber abbrechen sollte. Aber das wollte natürlich Frau Sturm nicht. Sie hatte ja kein anderes Stück, geschweige denn eine Besetzung dafür. Und der Vorhang in der Kleinen Komödie mußte pünktlich am 11. Juni aufgehen.
Acht Tage vor der Premiere flog ich nach München, gab nur rasch meinen Koffer im Hotel Continental ab und ging sofort zur Probe. Die Stimmung im Theater war, vorsichtig ausgedrückt, beklemmend. Am Regiepult saß der verzweifelte Regisseur, auf der Bühne stand Axel von Ambesser, und vor jedem dritten Satz mußte die Souffleuse einspringen. Es war eine Katastrophe. Übrigens, wenn einem Schauspieler so etwas auf der Bühne passiert, wenn er also steckenbleibt, sagt man, er hängt.
Vorne links im Parkett saß die Gattin des Hauptdarstellers, deren Gesicht von einer breiten Hutkrempe beschattet wurde, rechts davon Isebil Sturm mit erstarrtem Gesicht und links hinter mir ein Münchner Schauspieler, der mir durch beruhigende Gesten zu verstehen geben wollte, daß er Ambessers Rolle sofort übernehmen könnte, er hätte keine Schwierigkeiten mit dem Text, was, wie sich später herausstellte, nicht stimmte. Ich war völlig niedergeschlagen, versuchte aber, es mir nicht anmerken zu lassen. Als eine kleine Pause gemacht wurde, kletterte ich auf die Bühne, begrüßte den Hauptdarsteller, und dann ritt mich wieder mal der Teufel. »Ich freue mich, daß Sie so an meinem Stück hängen«, sagte ich zu Ambesser. Zum Glück war er nicht eingeschnappt, sondern lachte aus vollem Halse. Dieser Mann hatte soviel Humor und war immer noch voller Zuversicht, daß er die Rolle schaffen würde. Aber es wurde leider nicht besser. Er hing und hing. Jürgen und ich trafen uns jeden Tag mindestens zweimal außerhalb des Theaters und überlegten krampfhaft, was wir tun könnten. Eine Blamage bahnte sich an, die wir diesem zauberhaften Schauspieler ersparen wollten.
Die ersten Möbel kamen auf die Bühne, unter anderem ein Sofa, das eine tiefe Sitzfläche besaß, und die war auch noch aus Leder. Jeder, der darauf saß, rutschte mit dem Po nach vorne. Selbst ein junger, sportlicher Schauspieler würde darauf alt und gebrechlich wirken. Ich versuchte sofort ein anderes Sofa zu bekommen, schaffte es natürlich

nicht. Wenn man beim Theater erst einmal Möbel gekauft hat, ist kein Geld für neue da.
Etwas Überraschendes passierte kurz vor der Premiere. Axel von Ambesser ging während der Szene, weil er nach seinen Sätzen suchte, sehr viel auf der Bühne auf und ab, er erlief sich den Text. Böse Zungen sagten schon, er dürfe keine Gage bekommen, sondern Kilometergeld. Er ging aber nicht, er schlurfte. An dem Tag, an dem er zum ersten Mal sein Toupet aufgesetzt hatte, tat er das plötzlich nicht mehr. Er lief wie ein junger Gott. Solch eine Tiefenwirkung hatte ich bis dahin noch nicht erlebt. Leider wirkte das Toupet nicht auf das doch viel näher liegende Gedächtnis. Wir überlegten wieder, ob wir die Premiere absagen sollten, aber dann hatte irgend jemand eine großartige Idee. Ambesser bekam einen kleinen Empfänger ins Ohr, die Souffleuse ein Mikrofon, mit dem sie ihm die Stichworte auf die Bühne senden konnte. Nach einigem Hin und Her klappte das auch.
Die erste Einspielvorstellung kam heran. Das Stück gefiel. Frau Sturm verfolgte es von einer Seite der Bühne aus. In der Pause kam sie, mit vom Vorhang völlig demolierter Frisur, zu uns, einen Zettel in der Hand, auf dem sie jeden Lacher mit einem Strich notiert hatte, jeden Szenenapplaus mit einem Kreuz. Gwendolyn von Ambesser, die Tochter unseres Hauptdarstellers, mußte alles zusammenzählen und kam zu einem äußerst zufriedenstellenden Ergebnis. Bei der zweiten Einspielvorstellung war das Publikum auch begeistert, und wir faßten wieder Mut.
Am Tag der Premiere kaufte ich Blumen und Geschenke für die Schauspieler, holte mir einen neuen Anzug vom Herrenbekleidungshaus Hirmer ab – die Ärmel waren gekürzt worden –, und Dr. Köhler vom Verlag Felix Bloch Erben schenkte mir eine passende Krawatte dazu. Diesen Anzug hatte ich mir eigentlich nur gekauft, um mich von den Gedanken an die Proben etwas abzulenken. Deshalb ging ich auch zweimal in ein Sonnenstudio, dreimal zur Massage und aß, was ich sonst nicht tue, mittags und abends warm.
Friedrich Schoenfelder, der in dem Stück den Freund von Ambesser spielte, und ich besorgten uns Rosen, fuhren zum Flugplatz und holten unsere beiden Frauen ab. Die Damen machten sich schön und kamen, von uns natürlich auf alles vorbereitet, ins Theater.
Die Uraufführung begann. Jürgen Wölffer und ich saßen während der ganzen Vorstellung in dem Zimmer der Bühnenarbeiter, nahmen einen

Romeo mit grauen Schläfen

von

CURTH FLATOW

Regie: Jürgen Wölffer
Bild: Helmut Schmeiser
Kostüme: Werner Wunderlich

Personen:

ALEXANDER FÖRSTER . . . . AXEL VON AMBESSER
JUTTA HOFFMANN . . . . WINNIE MARKUS
HAJO STEINBERG . . . . FRIEDRICH SCHOENFELDER
FRAU BETHGE . . . . MONIKA DAHLBERG
VICKY, ALEXANDER FÖRSTER'S TOCHTER . . . . NADINA BELUHAN
GISI . . . . TRACY SCHÖNBACH

Beginn 20 Uhr **20 Minuten Pause nach dem 2. Akt** **Ende ca. 22 Uhr**

Regieassistenz: Siegfried Schmidt
Technische Leitung: Günter Kachel
Inspizienz: Siegfried Schmidt
Souffleuse: Edith Schmidt
Requisite: Peter Roos
Maske: Lieselotte Surenkamp
AUFFÜHRUNGSRECHTE: FELIX BLOCH ERBEN

Die Dekoration wurde in eigener Werkstatt unter Leitung von Manfred Thiele hergestellt.
Die Gesamtausstattung ist aus dem Hause design-funktion, Habsburger Platz 3, 8000 München 40
Die Kinderausstattung einschließlich sämtlicher Spielwaren Haus des Kindes, Firma Schlichting, Weinstraße 8 8000 München 2.

Besetzungszettel aus dem Programmheft zur Uraufführung »Romeo mit grauen Schläfen«, Kleine Komödie im Bayerischen Hof, München, 11. Juni 1985

Cognac nach dem anderen zu uns, waren aber viel zu aufgeregt, um betrunken zu werden. Das Stück kam gut an, die Zuschauer lachten viel, es gab immer wieder Zwischenapplaus, und am Schluß mußten wir uns neben Ambesser, Winnie Markus, Friedrich Schoenfelder, Monika Dahlberg, Nadina Beluhan und Tracy Schönbach (das beste Starlet im Stück, das ich je erlebt habe) mehrmals verbeugen.

Die Vorstellung dauerte natürlich viel zu lange, denn der Abend ging etwa so vor sich: Die Souffleuse mußte einen Satz nach oben senden, der oder die Partner, die in der Nähe von Ambesser waren, hörten ihn mit, und dann sprach ihn mein Hauptdarsteller erst. Natürlich nicht jeden Satz, aber viele. In einer späteren Vorstellung passierte etwas, das mich, als ich es hörte, fast zu Tränen rührte. Ambesser hatte eine Pointe im Augenblick völlig vergessen, hörte sie und schmunzelte darüber, bevor er sie brachte.

Während der Vorstellung litt meine Frau mit mir. Sie hatte ein entzückendes Abendkleid an, das am Ende der Vorstellung völlig durchgeschwitzt war. Bei der Premierenfeier blieb ich nicht lange und am nächsten Tag floh ich mit Brigitte vor den Kritiken nach Berlin, was nichts nutzte, sie wurden mir nachgeschickt. Gut waren sie natürlich nicht, einige freundlich, einige flau, das Stück hielt man für zu lang, was ja wirklich kein Wunder war.

Die Aufführung in München bescherte mir die Freundschaft von Friedrich Schoenfelder, und darüber sind wir noch heute sehr glücklich. Dieser wundervolle Schauspieler, der immer so aussieht, als ob er gerade vom Tee bei der Queen kommt und so gern einmal einen richtigen Zausel spielen möchte, und Monika, seine Frau, sind uns richtig ans Herz gewachsen.

Ich arbeitete weiter fürs Fernsehen und hatte *Romeo mit grauen Schläfen* so gut wie abgeschrieben. Eines Tages erfuhr ich, daß es im Kammertheater Karlsruhe aufgeführt wurde. Ich bat Dr. Köhler vorsichtig dort anzufragen, wie es denn ankomme und hörte, daß es ein großer Erfolg war. Und dann ging es Schlag auf Schlag weiter. Alfons Höckmann las das Buch, rief mich sofort an und sagte: »Das ist meine Rolle.« Damit hatte er recht behalten. Er spielte den alten Filmstar sehr oft und gern in seiner Düsseldorfer Komödie, und das Publikum liebte ihn und Peter Oehme, seinen Manager im Stück. Höckmanns Frau Ingrid Braut war die Wirtschafterin, die ihrem Dienstherrn erotische Fallen stellt, und Andrea Höckmann, die Tochter des Hauses, die Toch-

ter. Claus Biederstaedt hat Frankfurt ebenso begeistert wie Köln und Berlin, als er für den erkrankten Schönböck einsprang. Inzwischen ist *Romeo mit grauen Schläfen* auf vielen Bühnen gespielt worden und lief auch im Fernsehen. Elert Bode hatte damit vor einigen Jahren in der Stuttgarter Komödie im Marquardt einen Riesenerfolg.
In Berlin waren die Kritiken schlecht. Friedrich Luft schrieb noch liebenswürdig über mich: »Sogar Homer hat manchmal geschlafen.« Günther Grack verriß im »Tagesspiegel« das Stück. Das konnte man ihm nicht übel nehmen. Aber er leistete sich etwas, was man nicht machen darf: Er verriet dramaturgische Pointen des Stückes.
Neulich lief das Lustspiel in der Kasseler Komödie. Und da hat eine Kritikerin zum ersten Mal erkannt, was in dem Stück steckt. Sie schrieb: »Alles wie gewohnt. Wir haben uns amüsiert, lachen und Schwamm drüber. Oder vielleicht doch nicht? Ein Hauch von herber Melancholie liegt über dem Stück, der Autor führt uns ja auch einen Reifungsprozeß vor. ›Hast du Angst vor dem Älterwerden?‹ fragt Alexander Fischer seinen Freund Hajo, und dann schauen sie beide etwas hilflos in das Babykörbchen und staunen über sich selbst: ›Was ist aus uns geworden?‹ Ein Hauch von Nachdenklichkeit.« Dafür möchte ich der Kritikerin danken. O Gott, ich hätte beinahe vergessen, ihren Namen zu erwähnen. Sie heißt Juliane Sattler.
Kurz vor der Berliner Premiere starb mein bester Freund: Hans Rosenthal.

Hans Rosenthal

Anfang der fünfziger Jahre besuchte mich Hans. Wir kannten uns schon seit vielen Jahren. Er war, genau wie ich, gleich nach Kriegsende zu Fuß zur Masurenallee gelaufen, um beim Rundfunk einen Job zu bekommen. Kurz nachdem ich zum RIAS gewechselt war, kam er nach, wurde in der Unterhaltungsabteilung Aufnahmeleiter, machte seine ersten Quizsendungen und nun wollte er eine eigene Serie produzieren. Wir erfanden das, so glaube ich, erste deutsche Hörmagazin. Ich wollte es in Anlehnung an *Das Beste aus Reader's Digest: Das Beste aus RIAS-Digest* nennen. Aber den Titel lehnte man in der Programmsitzung mit der einzusehenden Begründung ab, daß die Landsleute von drüben, in der DDR, die besonders gute Zuhörer des RIAS waren, ja das Original nicht kannten. Das sahen wir ein und nannten unser Hörmagazin, das jeden Monat neu herauskam, *Die Rückblende*.
Über ein Jahr lang schrieb ich die Sendung ganz allein. Das bedeutete jeden Monat zwei oder drei Gedichte und ebenso viele Chansons. Olaf Bienert komponierte die Musik. Vieles, was uns damals eingefallen ist, höre ich heute noch gern. Die Gedichte gab später ein Verleger in einem kleinen Band heraus.
Die Rückblende war eine witzige Sendung, sehr kabarettistisch und immer hochaktuell. Es gab bestimmte, immer wiederkehrende Rubriken, »Das sind Leute wie du und ich«, »Das Sportereignis des Monats«, »Na, was sagen Sie dazu?« und so weiter. Die Moderationen wurden von Sigrid Lagemann, Hans Wiegner und Erich Fiedler gesprochen. Während die Chansons und Gedichte vorher produziert wurden, nahm man die Moderationen an einem späteren Abend auf. Oft waren sie nur teilweise fertig und wurden seitenweise bei mir abgeholt. Manchmal mußten die Moderatoren sogar etwas warten, aber die Texte, die sie dann bekamen, waren dafür brandaktuell. Darauf legte Hans Rosenthal großen Wert, sogar bei den Gedichten. Im November 1963 kam es zu einem großen Grubenunglück in Lengede. Hans wollte unbedingt ein Ge-

dicht darüber haben, aber an dem Nachmittag, an dem ich es zu schreiben begann, wußte noch niemand, ob eine Rettung der eingeschlossenen Bergleute möglich war. Ich fing an:

Ein kleiner Ort zur Mittagszeit.
Die Männer machen sich bereit,
um aus dem Haus zu gehen.
Die Schicht beginnt um 14 Uhr,
man zieht den Mantel an im Flur
und sagt: auf Wiedersehen.

Es war ein Tag wie jeder Tag.
Nichts warnte sie – kein Schatten lag
auf dem gewohnten Bilde.
Die Menschen leiden keine Not,
ein Bergwerk gibt den Männern Brot,
die Grube heißt Mathilde.

Wie jeden Tag zog man sich um,
man war gesprächig oder stumm
und ahnte nichts vom Grauen.
Man fuhr wie immer ein zur Schicht
und ließ zurück das Tageslicht,
die Kinder und die Frauen.

Der Arbeitsplatz liegt tief im Berg,
man ging wie jeden Tag ans Werk
und dachte nicht ans Sterben.
Der Klärteich, der darüber lag,
sah friedlich aus, wie jeden Tag,
heut' bracht' er das Verderben.

Genau um zwanzig Uhr und drei
brach er die Mergelschicht entzwei,
der Berg begann zu rollen.
Und was nicht möglich schien, geschah,
das Wasser war ganz plötzlich da
und füllte alle Stollen.

Ein kleiner Ort zur Abendzeit,
die Retter machen sich bereit,

man kann auf Hilfe bauen.
Kein Kumpel ist im Berg allein,
man steht hier füreinander ein,
am Tor da steh'n die Frauen.

Der nasse Tod geht um im Berg,
die Retter machen sich ans Werk,
entreißen seinen Klauen,
am nächsten Tag schon sieben Mann.
Am Tor steh'n noch die Frauen.

Sie warten, jeder weiß worauf,
man sucht ja noch, man gibt nicht auf,
man darf noch immer hoffen.
Jedoch man glaubt nicht mehr daran,
daß man noch Leben finden kann
und mancher sagt es offen.

Und dann geschieht das Wunder doch,
Klopfzeichen ... drei Mann leben noch!
Doch sie herauszubringen,
bevor das Wasser sie erreicht,
das steigt, so wie die Luft entweicht,
es muß, es muß gelingen ...

Die Retter schuften Tag und Nacht,
ein zweites Wunder wird vollbracht,
hier wird nicht aufgegeben.
Drei Männer kommen heil zurück,
so manche Frau weint da vor Glück,
die andern steh'n daneben.

Und still wird's an dem Unglücksort,
man bringt den großen Bohrer fort
und zuckt die Achseln: leider ...
Kein Mensch hält es so lange aus,
die Frauen gehen still nach Haus
und tragen Trauerkleider.

Soweit war ich mit dem Gedicht am Abend. Am nächsten Morgen kam die erlösende Nachricht, und ich schrieb erleichtert das Gedicht zu Ende.

Die Zeit des Hoffens scheint vorbei,
da kommt das Wunder Nummer drei,
elf Männer sind zu retten.
Und wieder weinen Frau'n vor Glück,
man holt das Bohrgerät zurück,
die Retter aus den Betten.

Sie schuften wieder Tag und Nacht,
was diese Männer hier vollbracht,
das wird man nie vergessen.
Doch was die Frauen durchgemacht,
an jedem Tag, in jeder Nacht,
das kann man nicht ermessen.

Der Ungewißheit Höllenqual,
dann keimt die Hoffnung wieder mal,
Enttäuschung wirft sie nieder.
Solang' es eine Chance gibt,
verliert den Mann sie, den sie liebt,
nicht einmal, immer wieder.

Die Frau – in Witwenkleidung schon –
spricht ihren Mann durchs Mikrofon,
sie scheint vor Glück zu frieren.
Was geht in jener Frau nur vor,
die Angst ihn, den sie schon verlor,
noch einmal zu verlieren …

Die Männer haben viel geschafft,
mit Wissen, Vorsicht, Glück und Kraft,
mit Schweiß und Selbstvertrauen.
Vor ihrem Können, ihrem Mut,
zieht eine ganze Welt den Hut
und neigt sich vor den Frauen.

Ich rief im RIAS an, gab den zweiten Teil des Gedichtes durch, Hans Söhnker, der den ersten Teil schon am Vorabend aufgenommen hatte, kam wieder ins Studio, sprach die letzten Verse, und am nächsten Tag brachte man das Gedicht in der *Rückblende.*

Die Arbeit an der Serie machte mir viel Spaß und die Sendung kam gut an. Horst Pillau löste mich später als Autor ab, Heinrich Riethmüller Olaf Bienert als Komponist. Ich schrieb ab und zu noch einige Beiträge, und viele andere Autoren machten mit. Die *Rückblende* lief sehr lange im RIAS und zwischendurch sogar zwei Jahre im Fernsehen.

Hans Rosenthal und ich wurden Freunde, unsere Familien verstanden sich sehr gut. Hans hatte natürlich nie viel Zeit für uns, er war ja immer unterwegs. Aber oft rief er von irgendwoher an, fragte mich, ob ich ihm bei irgendeiner Rede helfen könnte oder ob wir zusammen chinesisch essen wollten. Und dann kam er immer mit seiner übervollen Aktentasche an und konnte wenigstens für eine Weile abschalten, aber nur bis zum Nachtisch. Dann drehte sich das Gespräch schon wieder – um Sendungen.

Als Günter Neumann starb, übernahm ich es, ein Jahr lang die Beiträge für *Dalli-Dalli* zu schreiben. Da wurden am Schluß immer zwei Szenen aus einem Stück oder einer Operette gespielt oder gesungen, und die Kandidaten mußten raten, was nicht stimmte. Man hatte sich beim Schreiben mit dem Original zu beschäftigen, und dadurch kam ich mit einigen Klassikern in Berührung, die ich vorher weder gesehen noch gelesen hatte. Da man keine großen Dekorationen bauen konnte und nicht viel Geld für Requisiten hatte, mußte man improvisieren. Ich war ein unbequemer Mitarbeiter, wollte immer alles möglichst perfekt haben und regte mich manchmal schrecklich auf. Ich weiß noch, daß ich einmal Edith Schollwer in einer bekannten Operette »Hoch auf dem gelben Wagen« singen ließ und sie, da man nicht viel Platz hatte, auf einem Sulky sitzen sollte. Die Requisite sagte, es gäbe keinen gelben Sulky. Zum Glück fiel mir etwas ein. Ich ließ den Wagen mit gelbem Isolierband bekleben. Heinrich Riethmüller zog ihn, als Kuli verkleidet, und sang dazu als Gegenstimme die »Donkey-Serenade« mit neuem Text. Das Publikum jubelte.

Einmal spielte Gunther Malzacher den Wallenstein. In der ersten Szene lag er frierend auf einem Feldbett, hustete, und ich ließ ihn sagen: »Wallensteins Lager ist noch Wallensteins Tod.« Die Klassiker haben mir besonders Spaß gemacht.

Horst Pillau löste mich auch hier wieder ab. Ich habe mich nie lange bei einer Sache aufgehalten – nach einer Weile wurde es mir langweilig.

Wenn es am schönsten ist, soll man aufhören, war meine Devise, außerdem, aber das dürfen Sie nicht weitersagen, die bekanntesten Stücke und Operetten waren schon verarbeitet.
Im Spätsommer 1986 flog ich mit meiner Frau nach Bonn. Wir besuchten zusammen die Premiere von *Romeo mit grauen Schläfen* im Contra-Kreis-Theater. Diesen wunderschönen Abend werden wir beide nie vergessen. Karl Schönböck war entzückend, seine Frau, Corinna Genest, hinreißend komisch, bei Peter Oehme kam jede Pointe an, und Nora von Collande bezauberte uns als Tochter. Ihren Namen merkte ich mir. Später spielte sie in zwei Komödien von mir Hauptrollen.
Brigitte flog am nächsten Tag nach Berlin zurück, und ich ging mit meinem Roman *Ich heirate eine Familie* auf Signiertour, fuhr mit der Bahn von Stadt zu Stadt und schrieb am Schluß in einem kleinen Buchladen in der Nähe von Hannover meinen Namen höchstens zwanzigmal. Von dort wurde ich abgeholt. Reinhard Stein, ein ehemaliger Mitarbeiter Hans Rosenthals, wollte mit mir ein Interview im Landesstudio des NDR machen. Das ging sehr schnell und lustig vor sich. Aber als wir fertig waren, wurde Stein plötzlich ganz ernst. »Hans Rosenthal ist sehr krank«, erzählte er mir.
»Um Himmels willen, was hat er denn?« wollte ich wissen.
»Das wird er Ihnen selbst sagen«, antwortete Stein.
Ich flog nach Berlin zurück, rief Hans sofort an und erfuhr, daß man bei ihm Speiseröhrenkrebs festgestellt hatte. Ich erinnere mich, daß wir vor unserer Reise bei den Rosenthals eingeladen waren. Damals fiel ihm das Schlucken schon etwas schwer, aber wir nahmen seine Beschwerden nicht ganz ernst.
Die beiden ersten Untersuchungen, die man mit ihm anstellte, waren negativ, die letzte positiv. Trotz des Wissens um die Schwere seiner Erkrankung und der bevorstehenden Operation, brachte er in München seine *Dalli-Dalli*-Sendung wie immer über die Bühne. Kein Mensch merkte ihm etwas an. Am Schluß sang er mit den anderen zusammen mein Lied »Die Show ist zu Ende«. Es war gespenstisch. Als wir die Gedenksendung zusammenschnitten und diese Szene sahen, lief es uns kalt den Rücken herunter.
Am Sonntag vor seiner Operation gingen wir mit unseren Familien im Grunewald spazieren. Hans war fassungslos, daß ausgerechnet ihm so etwas passieren konnte. Er und schwer krank werden? Er fühlte sich gesund, am Sonntag davor hatte er doch noch Fußball gespielt.

Professor Häring operierte ihn im Klinikum Steglitz. Ein paar Tage lang hörten wir nichts von Hans, nur von seiner Familie. Traudl, seine Frau, erzählte uns, daß die Operation fast zwölf Stunden gedauert hatte. Dann klingelte plötzlich das Telefon. Hans rief von der Intensivstation aus an. »Hier ist Rosangtaal.« Er sprach seinen Namen zum Spaß oft französisch aus. »Wie geht es euch?« wollte ausgerechnet er wissen.
Als Hans die Intensivstation verlassen hatte, besuchten wir ihn. Er war erschreckend dünn geworden, aber optimistisch wie immer. Es war ihm nur schrecklich peinlich gegenüber den Mitwirkenden, die schon engagiert worden waren, daß er die nächste *Dalli-Dalli*-Sendung ausfallen lassen mußte und entschuldigte sich schriftlich bei ihnen. Er begleitete uns zum Fahrstuhl und zog das Gestell, an dem sein Tropf hing, hinter sich her. Während sich die Tür schloß, blickte er uns sehnsüchtig nach. Man sah ihm an, wie gerne er mit uns das Krankenhaus verlassen hätte.
Der Professor hatte ihm aus einem Stück Dünndarm eine künstliche Speiseröhre gezaubert, aber das Schlucken funktionierte dann doch nicht so gut, wie der Arzt es sich erhofft hatte.
Ein paar Wochen später kam er aus dem Krankenhaus und feierte mit uns Advent. Brigitte hatte ihre berühmte Torte gebacken und ich meine unter Freunden sehr beliebte chinesische Hühnersuppe gekocht. Hans aß ein Stück Torte und nahm eine Tasse Suppe zu sich. Unsere Frauen weinten in der Küche vor Glück. Aber Hans mußte hinterher gleich aufstehen und ein paar Schritte in meinem Arbeitszimmer auf und ab gehen. Er sagte zwar, er müsse sich nur etwas bewegen, aber ich merkte, daß er Schmerzen hatte.
Wir flogen noch zusammen nach Köln, wo Hans den Telestar verliehen bekam. Die anderen Passagiere im Flugzeug erkannten ihn, obwohl er so abgemagert war und wünschten ihm gute Besserung. Helmut Zilk, der Bürgermeister von Wien, übergab ihm in Berlin eine Auszeichnung, anschließend kam Hans kurz zu meiner Geburtstagsfeier, und alle Anwesenden versuchten, sich ihr Erschrecken über sein Aussehen so gut wie möglich nicht anmerken zu lassen.
Wir beide hatten noch soviel miteinander vor, sollten die große Sendung zur 750-Jahr-Feier Berlins produzieren und hatten uns dafür schon einen Ablauf überlegt, aber Hans ging es immer schlechter. Wolfgang Penk, der Chef der Unterhaltungsabteilung des ZDF, hatte sich wohl im Krankenhaus über den Zustand von Hans informiert. Ich

werde nie den Augenblick vergessen, in dem Penk Hans so sanft wie möglich mitteilte, daß er die nächste *Dalli-Dalli*-Sendung absagen müßte. Hans wurde noch blasser, als er schon war. Er hatte gehofft, weitermachen zu können und sich bei dem Gespräch in Tempelhof extra mit dem Rücken zum Fenster gesetzt, damit sein abgemagertes Gesicht im Schatten lag.

Hans kam wieder in die Klinik. Als wir ihn besuchten, hatten wir das Gefühl, daß er kleiner geworden war. Er wurde wieder operiert, und wir mußten wochenlang die körperliche Demontage eines guten Freundes miterleben. Es war zum Weinen, und das haben wir auch getan, jedesmal wenn wir aus dem Krankenhaus kamen und im Auto nach Hause fuhren.

Man ließ Hans zwischendurch mal für ein paar Stunden raus, damit er, wie es so schön heißt, sein Haus bestellen konnte. Er hatte ja eine eigene Produktionsfirma, er mußte sich mit den Teilhabern neu einigen und alles Geschäftliche regeln.

Was sich während dieser Zeit bei mir zu Hause tat, kann man sich nicht vorstellen. Jeden Tag riefen die Reporter der Boulevard- und Yellowpress mindestens zehnmal an und wollten von mir Näheres über den Gesundheitszustand von Hans wissen. Einmal war der für das Fernsehen zuständige Herr eines großen Blattes am Telefon. »Hans Rosenthal ist zu Hause«, schrie er empört. »Warum weiß ich das nicht?« Ich wußte es, aber ich hätte es ihm nie erzählt.

An einem Freitag besuchte ich Hans zum letzten Mal. Man hatte ihn aus dem Krankenhaus entlassen, er wollte zu Hause sterben. Hans kam aus dem Schlafzimmer, trug einen Bademantel, und die Plastikröhre, in die er Astronautennahrung spritzen mußte, die, unter Umgehung des Magens, direkt in den Darm gelangte, ragte heraus. »Du willst mich wohl noch einmal sehen?« fragte er leise. Ich beteuerte, daß ich schon am Sonntag wiederkommen werde und von da an alle zwei Tage, mindestens. Hans lächelte.

Dann legte er sich auf das Sofa, er war sehr schwach. Aber als ich ihm erzählte, daß Walter Gross Geburtstag hatte, mußte ich sofort dort anrufen, er wollte gratulieren, und ich mußte dem früher so sportlichen Hans helfen, sich aufzurichten. Allein hätte er es nicht geschafft. Er sprach mit Walter, gratulierte ihm, und der weinte am anderen Ende der Leitung.

Beim Abschied umarmte Hans mich – das hatte er noch nie getan – und verschwand dann schnell im Schlafzimmer. Wieviel Zeit ihm noch blieb, wußte er genau. Seiner Schwägerin hatte er gesagt, die Astronautennahrung, die sie zu Hause hatten, würde reichen, es wäre nicht nötig, noch eine Packung zu kaufen.

Am Montagfrüh um halb acht rief uns sein Sohn Gert an. Hans war für immer eingeschlafen und wurde sofort abgeholt. Ein Fotografenteam hatte vor dem Haus im Gebüsch gelauert, machte, als die Bahre aus dem Haus getragen wurde, rasch ein Foto, wollte es dann für viel Geld verkaufen, wurde es aber, soviel ich weiß, nicht los. Ich fuhr zu Traudl, half ihr die Namen der Menschen und Institutionen herauszusuchen, denen man eine Anzeige schicken mußte. Hans hatte zwar ein großes Adreßbuch, aber nie einen Menschen gestrichen, der gestorben war. Ich hatte meiner Frau versprochen, keine Trauerrede mehr zu halten, da aber Traudl es für selbstverständlich hielt, daß ich spreche, ging ich nach Hause und schrieb die Rede.

Hans hatte sich gewünscht, daß die Trauerfeier im RIAS stattfinden sollte. Brigitte, Thomalla, unsere Pamela und ich fuhren zum RIAS. Vor der Tür hatten sich schon viele Hunderte versammelt. Die Feier sollte per Lautsprecher nach draußen übertragen werden. Als ich in den Saal kam, sah ich den Sarg zuerst überhaupt nicht. Er war von den vielen Blumen fast verdeckt.

Ganz vorn, an der Seite von Heinrich Riethmüller, nahm ich Platz und bemühte mich krampfhaft, gefaßt zu bleiben. Der Saal war brechend voll. Alles, was mit Rundfunk- und Fernsehunterhaltung zu tun hatte, war gekommen, von Elstner bis Gottschalk. Die Intendanten vom RIAS und vom ZDF sprachen, natürlich auch der Regierende Bürgermeister Eberhard Diepgen, und Heinrich ging zwischen den Reden immer nach oben ans Klavier und spielte die Erkennungsmelodie einer Rosenthal-Sendung in Moll. Sein Gesicht war versteinert. Ich sollte gleich nach Heinz Galinski, dem Vorsitzenden der Jüdischen Gemeinde in Berlin, sprechen. Da wäre ich etwas gefaßter gewesen. Aber dann gab es leider eine Programmänderung. Nachdem Galinski das Rednerpult verlassen hatte, sang Estrongo Nachama, der Kantor der Jüdischen Gemeinde, das Lied »Gute Nacht, ihr Freunde«. Alle weinten, ich natürlich auch. Aber jetzt war ich dran, es half nichts. Ich wischte mir die Tränen aus den Augen, stieg nach oben und begann mit meiner Rede:

Komisch, als ich eben da unten saß, hatte ich das Gefühl, Hans blickt mir über die Schulter in mein Manuskript und sagt: »Zu lang, Curth! Mach es kurz. Du bist der Schluß!« Er hatte immer ein gutes Gefühl dafür, wie lang eine Veranstaltung sein durfte. Er überzog nie. Und so habe ich eben noch rasch etwas gestrichen. Meine Tränen bitte ich zu entschuldigen. Ich fürchte, es wird nicht das werden, was man eine trockene Rede nennt.

Liebe Traudl, liebe Birgit, lieber Gert, liebe Sabine, lieber Hans-Georg, lieber Felix und liebe Beate, liebe Freunde der Familie, meine Damen und Herren, unsere Herzen sind voller Trauer, aber ich finde, die Trauer sollte doch ein bißchen beiseite rücken und Platz machen für Dankbarkeit. Zuerst sollten wir vier Frauen danken: der Mutter von Hans, die ihm das Leben schenkte, und den beiden mutigen Frauen, die ihm Jahre später halfen, zu überleben, indem sie ihn versteckten. Und Traudl Rosenthal, ohne sie wäre er nie das geworden, was er war. Das hat er mir oft gesagt. Sie alle haben das Phänomen Hans Rosenthal ermöglicht, denn das war es ja wirklich. Ein kleiner, magerer jüdischer Junge mußte untertauchen, und Jahre später haben ihm die, vor denen er sich verstecken mußte, und die, die es nicht verhindern konnten oder wollten, die trägen Herzens waren, haben ihm dann zugejubelt. Und weil man Hans geholfen hatte, war er ganz ohne Bitterkeit, und er hat mehr für das Verständnis zwischen Juden und Nichtjuden getan als alle Politiker.

Hans fühlte sich als deutscher Bürger jüdischen Glaubens, und kein Mensch hat weiter darüber nachgedacht. Er war aller »Hänschen«, einer von uns, und diese Selbstverständlichkeit sollte uns hoffen lassen. Er war ein Vorbild für die Versöhnung. Man sollte sein Buch in den Schulen lesen lassen. Da erkennt man, wie Menschlichkeit Unmenschlichkeit und Herzlichkeit Herzlosigkeit überwindet. Hans ging auf die Menschen so zu, daß sie an ihm einfach nicht vorbeigehen konnten. Er blieb immer freundlich und geduldig, obwohl er eigentlich ein ungeduldiger Mensch war, und so war er den Bequemen oft unbequem.

Seine Popularität ist ihm nicht in den Schoß gefallen, er ist immer etwas fleißiger, etwas pfiffiger, etwas schneller gewesen als die anderen. Und als er an der Spitze war, hat er sich nicht geändert. Hans blieb genauso natürlich und bescheiden wie vorher. Und die vielen Millionen Fernsehzuschauer hatten an einem Donnerstag im Monat einen Freund im Wohnzimmer.

Für uns war er der gute Freund, der beste Freund, und von ihm konnte man so viel lernen. Er konnte organisieren und delegieren. Wenn Hans mit seiner überschweren Aktentasche bei uns auftauchte, dann sagte er immer: »Curth, ich muß vier Dinge mit dir besprechen. Erstens, zweitens, drittens, viertens ...« Und so war es auch im Krankenhaus. Er informierte uns über seinen Zustand. »Die Ärzte haben folgendes mit mir vor ... erstens, zweitens, drittens ...«
Er war schon ein bemerkenswerter Mann. Während seiner Krankheit wuchs er über sich hinaus. Bis dahin war er für Unterhaltung zuständig, jetzt wurde er ein Vorbild für Haltung. Er machte es uns leicht, erklärte uns, wie der Tropf funktionierte, wußte, weil er so interessiert war, schnell über alles Bescheid, er hätte die Leitung des Klinikums übernehmen können. Aber eines Tages wußte er dann über sich selbst Bescheid, und wir, die wir ihn fast täglich besuchten, wir wußten es auch, und vor diesem Besuch hatten wir Angst. Und da begann Hans ganz ruhig: »Ich kann euch leider keine gute Mitteilung machen ...«, und er erzählte uns alles. Er entschuldigte sich quasi noch dafür, daß er so krank war, daß er die 750-Jahrfeier-Sendung nicht mitmachen konnte, genauso wie er sich bei seinen Mitarbeitern entschuldigt hatte, als er *Dalli-Dalli* zum zweiten Mal ausfallen lassen mußte. Es war ihm peinlich vor seinem Publikum und den Mitwirkenden. Er war so pflichtbewußt, es war ihm schrecklich, jemanden im Stich zu lassen.
Hans war ein vorbildlicher Familienvater, sorgte für alle, und alle sorgten sich um ihn und sorgten für ihn bis zuletzt. Einer wachte immer an seinem Bett. Meine Bewunderung gilt der Familie, besonders Frau Rosenthal.
Die Krankheit war lang und schwer, aber sie gab uns, seinen Freunden, die Gelegenheit, ihm das zu sagen, was wir ihm schon immer sagen wollten, das, was er uns bedeutete. Wenn es überhaupt einen Trost gibt, dann ist es der Gedanke, daß Hans auf dem Höhepunkt seiner Karriere war, als er krank wurde. Er hetzte von einem Termin zum anderen. Man brauchte ihn überall, und manchmal fragte man sich: Wann hat er eigentlich Zeit zu leben? Aber die Frage war falsch. Das war ja sein Leben. Das machte ihn stolz und froh.
Wenn seine Kandidaten besonders viel Beifall bekamen, flackerte das Licht auf, und Hans rief: »Sie sind also der Ansicht, das war Spitze.« Dann sprang er mit strahlendem Gesicht in die Luft, und das Bild blieb sekundenlang stehen. Es sah so aus, als ob er schwebte. Nun bleibt das

Bild für immer stehen, er schwebt und kommt nie mehr auf die Erde zurück.
An jedem seiner Geburtstage hielt er eine Rede. Hans hielt gerne Reden, aber es traf sich so gut, daß man ihm, im Gegensatz zu vielen anderen, gern zuhörte. Und am Schluß sagte er immer zwei Sätze: »Mir geht es gut. Ich bin glücklich. Mir geht es gut. Ich bin glücklich.« Und er war glücklich. Viele Jahre lang. Daran sollten wir jetzt denken. –

Ich muß zugeben, daß ich zum Schluß immer schneller wurde. Ich lief sozusagen mit meinen Worten vor meinen Tränen davon. Der Sarg wurde hinausgetragen, und dann folgten wir mit unseren Autos dem Wagen des Bestattungsunternehmens zum Jüdischen Friedhof an der Heerstraße. Tausende standen am Straßenrand. Es waren die Menschen, die, wenn sie Rosenthal auf der Straße begegneten, ihn fröhlich mit »Hänschen« begrüßten. Jetzt säumten sie stumm die Straßen. Die Polizei sperrte die Kreuzungen für uns ab, es war, als würde ein Monarch zu Grabe getragen, ein Staatsbegräbnis stattfinden. Wenn Hans das von oben gesehen haben sollte, wäre er bestimmt in die Luft gesprungen und hätte »Spitze« gerufen. Nach einer kleinen Feier in der Trauerhalle wurde der Sarg ins Grab gesenkt.
Das Interesse der Boulevardpresse hörte auch nach der Beerdigung nicht auf. Derselbe Mann, der sich aufgeregt hatte, weil er nicht informiert wurde, daß Hans Rosenthal zu Hause war, meldete sich wieder. Er wollte, daß ich ihn benachrichtige, wenn Frau Rosenthal wieder ans Grab ginge. Nach einer Woche rief ich ihn an. »Sie wollten doch wissen, wann Frau Rosenthal am Grab ihres Mannes ist?«
»Ja«, rief der Herr erfreut.
»Gestern war sie da«, antwortete ich lakonisch und legte auf.

Meine Klappe macht sich bemerkbar

Im August 1985 begann mir mein Herz plötzlich große Sorgen zu machen. Auf dem Weg von Kampen auf Sylt zum Strand bekam ich plötzlich keine Luft mehr und das fand ich nicht nur schade, denn die war da so gut und so teuer, sondern auch mehr als unangenehm. Ich versuchte ganz ruhig zu atmen und eine Zeitlang ging es mir besser. Aber im Jahr darauf begann das Herz plötzlich zu stolpern. Mein Freund, Dr. Bargenda, damals Chefarzt für Urologie im Auguste-Viktoria-Krankenhaus, schickte mich zu seinem Kollegen, Professor Meyer, der die Abteilung für innere Medizin leitete. Der verordnete mir zuerst viele Digitalistabletten, aber seine Miene wurde von Besuch zu Besuch besorgter. Schließlich riet er mir mehrmals zu einer Operation. Davon wollte ich nichts hören, fragte einen befreundeten Gynäkologen um Rat. Ich suchte jetzt einen Arzt, der meinem Herzen positiv gegenüberstand, nicht von Operation sprach, ja nicht einmal daran dachte. Der Gynäkologe schickte mich zu Herrn Professor Schüren, und zwei Wochen später lag ich im Herzzentrum auf dem Operationstisch. Professor Hetzer setzte mir eine neue Aortenklappe ein.

Die Tage vorher waren aufregend, aber eigentlich mehr für meine Umgebung. Ich diktierte meiner tränenüberströmten Sekretärin, Frau Kühlhorn, alle Adressen der Menschen und Firmen, die, falls etwas schiefgehen sollte, Todesanzeigen bekommen sollten, bestimmte vorsichtshalber auch den Ablauf und die Musik der Trauerfeier.

Ich hatte überhaupt keine Angst vor der Operation, im Gegenteil. Es mag komisch klingen, ich war sogar etwas froh über die Unterbrechung. Das Buch für die ZDF-Sendung zur 750-Jahrfeier Berlins war zwar so gut wie fertig, aber es gefiel mir nicht. Mir fehlte einfach Hans, der sie moderieren sollte. Es machte mir ohne ihn keinen Spaß mehr.

Edith Hancke hatte ich vor einigen Jahren beim Theaterball versprochen, ein Stück für sie zu schreiben, wenn sie endlich mit Klaus Sonnenschein, ihrem Mann, *Das Fenster zum Flur* spielen würde. Sie tat es

dann, es wurde eine wunderschöne Vorstellung in der Tribüne, aber da ich fast immer meine Versprechungen zu halten versuche, mußte ich nun an ein neues Stück herangehen. Zum Glück hatte ich eine Idee. Ich wollte Edith als Mutter Gräbert auf die Bühne bringen. Diese Frau gab es im 19. Jahrhundert wirklich. Sie war Prinzipalin eines großen Theaters im Norden von Berlin und berühmt für die Aufführungen, aber fast noch mehr für ihren Gänsebraten und die Käsestullen, die sie an den Tischen im Zuschauerraum servieren ließ. Die Gräbert war die erste Frau, die die Sondergenehmigung erhielt, ein Theater zu leiten.
Tja, nun saß ich im Februar 1987 an meinem Schreibtisch, und die leeren Seiten vor mir blieben leer. Immer wenn ich etwas notiert hatte, wanderte es am nächsten Tag in den Papierkorb. Ich kam und kam nicht weiter. Es war schrecklich. Wenn ich sagen würde, die Herzoperation war eine Art Erlösung aus meiner beruflichen Zwangslage, ist das übertrieben, aber etwas Wahres ist dran.
Anfang Februar ging ich ins Moabiter Krankenhaus, verschiedene Untersuchungen wurden gemacht, unter anderem auch ein Herzkatheter. Davor hatte ich mehr Angst als vor der Operation, weil so etwas ohne Narkose vor sich geht. Meine Angst war völlig umsonst. Man fuhr mich vor die Tür des Untersuchungsraums, eine Dame im weißen Kittel kam mir mit einem Korb voller Kassetten entgegen, und ich konnte mir die Musik aussuchen, die während des Herzkatheters laufen sollte. Ich wählte ein Tschaikowsky-Konzert, aber Professor Schüren wollte nichts Aufregendes und entschied sich für einen getragenen deutschen Klassiker. Dann wurde ich in einen anderen Raum gebracht, zwei Assistentinnen zogen mich aus, deckten mich dann wieder zu, nur die rechte Leiste blieb bloß. Professor Schüren kam, gab mir eine Spritze, ich merkte überhaupt nicht, daß er einen kleinen Schnitt machte, um die Vene freizulegen, in die er den Katheter einführte. Erst an seinen Handbewegungen bekam ich mit, daß der Katheter bereits in meinem Körper unterwegs war. Oben im Raum war ein Monitor, und ich konnte zusehen, wie etwas, das wie ein schwarzer Schnürsenkel aussah, durch meine Vene zum Herzen geschoben wurde. Es war ungeheuer interessant, und als dann noch eine Flüssigkeit eingespritzt wurde, um festzustellen, wie die Herzkranzgefäße aussahen, wurde mir zum ersten Mal in meinem Leben im wahrsten Sinne des Wortes warm ums Herz. Leider senkte man anschließend eine Art Behälter in der Größe eines Autorades, in dem sich eine Kamera befand, auf meine Brust. Ein Film

wurde aufgenommen, und obwohl ich Hauptdarsteller war, konnte ich nichts sehen.
Eine Nacht verbrachte ich noch im Krankenhaus, ein schwerer Stein lag auf meiner Leiste, damit die Schnittwunde gut heilen sollte, und dann durfte ich nach Hause gehen. Gehen stimmt natürlich nicht, meine Frau holte mich mit dem Wagen ab.
Nun mußte ich warten, bis ein Bett bei Professor Hetzer frei wurde. Ich war, was mich heute noch wundert, völlig ruhig, aber ich sehe noch, wie blaß das Gesicht meiner Frau wurde, als eine Sekretärin des Herzzentrums am Montag anrief und mir mitteilte, daß ich am Mittwoch dort aufgenommen werden könnte.
Ich verabschiedete mich von allen Freunden und Bekannten, Walter und Inge Gross statteten uns einen kurzen Besuch ab, drückten mir die Hand, und da wurde mir zum ersten Mal etwas komisch zumute. Es kam mir vor wie ein Abschied für immer.
Am Mittwochvormittag fuhr meine Frau mich zum Herzzentrum. Dort mußten wir über eine Stunde warten, weil das für mich vorgesehene Zimmer noch nicht frei war. Wir gingen in eine Art Cafeteria, die sehr gut besucht war und überhaupt nicht nach Krankenhaus aussah. Neben mir saß eine ältere Dame – sie war bestimmt jünger als ich, aber man schätzt sich ja immer falsch ein –, die mir erzählte, daß sie jetzt eine neue Ersatzklappe bekommen würde, die Zeit der ersten wäre sozusagen abgelaufen. Die Dame machte einen so optimistischen Eindruck, und mir war kein bißchen mulmig zumute, als ich in mein Zimmer einzog, das auch nicht nach Krankenhaus aussah, sondern mehr wie eine Unterkunft in einem Vier-Sterne-Hotel.
Am Abend kam Professor Hetzer zu mir, setzte sich in die entfernteste Ecke meines Krankenzimmers, weil er stark erkältet war, fragte mich, ob ich eine Klappe aus Kunststoff oder eine Bioklappe haben wollte. Ich entschied mich für Bio, denn die andere soll, wie ich von Kollegen gehört hatte, bei jedem Herzschlag ein Geräusch von sich geben, und ich dachte mir, daß, wenn ich einmal einen Tangotext schreiben müßte, dieser andere Rhythmus mich bestimmt aus dem Takt bringen würde.
Am nächsten Tag gingen die Untersuchungen weiter. Einer reizenden Ärztin zählte ich alle meine Krankheiten auf, und dann kam eine der unangenehmsten halben Stunden meines Lebens. Nicht, daß man mir etwa weh tat, nein, ich mußte mich in einem anderen Raum auf eine

Pritsche legen, völlig nackt, und ein Pfleger rasierte mir, vom Hals abwärts, sämtliche Körperhaare ab. Er verbrauchte dabei drei Einwegrasierapparate, und ich kam mir nicht nur nackt, sondern entblößt vor. Abends besuchte mich meine Frau. Wir gingen gemeinsam zu Professor Hetzer, der uns den Film zeigte, der nach dem Herzkatheter gedreht worden war, wies auf die verkalkte Herzklappe, und es gelang ihm, meine Frau etwas zu beruhigen. Im Vorzimmer hatte sich das Ärzteteam versammelt. Als ich ihnen sagte, daß ich ihnen alles Gute für morgen früh wünsche, guckten sie mich etwas erstaunt an. Ich glaube, sie dachten im Augenblick nicht daran, daß ich schon um sieben Uhr drankam. Meine Frau verabschiedete sich im Treppenhaus von mir, und als sie langsam hinunterging und winkte, wurde mir zum zweiten Mal etwas komisch. Brigitte versprach mir, mich am nächsten Morgen um sechs Uhr telefonisch zu wecken.

Ich ging wieder in mein Zimmer und machte mich zum Schlafen fertig. Eine Schwester brachte mir in einem ovalen Schälchen eine Tablette Rohypnol, ein Schlafmittel – den Namen merkte ich mir –, das sofort wirkte. Aber als meine Frau am nächsten Morgen anrief, war ich hellwach. Ich dankte ihr auf alle Fälle schon für ihre Liebe, rasierte mich und duschte, man will ja auf dem OP-Tisch einen guten Eindruck machen. Zwei Schwestern kamen, ich mußte alle meine Privatsachen in eine Art Käfig packen, der irgendwo verwahrt werden sollte. Dann zogen sie mir das Operationshemd an und legten mich auf die fahrbare Trage. Zur Beruhigung gaben sie mir wieder ein Rohypnol, und als man mich aus dem Zimmer fuhr, schlief ich schon ganz fest.

Irgendwann, es muß am frühen Nachmittag gewesen sein, berührte eine Schwester meine Schulter. »Herr Flatow, aufwachen! Die Operation ist vorbei«, informierte sie mich mit sanfter Stimme. Ich hätte eigentlich sehr gern weitergeschlafen, schlug aber, um sie nicht zu enttäuschen, die Augen halb auf.

Jetzt liegst du also auf der Intensivstation, dachte ich so bei mir und stellte nach kurzer Inspektion fest, daß verschiedene Schläuche aus meinem Körper ragten. Einer führte mir durch die Nase zusätzlichen Sauerstoff zu, der andere führte von meiner Vene zu einem Tropf, ein dritter war die sogenannte Drainage unterhalb der Operationsnarbe, der letzte führte aus der Blase in einen Plastikbehälter. Ich hatte überhaupt keine Schmerzen, aber ich war verstört. Obwohl ich auf dem Rücken lag, bildete ich mir ein, auf dem Bauch zu liegen, daß mir Ärzte hinterrücks Gift in den Körper spritzten und ich eine Flasche Selter nach der anderen trank, um das Gift zu »verdünnen«. Die armen Schwestern machte ich verrückt, weil ich steif und fest behauptete, in Hannover zu liegen und nicht in Berlin.

Träume vergißt man, gleich nachdem man aufgewacht ist, aber diese halbirren Visionen blieben mir im Gedächtnis haften. Ich war ein ziemlich unwilliger Patient. Eine Schwester schlug ich sogar – ich kann ihr nicht weh getan haben –, als sie mich daran hinderte, die Schläuche herauszureißen, um diese ungastliche Stätte verlassen zu können, was zur Folge hatte, daß man mir die Hände mit Binden links und rechts am Bett befestigte.

Unter einer solchen Operation leiden ja die Angehörigen viel mehr als man selbst. Ich lag ganz gemütlich in Narkose, und bei uns zu Hause waren alle in heller Aufregung. Meine Frau, meine Schwägerin, meine Sekretärin und Frau Horny, unsere Haushaltshilfe, hatten sich um meinen Schreibtisch versammelt, Tränen flossen, und alle warteten auf den erlösenden Anruf vom Herzzentrum. Ella, unsere Mischlingshündin, lief aufgeregt auf und ab, aber so gegen elf Uhr legte sie sich plötzlich hin und war ganz ruhig. Das muß der Augenblick gewesen sein, an dem das Team im OP die letzte Naht verknotete. Das ahnten die Menschen zu Hause natürlich noch nicht. Eine Stunde später erfuhren sie durch einen Anruf, daß die Operation geglückt war.

Als Brigitte mich abends besuchen wollte und schon den Schutzkittel anhatte, ohne den man nicht in die Intensivstation kommt, ließ man sie dann nicht zu mir. Was muß sie durchgemacht haben. Ich war froh, daß meine Schwägerin Uschi extra aus Mannheim nach Berlin gekommen war, um ihr zur Seite zu stehen. Meine Frau wollte das erst gar nicht, aber ich hatte darauf bestanden. Genauso wie ich sie darum bat, den Ballettunterricht aufzugeben. Sie mußte sich ja auch den Kindern widmen.

Brigitte besuchte mich zweimal täglich in der Intensivstation. Es muß nicht einfach für sie gewesen sein, ihren Mann zu sehen, der hilflos auf dem Rücken lag und wirres Zeug von sich gab. Einmal glaubte ich, ich läge in der Außenstelle des Herzzentrums, im Europa-Center, direkt unter dem Theater der Stachelschweine, und rief nach Rolf Ulrich und Wolfgang Gruner. Ein anderes Mal träumte ich, zu Hause zu liegen und zu hören, daß meine Frau unsere Hündin Ella an ein Ehepaar aus Bayern für zwanzigtausend Mark verkaufte. Kein Mensch hätte uns mehr

»Ich heirate eine Familie«: Angie (Thekla Carola Wied) und Werner (Peter Weck) sind sichtlich ver-
bt,…

…und hier freut sich Maria Sebaldt mit Peter Weck und Herbert Bötticher.

43 »Durchreise«: Uraufführung am 30. September 1982 im Theater am Kurfürstendamm: Max Salomon (Georg Thomalla) erklärt seiner Lieblingsmannequin Daisy (Franziska Oehme), daß sie das Hochzeitskleid nicht nu vorführen soll, sondern behalten darf. Es ist ein Hochzeitsgeschenk der Firma. …

44 …Das Mannequin verspätet sich wieder ei mal. Das Lehrmädchen Monika (Ute Willing) darf das neueste Modell von Naumann (Wilfriec Herbst) vorführen. Den Chef (Georg Thomalla) scheint es zu gefallen, und auch der Hausdien (Hans Nitschke) ist sich lich angetan.

45 Uraufführung ›Romeo mit grauen Schläfen« in der Kleinen Komödie im Bayerischen Hof, München, am 11. Juni 1985: Winnie Markus gesteht Axel von Ambesser, daß er die Hauptperson ihres Romans ist.

46 Wir beide hatten 1987 eine Herzoperation hinter uns. Jetzt prüft Günter Pfitzmann nach, ob bei mir wieder alles in Ordnung ist.

47/48 Oben: Der erste Spaziergang mit Brigitte nach meiner Operation, 1987. – Harald Juhnkes 60. Geburtstag wurde groß gefeiert. Ich habe mir extra dafür ein Dinnerjacket gekauft und es seitdem nie wieder tragen können.

49 Uraufführung des Singspiels »Mutter Gräbert macht Theater« in der Berliner Tribüne am 8. Janu[ar] 1988. Die Musik schrieb Heinrich Riethmüller. Mutte[r] Gräbert (Edith Hancke) und Kellner Pausewein (Klaus Sonnenschein) kommen nic[ht] zum Schlafen, das Publikum übrigens auch nicht.

50 Eingerahmt von meiner treuesten Direktion: Ingrid Braut und Alfons Höckmann von der Komödie Düsseldorf. Seit 1968 liefen meine Stücke dort schon achtzehn Mal!

51 Am 21. Mai 1990 war in Düsseldorf die Uraufführung meiner Komödie »Verlängertes Wochenende«. Yamuna Vanamali und Klaus Kaluscha spielten das Liebespaar.

2 1990 kam erst in Frankfurt und dann in Berlin »Das Geld liegt auf der Bank« neu heraus. Hier stößt die Familie auf Vaters 0. Geburtstag an: Nora von Collande, Eckart Dux, Georg Thomalla und Utz Richter.

53 Am 9. Januar 1990 feierte Georg Thomalla mit mir meinen 70. Geburtstag. An meinem 80. wird er mir sehr fehlen.

54 Meine Komödie »Zweite Geige«, Für Bilder ohne Musik, wurde am 5. Februa 1991 in der Berline Komödie uraufgeführt. Hier serviert Edith Hancke gerad Klaus Wildbolz einen Kaffee, in den der Löffel steht.

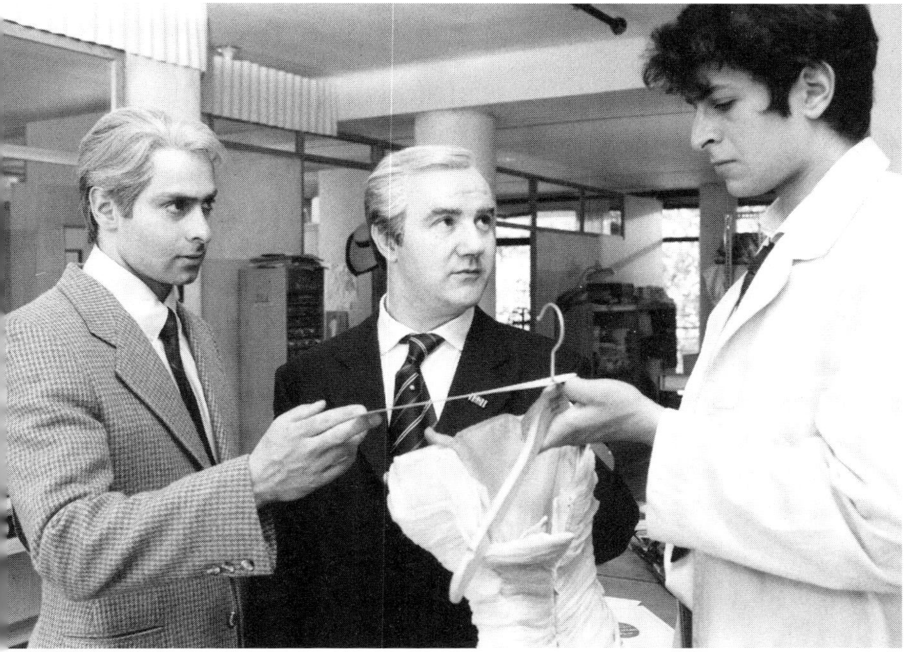

›5 Wenn du wüßtest, daß
łas dein Vater ist, denkt
Max Salomon (Udo
Samel) in der Fernsehserie
›Durchreise«. Links
Patrick, rechts Oliver
Elias,…

6 …und hier rät Sona
MacDonald Udo Samel,
Deutschland zu verlassen.

57 Otfried Laur vom Berliner Theaterclub verleiht alljährlich den Goldenen Vorhang. Edith Hancke (hat schon zehn davon) überreicht ihn Katharina Thalbach, ich Wolfgang Spier.

58 »Keine Ehe nach Maß« wurde am 7. Januar 1993 in der Berliner Komödie uraufgeführt. Frau Stranitzki (Edith Hancke) richtet das Outfit des umfangreichen Modeschöpfers Naumann (Klaus Sonnenschein).

als zweihundertfünfzig Mark für diesen Mischling geboten, aber wir hätten ihn auch für Millionen nicht weggegeben. Ich wollte den Verkauf unbedingt verhindern und rief ganz laut: »Ella, Ella!« Eine Schwester hörte das, sah, daß meine Frau in diesem Augenblick in die Intensivstation kam, wußte, daß sie Brigitte heißt und befürchtete, bei dieser Gelegenheit könnte herauskommen, daß ich eine Freundin oder sogar Geliebte namens Ella hätte. Meine Frau klärte sie auf.
Ein paar Tage später kam ich in die sogenannte Intermedia, eine Station, in die die Operierten kommen, die sich schon auf dem Wege der Besserung befinden. Dort erwartete mich ein Blumenmeer. Viele Kollegen, Schauspielerinnen und Schauspieler, die Stachelschweine und Fernsehproduzenten waren glücklich, daß es mir wieder besserging. Kränze wären ja auch viel teurer geworden.
Man röntgte mich, versetzte mir Elektroschocks – zum Glück unter Narkose –, damit die Herzrhythmusstörungen aufhörten. Nach einer Woche wurde ich in einen kleinen fahrbaren Sessel gepackt und zur Nachsorge ins Moabiter Krankenhaus gefahren. Dort kam ich wieder in mein altes Zimmer, und einen Augenblick lang überkam mich so etwas wie ein Heimatgefühl. Ich ahnte nicht, was so ein Einzelzimmer mit Fernseher täglich kostet, sonst hätte ich eigentlich singen müssen: »Dich, teure Halle, grüß ich wieder.« Aber mir war damals noch gar nicht nach Witzen zumute. Ich war froh, wieder in einem Bett zu liegen, Telefon hatte ich auch schon, konnte mich aber nur melden, zum Wählen fehlte mir die Kraft.
Auf dem Nachttisch lagen viele Schachteln mit Süßigkeiten, sogar ein verfrühter Maikäfer aus Schokolade war dabei, aber ich rührte nichts an, es muß mir damals sehr schlechtgegangen sein. Gegen Abend telefonierte meine Frau mit mir, merkte, daß ich wieder wirres Zeug von mir gab und alarmierte sofort das Krankenhaus. Nachts war nur eine Ärztin in der Gegend und die kam erst eineinhalb Stunden später in mein Zimmer. Sie fand, daß ich einen ganz normalen Eindruck machte. Man sieht, auch die Halbverwirrten sind noch fähig, sich zu verstellen.
Ich schlief ein, und als ich aufwachte, fand ich mich auf dem Fußboden wieder. Unter der Tür drang ein Lichtschein der Flurbeleuchtung ins Zimmer, und ich dachte – weiß Gott warum –, mein Zimmer läge am Fuß einer Treppe, in einem einsamen Haus, irgendwo im Gebirge. Ich muß nachts versucht haben aufzustehen, die Bettdecke war zerknüllt,

und es sah von unten so aus, als ob da jemand schlief. Ich »ahnte« sofort, wer das sein könnte, natürlich nur die Seniorchefin von Rohypnol. Ich wollte die alte Dame keinesfalls wecken, darum verhielt ich mich ganz still. Nach einer Stunde kam die Nachtschwester ins Zimmer und erschrak, als sie mich auf dem Boden liegen sah. »Herr Flatow, was machen Sie denn da?« fragte sie. Darauf wollte und konnte ich ihr keine befriedigende Antwort geben. Die Schwester half mir wieder ins Bett zu steigen und brachte vorsichtshalber links und rechts Gitter an.

Es dauerte sehr lange, bis es mir wieder besserging. Man fuhr mich mehrmals zum Röntgen. Wenn man in der Öffentlichkeit steht, wird man oft geknipst, aber ich glaube, von mir gibt es mehr Röntgenaufnahmen als Pressefotos. Ich wurde gewaschen und rasiert, nach einer Weile konnte ich das selbst tun, ich mußte im Bett Gymnastik machen, dann auf einem Stuhl sitzend, und schließlich versuchte ich an der Hand der Therapeutin die ersten Schritte. Die Genesung und ich schritten nur sehr langsam voran. Doch eines Tags ergriff ich den Schokoladenmaikäfer und aß ihn auf. In diesem Augenblick wußte ich, daß ich jetzt gesund werde. Meine Frau, die mir täglich Rotwein, in dem ein Ei mit Traubenzucker verquirlt war, brachte, stellte die zusätzliche Ernährung um. Sie kam jetzt täglich mit einem Sahnebaiser, in dem Kirschen versteckt waren.

Daß es mir besserging, sprach sich leider bis nach Mainz herum. Ob Sie es glauben oder nicht, der für die Berlin-Sendung zuständige Redakteur besuchte mich. Er wünschte mir allerdings nicht nur gute Besserung, er wünschte sich auch etwas und erzählte mir von seinen Sorgen. Es fehlten immer noch einige Beiträge zu der Sendung *750 Jahre Berlin*, »... und könnten Sie nicht doch vielleicht ...?« Ich lehnte natürlich zuerst ab, so fest es mir in meinem Zustand möglich war, aber es gab keinen Kollegen, der einspringen konnte oder wollte, also fügte ich mich in mein Schicksal, setzte mich im Bademantel an das kleine Tischchen am Fenster, schrieb einen Sketch für Dieter Thomas Heck und Ekkehard Fritsch und einige Zwischenconférencen. Kurze Zeit später kam der Redakteur wieder, berichtete mir strahlend, daß man Hildegard Knef verpflichten konnte, allerdings mußte die natürlich auch etwas Passendes singen. Ich schrieb etwas Passendes, und die Knef schickte mir, als sie hörte, wo ich die Texte geschrieben hatte, sofort einen großen Blumenstrauß ins Krankenhaus. Das fand ich besonders nett von ihr.

Professor Schüren wollte mich nicht entlassen. Ich hatte immer noch etwas Temperatur, und niemand konnte herausfinden, woran das lag. Zweimal wurde ich zur Computertomographie ins Virchow-Krankenhaus gefahren. Die nette Chefärztin dort mochte mich anscheinend, denn sie trank mit mir Kaffee, als sich der Krankenwagen, der mich zurückbringen sollte, verspätete. Dann wurden mir in Moabit Isotopen eingespritzt, aber das brachte auch nichts. Man kam einfach nicht dahinter, warum die erhöhte Temperatur nicht wich. Schließlich ließ mich der Professor wenigstens zu Hause schlafen, das half.
Am Tag der Generalprobe von *750 Jahre Berlin* holte meine Frau mich ab. Auf der Fahrt sah ich von weitem die Deutschlandhalle, wußte, was dort jetzt vor sich ging und wäre sehr gerne dabeigewesen. Meine Frau dachte natürlich nicht daran, mich hinzubringen. Sie kannte mich, wußte ganz genau, daß ich mich aufregen würde, und als wir die Sendung dann auf dem Bildschirm sahen, wußte ich, wie recht sie gehabt hatte. Sie war kein Ruhmesblatt für mich, auch nicht für den von mir so geschätzten Regisseur. Hans Rosenthal fehlte eben.
Meine Zwischentexte hatte ich pointiert geschrieben, und wenn die nicht präzise gebracht werden, ist der Wortwitz weg. Er war weg. Schön ist den Verantwortlichen nur der Anfang gelungen, auf den ich besonders stolz war. Ich hatte mir fünfundsiebzig Kinder im Alter von zehn Jahren gewünscht, möglichst eine Mischung von allen in Berlin ansässigen Nationen. Die versammelten sich, und Günter Pfitzmann konnte auf sie weisen und sagen: »Das sind 750 Jahre! So jung ist Berlin!« Auch der Schluß war eindrucksvoll. Pfitzmann sang mit den Schöneberger Sängerknaben und den anderen Kindern das Lied, das Heinz Gietz vertont hatte: »Unsere Stadt hört doch nicht am Brandenburger Tor auf.« Die Sängerknaben haben es später so oft an der Mauer gesungen, daß Spaßvögel behaupteten, sie sangen es so lange, bis sie fiel.
Der arme Redakteur rief mich unvorsichtigerweise gleich nach der Sendung an und wollte wissen, ob sie mir genausogut gefallen hätte wie ihm. Das mußte ich leider verneinen. Ungnädig zählte ich alle Fehler auf. Ich glaube, der liebe Herr Tadey hat in dieser Nacht nicht gut schlafen können.
Seitdem ich wieder in meinem Bett schlafen konnte, erholte ich mich von Tag zu Tag. Man hatte mir verboten, gleich zu arbeiten, und so schlich ich immer mit schlechtem Gewissen um meinen Schreibtisch herum und glaubte, daß der mich vorwurfsvoll ansah.

Im Sommer fuhren wir nach Pörtschach am Wörther See. Ich fühlte mich völlig gesund, bis ich plötzlich wieder erhöhte Temperatur bekam. An diesem Abend feierte das Hotel am Strand ein großes Fest mit Feuerwerk. Alle waren fröhlich, nur ich saß deprimiert da und trank aus Gram drei Obstler hintereinander. Am nächsten Morgen war meine Temperatur wieder normal und blieb es auch. Als ich wieder in Berlin war, erzählte ich Herrn Professor Schüren von diesem überraschenden Heilerfolg, aber er erkannte Obstler nicht als Therapeutikum an und wollte ihn nicht mal in einem klinischen Versuch erproben. Ich blieb meiner »Medizin« treu. Immer wenn ich mich einmal nicht wohl fühle, trinke ich einen Obstler. Auch heute noch. Manchmal sogar, wenn ich mich wohl fühle.

Ein Stück für Edith Hancke und ein »Verlängertes Wochenende«

Im Frühherbst begannen Edith Hancke und Klaus Sonnenschein zu drängeln. Die Uraufführung von *Mutter Gräbert macht Theater* stand bereits fest. Am 8. Januar 1988 sollte das Singspiel herauskommen. Ich mußte mich an die Arbeit machen. Und sie fiel mir plötzlich ganz leicht. Heinrich Riethmüller und ich hatten viele Jahre zuvor die Musiknummern für die Sendung *So'n Theater* geschrieben. Es ging darin auch um Mutter Gräbert, die damals von Edith Schollwer gespielt und gesungen wurde. Riethmüllers Musik war entzückend, viele Chansons textierte ich ganz neu. Ich recherchierte, fand Aussprüche, die die Gräbert mal getan hatte und baute eine Handlung um die Premiere der *Jungfrau von Orleans*. Für die Aufführung hat sie vom Polizeipräsidenten Hinkeldey persönlich die Erlaubnis zum Spielen eines Klassikers bekommen. Die Gräbert ist gerade Witwe geworden, und ein Schauspieler will sich das Theater unter den Nagel reißen, schafft es aber natürlich nicht.

Die erste Hälfte des Buches wurde schnell fertig, die zweite holte sich Klaus Sonnenschein, der mitspielte und Regie führte, ab. Mindestens zwei Tage lang ließ er nichts von sich hören. Pessimistisch, wie ich war – und auch heute noch bin –, dachte ich, das Buch hätte ihm nicht gefallen. Aber dann rief er mich an und sagte, er hätte alles im Geiste schon eingerichtet, mit dem Bühnenbildner gesprochen, die Rollen besetzt, und die Proben würden in der nächsten Woche beginnen.

Und nun fing wieder einmal mein üblicher Leidensweg an. Auf den ersten Proben lachten alle Anwesenden über den Dialog, in der nächsten Woche seltener und in den übernächsten überhaupt nicht mehr. Die Herren des kleinen Orchesters kamen dazu, lachten zuerst und dann verzogen sie keine Miene. Kurz und gut, ich hatte das schreckliche Gefühl, ein Trauerspiel mit Musik geschrieben zu haben.

Die Direktion der Tribüne ist ein Triumvirat, bestehend aus Ingrid Keller, Rainer Behrend und Klaus Sonnenschein. Herr Behrend war für das

sogenannte Anspruchsvolle zuständig, Frau Keller stieß in das gleiche Horn, aber die Stücke mit Edith Hancke und Klaus Sonnenschein brachten das Geld in die Kasse. Herr Behrend sollte eigentlich die Rolle des Regisseurs spielen, er hat genau die Überheblichkeit, die mir vorschwebte, aber die Rolle lag, wie er meinte, unter seinem »Niveau«. Ich gab mein Buch Frau Keller zu lesen, und die immer solargebräunte Dame meinte am nächsten Tag gnädig, sie wäre bei der Lektüre nicht eingeschlafen. Daß mich das nicht gerade freudig stimmte, kann man vielleicht verstehen.
Die Generalprobe kam heran. Etwa fünfundzwanzig Personen saßen im Zuschauerraum, alle lachten und waren begeistert. Meine Frau, der ich immer von einem Trauerspiel erzählt hatte, guckte mich nur vorwurfsvoll an.
Die Premiere wurde ein Riesenerfolg. Dieser Abend gehört zu den schönsten meines Lebens. Während des ersten Teils stand ich ganz hinten im Parkett und merkte beglückt, wie jede Pointe ankam. Edith Hancke war als Mutter Gräbert hinreißend und Klaus Sonnenschein als Oberkellner Pausewein »zum Küssen«, wie meine Frau sagte. Man hatte die ersten Reihen des Parketts herausgenommen, Tische und Stühle hingestellt, und Pausewein servierte Weißbier. Das gesamte Ensemble und die Musiker wurden gefeiert, und ich höre heute noch die Stimme des Hofschauspielers, dröhnend das »R« rollend – Arnold Marquis war als alter, etwas schwerhöriger Mime wunderbar. *Mutter Gräbert* kam nicht nur beim Publikum an, sondern auch bei der Kritik, was nicht oft passiert. Anschließend an die Premierenfeier stieß man auf meinen achtundsechzigsten Geburtstag an, alle gratulierten mir, zum Geburtstag und zum Erfolg, Herr Behrend nur zum Geburtstag.
Die Laurs vom Berliner Theaterclub kamen mit einer Riesentorte an, auf der die Titel aller meiner Stücke zu lesen waren. Die ganze Familie hatte drei Wochen lang etwas zum Nachmittagskaffee.
Mutter Gräbert wurde für das Fernsehen aufgezeichnet, der Süddeutsche Rundfunk gab das Geld, und der SFB stellte die Technik. Bevor das Stück gesendet wurde, mußten Klaus Sonnenschein und ich, auf Wunsch des Senders, es mindestens um ein Drittel kürzen. Sie hatten keinen Sendeplatz für das gesamte Stück, und so erlebten die Fernsehzuschauer nur einen Torso.
Jetzt hatte ich aber wieder Blut geleckt. Ich schrieb drei Stücke hinter-

Besetzungszettel aus dem Programmheft zur Uraufführung »Mutter Gräbert macht Theater«, Tribüne, Berlin, 8. Januar 1988 ▷

Uraufführung

Mutter Gräbert macht Theater

Ein Singspiel von Curth Flatow
Musik: Heinrich Riethmüller

Regie:	Klaus Sonnenschein
Musikalische Leitung:	Uli Schreiber
Bühnenbild:	Rainer Terweg
Kostüme:	Waltraut Mau
Choreographie:	Helga Wolf

Mutter Gräbert, Julie, geb. Pickenbach	– Edith Hancke
Oskar Pausewein, Kellner	– Klaus Sonnenschein
Wilhelm Schütz, Regisseur	– Klaus J. Rumpf
Carla Kaiser, Schauspielerin	– Henriette Gonnermann
Marie Spielhagen, Schauspielerin	– Alexandra Wilcke
Frau Bachmann, komische Alte	– Ursula Gerstel
Otto Bachmann, Komiker	– Horst Pönichen
Ferdinand Pickenbach, Schriftsteller	– Nicolas Wilcke
Victor Schulz-Dernburg, Hofschauspieler	– Arnold Marquis
Gustav Lehnhardt, Kapellmeister	– Horst Schultheis
Emil Klapottke, Musiker (Klavier)	– Uli Schreiber
Franz Müller, Musiker (Gitarre, Geige, Trompete)	– Michael Gechter
Paul Zuschke, Musiker (Kontrabaß)	– Bernd Dieterich/ Ulrich Goltz
Friedrich Wilhelm IV.	– Karl-Heinz Grewe
Zwei Kulissenschieber	– Thomas Trempnau André Freyni

Regieassistenz:	Bernhard Ferrari
Beleuchtung:	Jürgen Dormann/Jürgen Rost
Technische Einrichtung:	Andrè Freyni
Garderobe:	Angelika Held
Requisite:	Angela Brüggmann
Bühnenbildassistenz:	Franziska Hildebrand

– Eine Pause –

Aufführungsrechte: Felix Bloch Erben, 1000 Berlin 12

einander. *Verlängertes Wochenende, Zweite Geige* und *Das glückliche Paar*. Im ersten Stück geht es um zwei Stewardessen, die zusammen wohnen. Sie haben sich aus Versehen zur gleichen Zeit mit zwei Liebhabern verabredet, die erste mit einem Hallodri, die andere mit einem schüchternen Tierarzt. Es gibt ein ziemliches Kuddelmuddel, das sich natürlich zum Schluß in Wohlgefallen auflöst. Als das Manuskript fertig war, nahm es der Verlag Felix Bloch Erben zwar an, aber kein Theater wollte es uraufführen. Nach einigen Wochen merkte ich, woran das lag. Dem Stück fehlte etwas, und zwar eine fünfte Figur. Ich erfand die Ehefrau des versierten Casanovas, der gern und oft etwas mit fremden Damen anfängt, und die bringt vor der Pause mit ihrem Erscheinen eine große Überraschung. Im vierten Bild sorgt sie durch ihre Ansichten über die Ehe für viel Vergnügen. Dem Verlag gefiel das Stück noch besser, aber wieder biß kein Theater an. Eine Zeitlang hatte ich den Verdacht, jeder merkte, daß hier eine Figur eingefügt worden war. Aber das stellte sich zum Glück als Irrtum heraus.
Meinem Freund Wolfgang Spier hatte ich das Stück geschickt. Vier Wochen lang ließ er nichts von sich hören, dann rief ich ihn an, wollte etwas über Fernsehgagen wissen und fragte ihn am Schluß so ganz nebenbei, was er denn vom *Verlängerten Wochenende* hielte. Wolfgang drehte und wand sich, meinte, es wäre nicht so gut konstruiert und die Stewardessen hätten in Wirklichkeit nicht so lange Reißverschlüsse wie in dem Stück usw. Ich habe mich damals sehr geärgert und später feststellen können, daß auch versierte Theaterleute sich manchmal irren können. *Zweite Geige* fand er übrigens besser. Das Stück inszenierte er später auch. Von *Das glückliche Paar* war er begeistert. Das ist bis heute noch nicht am Kurfürstendamm gespielt worden.
Der Mai 1988 war sehr stürmisch. Ich machte zwei Reisen nach Wien, eine zu einer Diskussion über Kritiker, die andere zu einer Sendung über Peter Weck. Eine Reise war so überflüssig wie die andere. Dann flog ich nach Hamburg und habe an einer Sendung *Ein Abend für Georg Thomalla* mitgewirkt. Am selben Abend flog ich noch nach Hause, in der nächsten Zeit hatte ich andauernd Magenbeschwerden und Herzschwierigkeiten. Wenn ich es mir jetzt überlege, lag es bestimmt daran, daß sich kein Theater meldete.
Die Ehrenämter machten auch viel Arbeit. Bei der GEMA war ich im Aufnahme- und im Werkausschuß. Die Sitzungen fanden teils in Berlin, teils in München statt. Ich saß sehr oft im Flugzeug.

Die Dramatiker Union und die GEMA verliehen den Bolten-Baeckers-Preis (benannt nach dem Berliner Humoristen und Textdichter von Paul Lincke) an den *Linie 1*-Autor und Direktor des GRIPS Theaters Berlin, Volker Ludwig, und ich hielt im Interconti die Laudatio.
Nach einer Magenspiegelung, es war eine schreckliche Würgerei, machten wir wieder Urlaub in Pörtschach, besuchten Venedig, es gab viel Erfreuliches, aber mehr Unerfreuliches. Wie lange habe ich an meinem Lieblingsprojekt gearbeitet: *Sperrmüll*, der Geschichte zweier Müllfahrer, die sich zuerst hassen, aber zusammen fahren müssen und sich dann vertragen. Dem einen, dem Schwermütigen, ist die Frau weggelaufen, dem anderen laufen die Damen nur so zu. Die beiden holen in den Haushalten Sperrmüll ab und werden dabei in fremde Schicksal verwickelt. Mir gefiel es, meinen Freunden auch, dem ZDF nicht, und es ist nicht gedreht worden.
Jürgen Wölffer ließ nichts von sich hören, ich fühlte mich schlecht, ja unfair behandelt und fragte mich deprimiert, ob ich kein Komödienautor mehr wäre, wollte Schluß machen mit dem Schreiben, kurz und gut, ich sonnte mich in einem ganz tiefen Tief.
Für Otto Meissner und das ZDF schrieb ich das Fernsehspiel *Abschiedsvorstellung*, ein Stoff, an dem ich sehr hing. Er spielt in einem Altersheim für Schauspieler. Die Frau, die alle anderen erpreßt hat, stirbt plötzlich, man glaubt an einen Mord, den man vielen Insassen zutrauen konnte, aber im Pudding ist nur etwas zuviel Mandelaroma und kein Zyankali. Gudrun Genest, die in meiner Familienserie als empörte Kundin einen so gut wie stummen Auftritt hatte, in dem sie so herrlich war, daß sie dafür eigentlich einen Oscar verdient hätte, lag in der *Abschiedsvorstellung* nur als Leiche im Bild. Schade drum. Peter Weck führte Regie. Es ist ja so, daß kaum ein Autor das fertige Erzeugnis seiner Phantasie so wiederfindet, wie er es am Schreibtisch ja schon erlebt hat. In *Ich heirate eine Familie* hatte Peter Weck meine kühnsten Erwartungen übertroffen, bei der *Abschiedsvorstellung* war es leider anders, obwohl ihm doch gerade als Schauspieler der Umgang mit Kollegen gut liegen müßte. Mir fehlte die Atmosphäre. Vielleicht lag es auch an der Besetzung. Die von mir so hochverehrte Lola Müthel war viel zu jung und attraktiv für die alte Tragödin, beim Schreiben hatte mir Ida Ehre vorgeschwebt; der Provinztenor, der immer behauptet, er hätte in Bayreuth gesungen, was natürlich gar nicht stimmt, war Peter Pasetti, ein Herr, der, wenn er eine große Gesangsstimme gehabt hätte, von den

Wagners umgehend auf die Festspielbühne geholt worden wäre; Ullrich Haupt war der ehemalige Ballettsolist, der für seinen Freund gestohlen hat; Klaus Schwarzkopf der alte Komiker – dafür hatte ich mir Martin Held gewünscht –, Susi Nicoletti die Soubrette – gut wie immer, ich bin ein Fan von ihr –, auch Anne-Marie Blanc hatte nicht einen falschen Ton.

Vielleicht lag es auch an dem nicht gelungenen Kontrast zwischen den etwas verlogenen Künstlern und dem Kommissar, den Eberhard Fechner verkörperte. Dafür hatte ich mir Manfred Krug vorgestellt, einen etwas ruppigen Beamten, scheinbar ungebildet, seine Sensibilität geschickt hinter seiner rauhen Schale verbergend. Das Fernsehspiel war leider nicht gut, ob es auch an mir lag, werde ich merken, wenn der Roman fertig ist.

Im Mai starb mein Freund Walter Gross. Ich habe ihn sehr gern gehabt. Er war der anständigste Mensch, den ich bis dahin kannte. Nie habe ich ihn über einen Kollegen oder eine Kollegin schlecht sprechen hören. Fast fünfzig Jahre waren wir miteinander befreundet. Oft sind wir zusammen durch den Grunewald geradelt, er war zwar viel älter als ich, aber immer schneller. Walter war ein herrlicher Kabarettist, konnte Reden halten, in denen eigentlich gar nichts stimmte, was er sagte, paßte überhaupt nicht zusammen, aber man konnte sich halb totlachen. Diese Komik – sie hatte etwas Surrealistisches – wurde aber von niemand richtig erkannt und ausgenutzt.

An seinem achtzigsten Geburtstag fand ein großes Fest im Hotel Geerhus (jetzt heißt es Ritz-Carlton) statt. Inge, Walters Frau, hatte alles organisiert. Er brauchte sich um nichts zu kümmern, nur zu freuen. Und das tat er auch. Wie er aussah, habe ich in meinem Geburtstagsgedicht beschrieben:

Schlank die Taille, dünn die Haare
auf dem höchst markanten Haupt.
Heute wird er 80 Jahre,
sagt er. Ob das einer glaubt?
Stimmt es, dann beweist der Walter:
80 Jahre sind kein Alter.

Er hat nichts von einem Greise,
wenn sein Blick so sanft verschmitzt
munter und so gar nicht weise

durch die Brillengläser blitzt,
60 – spätes Mittelalter –
gibt man höchstens unserem Walter.

And're haben zu viel Pfunde,
kämpfen stets mit dem Gewicht
und verlieren jede Runde,
aber unser Walter nicht.
Er hielt Maß und – so was freut doch –
Steinhardts Jacken passen heut' noch.

Sein Gemüt ist schlichtweg sonnig,
und sein Gang wirkt nie betagt,
tanzen tut der Junge wonnig,
hat mir meine Frau gesagt.
Er bleibt Buffo, wurd' nie älter,
tränkt ihn Inge auch mit Selter.

Ihn vor Schaden zu bewahren,
warnt sie sanft und manchmal grob
und behält mit zwei, drei Klaren
selber einen klaren Kopp;
will früh weg von jeder Sause
und kommt nie vor vier nach Hause.

Walter weiß: Wie wenig bliebe
ihm – allein auf dieser Welt,
Inge gibt ihm so viel Liebe
und so wenig Taschengeld.
Doch er ist stets guter Dinge,
seine Sorgen macht sich Inge.

Er hält herrlich krause Reden,
fast absurd, doch mit Humor.
Jeder liebt ihn, er liebt jeden.
Als fast lupenreiner Tor
steht er da in der Gemeinde
ohne Arg und ohne Feinde.

Laßt uns jetzt die Gläser heben
und ihn leben lassen … doch

nicht nur hoch soll Walter leben
nein, auch möglichst lange noch.
80 Jahre sind kein Alter,
wenn man sich so fühlt wie Walter.

Freundschaft ist was Wunderbares,
Freunde sind, das finde ich
leider etwas schrecklich Rares,
ich bin glücklich, ich hab' Dich.
Darum bleib' gesund, mein alter
Freund und Weggenosse Walter.

Ach, sein Herz soll man verstecken,
jeder sieht, wohin das führt,
denn ich merke mit Erschrecken,
jetzt hab' ich mich selbst gerührt.
Drum, bevor uns Tränen winken,
woll'n wir lieber auf Dich trinken.

Prost!

Oft denke ich heute noch an die Pressebälle, die wir gemeinsam erlebten. Walter tanzte mit meiner Frau so elegant wie ein Berliner Fred Astaire, und wir haben so oft zusammen gelacht.

Am Ende seines Lebens wurde Walter sehr krank. An seinem fünfundachtzigsten Geburtstag saß er teilnahmslos in einem Sessel mitten im Raum, und ich hatte das Gefühl, daß er manche Besucher gar nicht erkannte, aber dann kam Harald Juhnke, sprach irgendeinen Satz aus einem gemeinsamen Film, da wachte mein Freund plötzlich auf und strahlte vergnügt.

An Walters achtzigstem Geburtstag erschienen auch Georgia und Rudolf Platte. Sie kamen spät und sahen, obwohl jünger, viel älter aus als das Geburtstagskind und krank. Das waren sie wahrscheinlich damals schon. Ich erinnere mich noch an die Zeitungsberichte über Georgia Plattes Zusammenbruch, in München setzte man ihr damals einen Herzschrittmacher ein. Wenige Monate später legten sich beide in dasselbe Krankenhaus, und Georgia starb kurz darauf. Ich wollte Platte kondolieren. Inge Gross, die mit ihm eng befreundet war, gab mir seine Nummer. Ich telefonierte mit ihm, er war sehr gefaßt. Ich glaube, er wußte, daß ihm nicht mehr viel Zeit blieb. Am nächsten Tag stand er auf, verließ das Krankenhaus für ein paar Stunden, um seine Angelegenheiten zu regeln, und wenige Stunden später war er tot. Die Trauerfeier sollte geheim bleiben, und wir saßen fast allein im Krematorium. Die Zeitungen riefen an und wollten unbedingt wissen, wo die Plattes beerdigt würden, um Fotos zu machen. Als die Urnen in die Erde gesenkt worden waren, rief ich die Presse an und sagte den Fotografen, daß die zwei kleinen Löcher in der Erde bestimmt kein besonders attraktives Bild abgeben würden.

Eine bekannte Rundfunk- und Fernsehzeitung bat mich, einen Nachruf zu schreiben. Das tat ich auch und erwähnte am Schluß, daß ich Platte für den besten »Hauptmann von Köpenick« hielt. Das tu ich heute noch. Er war in der Fernsehinszenierung von Rainer Wolffhardt so arm, so rührend, so richtig wie kein anderer. Diesen Satz hat die Redaktion dann gestrichen. Ich nehme an, aus Rücksicht auf Heinz Rühmann.

Am 4. Juli notierte ich in meinem Tagebuch: »Deprimiert! Keine Lust mehr zum Arbeiten! Bin ich krank? Oder ist es das Alter?«

Ich war damals in einer schwierigen Situation. Meine Frau Kühlhorn, die sechs Jahre lang meine Mitarbeiterin war, mußte aufhören, weil sie schwer krank wurde. Es war nicht leicht, jemand zu finden, der morgens frisch und munter ankommt, der gern lacht, kurzum, ein angenehmes Gegenüber. Ich mußte einige Damen an der Schreibmaschine ausprobieren, bis ich dann Frau Joachim fand, die mir heute noch fröhlich gegenübersitzt, obwohl sie mich schon über neun Jahre lang erträgt.

Ich hatte ein neues Lustspiel für Edith Hancke und Klaus Sonnenschein angefangen und auch schon einen Titel dafür gefunden: *Eine Ehe nach Maß*, später änderte ich ihn in *Keine Ehe nach Maß*. Für Thomalla schrieb ich zwei Specials, wie man so etwas heute nennt. Beide wurden leider nicht gut, es gab sogar eine Steigerung. Das zweite wurde noch schlechter als das erste. Aber das lag nicht an mir allein. Das war natürlich kein Trost.

Im Herbst rief Claus Helmer an, der Direktor der Komödie in Frankfurt. Er sagte mir, daß er vorhätte, *Das Geld liegt auf der Bank* mit Thomalla herauszubringen. Das war mir eigentlich gar nicht recht, denn ich hatte vor, noch ein paar Jahre mit der Wiederaufführung des Stückes zu warten. Aber Thomalla wollte gern, und so sagte ich zu.

Der 9. November 1989 kam heran. Der Tag, an dem die Mauer fiel. Die Menschen umarmten sich. An der Grenze warteten die Westler mit Sekt. Am nächsten Tag war der Kurfürstendamm mit Trabis zugeparkt. Alle waren damals so glücklich. Einige sind es heute nicht mehr. Die Rezession, die Arbeitslosigkeit führte dazu, daß sich auf beiden Seiten viele nach der Vergangenheit sehnen. Wir West-Berliner, weil wir jetzt keine hochsubventionierte Insel mehr sind, ausgestattet mit Steuerpräferenzen, und viele der Menschen in den sogenannten neuen Ländern haben vergessen, daß die DDR kurz vor dem Zusammenbruch stand, denn der ganze Ostblock, die Kunden der Deutschen Demokratischen Republik, hatten kein Geld mehr, etwas bei ihnen einzukaufen.
Es hat sich so manches geändert, leider. Wenn man früher mal auf der anderen Seite der Mauer war, also die DDR besuchte, wurde man meistens freudig begrüßt. Ich erinnere mich noch an den Tag im Oktober 1967, an dem mich die Jussenhovens mit dem Auto abholten und mit mir nach Dresden fuhren. In der Staatsoperette war Premiere von *Cyprienne oder Scheiden tut nicht weh*. In Dresden fragten wir nacheinander fünf Vopos nach dem Weg. Zu unserer größten Überraschung war erst der sechste ein echter Sachse. An der deutsch-deutschen Grenze hörte man den Dialekt damals viel öfter.
Über die Aufführung gibt es nicht viel zu sagen. Professor Steiner, der liebenswürdige Intendant, erzählte mir nachher, daß man dem Tenor eine Chance geben wollte, deshalb hätte man ihm die männliche Hauptrolle, in der er sehr viel Dialog zu sprechen hatte, anvertraut. Mir wäre es, ehrlich gesagt, lieber gewesen, man hätte ihm in einem anderen Stück eine Chance gegeben. Er machte nämlich vor jeder Pointe eine kleine Pause. Daraufhin kam sie natürlich nicht an. Der breite Orchestergraben schützte ihn, sonst wäre ich auf die Bühne gesprungen. Entzückend war eine junge Sängerin und Schauspielerin, die einen Extraapplaus bekam und in die ich mich prompt verliebte. Die Sache war leider aussichtslos. Wir tanzten zwar zusammen, aber zu der Musik, die ihr Freund am Flügel machte. In ihrer Ein-Zimmer-Wohnung logierten ihre Eltern, die zur Premiere eingeladen waren, und wir Westler mußten am nächsten Tag wieder abreisen. *Romeo und Julia* war eine Komödie gegen unser Verhältnis, das leider keins wurde. (Wir schreiben uns noch heute ab und zu.) Aber es wurde nach Schluß der Vorstellung doch noch ein reizender Abend. Professor Steiner und das ganze Ensemble freuten sich über unseren Besuch, und wir führten in-

teressante Gespräche. Alle waren herzlich, wir verstanden uns gut, Ost und West spielten keine Rolle. Wir Theaterleute sind eine große Familie, nicht nur bei uns, sondern auf der ganzen Welt.
Neulich waren wir, mein Freund Horst Pillau und ich, in einem Kabarett im ehemaligen Ostsektor von Berlin. Wir tranken an der Theke ein Glas Wein und unterhielten uns mit der Dame, die uns einschenkte. Ich erzählte, daß ich den Hausautor kenne, und während des Gesprächs fiel der Name der Hauptdarstellerin und Chefin des Etablissements.
»Frau Dr. X spielt heute«, erzählte uns die freundliche Dame.
»Ach, Frau *Doktor* X«, wiederholte ich, da ich nicht wußte, daß die Kabarettistin einen akademischen Grad besaß und wollte mir das merken, damit ich nicht vergaß, sie mit dem Titel anzusprechen.
Diese Wiederholung kam falsch an. »Auch in der DDR gab es Leute, die einen Doktor haben!« belehrte mich die Dame an der Theke etwas von oben herab. Honecker hätte seine Freude an dem Satz gehabt. Die Deutsche Demokratische Republik hat viele Spuren in den Köpfen und Herzen ihrer Bewohner hinterlassen, in diesem Fall etwas zuviel.
Das Programm war übrigens gut, geistreich, hervorragend gebracht, aber irgendwie wurde man das Gefühl nicht los, die da oben auf der Bühne glauben, sie sind die Verlierer und wir die Sieger. Dabei haben wir doch alle viel verloren, aber haben wir nicht auch sehr, sehr viel gewonnen? Ich finde, ja.
Am 11. November 1989 fuhr ich mit Dr. Köhler und seiner Frau nach Parchim. Im dortigen Mecklenburgischen Landestheater war Premiere von *Der Mann, der sich nicht traut*. Wenn Ostler früher in den Westen reisten, bekamen sie ein sogenanntes Begrüßungsgeld. Als wir uns jetzt in Stolpe den ostdeutschen Grenzern näherten, kündigte ich dem Ehepaar Köhler mit absolut ernster Miene an, daß ich die Herren jetzt fragen würde, wo es denn hier das Begrüßungsgeld gäbe. Ich glaube, die Köhlers waren erst beruhigt, als wir den Berliner Ring erreichten. Auf dem Weg nach Parchim entdeckten wir eine Abzweigung, die zu einem Ort namens Flatow führte. Dr. Köhler bog sofort ab. Unter dem Ortsschild wurde von mir ein Erinnerungsfoto geknipst, und dann fuhren wir hinein in diese trostlose Ortschaft. Auf dem großen Dorfplatz parkten wir, tranken mitgebrachten Kaffee und aßen von Frau Köhler selbstgebackene Torte. Der Ort schien menschenleer. Einmal tuckerte ein alter Mann auf einem Traktor vorbei. Auch ein Radfahrer ließ sich in der Ferne blicken, eine Gardine wurde kurz gelüpft, sonst tat sich nichts,

obwohl wir über eine halbe Stunde dort hielten. Ich merkte, daß ich mit dem Dorf meines Namens keinen Eindruck schinden konnte und bat den Verleger, schnell weiterzufahren.
Bei Dunkelheit kamen wir in Parchim an, aßen eine Kleinigkeit in einem Lokal und erkundigten uns bei der sehr hübschen Kellnerin, wann sie denn mal zu uns nach Berlin kommen würde. »Ich war heute nacht schon da«, verriet sie uns lächelnd.
Die Premiere soll, wie man uns versicherte, ausverkauft gewesen sein. Das Theater war aber höchstens dreiviertel voll. Die anderen Besucher hatten die Premierenkarten sausen lassen und waren lieber nach Berlin gefahren. Während des Schlußapplauses eilte ein weißgekleidetes junges Mädchen zu uns nach oben – es gab eine Treppe, die zum Rang führte – und überreichte mir einen Blumenstrauß. Es war rührend, genau wie die Aufführung. Noch in derselben Nacht fuhren wir wieder nach Hause.
Eines Tages rief mich Alfons Höckmann an, der mit seiner Frau Ingrid Braut die Komödie in Düsseldorf leitet. Er fand, daß *Verlängertes Wochenende* zwar nicht so viele Pointen hätte wie *Der Mann, der sich nicht traut*, aber er wollte es uraufführen. Die Hauptrolle sollte Klaus Kaluscha spielen. Den kannte ich noch nicht. Sie schickten mir ein Video von einem Stück, in dem er mitgewirkt hatte. Er gefiel mir überhaupt nicht, ich bat Höckmann händeringend, einen anderen Schauspieler zu engagieren, aber sie wollten keine andere Besetzung. Ich war tief beunruhigt.
Jetzt warf ein großes Ereignis seinen Schatten voraus, ein Schatten, in dem ich mich sonnen sollte: mein siebzigsten Geburtstag. Für den Abend mietete ich einen Saal im Hotel Palace, lud alle Menschen, mit denen ich einmal gearbeitet hatte, natürlich nur die netten, ein, meine Verwandten und Freunde, bestellte ein kaltes Buffet und suchte die Getränke, die serviert werden sollten, aus. 110 Gäste hatte ich eingeladen, 135 kamen.
Schon vor dem 9. Januar ging es los, Rundfunkinterviews, Fernsehaufnahmen, Besprechungen in den Zeitungen. Am Morgen meines Geburtstages rief schon um sechs Uhr ein Sender an, dann in Viertelstundenabständen die nächsten, es kamen Telegramme und Gratulationen vom Bundespräsidenten über den Bundeskanzler zum Regierenden Bürgermeister und sogar vom Kultursenator.
Am Vormittag gab die Dramatiker-Union in der Akademie der Künste

einen Empfang für mich, Reden wurden gehalten, die schönsten von Horst Pillau und Wolfgang Gruner, ich mußte antworten, Raimund Rosenberger überreichte mir den Bolten-Baeckers-Preis, Eckhard Schulz, der Geschäftsführer der Dramatiker Union, ein *Buch der Freu(n)de*, Glückwünsche von A–Z, von ihm selbst initiiert und gesammelt, er hatte es auch noch wunderhübsch einbinden lassen. Ich bedankte mich gerührt und war angenehm überrascht, daß ich so viele Freunde habe. Damit hatte ich gar nicht gerechnet.
In meiner Abendeinladung bat ich, mir nichts zu schenken und das dafür vorgesehene Geld für herzkranke Kinder zu spenden. Zwei Monate später bekam ich die Liste der Spender zugeschickt. Einige hatten viel Geld geschickt, einige, die viel Geld haben, überhaupt nichts. So lernt man die Menschen kennen.
Das Geschenk, über das ich mich am meisten gefreut habe, hätte ich viel lieber nicht bekommen. Der Sohn von Heinz Gietz brachte mir die handgeschriebenen Noten von »Unsere Stadt hört doch nicht am Brandenburger Tor auf« mit. Sein Vater, mit dem ich so viel und so gern zusammengearbeitet hatte, war Ende 1989 ganz überraschend gestorben. Er war ein großer Komponist der leichten Muse, den wir heute noch vermissen, ich ganz besonders. Im März mußten wir auch Abschied von Fritz Schulz-Reichel nehmen, einem ganz alten Freund. Wenn man in einem bestimmten Alter ist, wird es langsam leer um einen herum.
Im April 1990 fuhr ich ein paarmal zu den Proben von *Das Geld liegt auf der Bank* nach Frankfurt. Herr Helmer und vor allem Georg Thomalla legten großen Wert darauf. Am 12. war Premiere, alles kam gut an. Ich war froh, daß ich Nora von Collande als Partnerin vorgeschlagen hatte. Sie war in der Doppelrolle Mutter/Tochter hinreißend und vertrug sich sehr gut mit Thomy. Eckart Dux spielte sehr überzeugend und mit Charme den Großverleger. Wir feierten die Premiere, Brigitte und ich erholten uns anschließend noch ein paar Tage in Gravenbruch.
Am 23. Mai fand die Uraufführung von *Verlängertes Wochenende* in der Düsseldorfer Komödie statt. Ich war schon ein paar Tage vorher zu den letzten Proben vor Ort und sah ein, daß ich mich völlig geirrt hatte. Ich mußte meinem Hauptdarsteller Abbitte leisten. Klaus Kaluscha war als Tierarzt Dr. Kretschmer ein Liebhaber zum Liebhaben und seine Partnerin, eine ganz junge Schauspielerin, Yamuna Vanamali, mit Recht entdeckt worden. Brigitte flog zur Premiere ein und feierte mit. Wir waren alle sehr glücklich. Es ist für einen Autor ein herrliches Gefühl,

Uraufführung

VERLÄNGERTES WOCHENENDE

Vier Bilder unter einem Dach von Curth Flatow

INSZENIERUNG:	ALFONS HÖCKMANN
BÜHNENBILD:	KLAUS U. JACOB
KOSTÜME:	HANNS FRIEDRICHS
REGIE-ASSISTENZ:	ANNELIE KOCH
BELEUCHTUNG:	MANFRED NIES
FRISUREN:	POLLY ANDERS
INSPEKTION:	LUTZ SCHÄDLICH

PERSONEN

DR. KRETSCHMER .... KLAUS KALUSCHA

KARIN .... YAMUNA VANAMALI

DORIS .... BRIGITTE STROBEL

RICARDO BRÜCKNER .... RICHARD PÜRKHAUER

CHRISTINE .... SUSANNE ALTWEGER

Eine Schildkröte .... MAX

Ein Basenji .... IRETTE

PAUSE NACH DEM 2. BILD
(Das Pausen-Ende wird auch im Cafe "Fundus" eingeläutet).

Die Dekoration wurde in eigenen Werkstätten hergestellt.
Leitung: Bodo Wallerath

Aufführungsrechte: Verlag FELIX BLOCH ERBEN, Berlin

Es stellten freundlicherweise zur Verfügung:
TEPPICHE – KUNSTHAUS „SORAYA"
LAMPEN – MÖSCH-WILKE KG Düsseldorf

wenn man merkt, daß Minen, damit meine ich die Pointen, die man Monate vorher am Schreibtisch gelegt hat, genau an der richtigen Stelle hochgehen. Die Lacher kamen alle, und eine kleine, ebenfalls vorgesehene Träne wurde auch zerdrückt.

Wolfgang Rademann war inzwischen schon ein paarmal bei mir gewesen. Er brauchte, wie er sagte, ein bis zwei Beiträge für eine Peter-Alexander-Show, die im Berliner Friedrichstadtpalast vom ZDF aufgezeichnet werden sollte.

Mitte Juli flog ich mit der PanAm – schade, daß es die nicht mehr gibt – nach Frankfurt und von dort aus mit einer zweipropellerigen Maschine der Tyrol-Airways nach Klagenfurt. Dort holten mich Rademann, Harald Müller, der Redakteur, und der Regisseur Ekkehard Böhmer vom Flugplatz ab. Ich kam pünktlich an, mein Gepäck nicht, das erhielt ich erst am nächsten Abend. Leider waren da auch die Herztabletten drin, die ich jeden Morgen nehmen mußte. Wir fuhren rasch am Hotel vorbei, wo ich meinen Koffer ja nun nicht abstellen konnte, aber der Portier sollte wenigstens erfahren, daß ich in Klagenfurt gelandet war. Dann sausten wir sofort raus zu Peter Alexander, der ein reizendes Haus direkt am Wörther See besitzt. Dort fanden die ersten Vorbesprechungen statt. Frau Alexander ließ uns ein sehr nahrhaftes Essen servieren. Wir arbeiteten, und mir wurde langsam klar, daß ich die ganze Sendung schreiben sollte.

Am nächsten Morgen ging ich in Klagenfurt zu »Quelle«, kaufte mir Rasierzeug, Zahnbürste und -pasta, Strümpfe, Unterwäsche und ein Oberhemd, alles auf Kosten der Fluggesellschaft. Danach wieder Besprechungen, Paul Kuhn reiste an, die Lieder, die wir brauchten, wurden festgelegt. Es waren wunderbare, sonnige Tage, an denen uns viel einfiel. Peter Alexander ist ein herrlicher Kumpel, hochmusikalisch, er kann viel mehr, als die meisten wissen – Sie sollten ihn mal am Klavier jazzen hören. Frau Alexander ist eine vorbildliche Gastgeberin mit viel Charme, und als ich zurückflog, hatte ich schon eine gewisse Ahnung, wie die Sendung aussehen könnte, außerdem Übergewicht.

In Berlin schrieb ich die Liedertexte und Conférencen, einige Sketche von anderen Kollegen kamen dazu, darunter ein irrsinnig komischer von Dieter Finnern. Dafür brauchte man eine Komikerin, die im Fernsehen noch nicht so bekannt war, weil sie eine Frau aus dem Publikum spielen sollte. Ich empfahl Dagmar Biener, von der alle begeistert waren, eine echte Begabung.

◁ *Besetzungszettel aus dem Programmheft zur Uraufführung »Verlängertes Wochenende«, Komödie, Düsseldorf, 23. Mai 1990*

Die Musikaufnahmen machten wir im Cornet-Studio. Günter Pfitzmann traf ein. Er nahm ein Duett mit Peter Alexander auf, lauter verrückte Nummern aus den Zwanziger Jahren, die ich etwas umgetextet hatte, und »Mein Berlin ist wieder ein Berlin, ich könnte schrei'n, Berlin, vor lauter Glück«. Dafür war es der allgemeinen Stimmung nach schon etwas zu spät. Heute würden zwar einige schrei'n, aber nicht vor Glück. Peter nahm seine Lieder auf. Eines davon sang er sechsmal, bis er und seine Hilde zufrieden waren.

Im Kölner Hotel Maritim saßen wir zur Redaktionssitzung mit der Produktionsleiterin und allen Beteiligten zusammen. Rademann hatte meine Conférencen schon etwas gekürzt, ich schreibe ja immer reichlich. Tja, und dann begannen die Proben in Berlin. Nicht nur im Friedrichstadtpalast für die Alexander-Show, sondern auch am Kurfürstendamm für *Das Geld liegt auf der Bank*. Es war eine aufregende Zeit. Ich mußte andauernd hin und her pendeln.

Eines Tages nahm mich Wolfgang Rademann beiseite und verriet mir, daß es ihm eben gelungen wäre, Heinz Rühmann für die Show zu verpflichten. Ich gratulierte ihm dazu und erkundigte mich, was Rühmann vortragen sollte. »Das müssen Sie schreiben, ist doch klar!« antwortete Rademann. Ich setzte mich im Büro an die Maschine, der erste Entwurf war nicht gut, aber der zweite gefiel mir. Ich spielte auf Rühmanns Alter an. Man sagte mir, daß er siebenundachtzig Jahre alt wäre. Der Text, den ich schrieb, lautete etwa so:

Peter Alexander:	Lieber Herr Rühmann, ich verehre Sie sehr und bin richtig glücklich, daß Sie sich diesen weiten Weg gemacht haben, aus Starnberg hierher zu uns.
Heinz Rühmann:	Aber Herr Alexander, ich bin die Strecke ja nicht gelaufen.
Peter Alexander:	Aber bitte nicht bös' sein, Sie sind ja immerhin schon …
Heinz Rühmann:	87 Jahre! Also ich finde, 87 Jahre sind kein Alter. Das wird Ihnen jeder Hundertjährige bestätigen!

Der Text wurde nach Bayern gefaxt. Am nächsten Tag klingelte bei mir das Telefon. Heinz Rühmann war am Apparat. »Herr Flatow, Sie müssen etwas ändern«, begann er. Ich bekam einen Heidenschreck, denn ich kannte ja schon vom Film her seine vielen Änderungswünsche.

»Was denn?« fragte ich beklommen.

»Nicht siebenundachtzig, sondern achtundachtzig! Ich bin nämlich schon achtundachtzig«, meinte Rühmann, und ich hatte das Gefühl, daß er dabei lächelte.

Die Alexander-Show *Ein Herz für Berlin* wurde vom Publikum im Friedrichstadtpalast stürmisch gefeiert, und die Einschaltquoten – die sind ja für das Fernsehen immer besonders wichtig – waren auch hoch. Peter Alexander habe ich wieder einmal bewundert. Wie souverän dieser Mann ist, wie gut er ein Chanson »verkaufen« kann und wie bescheiden er hinter Heinz Rühmann zurücktrat, als das Publikum ihm minutenlang stehend applaudierte! Uns allen kamen die Tränen. Da betrat nun einer der letzten großen deutschen Filmstars leibhaftig die Bühne, klein und alt geworden, aber so glücklich über die Liebe, die ihm über die Rampe entgegenströmte. Heinz Rühmann setzte die ersten Pointen ganz sicher und dann, überwältigt von dem Beifall, verhaspelte er sich etwas, aber Peter Alexander half ihm ganz geschickt, suggerierte ihm förmlich die Sätze, die er vor Aufregung vergessen hatte.

Am nächsten Abend hatte Georg Thomalla Premiere im Theater am Kurfürstendamm. Er spielte die Platte-Rolle des erst vierzigjährigen und dann achtzigjährigen Geldschrankknackers noch besser als in Frankfurt. Es wurde viel gelacht, man war gerührt, ich freute mich über seinen Erfolg und den von Nora von Collande. Den Verleger spielte wieder Eckart Dux und den Schuldirektor Utz Richter. Im vorletzten Bild trat dann der Vertreter für Alarmanlagen auf. Lutz Reichert hatte nur diesen einen Auftritt, aber er erhielt jeden Abend einen Abgangsapplaus. Manchmal begann der kollegiale Thomalla, der bei seinem Abschied mit dem Rücken zum Publikum stand, verstohlen anzuklatschen. Das Stück lief fünf Wochen lang vor ausverkauftem Haus.

Ich ging oft abends in die Vorstellung, und immer, wenn ich am Anfang hinter die Bühne kam, saß Utz Richter schon mindestens eine Viertelstunde lang vor seinem Auftritt auf einem Stuhl und bereitete sich vor. Mir hatte er schon einige Jahre vorher als jüdischer Obst- und Gemüsehändler in *Cabaret* so gut gefallen. Als ich ihm das damals bei der Premierenfeier sagte, guckte er mich groß an. »Erkennen Sie mich denn nicht wieder? Sie haben mir doch damals, als ich auf der Tournee vom *Fenster zum Flur* mitspielte, gesagt, ich wäre Ihr bester Klempner!« Mir war es schrecklich peinlich, daß ich das vergessen hatte. Aber leider läßt mich mein Gedächtnis immer wieder im Stich.

Am 18. September fuhren Dr. Köhler und ich nach Hannover. Im kleinen Neuen Theater in der Georgstraße brachte James von Berlepsch das *Verlängerte Wochenende* heraus und spielte selbst den Tierarzt. Ich hielt ihn eigentlich für zu alt für die Rolle, aber nach den ersten fünf Minuten war ich von ihm begeistert. Er ist nicht nur ein guter Direktor, sondern auch ein herrlicher Komödiant. Es wurde eine erfolgreiche Serie, eine ganze Saison lang lief das Stück in seinem Theater.

Mitte Dezember brachte uns Frau Joachim mit ihrem Wagen nach Schönefeld. Brigitte und ich flogen mit der Malev nach Budapest. Die ungarische Maschine sah wie eine etwas verkleinerte Boeing 727 aus, wirkte auch schon etwas klapprig, die Sitze waren, wie Regiestühle, mit Leder bespannt, aber sie flog ruhig, und es gab an Bord die beste Verpflegung, die mir je in einem Flugzeug geboten wurde.

In Budapest erwarteten uns Ilona und Attila Dobosch, der Komponist, der aus meinem Stück *Der Mann, der sich nicht traut* eine Art Musical gemacht hatte. Zuerst fuhren wir ins Theater, wo uns die Darsteller begrüßten und zwar sehr herzlich. Ich glaube, ich bin in meinem ganzen Leben nicht so viel geküßt worden wie in diesen zwei Tagen, von den Damen wie von den Herren. Es war überwältigend. Wir hatten nur eineinhalb Stunden Zeit, um auszupacken und uns auszuruhen. Dann wurden wir in ein Lokal eingeladen, in dem Zigeuner spielten, die gar nicht von unserem Tisch wichen. Das Schmalz tropfte förmlich von den Saiten.

Am nächsten Morgen sahen wir uns Budapest an. Leider roch es in den Straßen so intensiv nach Zweitaktermotoren, daß wir Kopfschmerzen bekamen. Im berühmten literarischen Café »New York« aßen wir zu Mittag, kauften dann Blumen für die Damen und Wodka für die Herren. In Abendkleid und Smoking trafen wir im Theater ein, hatten Mittelplätze in der ersten Reihe, und drei Minuten später begann die Vorstellung. Im Orchesterraum spielten zwei Herren an zwei Flügeln, dazu gab es noch eine kleine Rhythmusgruppe. Nach der kurzen Ouvertüre lehnten wir uns zurück und verfolgten die Vorstellung. Verstanden haben wir natürlich kein Wort, weder vom Dialog noch von den Liedertexten. Aber der Handlung konnten wir folgen, die kannten wir ja. Und nun passierte etwas Überraschendes. Es gibt in diesem Stück die kleine Rolle eines Piloten, der nur eine Szene hat und ein Telefongespräch führen muß. Der Darsteller der Uraufführung in Berlin hatte noch eine Szene, mußte aber am Tag der Einspielvorstellung abends nach Mün-

chen fahren. Deshalb haben wir den zweiten Auftritt weggelassen. Da das Stück sowieso zu lang war, wurde er gestrichen und ist nie wieder gespielt worden. Der Budapester Pilot erschien plötzlich vor dem Vorhang, hinter dem umgebaut wurde, sang ein Chanson, zu dem er sich selbst auf der Gitarre begleitete, und dann fing er plötzlich an zu jodeln und das in Budapest! Ich mußte so lachen, daß alle Sitze der ersten Reihe wackelten. In der Pause gingen wir nach hinten und tranken Wodka. Nach dem Verbeugen vor dem eisernen Vorhang am Schluß der Vorstellung gab es wieder Wodka, es hagelte noch einmal Küsse. Diese Premiere war die feuchteste, die ich je erlebt habe, äußerlich wie innerlich. Zum Glück brachte uns ein Taxi ins Hotel, wo wir überraschenderweise unser Bett nicht verfehlten. Ich zumindest sah das Doppelbett doppelt. Am nächsten Morgen startete die Malev zehn Minuten früher als vorgesehen. Nach einer Stunde landeten wir in Schönefeld, und die Fahrt mit dem Taxi nach Dahlem dauerte mindestens genausolange.
Am Abend darauf fand in der Tribüne die Trauerfeier für Arnold Marquis statt. Nun gab es diesen großen Schauspieler mit der unverwechselbaren Stimme auch nicht mehr. Immer, wenn alte John-Wayne-Filme im Fernsehen laufen oder andere – er hat sehr viel synchronisiert –, höre ich ihn und sehe ihn vor mir. Er hat sich selbst ein akustisches Denkmal gesetzt.
Am Heiligabend machten wir, wie in jedem Jahr, unsere Friedhofstournee, wie wir das nennen. Wir besuchten die Gräber unserer Lieben. Wir gehen immer zu Brigittes Mutter und Vater, zu unserer Mutter, zu Tante Fine und zu Ursula.
1991 verlebte ich zum ersten Mal meinen Geburtstag nicht in Berlin. Brigitte und ich flogen nach Malaga und wurden dort von Pamela abgeholt. Am 9. Januar frühstückten wir noch miteinander, ich bekam entzückende Geschenke, und dann verbrachte ich den größten Teil meines Geburtstags in zehntausend Meter Höhe.
Der Januar des Jahres war überschattet vom Golfkrieg. Wieder wurden Tausende von Menschen getötet, es herrschten Hunger und Verzweiflung. Kuwait wurde zwar befreit, aber wir nicht von Sadam Hussein. Unter den Sanktionen, die verhängt wurden, litten und leiden immer noch nur die einfachen Menschen im Irak. Man saß damals zu Hause vor dem Fernsehapparat, erlebte das Abfeuern und Einschlagen der Raketen im Irak und in Israel, die eigenen Probleme wurden plötzlich so klein, und wir waren dankbar, daß wir in Frieden lebten.

Günter Schwenn starb, auch ein alter Freund und Mitstreiter in der Dramatiker-Union. Er war lange krank gewesen, von seiner Frau liebevoll gepflegt worden. Jetzt gab es eine Trauerfeier im Krematorium. Heinz Korn, der Vorsitzende des Textdichterverbandes, sprach, es folgten Norbert Schultze und am Schluß ich. Günter war einer der erfolgreichsten deutschen Textdichter und hatte in den letzten Jahren Musicals mit Franz Grothe und Paul Kuhn geschrieben.
Die Proben zu *Zweite Geige* begannen in der Komödie am Kurfürstendamm. Wolfgang Spier führte souverän und gut aufgelegt wie immer Regie. Ich war etwas bedrückt, denn als ich die Dekoration sah, bekam ich einen Schreck. Das Stück handelt von einem Mann, Mitte bis Ende Vierzig, der im Orchester eines Stadttheaters zweite Geige spielt. Auch die Arbeit spielt in seinem Leben nur die zweite Geige, er lebt nicht, um zu arbeiten, er arbeitet nur, um davon leben zu können. Er ist bescheiden, hat große Erfolge bei den Tänzerinnen des Theaters und ist eigentlich glücklich. Manchmal denkt er noch an seine erste große Liebe, die ihn verließ, weil er sie betrogen hat. Sie heiratete dann einen Chefarzt. Der ist das ganze Gegenteil von ihm, ein Workaholic, die Frau verläßt ihn, weil er sich so wenig um sie kümmert, kommt zu ihrem Jugendfreund zurück – der liebenswerte Klaus Wildbolz spielte ihn. Er soll, laut Buch, in einer winzigen Dachwohnung leben und erschrickt, wenn seine Jugendfreundin plötzlich bei ihm einziehen will. Die Dekoration nun war hell und viel zu groß. Man hatte mehr an den Kurfürstendamm gedacht als an die Dramaturgie des Stückes. Der Schluß, das spürte ich auf den Proben, war nicht stark genug. Mir fiel zum Glück etwas Neues ein, das ich mit Edith Hancke heimlich besprach und damit Wolfgang Spier auf der Probe überraschte. Er lachte, und der neue Schluß blieb. Obwohl das Stück sehr gut lief, gab es leider Querelen, und wenn ich zu einer Vorstellung ging, merkte ich, daß das Ensemble in zwei Parteien gespalten war. Die Kritiken waren übrigens auch geteilt, einige bemängelten den neuen Anfang des Stückes, ohne zu merken, an wem das lag.
In meinem Tagebuch notierte ich: »Alfons Höckmann und Ingrid Braut kamen nach Berlin, sahen sich das Stück an und buchten es für die nächste Saison.«
Am 14. Februar kam im Theater am Kurfürstendamm *Revanche* von Anthony Shaffer heraus. Rolf Henniger und Wolf Roth spielten. Es war die großartige Vorstellung eines guten Stückes, und am Schluß wurde

Zweite Geige

Inszenierung: Wolfgang Spier

Fünf Bilder ohne Musik
von Curth Flatow

Bühnenbild: Ulrich E. Milatz
Kostüme: Renate Seher

PERSONEN

Felix Rombach, zweiter Geiger .... Klaus Wildbolz
Christa Rademacher .... Brigitte Grothum
Prof. Gerhard Rademacher, ihr Gatte .... Ezard Haußmann
Silvie, beider Tochter .... Ulrike Schwarz
Elise Baumgärtner, Zugehefrau .... Edith Hancke
Eva Maria Stelzer, Tänzerin .... Judith Schulz
Knut Assmussen .... Peter Flechtner

Pause nach dem 3. Bild
Zwischenmusik: Yehudi Menuhir, Emi-Cass. Menuhin & Grappelli

Um die Frisuren der Damen kümmert sich Udo Walz, Kurfürstendamm 200, 1000 Berlin 15.
Den Schmuck stellte freundlicherweise die Fa. CIRO-Perlen GmbH, Kurfürstendamm 201, 1000 Berlin 15, zur Verfügung.
Make-up: Juvena – kreiert von René Koch. Szenenfotos: Buhs/Remmler

Regie-Assistenz: Wolfgang Koch – Technische Gesamtleitung: Norbert Schumacher – Inspektion und Ton: Joachim Ross – Beleuchtungsmeister: Helmut Stresemann
Bühnenmeister: Matthias Ziesch – Souffleuse: Britta Querner – Maske: Rita Wiecha/Bärbel Stephanizin – Requisite: Doris Müller/Edel Dorré Rettig
Ankleider-in: Gerhard Kropp/François Ramlau, Heike Braitmayer
Werkstattleitung: Horst Kwandt – Dekorateur: Herbert Binding – Dekorationsmalerei: Fr. Joachim Grieger

Aufführungsrechte: Felix Bloch Erben, Berlin

Besetzungszettel aus dem Programmheft zur Uraufführung »Zweite Geige«, Komödie, Berlin, 5. Februar 1991

mit Recht lange applaudiert. Als meine Frau und ich hinausgingen, sprachen mich einige Besucherinnen an: »Herr Flatow, Ihre Stücke gefallen uns besser«, sagten sie leider gar nicht so leise. Mir war das schrecklich peinlich, denn *Revanche* ist eines der Stücke, die ich gerne selbst geschrieben hätte, und Regie und Schauspieler waren hervorragend. Ich versuchte, das den beiden Damen beizubringen, aber vergeblich. Es hatte ihnen eben nicht gefallen, denn den ganzen Abend nur zwei Personen auf der Bühne – das war ihnen zu wenig.

Revanche lief leider gar nicht gut. Darunter hatte auch mein Freund Thomalla zu leiden, der dort anschließend wieder *Das Geld liegt auf der Bank* spielte. Es dauerte lange, bis es bei ihm wieder richtig voll war. Es lag auch unter anderem an einer Schlamperei des Theaters. In der Komödie hingen noch wochenlang die Plakate von *Revanche* herum, und ich bekam Wutanfälle.

Da hatte ich nun zum ersten Mal etwas erreicht, was ich mir immer gewünscht hatte. Mit *Zweite Geige* und *Das Geld liegt auf der Bank* wurde ich in beiden Kurfürstendamm-Theatern zur gleichen Zeit gespielt. Und jetzt war das eine anfangs nicht gut besucht.

In den letzten beiden Monaten lief *Das Geld liegt auf der Bank* wieder vor vollem Haus. Leider gab es eine ernste Verstimmung zwischen Thomalla und Nora von Collande. Thomy sagte das Gastspiel in der Hamburger Komödie Winterhuder Fährhaus ab. Peter Schiff spielte für ihn, und das Haus war auch voll.

Das ZDF wollte nun aus meinem Theaterstück *Durchreise* eine Serie machen. Man versprach mir eine 90-Minuten-Sendung und vier Folgen à fünfundvierzig Minuten. Ich fing sofort an zu schreiben, die neunzig Minuten hatte ich bald geschafft und begann schon die nächste Folge, beschäftigte mich mit Ideen für die Nachkriegszeit der Konfektionsfirma, da hieß es plötzlich, daß ich aus der 90er zwei 52er machen müsse. Peter Weck, der die Regie übernehmen sollte, war ebenso entsetzt wie ich. »Geht denn das überhaupt?« fragte er mich ein ums andere Mal. Wie konnte man die eineinhalb Stunden, die einen so schönen dramaturgischen Bogen hatten, vom Beginn der Lehre des Siegfried Fraenkel bis zur Übernahme der Firma, auseinanderreißen? Weder Meissner noch Gerlach konnten mir helfen, selbst der Intendant des ZDF, Herr Professor Stolte, den ich bei einer Feier zum Telestar traf, winkte ab. Wie es so schön hieß, paßten neunzig Minuten plötzlich nicht mehr ins »Sendeschema«. Dr. Claus Beling, der neue Abteilungsleiter für Unterhaltung, fand sogar, daß es dramaturgisch besser wäre, die erste Folge aufzuteilen. Ob das nun Diplomatie war, ob er so wenig davon verstehen wollte oder wirklich so wenig davon verstand, weiß ich nicht. Als das ZDF die Sendung wiederholte, machten sie dann aus sechs Folgen drei à neunzig Minuten. Natürlich hat kein Herr vom ZDF hinterher zugegeben, daß er unrecht gehabt hatte.
Die Besetzung, die wir bekamen, war hervorragend. Den Darsteller des Salomon mußten wir lange suchen. Dann sah ich eines Tages Udo Samel in einer Folge der Serie *Ein Fall für zwei*. Er spielte einen Kriminalkommissar, der an seinem Schreibtisch sitzt und während er süffisant lächelnd verhört, zwischendurch spitzmündig Süßigkeiten nascht. Es war keine Hauptrolle, aber für mich machte er eine daraus.
Als Peter Gerlach und Otto Meissner mit mir zusammensaßen und noch überlegten, wer den Max Salomon spielen könnte, erzählte ich von dem Darsteller des Kriminalkommissars, dessen Namen ich leider vergessen hatte, im Gegensatz zu Peter Gerlach. »Udo Samel!« rief er und sprang begeistert auf. »Das ist unser Salomon!«
Meissner war angetan, Peter Weck schloß sich, nachdem er mit Samel zusammengekommen war, unserer Meinung an, und – was das wichtigste war – Samel gefiel die Rolle. Lange Gespräche folgten, unser Hauptdarsteller bereitete sich ja auf jede Rolle sorgfältig vor. Damals wußte ich noch nicht, daß er, bevor er *Mit meinen heißen Tränen* drehte, in Schuberts Haus in Wien die Noten aus dem Schrank genommen

hatte, um anhand der Schrift Empfindungen auf die Spur zu kommen.
Für die Rolle des Lehrmädchens machte die Nova-Film extra ein Casting, und Peter Weck entschied sich nach vielen Probeaufnahmen für Simone Thomalla. Patrick Elias spielte den Lehrling, Wolfgang Bahro den Modeschöpfer, Dagmar Biener die Stranitzki, Heinz Rennhack den Hausdiener, Sona McDonald Salomons Frau, Constanze Engelbrecht ein Mannequin, Burkhard Heyl den Verkäufer, Rolf Hoppe den Onkel von Siegfried Fraenkel, und viele andere waren noch dabei. Hinreißend war Katja Riemann in einer winzigen Rolle. Es war eine Besetzung, die mit viel Mühe und Liebe ausgesucht worden war, und das hat sich bezahlt gemacht.
Peter Weck inszenierte die Serie mit sehr viel Fingerspitzengefühl. Es gibt ein paar Szenen, bei denen ich, wenn ich meine Videoaufnahme abspiele, heute noch vor Rührung die Tränen kommen. Überhaupt, ich habe mich über vieles gefreut, aber über einiges geärgert. Ich will nicht ins Detail gehen, aber etwas möchte ich doch erwähnen. Da ich durch die Kürzung der ersten Folge plötzlich nur eine Dreiviertelstunde Zeit für die ganzen Nachkriegserlebnisse hatte, mußte ich eine Rahmenhandlung erfinden. Der 95jährige Salomon wird im Altersheim besucht, fährt mit Monika, seinem ehemaligen Lehrmädchen, auch schon weit über siebzig, in einer Taxe zur Modenschau der unter neuer Leitung stehenden Firma, und während dieser Fahrt erleben wir die Episoden, die in den Jahren 1948 bis ’91 spielen.
Als ich die Schauspieler besuchte, die in einer Villa, die zum jüdischen Altersheim umfunktioniert war, drehten, bekam ich einen Heidenschreck. Der oder die Maskenbildner hatten die Gesichter von Salomon und Monika völlig zugeklebt, sie konnten nicht mal essen. Udo Samel sah aus wie der Vater von ET und Simone Thomalla auch nicht viel besser. Ich rief sofort bei Otto Meissner an und bat ihn, alles zu stoppen, die Masken wären unmöglich. Natürlich wurde weitergedreht, die Taxifahrt der beiden hatten sie ja schon im Kasten, und außerdem versicherte der Kameramann, daß alles gut aussehen würde. Das tat es natürlich nicht, wenn Samel sich nach rechts neigte, hing seine Wange nach rechts herunter, und wenn er den Kopf nach links neigte, passierte dasselbe mit der anderen Gesichtshälfte. Man versuchte später die Szenen im Taxi etwas dunkler zu kopieren, damit die Zuschauer die Masken nicht so genau sehen konnten, und einige wichtige Sätze muß-

ten herausgeschnitten werden. Es waren so viel gute und rührende Szenen in der letzten Folge, aber die Taxifahrt, die durch die Nachkriegsjahre führte, machte alles kaputt.

Als die Serie später wiederholt wurde, protestierte ich, und das ZDF gab mir recht. Die Taxifahrt wurde eliminiert, und ich schrieb einen neuen Rahmen, der nur im Altersheim spielt. Darin erzählt Salomon einer Reporterin, was in den letzten Jahrzehnten passiert ist, und zwischendurch werden die wichtigsten Szenen eingeblendet. Dafür hatte man Samel eine ganz einfache Maske geschminkt, nichts geklebt. Ein guter Schauspieler wie er kann die fünfundneunzig Jahre auch spielen. Leider fiel dadurch eine kleine Episode weg. Dem 95jährigen wird zum Geburtstag sein altes, wieder restauriertes Stehpult geschenkt, an dem er früher immer kalkuliert hatte. Glückstrahlend geht er an das Pult und muß feststellen, daß er gar nicht mehr darauf schreiben kann, weil er nicht mehr hinauflangt, so klein ist er im Alter geworden. Schade, daß die Szene, an der ich sehr gehangen habe, nun verlorengehen mußte.

Der 90. Geburtstag von Heinz Rühmann und ein Ehrentitel für mich

Die Arbeit für die Sendung zum neunzigsten Geburtstag von Heinz Rühmann begann. Zuerst saßen wir in Hamburg zur Vorbesprechung mit Gyula Trebitsch, Harald Müller und Herrn Behle, dem Regisseur, zusammen. Der Abend des 2. Januar war deprimierend. Da lief im ZDF das zweite Thomalla-Special, das überhaupt kein französisches Flair hatte, obwohl es an der französischen Riviera spielte. Wichtige Szenen fehlten, es hatte nicht mehr viel von meinem Buch und wurde nicht liebevoll inszeniert.
Die nächste Besprechung für die Rühmann-Sendung in Hamburg folgte. Dort kam Hans Joachim Kulenkampff dazu, der ganz nebenbei fallenließ, was er von dem Schauspieler Rühmann hielt. Nach der Diskussion nahm ich mir ein Taxi, fuhr rasch an der Komödie vorbei, ließ mich von Nora von Collande und Jenny Jürgens küssen, die beiden spielten dort *Verlängertes Wochenende*, und flog daraufhin gut gelaunt nach Berlin zurück.
Anschließend machte ich einen kurzen Trip mit Brigitte nach Köln, Frau Durek und Frau Heinersdorff, die Direktorinnen des Theaters am Dom, legten Wert darauf, daß ich der Premiere von *Romeo mit grauen Schläfen* beiwohnte. Claus Biederstaedt war ein sehr guter Romeo, und wir hatten einen schönen Abend.
Ich schrieb die Liedertexte und eine Conférence für die Rühmann-Sendung, an die sich Kulenkampff später überhaupt nicht hielt, aber ich muß zu seiner Ehrenrettung sagen, daß er sehr gut und sehr witzig war. Viele alte Rühmann-Filme mußte ich mir ansehen, Szenen heraussuchen, die wir brauchten, Abläufe wurden entworfen und wieder verworfen. Man fragte die Stars und Sternchen, die mit Rühmann gedreht hatten, ob sie Zeit hätten, mitzuwirken. Es waren nicht sehr viele, denn die meisten bekannten Partnerinnen lebten ja nicht mehr.
Am 4. März flog ich nach München, wurde im Hotel Kempinski Vierjahreszeiten untergebracht – ich wußte vorher gar nicht, daß es dort so

kleine Zimmer gibt –, und fuhr mit dem Taxi sofort zum Prinzregententheater, in dem die Geburtstagssendung stattfinden sollte. Am nächsten Morgen lief ich dahin, bekam unterwegs einen Hexenschuß, konnte weder sitzen noch stehen, geschweige denn laufen. Ich fuhr zu einem Arzt, dort wurde die falsche Hüfte geröntgt, und die Spritze bekam ich auch nicht auf die richtige Seite, aber sie half.
Am nächsten Tag nahmen wir in einem Studio die Playbacks auf und zwar mit einem ganz prominenten Damenchor: Liselotte Pulver, Johanna Matz, Cornelia Froboess, Sonja Ziemann, Bruni Löbel, Senta Berger, Loni von Friedl und Gertraud Jesserer. Ich hatte für sie auf den alten Rühmann-Schlager »Ich brech' die Herzen der stolzesten Frau'n« einen neuen Text geschrieben. Sie sangen: »Vor Ihnen steh'n jetzt die stolzesten Frau'n«, und dann zählte jede auf, in welchem Film respektive welcher Fernsehsendung sie Rühmanns Partnerin gewesen war. Parallel dazu liefen die Szenen auf einer großen Leinwand.
Am 7. März notierte ich in meinem Tagebuch: »Gorbatschow ist auch im Hotel, sah ihn aber nur ganz kurz im Vorübergehen. Kaufte mir eine neue Krawatte, hörte im Hinausgehen, wie der Verkäufer der Kassiererin zuflüsterte: ›Kennen Sie den nicht? Das ist doch ein ganz bekannter Komiker.‹ Seitdem überlege ich, welchem Komiker ich ähnlich sehe.«
In der Generalprobe am Vormittag doubelte ich Rühmann, wartete stumm in der Loge und sprach am Schluß seinen einzigen Satz, den man ihm später vorsorglich auf Pappe an die Brüstung klebte. Die Loge war etwas unglücklich aufgebaut worden. Heinz Rühmann und seine Frau konnten nur etwas von der Veranstaltung sehen, wenn sie sich den Hals verrenkten.
Brigitte reiste aus Berlin an, saß in der ersten Reihe, und ganz Deutschland bewunderte am Fernsehapparat ihr neues Kleid. Rühmann kam am Schluß nicht auf seinen Text, rettete die Pointe aber nach einigen Umwegen doch noch, das Publikum lachte gerührt, und das Prinzregententheater bebte vor Applaus. Hinterher gab es einen großen Empfang im Gartensaal mit Hummer, Ente und allen möglichen Köstlichkeiten. Man ißt sie mit Appetit und später liegen sie einem schwer im Magen. Ich hatte ein kurzes Gespräch mit dem reizenden Vicco von Bülow, der vorher in einem Sketch mit Evelyn Hamann aufgetreten war, den er extra für den Abend geschrieben hatte. Beide kamen gut an, genau wie Kulenkampff, doch das, was er sagte, hatte nicht sehr viel mit Rühmann zu tun. Im Vierjahreszeiten wurden wir noch in den Salon

»Diana« gebeten, Frau Kohl feierte dort ihren Geburtstag, aber wir zogen uns schnell wieder in unser Zimmer zurück, ich war todmüde.
Im Wartesaal des Flughafens – damals noch Riem – trafen wir einen bekannten Filmmogul, einen vielfachen Millionär, der sich zwei Tüten Kuchen, Obst und was es bei der Lufthansa sonst noch gab, bis obenhin vollpackte, Anschließend wunderte er sich sehr, daß wir nicht, wie er, erster Klasse flogen.
Am 15. März fand die Feier zum siebzigsten Geburtstag von Horst Wendlandt im Café Keese statt. Alles, was Rang und Namen in der Film- und Fernsehbranche hatte, war da. Loriot hielt eine umwerfend komische Rede. Wieviel Humor hat dieser Mann, wie bescheiden ist er, und wie selten trifft man einen so kultivierten Menschen.
Schon einige Monate vorher hatte ich erfahren, daß mir der Regierende Bürgermeister von Berlin den Titel Professor e. h. verleihen werde. Zuerst wollte ich nicht und überlegte lange, ob ich die Ehrung nicht ablehnen sollte, Professor paßt so gar nicht zu mir. Aber dann dachte ich, bei dieser Gelegenheit darfst du ja eine Dankesrede halten und kannst dabei verschiedenes von dem loswerden, was du schon lange mal sagen wolltest.
Die Ehrung ging im Wappensaal des Roten Rathauses vor sich. Das Rednerpult war mit Blumen geschmückt, und zuerst waren nur ein paar pünktliche Gäste da. Es sah so aus wie die Trauerfeier für einen wenig beliebten Verstorbenen. Dann füllte sich der Saal, Professor Hetzer und Gattin kamen, die Brauners, Peer Schmidt und Helga, Roswitha Völz, Friedrich Schoenfelder, Loni Heuser, Edith Schollwer, Wolfgang Gruner, Rolf Ulrich, Dr. Hans Borgelt, Katharina Trebitsch, Politiker verschiedener Couleur. Diepgen hielt eine sehr liebenswürdige Rede, und ich bedankte mich:

Herr Regierender Bürgermeister, meine Damen und Herren,
wenn ich jetzt anschließend nach Hause fahre und meine Post aufmache, die wird bestimmt schon da sein, ist sicher ein Brief dabei, der mit den Worten beginnt: »Sehr geehrter Herr Flatow«, und diese Anrede beschreibt haargenau meinen augenblicklichen Zustand. Ich fühle mich sehr geehrt. Wenn man auch genau weiß, daß Ehrungen Alterserscheinungen sind – davon beißt keine Maus den Faden ab –, bin ich doch sehr glücklich.
Herr Regierender Bürgermeister, Sie haben eben so gut über mich ge-

sprochen. So viel Schmeichelhaftes hört man im allgemeinen nur bei seiner Beerdigung, und da kann man sich nicht mehr freuen. Ich tu' es … ich kann es ja heute noch.
Neulich habe ich nämlich gelesen, daß die Durchschnittslebenserwartung bei Männern 72,6 Jahre beträgt. 72,2 habe ich bereits hinter mir, und ich werde mir alle Mühe geben, noch ein bißchen durchzuhalten, man will ja schließlich nicht unterdurchschnittlich abgehen. Aber man weiß ja nie, und bevor man den Löffel abgibt, sollte man noch mal mit der Gabel piken.
Sie können es mir glauben, alles, was ich jetzt sage, liegt mir als Berliner am Herzen, in das mir Herr Professor Roland Hetzer vor fünf Jahren und fünf Tagen ein Stück vom Schwein als Ersatzklappe eingesetzt hat. Und nun beginnen schon die ersten Schwierigkeiten. Wie rede ich diesen Professor jetzt an? Ich bin ja jetzt auch … wenn auch nur e. h. Sage ich Herr Hetzer oder Doktor Hetzer? Darüber habe ich heute nacht lange nachgedacht, aber mich vorhin spontan entschlossen, ganz schnell zu Roland überzugehen, denn kein Mensch auf dieser Welt hat meinem Herzen näher gestanden als er … falls er bei der Operation nicht gesessen hat.
So, jetzt muß ich aber erst mal danken, dem Regierenden Bürgermeister und allen, die die Entscheidung, mich zum Professor e. h. zu machen, mitgetragen haben, und allen, die mit Hochdruck daran gearbeitet haben, auch. Danken möchte ich nicht nur allen Anwesenden, die mir den Professor gönnen, sondern auch den anderen, die die Faust in der Hosentasche geballt haben, um nicht ganz laut zu schreien: Wieso bekommt der denn den Professor e. h.? Da kann ich nur sagen, das kann ich Ihnen nicht sagen. Es traf mich auch ganz unvorbereitet. Meine Frau und meine Freunde wissen, wie lange ich überlegt habe, ob ich diese Ehrung überhaupt annehmen darf. Ich Professor …!? Die einzige Voraussetzung, die ich dafür mitbringe, ist, daß ich zerstreut bin. Aber dann habe ich mir gedacht, es ist das erste Mal, daß man das Heitere ernst nimmt, und da sollte man nicht nein sagen. Ich dachte auch nicht mehr an die Neider, die hat man ja, wenn man schon eine ganze Weile dabei ist wie ich.
Gestern habe ich mal Inventur gemacht und festgestellt, daß allein in Berlin in fast 3500 Vorstellungen auf Theater- oder Kabarettbühnen meine Worte gesprochen respektive gesungen wurden. Von den zwanzig Ländern, in denen ich auch gespielt wurde, will ich gar nicht reden.

59 »Das glückliche Paar«, Uraufführung am 11. Mai 1993 in der Düsseldorfer Komödie: Ingrid Braut beobachtet äußerst mißtrauisch ihren Fernseh- und Lebenspartner Alfons Höckmann,…

60 …und hier hängen Ingrid Braut und Katja Liebing förmlich an Alfons Höckmann. Er genießt das mehr als seine Frau. Der Provinzreporter (Klaus Kaluscha) macht sich kein Bild von der Situation – nur ein Foto.

61 »Mein Vater, der Junggeselle« wurde am 7. September 1994 im Neuen Theater Hannover uraufgeführt. James von Berlepsch inszenierte und spielte die Titelrolle, Cornelia Bach seine Freundin.

62 »Ich höre nichts und sehe nichts und rede dann darüber«, erklärt Frau Stadelmayr (Edith Hancke) Frank Hoffmann (Herbert Herrmann) bei der Aufführung von »Mein Vater, der Junggeselle« in der Berliner Komödie. Premiere war am 16. Ma[i] 1996.

3 Das Ensemble von »Mein Vater, der Junggeselle« in Berlin: Beate Maes, Natascha Kespy, Edith ancke, Doina Weber, davor Herbert Herrmann und Tommaso Cacciapuoti, der seinen Sohn spielte.

64 Uraufführung »Faust ohne Gretchen« im Theater am Kurfürstendamm am 21. September 1995. Tilly Lauenstein, Hannelore Cremer, Margot Rothweiler und Sebastian Jacob prosten dem Hauptdarsteller Wolfgang Spier zu.

65 Die »Dinosaurier vom Kurfürstendamm« nannte Wolfgang Spier dieses Foto von uns und wies darauf hin, daß er 261 Tage jünger ist als ich und zwar Sommertage, die sind bekanntlich länger.

66 »Ein gesegnetes Alter«: Uraufführung am 24. Mai 1996 im Theater am Kurfürstendamm. Johannes Heesters und seine Frau Simone Rethel als Studentin, die ihm zur Seite steht. …

67 …Johannes Heesters spielt in dieser Komödie einen junggebliebenen 90jährigen voller Charme und mit Altersweisheit.

Gegenüberliegende Seite ⇨
70-72 Maria und Artur Brauner, der Hotelier Frank M. Pfaller und wir beide 1997 während einer Werbeveranstaltung im Hotel Ritz Carlton, das damals noch »Vier Jahreszeiten« hieß. – Empfang zum 75jährigen Jubiläum der Berliner Komödie am Kurfürstendamm am 4. November 1999. Direktor Jürgen Wölffer und sein »Hausautor« strahlen. – Der Bundespräsident Johannes Rau ermahnt mich, den Verdienstorden, den er mir gerade verliehen hat, auch zu tragen. »Wehe, ich erwische Sie mal ohne!« meinte er. Er wohnt gleich bei mir um die Ecke, deshalb halte ich mein Knopfloch immer besetzt.

68 »Zwei in Opposition« 1999 in der Düsseldorfer Komödie. Konstanze Krämer und Klaus Kaluscha

69 »Wenigstens bei den Kindern ist die Ehe wieder in Ordnung«, freut sich Ingrid Braut mit Frauke Poolmann und Axel von Aswege in meinem Stück »Der Ausbrecher«. Uraufführung am 25. März 1998 in der Komödie Düsseldorf

73 »Ein Mann – ein Wort oder Der 30jährige Krieg«, Uraufführung am 16. April 1999 in der Berliner Komödie am Kurfürstendamm. Die Mutter (Edith Hancke) tanzt mit ihrem, durch seine vielen Lustspiele berühmten Sohn (Herbert Herrmann), der übrigens auch Regie führte – mit viel Können und Liebe.

74 WIR 1999

Aber Sie werden lachen, fast noch stolzer bin ich darauf, daß ich zwei Kultursenatoren mächtig auf die Nerven gegangen bin und daß es auch etwas gebracht hat. In Diskussionen und mit Zeitungsartikeln habe ich die Geduld des damaligen Kultursenators, ich glaube, es war Dr. Dieter Sauberzweig (die wechseln ja öfter), strapaziert. Sogar mit dem Bürgermeister Klaus Schütz bin ich deshalb essen gegangen. Ich habe versucht, allen klarzumachen, daß das Theater des Westens ohne Subventionen kein Weltstadtniveau auf die Bühne bringen kann. Die Betreiber, die Gebrüder Grabowsky, bekamen ja nicht einen Pfennig, im Gegenteil, sie mußten noch Miete zahlen. Ich weiß natürlich nicht, ob sie das getan haben, aber es war vorgesehen. Dafür Geld zu geben, sagte man, könne sich Berlin nicht leisten; und ich habe gesagt, die Vorstellungen könne Berlin sich nicht leisten. Daß das Theater später Subventionen bekam, verdankt es natürlich nicht mir allein, sondern allerhöchster Einsicht.
Später ging es um das marode Hebbel-Theater. Für dessen Rettung haben wir sogar einen Verein gegründet und sind richtig lästig geworden. Brigitte Grothum war mit dabei, eine der tüchtigsten Frauen Berlins (jedermann weiß das), Eckhard Schulz, der Geschäftsführer der Dramatiker Union, und mein Freund Hans Rosenthal – wir haben gewissermaßen gebohrt und gebohrt. Volker Hassemer kann ein Lied davon singen. Nun ist das Theater fast in Ordnung, aber nicht ganz das geworden, was wir uns vorgestellt haben. Jetzt ist da nichts mehr zu retten, wir werden uns auf das nächste marode Theater stürzen.
Dr. Hassemer ist jetzt Senator für Stadtentwicklung und Umweltschutz, und damit komme ich auf etwas, das mir jahrelang Kopfzerbrechen gemacht hat, was aber auf keinen Fall etwas mit den fachlichen Kompetenzen des eben Genannten zu tun hat. Jahrzehntelang habe ich darüber nachgedacht, wie es möglich ist, daß ein Mann zum Beispiel Verteidigungsminister werden kann, ohne daß er gedient oder den Schlieffenplan studiert hat oder zum Beispiel ... aber Sie wissen ja schon, worauf ich hinauswill. Wie werden diese wackeren Männer mit Aufgaben fertig, von denen sie doch eigentlich von Hause aus gar nicht soviel verstehen können? Woher wissen die, wovon sie sprechen, wenn sie eine Rede halten? Diese Frage hat mir ein Senator beantwortet. Die Staatssekretäre wissen Bescheid! Die bleiben oft länger im Amt als die Senatoren und die sagen dann, wie und wo es langgeht, wie zum Beispiel seinerzeit Herr Kirchner. Ein CDU-Senator hat mir einmal an-

vertraut: »Wenn ich mein Zimmer verlasse, bin ich in der SPD.« Das war natürlich noch in der Zeit, in der sie gegeneinander kämpften. Heute kämpfen sie ja miteinander, ich meine Seite an Seite, und einer legt dem anderen keinen Stein mehr in den Weg. Das bißchen Sand stört höchstens manchmal etwas im Getriebe.

Ende vergangenen Jahres hatte ich das Vergnügen, oder besser gesagt, die Ehre, bei einem offiziellen Essen direkt neben einem leibhaftigen Ministerialdirigenten vom Auswärtigen Amt zu sitzen. Der eröffnete mir kurz vor dem Nachtisch, daß Berlin für die Bundesregierung im Moment wenig attraktiv ist. Dafür müßten wir was tun. Nun, da hätten Sie mich mal hören sollen! Ich wies ihn sofort auf unsere Museen und die drei Opernhäuser hin und auf unsere Theater, auf unsere kulturelle Vielfalt. Was wir allein an Intendanten zu bieten haben. Wir haben ja mehr Intendanten als Theater. Und was die für einen Ehrgeiz haben. Das Schiller-Theater spielt zum Beispiel Molières *Eingebildeten Kranken*, obwohl die Tribüne, nur 250 Meter entfernt, dieses Stück vor eineinhalb Jahren gespielt hat. Und mit Erfolg! Ein Goethescher *Faust*kampf zwischen Peter Stein und Peter Zadek steht uns bevor, einen Wagnerschen *Ring*kampf zwischen den Opernhäusern werden wir auch bald erleben.

Man meint: Konkurrenz belebt das Geschäft. Nun ja, ich weiß nur eins: Einige Theaterdirektoren sind heute heilfroh, ja sogar selig, wenn das Publikum nur einmal in ein Stück kommt, das bei ihnen gerade läuft.

Unsere Theater sind im Augenblick nicht sehr gut besucht, und manche Vorstellung verdient wirklich kein halbleeres Haus. Die Mitglieder des Bundestages fehlen uns schon jetzt, im Parkett und im Rang.

Aber das habe ich dem Ministerialdirigenten natürlich nicht erzählt, denn der meinte vor dem Mokka, daß die auswärtigen Damen und Herren seines Amtes, also die Botschafterinnen und Botschafter, Attachés usw. – ich weiß nicht, wie Attaché auf weiblich heißt –, also daß sie, wenn sie aus der Fremde wieder nach Hause kommen, doch wohl Anspruch auf ein Eigenheim hätten, ein mehr oder minder großes Häuschen. So was müßte ihnen natürlich erst mal hingestellt werden, bevor sie hier anrücken.

Ich lasse das erst mal dahingestellt, aber ich weiß jetzt, was dieser Umzug für Berlin bedeutet: Eine Heimsuchung, eine Eigenheimsuchung! Man geht durch die Straßen und sucht. Einige suchen indes kein Gebäude, sondern Gründe, um den Umzug noch ein bißchen hinausschieben zu können. Aber vielleicht geht es uns mit dem Umzug genauso wie mit der Wiedervereinigung. Wir haben nicht geglaubt, daß wir sie noch erleben werden, und plötzlich war sie da. Sie ist nur noch nicht ganz fertig, erst im Rohbau. Aber in Südafrika ist das Ende der Apartheid jetzt abzusehen, vielleicht ist sie in den Herzen der Deutschen auch bald beendet.

Das Deprimierende an der heutigen Situation ist, daß wir Berliner hier auf der Nahtstelle sitzen, die Probleme und die Schwierigkeiten erleben wir hautnah. Wir sind keine Frontstadt mehr. Gott sei Dank! Es besteht also wirklich kein Grund für die Bundesregierung, sich noch lange in der Etappe aufzuhalten!

Und das Schlimme ist, wir Berliner machen uns damit, daß wir mit Recht drängeln, immer unbeliebter. Eine große Boulevardzeitung hat das neulich durch eine Umfrage festgestellt. Und da ist was dran. Vor zweieinhalb Wochen habe ich die 90-Jahre-Heinz-Rühmann-Gala in München mit auf die Beine gestellt und fuhr am nächsten Vormittag mit meiner Frau zum Flughafen Riem hinaus. Wir hatten einen sehr komischen Taxichauffeur, einen waschechten Bayern. Der drehte sich an einer roten Ampel zu uns um und fragte: »Kennen Sie den Unterschied zwischen Preußen und Terroristen?« Wir verneinten. Da sagte er: »Die Terroristen haben Sympathisanten.« Das war nicht so böse gemeint, wie es klingt, bestimmt nicht, aber wir Berliner haben Sympathisanten bitter nötig. Genau wie ich nach dieser Rede.

Und jetzt bitte ich meine Frau, mir das mitgebrachte Buch zu geben, damit ich es dem Regierenden Bürgermeister überreichen kann. Darin sind Fotos von Fritz Eschen. Ich habe ihn persönlich gekannt und verehrt. *Berlin nach '45* heißt der Bildband. Auf jeder Seite stehen Ruinen, Ruinen, Ruinen ... auf Seite 34 stehe ich. Es ist ein wichtiges Buch. Man sollte es allen jungen Neonazis in die Hand drücken, damit sie sehen, wohin das das letzte Mal geführt hat!

Ich danke Ihnen für Ihre Aufmerksamkeit. –

Später habe ich nie Wert auf den Titel gelegt und alle gebeten, mich nicht mit Professor anzureden. Nur auf GEMA- und Verlagsabrechnungen steht er, und da interessieren mich die Summen eigentlich viel mehr.

Tagebuch Juli 1992: Komponist Michael Hansen kennengelernt. Rudi Schröder vom Meisel-Verlag brachte ihn an. Hansen soll die Musik für

... und abends in die Scala komponieren. Macht einen netten Eindruck, habe aber das Gefühl, die Arbeit wird eine unendliche Geschichte werden, hatte ja schon mal vor Jahren mit Christian Bruhn angefangen. Horst Pillau wird sechzig Jahre alt. Im RIAS gratuliert, dann mit Brigitte nach München gefahren, am nächsten Tag mit den Wittlingers, die auch zum Geburtstag angereist waren, gegessen. Abends große Geburtstagsparty. Leider gab es einen Wolkenbruch, und wir wurden sehr naß. Gegen 23.15 Uhr fuhren wir ins Hotel und nahmen Barbara Noack mit. Eine Woche Urlaub in Seefeld-Reith gemacht, großes gemütliches Zimmer, gutes Essen und wieder mal Gäste, die vor dem Frühstück an den Pool gehen und mit Handtüchern die Liegen belegen.
Die Zeit in Seefeld war eigentlich sehr schön. Wir machten lange Spaziergänge, freundeten uns mit ein paar Ziegen an, die Brigitte fütterte. Ich hatte eine Sonnenallergie, die diesmal so schrecklich war, daß ich nicht schwimmen gehen konnte. Ich war von Kopf bis Fuß mit roten Flecken übersät und traute mich nicht in der Badehose herumzulaufen. Am letzten Abend zogen wir uns so elegant wie möglich an, aßen und tranken sehr gut, packten anschließend, fuhren am nächsten Morgen los und waren acht Stunden später wieder in Berlin. –
Edith Hancke rief mich an und erzählte, daß Wölffer *Keine Ehe nach Maß* in der Komödie bringen will. Dieses Stück hatte ich schon Jahre vorher für Edith und Klaus Sonnenschein geschrieben. Sie wollten es an der Tribüne herausbringen, aber Direktor Behrend soll gesagt haben: »Nur über meine Leiche!« So lange wollten wir natürlich nicht warten. Ein Glück, die Komödie ist ja ein viel größeres und schöneres Theater.
Der Lübbe-Verlag schickte mir – ich weiß nicht von wem – redigierte Seiten meines Romans *Durchreise*. Schade, daß man dort so gar keine Ahnung von der Zeit und dem Jargon hat. Ich hatte versucht, so zu schreiben, wie meine jüdischen Chefs sprachen und mich über die »Verbesserungen« so geärgert, daß ich zwei Nächte lang nicht schlafen konnte. Am dritten Tag habe ich dann wieder alles zurückgeändert.
Tagebuch August 1992: Die Proben zur Berliner Aufführung vom *Verlängerten Wochenende* beginnen. Jürgen Wölffer führt Regie, Nora von Collande spielt, Herbert Herrmann, Thomas Wenske, Christin Marquitan und Bettina Martell. Stimmung gut, scheint hübsch zu werden. Aus *Vater einer Tochter* will man eine Fernsehserie machen, fange an, Einzelheiten zu diktieren, später auch zwei Folgen geschrieben, die

nicht gefielen, man hat andere Autoren rangesetzt – mit meiner Genehmigung –, aber keinem ist es gelungen, die Produktion zufriedenzustellen. Jürgen Wölffer schickte mir seine Striche für *Keine Ehe nach Maß*. Sie waren leider nicht gut. Warum muß er anfangen, herumzudichten? –

Ein befreundeter Schauspieler war in der Leander-Haußmann-Inszenierung von *Clavigo* im Schiller-Theater und fand die Vorstellung entsetzlich. In der »Berliner Morgenpost« erschien keine Kritik, sondern eine Hymne. Die Vorstellung wurde für den Friedrich-Luft-Preis nominiert. Vater Haußmann soll stehend applaudiert und Bravo geschrien haben. Habe ich mir sofort für das nächste Stück notiert.

Tagebuch 8. September 1992: Erste Einspielvorstellung vom *Verlängerten Wochenende* in der Komödie. Frau Hirthe-Kuschnitzky hat die Bühne entzückend ausgestattet. Nora von Collande und Herbert Herrmann waren reizend, Thomas Wenske sehr komisch, und die beiden anderen Damen machten aus ihren Rollen, die nicht so viel hergeben, das Beste. Es gab viele Lacher und Szenenapplaus, und als ich am Schluß durchs Foyer ging, bedankten sich einige Besucher bei mir. Im Theatercafé wurde geklatscht. Die Premiere war eine einzige Freude. Ich war wie immer nicht im Zuschauerraum, sondern stand in der Requisite unter dem Lautsprecher. Mit anzuhören, wie das Stück ankam, war beglückend. Hinterher fand die Premierenfeier im »Champussi« in der Uhlandstraße statt. Dort erzählte mir Hannelore Cremer, die mit Claus Biederstaedt ein neues Stück von Gunther Beth probierte, daß Claudia Neidig – ebenfalls in dem Ensemble – erstaunt gesagt hatte: »Ein Stück mit soviel Liebe und Erotik. Daß der Flatow sich daran noch erinnert …?« Sie hat offensichtlich mein Langzeitgedächtnis unterschätzt. –

Am Samstag darauf ging ich mit Ella Gassi. Brigitte holte inzwischen die Berliner Morgenpost aus dem Briefkasten, und als ich wieder zurückkam, fiel mir meine Frau um den Hals. Sie strahlte, denn die Kritik war für die Vorstellung und für mich beglückend. Die anderen Zeitungen waren auch sehr angetan und das Theater jeden Abend ausverkauft.

Harald Juhnke sollte anschließend im selben Haus sechs Wochen lang ein Ein-Personen-Stück spielen, sagte plötzlich ab und wir ungern zu, mit der Uraufführung von *Keine Ehe nach Maß* für eine so kurze Zeit einzuspringen. Folke Braband, ein junger Regisseur, der die Inszenierung für das Stück übernehmen sollte, rief an und avisierte mir das von ihm eingestrichene Buch und meinte, ich sollte nicht böse sein, daß er soviel hineingeschrieben hätte. Als ich das Buch las, war ich böse. Edith Hancke und Klaus Sonnenschein, die das Stück kannten und spielen sollten, schüttelten nur die Köpfe. Alles, was der Regisseur »gedichtet« hatte, paßte nicht zu meinem Stil. Sie wollten mein Stück spielen und taten es dann auch.

Ende des Jahres begannen die Proben. Edith Hancke war die Schneidermeisterin Gertrud Stranitzki (den Namen benutzte ich zum dritten Mal für eine Schneiderin. Aberglauben?), Klaus Sonnenschein der Modeschöpfer, der die Frauen nur anzieht, sich von ihnen aber nicht angezogen fühlt. Er war unsagbar komisch. Joachim Kerzel spielte den Mann der Stranitzki, der seine Frau mit Andrea Katzenberger betrügt. Jede Rolle war gut besetzt.

Nach dem Krach, den ich vorher mit dem Regisseur hatte, gingen die Proben dann in guter Stimmung vor sich. Schade, daß man so wenig Geld für Kostüme ausgeben durfte, die Kreationen eines Modeschöpfers müßten eigentlich kostbarer aussehen.

Am 3. Januar ging die letzte Vorstellung vom *Verlängerten Wochenende* über die Bühne. Brigitte und ich saßen in der dritten Reihe und waren irgendwie enttäuscht. Die Damen und Herren auf der Bühne waren nicht mehr so gut wie bei der Premiere, und das Publikum reagierte auch nicht mehr ganz so begeistert. Wahrscheinlich lag es an der Aufbruchstimmung. Hinterher ging auch alles schnell auseinander. Jede oder jeder hatte etwas anderes vor und keine Zeit mehr zum Feiern. Auf der Bühne wurde die Dekoration abgebaut. Diesmal litt ich nicht so sehr, denn anschließend baute man ja die Schneiderwerkstatt der Stranitzki auf.

Die Einspielvorstellungen kamen wie immer gut an, die Premiere am 7. Januar 1993, wie immer, nicht ganz so gut. Erst im zweiten Teil wurde es ein großer Erfolg. Das vierte Bild – gleich nach der Pause – war mir am besten gelungen. Die Gespräche zwischen der Stranitzki und dem Modeschöpfer Naumann wurden von Edith Hancke und Klaus Sonnenschein bezaubernd gespielt, und das Publikum lachte sich kringelig. Ich fuhr später öfter abends zur Komödie, nur um mir dieses Bild anzusehen. Damals habe ich es nicht für möglich gehalten, daß auch andere in diesen Rollen so gut sein könnten wie diese beiden.

KEINE EHE NACH MASS

Etwas, das nie aus der Mode kommt
von Curth Flatow

Wiederaufnahme der Uraufführung

Regie: *Folke Braband*
Bühnenbild: *Hannelore Hirthe-Kuschnitzky*
Kostüme: *Gerhard Kropp*

Gertrud Stranitzky – – – – ***Edith Hancke***
Richard – – – – ***Christian Mey***
Helmut Naumann – – – – ***Klaus Sonnenschein***
Britta – – – – ***Gabi Gottschalk/Astrid Kohrs***
Almuth – – – – ***Ursula Gerster***
Gerlinde – – – – ***Cornelia Meinhardt***
Monika – – – – ***Andrea Katzenberger***

Pause nach dem 3. Bild

Regieassistenz ELIANE WICK
Technischer Leiter NORBERT SCHUMACHER
Vertr. und Bühnenmeister MATTHIAS ZIESCH
Inspektion und Ton JOACHIM ROSS
Beleuchtungsmeister ALFRED WIECZOREK
Maske NIKI TISCHLER/BÄRBEL STEFANIZIN
Requisite GABRIELE FINCK/
HANNELORE TAUBERT-BENECH
Ankleiderin ELLEN MUGGELBERG/
SIGI DAWILS
Ankleider GERHARD KROPP
Um die Frisuren kümmert sich UDO WALZ,
Kurfürstendamm 200, 10719 Berlin
Das Make-up stellt uns JUVENA
kreiert von RENE KOCH zur Verfügung
Besonderer Dank gilt der
Fa. GRUNDMANN & KUHNERT
für die Bereitstellung der Nähtechnik
Werkstattleitung HORST KWANDT
Dekorateur HERBERT BINDING/
BORIS FEIST
Souffleuse BIRGIT MERTSCH

KOMÖDIE
Berlin, Kurfürstendamm 206
Direktion Wölffer
Spielzeit 1994/1995
Aufführungsrechte:
Felix Bloch Erben Verlag, Berlin
Premiere: 7. Januar 1993
Premiere der Wiederaufnahme:
20. Dezember 1994
Gefördert von
BUDAPESTER SCHUHE
Kurfürstendamm 199
Bleibtreustraße 24

Besetzungszettel aus dem Programmheft zur Wiederaufnahme »Keine Ehe nach Maß«, Komödie, Berlin, 20. Dezember 1994. Die Uraufführung hatte am 7. Januar 1993 stattgefunden.

Harald Juhnke, das »Glückliche Paar« und die Gala für Johannes Heesters

Tagebuch Montag, der 18. Juli: Ich schlug den »Spiegel« auf, las interessiert ein Interview mit Harald Juhnke und war wie vor den Kopf geschlagen. Da erzählte er doch, ohne daß ihn der Interviewer danach gefragt hatte, daß er nie etwas von mir spielen würde, das wäre unter seinem Niveau. Diese und ähnliche Bemerkungen machte er dann auch in der »Süddeutschen Zeitung«. Darin verriet er, weshalb er auf mich wütend war. In einer seiner schwachen Stunden war ihm eine Pointe wieder eingefallen, die ich mindestens zehn Jahre vorher auf seine Kosten gemacht hatte. Damals gefiel sie ihm aber so gut, daß er sie selber bei einigen Gelegenheiten zitierte: »Mein Freund Flatow hat gesagt: Wer ist das Gegenteil von einem anonymen Alkoholiker? Harald Juhnke!« Diese Pointe traf leider den Nagel auf den Kopf und ihn an seiner empfindlichsten Stelle, denn damals machte er gerade wieder einmal hochprozentige Schlagzeilen auf den Titelseiten der Boulevardblätter. – Später setzte er die Attacken auf mich fort. In der »Berliner Zeitung« ließ er ehrenrührige Bemerkungen fallen und in der »B. Z.« bezeichnete er mich sogar als seinen Todfeind. Daraufhin schrieb ich einen offenen Brief, der in derselben Zeitung erschien. Ich erinnerte ihn daran, daß ich ihm zu seinem sechzigsten Geburtstag – auf seinen Wunsch hin – eine sehr herzliche Rede gehalten hatte und daß er, wenn er meine Stücke – er hat übrigens nie eins von mir gespielt! – schlecht macht, auch alle seine Kollegen, die schon in meinen Komödien auf der Bühne gestanden haben, beleidigt, von Inge Meysel bis Georg Thomalla, von Rudolf Platte bis Herbert Herrmann, von Axel von Ambesser bis Edith Hancke, von Friedrich Schoenfelder bis Johannes Heesters usw. usw. Nach diesem offenen Brief war Ruhe. Juhnke und ich haben uns inzwischen die Hand gegeben, und ich wünsche ihm wirklich von Herzen alles Gute. Er ist ein unerhört begabter Schauspieler, der nicht nur den Hauptmann von Köpenick spielen kann, sondern bald die ganz großen klassischen Rollen. Möge er so trocken bleiben wie sein Humor.

Der Februar 1993 hatte es überhaupt in sich. Ganz davon abgesehen, daß ich mit meinem Sohn Boris zusammen Unterricht nahm und wir beide die Sportboot-Führerscheinprüfung bestanden, wofür er jeden Abend mit mir die Seemannsknoten üben mußte, kam auch beruflich viel auf mich zu. Mit Harald Müller hatte ich die erste Besprechung für die Sendung zum neunzigsten Geburtstag von Johannes Heesters, Wolfgang Rademann erschien bei mir, der etwas zum achtzigsten Geburtstag des verstorbenen Peter Frankenfeld produzieren wollte, und ich begann mit den Vorarbeiten zu meinem Stück *Ein gesegnetes Alter*. Außerdem wollte ich mir unbedingt die Tourneevorstellung vom *Verlängerten Wochenende* ansehen und fuhr bei Schnee und Eis mit dem Wagen nach Bad Helmstedt. Das ziemlich große Brunnentheater liegt mitten im Wald, darum herum nur ein paar kleine Hotels. Als ich dort ankam, war der große Parkplatz wie verwaist. Auch gegen 19 Uhr war er noch leer, dann füllte er sich plötzlich ganz schnell, das Theater war ausverkauft, und ich erlebte eine umjubelte Aufführung. Ich wundere mich heute noch darüber, wie viele Menschen sich bei dieser gefährlichen Witterung auf den doch ziemlich weiten Weg machten. In der Umgebung von Bad Helmstedt muß ein sehr gutes Theaterpublikum leben.
Ende März bis Mitte April machte mir das Herz wieder große Schwierigkeiten. Am 24. März schrieb ich noch völlig gesund die Rede, die ich zur feierlichen Einweihung des Hans-Rosenthal-Platzes halten sollte. Abends waren wir in den Journalistenclub im Springer-Haus eingeladen. Dort wurde der Abschied von Ursula von Bentheim, die mit ihrem Mann nach Spanien ziehen wollte, gefeiert. Viele Prominente waren gekommen, denn die Bentheim war eine für ihre Fairneß bekannte und beliebte Kolumnistin der Berliner Morgenpost. An diesem Abend machte ich einen folgenschweren Fehler. Ich ging über die Tanzfläche zur Kapelle, um die Musiker zu begrüßen. Kaum war ich dort, da trat auch schon der erste Festredner ans Mikrofon und hielt eine lange Rede. Ich stand direkt davor und konnte dem Redner doch nicht einfach den Rücken zukehren, um wieder auf meinen Platz zu gelangen. Es wurden hintereinander drei Reden geschwungen. Ich stand und stand und merkte, daß mir das gar nicht bekam.
Am nächsten Morgen wollte ich mit unserer Ella auf die Straße gehen, schaffte es aber nur bis zum Gartentor. Daran mußte ich mich festhalten. Ich bin ein ziemlich eitler Mensch und genieße es, wenn sich alles

um mich dreht, aber diesmal war es die ganze Straße. In meiner Verzweiflung drückte ich auf unseren Klingelknopf, aber da ich durch den Torpfosten verdeckt war, sah meine Frau mich nicht. Sie dachte, daß sich wieder einmal ein Kind einen Klingelstreich erlaubt hätte. Nach etwa fünf Minuten, die mir wie Stunden vorkamen, ging es mir ein wenig besser, aber mein Herz raste. Ich wurde von Brigitte sofort zu unserer Hausärztin gefahren, die ein EKG machte und versuchte, sich die Bestürzung über das Ergebnis nicht anmerken zu lassen. Noch am selben Tag brachte mich meine Frau zur Untersuchung ins Moabiter Krankenhaus, wo man Vorhofflimmern und Tachykardie feststellte. 140mal schlug mein Herz in der Minute, kein erstrebenswerter Rekord. Im Augenblick wäre kein Bett frei, aber in der darauffolgenden Woche könnten sie mich aufnehmen, sagte der Professor. Er wollte dann versuchen, ob mein Herz auf ein neues Medikament anspricht.

Bei meiner Rede vor dem RIAS-Gebäude hielt ich mich krampfhaft am Rednerpult fest und schaffte es, nicht umzukippen. Am 4. April flog ich nach Düsseldorf, denn dort wurden die Videoaufnahmen für *Das glückliche Paar* gemacht. Am Anfang der Vorstellung sollte man auf Monitoren sehen, daß die Hauptpersonen von der von mir erfundenen Fernsehzeitung »Sieh hin« einen Preis bekommen, und ich sprach die Laudatio.

Am 7. lieferte mich Brigitte im Krankenhaus ein. Wieder untersuchte man mich am Farbdoppler, ein Langzeit-EKG wurde gemacht, und als meine Frau und meine Sekretärin am nächsten Tag kamen, wurde ich gerade mit dem Rollstuhl zum Röntgen gefahren. Ich muß schrecklich krank ausgesehen haben, denn die beiden Damen machten sich, wie ich hinterher erfuhr, wenig Hoffnung, mich je wieder gesund zu erleben. Ich bekam die neuen Medikamente, Spritzen und Schlafmittel, weil ich nachts wach blieb, denn das rasende Herz ließ mich nicht zur Ruhe kommen. Ich machte negative Fortschritte, es ging mir eigentlich von Tag zu Tag schlechter. Am letzten Abend im Krankenhaus schrieb ich vorsorglich einen Abschiedsbrief an meine Frau, weil ich fürchtete, die Nacht nicht zu überleben. Am nächsten Morgen, es war der Sonntag vor Ostern, kam Professor Schüren und eröffnete mir, daß das Langzeit-EKG nicht sehr gut ausgefallen war, erklärte mir ausführlich, daß keine Besserung eingetreten wäre, der Puls sei immer noch zu hoch, das Medikament hätte leider nicht angeschlagen. Vorsichtig erkundigte ich mich, wann ich denn nun entlassen würde. »Sie können sofort nach

Hause«, meinte der Professor und wünschte mir frohe Ostern. Ich hatte das bedrückende Gefühl, daß er mir überhaupt nicht mehr helfen könnte und mich schnell entlassen wollte, damit ich nicht auf seiner Station das Zeitliche segnete. Ich rief sofort meine Frau an, die mich nach Hause holte. Dort saß ich dann herum, völlig mit den Nerven fertig und heulte. Ich fühlte mich so hilflos wie noch nie in meinem Leben. Brigitte fragte mich, wen sie anrufen sollte, wenn sich mein Zustand verschlimmern würde. Ich winkte nur ab – egoistisch wie ich bin, wollte ich lieber zu Hause sterben.

Nach einigen Tagen erholte ich mich aber, fuhr sogar selbst mit dem Wagen nach Moabit, der Puls war unter hundert, das Vorhofflimmern fast verschwunden und der Professor angenehm überrascht. Er verschrieb mir ein neues Medikament gegen die Herzrhythmusstörungen, das sehr gut wirkte, aber einen Nachteil hatte: Ich darf mich nun überhaupt nicht mehr in der Sonne aufhalten.

Am 26. April zog ich aus meinem Zustand Konsequenzen. Ich schrieb einen Brief an Herrn Professor Kreile, den Vorstand der GEMA, in dem ich ihm mitteilte, daß ich von meinen beiden Ehrenämtern zurücktrete.

Ein paarmal hatte ich schon den Versuch gemacht, mich von meinem Posten als Präsident der Dramatiker Union zurückzuziehen. Aber Eckhard Schulz, unser ebenso tüchtiger wie sparsamer Geschäftsführer seit fast fünfundzwanzig Jahren, winkte jedesmal ab. Solange noch Briefbögen, auf denen mein Name steht, vorhanden sind, müßte ich schon aus Kostengründen Präsident bleiben.

Das Vorhofflimmern hörte nach meinem GEMA-Brief ganz auf, das EKG war wieder o. k. und der Professor endlich zufrieden. Wir tranken zur Feier der Genesung Champagner.

Am 4. Mai flog ich nach Düsseldorf zu den letzten Proben für die Uraufführung von *Das glückliche Paar*. Gleich am ersten Abend fuhr ich mit der Bahn nach Bonn. Im Contra-Kreis lief das *Verlängerte Wochenende*. Ich sah mir die hübsche Inszenierung von Horst Johanning an und fuhr gut gelaunt spät in der Nacht zurück. An der Badezimmertür meines Hotelzimmers war ein großer Spiegel angebracht. Als ich am nächsten Morgen schlaftrunken aufstand und mich rasieren wollte, kam mir ein nackter alter Mann mit Bauch entgegen, blaß, verpennt, das schüttere Haar ungekämmt. Ich bekam einen Heidenschreck. Als ich merkte, daß ich das selber war, erschrak ich noch mehr.

Uraufführung:

DAS GLÜCKLICHE PAAR
oder
Die Folgen einer Serie

Komödie von Curth Flatow

INSZENIERUNG:	ALEX FREIHART
BÜHNENBILD:	KLAUS ULRICH JACOB
KOSTÜME:	HANNS FRIEDRICHS
REGIE-ASSISTENZ:	ANNELIE KOCH
BELEUCHTUNG:	MICHAEL NIES
FRISUREN:	BRIGITTE MARKETZ
INSPEKTION:	LUTZ SCHÄDLICH

PERSONEN

VILMA FELDMANN .... INGRID BRAUT

VICTOR SANDEN .... ALFONS HÖCKMANN

KURT MEISEBACH .... PETER OEHME

MARION GOHLKE . KATJA LIEBING/DANIELA LEBANG

GÜNTHER ROHDE .... KLAUS KALUSCHA

FATME .... ANDREA HÖCKMANN

Mitwirkende der Videoaufzeichnung:

CHEFREDAKTEUR .... ROLF BERG SEN.

REDAKTEUR .... CURTH FLATOW

Videoaufzeichnung: SEVERING VIDEOFILM

PAUSE NACH DEM 3. BILD
(Das Pausen-Ende wird auch im Cafe "Fundus" eingeläutet).

Die Dekoration wurde in eigenen Werkstätten hergestellt.
Leitung: Bodo Wallerath

Aufführungsrechte: Felix Bloch Erben, Berlin

Szenenfotos: SONJA ROTHWEILER, Mercatorstr. 20

Es stellten freundlicherweise zur Verfügung:
TEPPICHE – KUNSTHAUS „SORAYA"
LAMPEN – PREDIGER
FERNSEHGERÄTE – SCHOSSAU

Besetzungszettel aus dem Programmheft zur Uraufführung »Das glückliche Paar«, Komödie, Düsseldorf, 11. Mai 1993

Immer auf der schattigen Seite der Straßen gehend, erreichte ich das Theater. Die Probe war schon im Gange, zum Glück fiel mir noch eine Abgangspointe für Klaus Kaluscha ein, dann lief ich zum Café, in dem ich mit Nicole Heesters verabredet war. Ich wollte für sie ein Chanson für den neunzigsten Geburtstag ihres Vaters schreiben und brauchte noch einige Details.
Die Voraufführung und die Premiere von *Das glückliche Paar* kamen gut an, auch die Rede, die ich auf der Bühne zum 25jährigen Bestehen der Komödie hielt. Anschließend flog ich wieder zurück nach Berlin, man wartete ja schon auf die Moderationen zur Frankenfeld-Sendung, die keiner der mitwirkenden Jungunterhalter später auswendig lernte. Ich muß gestehen, daß ich mich zu wenig um diese Veranstaltung gekümmert habe. Ich hatte noch so viele Ideen und gab sie, weil ich mit anderen Dingen beschäftigt war, nicht an den Regisseur weiter. Mein bester Beitrag war das Chanson, das Caterina Valente sang. Ich hatte ihr auf die Melodie von »My way« eine Liebeserklärung an Peter Frankenfeld geschrieben, legte viel Herz hinein, und Caterina brachte sie, wie man so schön sagt, gut rüber. Sie war nach meiner persönlichen Ansicht etwas zu dramatisch, die anderen fanden das nicht, aber ich bin immer fürs Unterspielen.
Nun ging die Arbeit für die große Geburtstagssendung los. In Wiesbaden sah ich mir alte Filme von Johannes Heesters an, in Mainz waren die ersten Besprechungen mit dem Regisseur Rolf von Sydow und Harald Müller vom ZDF. Mit Pit Fischer, der die Dekorationen entwerfen sollte, trafen wir uns in Köln. Dann kam Heesters mit seiner Frau Simone Rethel zu uns nach Berlin, und wieder wurde lange diskutiert. Harald Müller forschte nach, welche Partnerinnen von Heesters noch am Leben waren und telefonierte in ganz Europa herum. Mir taten vom vielen Filme-Ansehen am Schneidetisch schon die Augen weh. Es war eine Sisyphusarbeit, die mich eigentlich völlig ausfüllte, aber ich fand in meinem Tagebuch die Eintragung, daß ich während dieser Zeit auch an der Komödie *Mein Vater, der Junggeselle* gearbeitet habe.
Dieses Stück hat eine merkwürdige Vorgeschichte. Eines Tages kam ein Produzent aus Hamburg zu mir und fragte, ob ich eine Serie für Harald Juhnke schreiben könnte. Thema: Wenn der Vater mit dem Sohne … Ich wollte. Bei der zweiten Besprechung schlug ich dann vor, daß es ein geschiedener Vater sein müßte, dessen Sohn, der bei seiner Mutter lebt, plötzlich bei ihm wohnen will und seinen Erzeuger, der eine

Freundin hat, in Schwierigkeiten bringt. Nach der dritten Besprechung hatte ich die erste 25-Minuten-Sendung fertig, bekam einen Vertrag und die Hälfte des Honorars. Nun sagte zunächst Harald Juhnke ab, der eine Serie in München spielen wollte, der Produzent bemühte sich, den Stoff bei anderen Sendern unterzubringen, aber es gelang ihm nicht. Eines Tages hatte ich eine der besten Ideen meines Lebens. Ich kaufte die Rechte des Stoffes zurück und machte ein Theaterstück daraus. Die Arbeit daran war eigentlich keine Arbeit, sondern ein reines Vergnügen, und schon im November schrieb ich das Wort Ende.

Am 14. Oktober flog ich nach Frankfurt zur Premiere vom *Verlängerten Wochenende*. Direktor Claus Helmer, den ich eigentlich überhaupt nicht in der Rolle des Tierarztes gesehen hatte, überraschte mich. Er war reizend, die anderen auch gut, aber Christine Glasner, Helmers Frau, in der kleinen Rolle der Ehefrau, überwältigend. Sie war die einzige, die die Ehefrau von Ricardo so überlegen spielte, wie ich sie mir am Schreibtisch vorgestellt hatte. Die anderen »Ehefrauen« mögen mir bitte nicht böse sein.

Nach der Premierenfeier fuhr ich todmüde ins Hotel, trank noch einen Schluck Bier und fand mich plötzlich auf dem Boden des Hotelzimmers liegend wieder. Meine Stirn blutete, ich hatte sie mir an der Bettkante aufgeschlagen. Ich muß plötzlich ohnmächtig geworden sein, wahrscheinlich lag es daran, daß ich bei der Feier die ganze Zeit stehen mußte. Am nächsten Morgen flog ich von Frankfurt nach Wien. In Schwechat traf ich Brigitte, die aus Berlin angereist war. Sie bekam, als sie meinen lädierten Kopf sah, einen Heidenschreck. Sie dachte im ersten Augenblick, daß ich in eine Schlägerei verwickelt gewesen wäre. Wir fuhren in ein nagelneues Hotel am Ring, in dem wir eine Suite bewohnten. Es war eine Einladung von Dr. Michael Kunze, dem der Bolten-Baeckers-Preis verliehen wurde. Abends sahen wir uns im Theater an der Wien sein Musical *Elisabeth* an, waren sehr beeindruckt: Gute Texte, gute Musik, obwohl keine Schlager, von Harry Kupfer opulent inszeniert. Nach der Vorstellung ging der ganze Aufsichtsrat der GEMA in ein kleines Restaurant mit dem Namen »Backstube«. Dort aßen wir sehr gut. Professor Kreile verzichtete des schlechten Lichts wegen auf eine große Rede, Brigitte hielt eine Kerze hoch und ich die Laudatio.

Am *22. November* steht in meinem *Tagebuch*: Heesters nimmt kein Ende. Lebensaufgabe? –

Diese Geburtstagssendung war wirklich anstrengend. Immer wieder

neue alte Film angucken, Szenen abklammern, die dann neu kopiert werden mußten, Zusagen, Absagen.
Am 1. Dezember begannen die Proben. Ich hatte unter anderem einen neuen Text auf das Danilo-Lied »Dann geh' ich zu Maxim« geschrieben, das von fünf Danilos aus verschiedenen Ländern gesungen wurde, jeder brachte eine Zeile in seiner Landessprache. Am Schluß des Refrains mußten sie so tun, als ob sie den hohen Schlußton nicht schafften, den sang Heesters. Wir nahmen das Playback etwa fünfmal im RIAS auf, bis er zufrieden war. Johannes Heesters wartete eisern auf seinen Einsatz und traf den Ton tadellos. Ich habe ihn bewundert, aber nicht zum letzten Mal, wie sich zwei Jahre später herausstellte.
Ein Team war nach Starnberg gefahren und hatte ein paar Sätze mit Heinz Rühmann aufgenommen, die bei der Sendung eingespielt wurden, und Heesters tat so, als ob er sich mit ihm unterhalten würde. Zwei Tage vor der Aufzeichnung rief mich unser immer noch Endachtziger an und sagte mir, daß er das Lied »Es waren zwei Königskinder« aus der *Lustigen Witwe* ohne Musik, als Gedicht, rezitieren wolle. Ich war natürlich einverstanden. Wenn ich gewußt hätte, wie gut er es dann bei der Aufzeichnung machte, hätte ich schon am Telefon gejubelt. Kurz vor der Sendung wieder Zusagen und Absagen, Edith Schollwer, die mit Heesters in dem Film *Gasparone* gespielt hatte, mußte ich dazu überreden, sich ins Parkett zu setzen und laut zu protestieren, wenn behauptet wurde, jemand anders hätte ein Lied mit Heesters gesungen und nicht sie. Sie sagte dreimal ab, viermal zu und war bei der Aufzeichnung im Metropol-Theater großartig.
Einen Tag vor der Sendung machte ich noch vier verschiedene Abläufe: Thomalla mit Rökk, Thomalla ohne Rökk, Rökk ohne Thomalla und alles ohne Rökk und Thomalla. Marika Rökk sagte ab, Thomalla machte die Anfangsconférence und führte durch die Sendung. Einigen der mitwirkenden Stars hatte ich geschrieben, was sie zu sagen hatten, viele hielten sich daran, und wenige lernten gar nicht erst, improvisierten, wurden zu lang, und vieles mußte herausgeschnitten werden.
Als Heesters auftrat, gab es eine Standing ovation. Dreieinhalb Minuten lang wurde applaudiert. Jopie, wie ihn seine Freunde nennen, war souverän, liebenswürdig und liebenswert. Er sang, rezitierte und improvisierte. Dieser Mann strahlte einen Charme und eine Sicherheit aus, die uns, die wir die fertige Sendung am Monitor verfolgten, begeisterten. Nicole Heesters – für mich eine der größten Schauspielerinnen

im deutschsprachigen Raum – sang ein Chanson, eigentlich mehr eine musikalische Rede an ihren Vater. Sie machte das sehr engagiert, man spürte, wie sehr sie ihn liebt. Am Klavier wurde sie von ihrer Schwester begleitet, und Johannes Heesters hatte Tränen in den Augen.
Um 24 Uhr sangen alle »Happy birthday«. Der neunzigste Geburtstag begann. Wieder Standing ovation, Eberhard Diepgen verlieh dem Star eine Auszeichnung. Alles war gerührt und hingerissen.
Gegen zwei Uhr versuchte ich mit Brigitte und Ingrid Braut ein Taxi zu bekommen. Es war leider unmöglich. Wir mußten mit der S-Bahn bis zum Zoo fahren, wurden – wir waren ja festlich angezogen – von einigen Mitreisenden ziemlich scheel angesehen, und ihre halblauten Bemerkungen klangen nicht gerade freundlich.
Johannes Heesters feierte inzwischen im Foyer des Metropol-Theaters weiter, fuhr dann ins Hotel, schlief und hatte schon gegen elf Uhr einen Brunch mit vielen Gästen.
Harald Müller kam mit seiner Gattin zu uns zum Abendessen. Wir sahen uns die Sendung an, die Rolf von Sydow liebevoll inszeniert und inzwischen – er hatte ja nur ein paar Stunden dafür Zeit – hervorragend geschnitten hatte. Zwanzig Prozent Sehbeteiligung, wie wir am nächsten Tag erfuhren. Wir wollten Heesters noch einmal gratulieren, riefen im Hotel an, und seine Frau Simone bat uns, in das italienische Restaurant »Mantovani« in der Uhlandstraße zu kommen. Dort wurde weitergefeiert. Heesters saß in der Mitte eines langen Tisches, trank, rauchte und unterhielt sich angeregt. Er war im Gegensatz zu uns wesentlich Jüngeren überhaupt nicht müde.

»Mein Vater, der Junggeselle« und »Faust ohne Gretchen«

Kurz vor Weihnachten kam ein Anruf aus Düsseldorf, Klaus Kaluscha war am Apparat. Er hatte gerade *Mein Vater, der Junggeselle* gelesen und gratulierte mir dazu, Düsseldorf würde die Uraufführung bringen und er den Vater spielen. Der Anruf tat gut, denn inzwischen hatte ich mich wieder an die Arbeit zu dem Musical *... und abends in die Scala* gemacht, bei der mir immer wieder der Kugelschreiber aus der Hand fiel.

Ende Dezember nahm ich im RIAS ein paar Abschiedsworte auf, und am Silvesterabend, kurz vor zwölf Uhr, standen wir vor unserem Radio und hörten zum letzten Mal die Erkennungsmelodie des RIAS, die uns so viele Jahre lang begleitet hatte. Nach einer kleinen Pause meldete sich dann ein Sprecher mit den Worten: »Hier ist das Deutschlandradio Berlin.« Wir hatten Tränen in den Augen. Eine Epoche war zu Ende gegangen. Den Sender, der uns Berlinern so viel bedeutet hatte wie kein anderer, gab es nun nicht mehr. Ich sehe immer noch die Jeeps mit den Lautsprechern, die während der Blockade auf den Plätzen West-Berlins standen, die Reporter des RIAS sprachen die Nachrichten, die viele der Stromsperre wegen nicht hören konnten. Ich werde die Reportage von Jürgen Graf, als östliche Demonstranten die Stadtverordnetenversammlung sprengten, nie vergessen. Der RIAS war unser Sender.

Von 1949 an hatte ich für den RIAS gearbeitet, Hörspiele, Gedichte und Lieder geschrieben. Fünfzehn Jahre lang stellte ich in jedem November meine Sendung *Wir erinnern uns so gern* zusammen, in der ich über alle Prominenten sprach, die in den letzten zwölf Monaten von uns gegangen waren. Die Sendung lief am Bußtag oder am Totensonntag, aber sie war nie ganz ernst. Wenn ein Humorist gestorben war, brachte ich ein paar Sätze aus seinem letzten Auftritt, das Lachen und den Applaus der Zuschauer, von verstorbenen Schlagerkomponisten die bekanntesten Lieder, von Sängern die schönsten Aufnahmen. Viele, von denen ich sprach, kannte ich gut und konnte private Dinge von ihnen erzählen. Hans Rosenthal, der zu Beginn der Sendung noch Abteilungsleiter im RIAS war, sagte immer zu mir: »Curth, du bist mein Komiker für die traurigen Tage.«

An meinem vierundsiebzigsten Geburtstag übertrug das ZDF ein Sonntagskonzert aus dem Grand Hotel Unter den Linden. Ich wurde eingeladen und interviewt. Kaum war ich mit dem Schminken fertig, bat mich Herr Hellwig, der Chef der Schöneberger Sängerknaben, in einen anderen Raum. Als ich dort eintrat, sangen vierzig Jungs für mich »Hoch soll er leben«. Ich war so gerührt, daß ich nachgeschminkt werden mußte. Günter Pfitzmann brachte später zwei Lieder von mir und die Sängerknaben »Unsere Stadt hört doch nicht am Brandenburger Tor auf«. Anschließend gaben wir ein kleines Essen im Dahlemer »Dorfkrug«, aber keine Party. Es war ein ganz anderer Geburtstag als sonst. Brigitte und ich hatten abends endlich Zeit für uns.

Mitte des Monats arbeitete ich einige Tage am *Gesegneten Alter*, aber dann fiel mir plötzlich das Stück wieder ein, das ich einige Jahre davor für O. E. Hasse schreiben wollte. Ich fing damals an, daran zu arbeiten, Hasse probierte in Düsseldorf mit Günther Lüders Neil Simons *Sunny-Boys* und wurde dabei krank, so schwer, daß er absagen mußte. Wir wußten alle, daß er keine Hauptrolle mehr spielen konnte. Aber jedesmal, wenn wir uns trafen, schaute er mir in die Augen und fragte: »Was macht mein Stück?« Ich log ihm vor, daß ich schon daran schrieb. Carl-Heinz Schroth holte ihn dann noch für die kleine Rolle des Shunderson in *Dr. med. Hiob Prätorius* von Curt Goetz auf die Bühne der Komödie. Zur Premiere kam Hasse direkt aus dem Krankenhaus. Dort war er in der Nacht aus dem Bett gefallen und hatte sich das Gesicht verletzt. Die anderen Mitspieler dachten zuerst, er hätte sich für die Rolle zurechtgemacht und fanden seine »Maske« etwas übertrieben.

Ich saß in der Vorstellung und erlebte, daß Carl-Heinz Schroth mindestens vier Fünftel der Rolle, die der große O. E. spielen sollte, für ihn sprach. Es war unsagbar traurig. Ich kannte ja jedes Wort des Stückes. O. E. sagte fast nur »Jawoll, Herr Professor!« Die anderen Sätze fielen ihm nicht mehr ein.

Damit er keine Treppen steigen mußte, hatte man extra für ihn den Inspizientenraum als Garderobe eingerichtet. Ich ging nach der Vorstellung zu ihm. Er schminkte sich gerade ab, trug nur ein Unterhemd, und ich sah, daß seine einst so kräftigen Oberarme dünne Ärmchen gewor-

den waren, sein Gesicht war eingefallen, nur seine Augen blitzten noch.
»Wie fanden Sie mich?« fragte er. »Habe ich die Rolle nicht zu böse angelegt?«
»Aber nein«, beruhigte ich ihn, »Sie waren genau richtig.«
Fünf Tage später mußte der Shunderson von einem anderen Darsteller gespielt werden. O. E. war in der Nacht zuvor gestorben.
Ich ließ die Notizen, die ich mir für das Stück gemacht hatte, im Keller ruhen. Eines Tages erinnerte ich mich an die Idee, holte alles wieder nach oben, fand das, was ich da geschrieben hatte, gar nicht so schlecht und wollte das Stück jetzt für Harald Juhnke schreiben. Am nächsten Tag las ich in der »Süddeutschen« das Interview, in dem er auf mir herumhackte. Die Notizen verschwanden daraufhin im Archiv. Jetzt, da ich Schwierigkeiten mit dem *Gesegneten Alter* hatte, nahm ich den ganzen Ordner wieder nach oben, sortierte die Seiten, und plötzlich begannen die Einfälle nur so zu purzeln. Eine Szene nach der anderen entstand.
Eines Tages rief mich Jürgen Wölffer aus Südfrankreich an und fragte, ob das Hasse/Juhnke-Stück nicht etwas für Wolfgang Spier wäre. Der hätte ja im nächsten Jahr seinen fünfundsiebzigsten Geburtstag, außerdem 50jähriges Bühnenjubiläum, und da könnte man doch gut eine Uraufführung mit ihm herausbringen.
»Mal sehen!« meinte ich. Ich wußte ja nicht, wie es mit der Arbeit weiterging. Es ging weiter. Anfang August war schon das dritte Bild fertig, und am 31. diktierte ich den Schluß.
Mein Vater, der Junggeselle sollte eigentlich in Düsseldorf uraufgeführt werden, Kaluscha die Titelrolle spielen, aber dort war erst im nächsten Jahr ein Platz im Spielplan frei. James von Berlepsch brauchte ein Stück für sein Neues Theater in Hannover, und Alfons Höckmann überließ ihm großzügig die Uraufführung. Ich glaube, das geschah im Hinblick auf mein hohes Alter. Er wollte, daß das Stück noch zu meinen Lebzeiten herauskam.
Die Proben begannen, zur Generalprobe fuhr ich rüber und fand alles schrecklich. Gut eigentlich nur den Direktor, Regisseur und Hauptdarsteller James von Berlepsch. Ich glaube, die Schauspieler waren sehr nervös, weil der Autor im Parkett saß, denn die Premiere am nächsten Abend war ein Riesenerfolg. Ich war wieder einmal nicht im Zuschauerraum, sondern verfolgte alles auf einem Monitor, der in der Bar stand. Wir haben lange gefeiert, obwohl ich am Tag darauf früh aufste-

NEUES THEATER HANNOVER
Georgstraße 54 · Telefon 363001

Uraufführung

Über 200 Mal!

MEIN VATER DER JUNGGESELLE

... fast eine Bettgeschichte von Curth Flatow

Regie	James v. Berlepsch
Bühnenbild	Wolfgang Heinrich
Kostüme	Sabine Mech
Regie-Assistenz	Ulrike Schuler
Inspizienz	Hans Jastrow

Frau Sonya Martin ist angezogen von Michael Schulz Culture Lounge Collection Hannover – in Modellen der Grand Collection Thierry Mugler Paris

Die Gemälde im 5. und 6. Bild sind von Dietrich Griemsmann und wurden freundlicherweise von ihm zur Verfügung gestellt (Burgwedel, Tel. 05139 / 54 57)

Es spielen

Frank Hoffmann, Schriftsteller	James v. Berlepsch/ Volkmar Eckard
Barbara Hoffmann, seine Geschiedene	Sonya Martin
Thomas, beider Sohn	Sanka Koslowski/ Dietmar Wunder
Frau Dr. Cornelia Braun, Studienrätin	Cornelia Bach
Frau Stadelmayr, Portiersfrau	Renate Bopp
Sabine, Freundin von Thomas	Bettina Koch/ Stefanie Seeländer
1. Möbelpacker	Hans Jastrow
2. Möbelpacker	Wolfgang Hoerning/ Tobias Heinrich

HiFi-Turm und Transistorradio sind freundliche Leihgaben der Firma Fernsehmeister Schuhknecht

6 Bilder – Pause nach dem 4. Bild

Beginn: werktags 20.30 Uhr – Ende ca. 22.40 Uhr
samstags auch 17.00 Uhr,
sonntags nur 17.00 Uhr – Ende ca. 19.10 Uhr

Rechte: Bloch Erben, Berlin

hen mußte und über Mannheim nach Stuttgart fuhr. Dort holte mich Dr. Krista Jussenhoven, meine neue Verlegerin, vom Bahnhof ab. Am Abend war Premiere in der Komödie im Marquardt. Die Vorstellung vom *Glücklichen Paar* war ausgezeichnet, mir nicht bekannte junge Schauspielerinnen und Schauspieler standen auf der Bühne. Ich traf nur einen Bekannten wieder, Dieter Asner, der in Düsseldorf in *Zweite Geige* die Hauptrolle gespielt hatte. Jetzt war er der Filmproduzent und genauso komisch wie Peter Oehme am Rhein.

Im September waren Brigitte und ich vierzehn Tage auf Ischia, Monika und Friedel Schoenfelder wohnten im selben Hotel, konnten aber nur eine Woche bleiben. In diesen sieben Tagen haben wir so viel zusammen gelacht, daß wir noch in der zweiten Woche davon zehren konnten. Gut erholt flogen wir nach Berlin zurück und freuten uns auf Wien und auf die Kammerspiele der Josefstadt. Dort sollte mein Lieblingsstück *Verlängertes Wochenende* am 13. Oktober herauskommen. Wir hatten allen Grund zur Vorfreude, denn eigentlich konnte ja überhaupt nichts schiefgehen. Claus Helmer, der Regie führte, hatte das Stück ja schon in Frankfurt inszeniert und die Hauptrolle gespielt. Wir wußten, wie sorgfältig er arbeitet, wir nannten ihn den preußischen Wiener. Zwei Tage bevor wir losflogen, verletzte sich Brigitte am Fuß, und am nächsten Morgen fuhr ein kleiner Junge im Supermarkt mit einem Einkaufswagen auch noch über den schlimmen Fuß. Sie wurde zwar gleich ärztlich behandelt, hinkte aber leider.

Als wir mit Dr. Köhler in Schwechat ankamen, sahen wir Herrn Direktor Jungbluth vom Theater in der Josefstadt am Ausgang stehen. Er wartete aber, wie er uns vorsichtshalber gleich versicherte, nicht etwa auf uns, sondern auf Gerhard Bronner, dessen Maschine aus New York gerade landete. »Übrigens, eure Dekoration ist scheußlich«, sagte er mir. Ein reizender Empfang. Es wäre besser gewesen, wenn wir die nächste Maschine nach Berlin genommen hätten.

Dann erzählte uns noch Herr Helmer im Hotel, daß er viele Schwierigkeiten mit dem Hauptdarsteller gehabt hätte, und meine Stimmung, die bereits parterre war, sank jetzt in den Keller.

Mittags ging ich zur öffentlichen Generalprobe. Als der Vorhang aufging, sah ich, daß Direktor Jungbluth recht hatte. Die Dekoration war nicht scheußlich, sondern, was viel schlimmer ist, sie war düster. Wenn eine Orgel in greifbarer Nähe gewesen wäre, hätte man darin glatt eine Trauerfeier zelebrieren können. In diesem Raum sollten zwei junge,

◁ *Über 200mal lief »Mein Vater, der Junggeselle« im Neuen Theater Hannover, Uraufführung am 7. September 1994 (Collage aus dem Programmheft)*

hübsche Stewardessen wohnen und lieben? Aber es kam noch schlimmer. Der Dr. Kretschmer in diesem Stück ist sozusagen der David, der Ricardo, den Goliath, besiegt. Der Tierarzt kommt am Anfang des Stückes aus dem Bad, war gerade unter der Dusche und hat sich nur schnell ein Frottiertuch um die Lenden geschlungen. Bei den Darstellern, die bisher diese Rolle gespielt hatten, sah das immer sehr appetitlich aus. Und nun kam ein großer junger Mann mit Bauch aus dem Bad, und das Laken endete oben, direkt unter seiner Brust. Wenn ich etwas nicht sehen will, gucke ich immer auf den Rand meiner Brille. Der Rand wurde bei dieser Generalprobe überbeansprucht.
Ziemlich erledigt kam ich zurück ins Hotel und versuchte mich mit einem guten Essen zu trösten. Die Premiere, die am nächsten Abend stattfand, war auch kein Vergnügen. Nur einmal konnte ich lachen. Das war, als ich den ehemaligen Direktor der Josefstadt in der Pause traf. Herr Stoß, hochgewachsen und schon hoch in den Achtzigern, blickte, als ich ihn fragte, wie es ihm geht, freundlich auf mich herunter. »Wie soll es mir gehen?« antwortete er. »Gut natürlich, ich bin ja nur von jungen Leuten umgeben, lauter Siebzig- und Achtzigjährige!«
Bevor ich das Theater verließ, blickte ich noch einmal in den leeren Zuschauerraum. In diesem Theater hatte vor einigen Jahren Georg Thomalla die Wiener als »Mann, der sich nicht traut« im Sturm erobert, und hier war Fritz Muliar der umjubelte Safeknacker in *Das Geld liegt auf der Bank* gewesen. Sehr traurig ging ich zur Premierenfeier. Am nächsten Morgen besuchte uns Harald Serafin im Hotel und meinte: »Das war ja gestern wohl nichts gewesen.« Er wolle im nächsten Jahr *Der Mann, der sich nicht traut* spielen. Ich beschloß, den Tag dieser Premiere in Berlin zu verleben. Ich stand noch unter Schock.
Zu Hause war ich noch eine ganze Weile in ausgesprochen düsterer Stimmung. Beim Spazierengehen ertappte ich mich plötzlich dabei, daß ich immer wieder einen Satz wiederholte: »Ich mag nicht mehr!«
Wenn ich jetzt auch nicht mehr mochte, ich mußte. Das Kölner Theater am Dom wollte *Cyprienne* zum fünfundachtzigsten Geburtstag von Gerhard Jussenhoven wieder aufführen. Die Komödie basierte auf der Übersetzung und Bearbeitung von Heinz Hilpert. Aus urheberrechtlichen Gründen mußte ich das ganze Stück aus dem Französischen neu übersetzen. Ich arbeitete so schnell, daß meine Frau Joachim kaum mitkam.
Mitte November besuchten mich Ingrid Braut und Alfons Höckmann

und teilten mir mit, daß sie im nächsten September *Mein Vater, der Junggeselle* aufführen, mit dem *Glücklichen Paar* auf Tournee gehen und anschließend *Keine Ehe nach Maß* spielen würden. Mein Stimmungsbarometer stieg wieder.
Ende des Jahres fuhr ich mit der Arbeit an der Komödie *Ein gesegnetes Alter* fort und hielt eine Rede bei Wolfgang Rademanns sechzigstem Geburtstag im Kempinski. Zwei andere Geburtstage fanden Anfang 1995 statt und warfen ihre Schatten voraus. Mein Freund Georg Thomalla wurde achtzig – er sollte mit einer ZDF-Sendung gefeiert werden. Und mein Fünfundsiebzigster. Vorbesprechungen mit Harald Müller fanden in Berlin statt, dreimal flog ich nach München, im Theater am Kurfürstendamm wurde die Bühne besichtigt, Pit Fischer machte sich Gedanken über das Bühnenbild, ich schrieb: »Man müßte nochmal achtzig sein«, das Lied sollten drei bekannte Männer singen, die sich bereits auf dem Wege zum Neunzigsten befanden. Bei unserem letzten Zusammensein brachte ich Thomalla den Anfang von *Ein gesegnetes Alter* mit nach München. Ich hatte ihm schon im Sommer erzählt, daß ich jetzt ein Stück für ihn schrieb, in dem er einen Neunzigjährigen spielt. Er könne also in aller Ruhe in die Rolle hineinwachsen, denn er hätte ja noch einige Jahre Zeit dafür. Thomy war begeistert.
Mein fünfundsiebzigster Geburtstag war ziemlich anstrengend. Interviews für Zeitungen, den Rundfunk, das Fernsehen, Bloch Erben brachte beim Langen Müller Verlag ein sehr schönes Buch mit drei Stücken von mir heraus, *Das Geld liegt auf der Bank, Der Mann, der sich nicht traut* und *Durchreise*. Jürgen Wölffer hatte ein reizendes Vorwort dazu geschrieben. Am 9. Januar wurde das Buch im Foyer des Theaters am Kurfürstendamm vorgestellt, Reden gehalten, Fernsehkameras waren auf mich gerichtet, es war ein kleines Medienereignis. Komisch, daß man immer so ein großes Trara um etwas macht, wofür man eigentlich gar nichts kann, was eigentlich gar kein persönliches Verdienst ist. Man sollte die Ärzte feiern, die mich am Leben erhalten haben. Abends gaben wir noch eine große Party in unserem Haus, und ich schwor mir, daß es die letzte sein würde. Bis jetzt habe ich mein Versprechen mehrmals gebrochen.
Vom 12. bis 19. Januar jagte eine Besprechung die andere, prominente Gäste für den Thomalla-Geburtstag wurden angesprochen, einige sogar schon verpflichtet. Dann kam ein Anruf aus München. Thomy war gestürzt, er erzählte etwas von einem Verdacht auf Schlaganfall und er

müßte sofort für einige Wochen in eine Klinik. Die Sendung wurde abgeblasen. Wir waren alle ein wenig traurig.
Ich arbeitete weiter am *Gesegneten Alter*, und Ende April war die Komödie fertig. Ich schickte sofort ein Exemplar nach München, Thomalla sollte der erste sein, der sein Stück zum Lesen bekam. Ich ging gleich an das nächste Stück heran, dessen erstes Bild schon fertig war: *Ein schöner Lebensabend*, später nannte ich es *Der Ausbrecher*.
Der Mai wurde für die ganze Familie ein trauriger Monat. Wir mußten uns entschließen, unsere Ella einschläfern zu lassen. Sie war jetzt über fünfzehn Jahre alt und seit längerer Zeit krank. Schon zwei Jahre zuvor hatte sie sich in ihr Körbchen gelegt und wollte nicht mehr aufstehen. Wir riefen damals die Tierärztin an, die uns bat, sofort mit der Hündin in die Praxis zu kommen, sie werde ihr eine Aufbauspritze geben. Wir erklärten, daß das leider unmöglich wäre, die Hündin schaffe es nicht mehr, auf die Beine zu kommen, und tragen konnten wir sie leider nicht. Die Tierärztin versprach uns, nach der Sprechstunde zu kommen. Am späten Abend klingelte sie an der Haustür. Daraufhin sprang Ella plötzlich auf, lief der Ärztin wütend bellend entgegen, und wir waren blamiert. Ihr Zustand wurde besser, dann verschlechterte er sich wieder. Manchmal schlief meine Frau im Wohnzimmer, weil Ella plötzlich Angst vor der Treppe hatte, die in die erste Etage führt. Oft hielt sie schon an der ersten Stufe inne.
Ein Hund, der fünfzehn Jahre im Haus lebt, wird ein Familienmitglied. Ich bin mit Ella jeden Tag morgens, mittags und abends Gassi gegangen. Sie weckte mich in der Frühe, am Abend gab es noch einen Hundekuchen extra, und wenn sie den nicht fraß, wußte ich, daß es ihr nicht gutging.
Ich hatte früher einmal einen Hund, der sich monatelang quälen mußte, bis er eines Tages tot umfiel. Damals habe ich mir geschworen, kein Tier mehr leiden zu lassen, sondern es zu erlösen, wenn keine Hoffnung auf Besserung besteht. Wir hatten auch Angst, daß sich Ella, wenn sie mal stolperte, und das tat sie oft, auf der Treppe ein Bein brechen würde. Wir ließen sie in letzter Zeit deshalb nur ungern allein. Jetzt war der Tierarzt selber wieder in der Praxis. Er untersuchte Ella, gab ihr Spritzen und uns zu verstehen, daß es bald mit ihr zu Ende gehen würde. Sie war todkrank, und wenn es uns recht wäre, würde er am nächsten Morgen kommen und das Unvermeidliche tun. Wir schliefen die ganze Nacht nicht. Um acht Uhr früh ging ich mit ihr noch einmal spa-

zieren, und plötzlich lief Ella ganz leichtfüßig, als wollte sie mir beweisen, daß es ihr noch gutging. Sie gelangte sogar schon vor mir zu Hause an. Über die nächste Stunde fällt es mir heute noch schwer, etwas zu erzählen. Ella starb in unseren Armen, sie hörte bis zuletzt die Stimmen ihres Frauchens und ihres Herrchens. Wir haben sie in unserem Garten begraben.

Meine Frau wollte jetzt keinen Hund mehr haben, auf keinen Fall. Ich hatte immer Hunde gehabt, und das Haus schien mir plötzlich so still und leer. Wir flogen zu unserer Tochter nach Spanien. Vorher hatte ich meinen Sohn Boris noch heimlich zur Seite genommen und ihn gebeten, sich doch mal im Tierheim Lankwitz umzusehen. Von dort hatten wir auch unsere Ella geholt.

Ich soll in den ersten Tagen mit ganz düsterem Gesicht im sonnigen Marbella rumgelaufen sein, kaum gesprochen haben und richtig unleidlich gewesen sein. Drei Tage später rief Boris aus Berlin an. Er hatte im Tierheim einen süßen kleinen Schäferhund gesehen, drei Monate alt und bereits stubenrein. Einen Namen hatte er auch schon: Oskar.

Als wir aus Spanien zurückkamen, bellte uns Oskar an der Tür an und schlief am ersten Abend in unserem Bett. Stubenrein war er, es kam ihm nur manchmal etwas dazwischen, aber dafür konnte er nichts. Er litt nämlich in den ersten drei Monaten immer wieder unter Durchfall.

Als ich in einem erlauchten Kreis von Drehbuchautoren saß, ließ ich so ganz nebenbei fallen, daß ich einen Oskar bekommen hätte. Einen Augenblick lang sah ich in den Augen eines Kollegen mehrere Funken Neid aufblitzen. Er dachte, mein Oskar schreibe sich mit »c«. Ich klärte ihn lieber schnell auf, denn ich wußte, daß er in diesem Jahr wieder einmal nicht mal nominiert worden war, obwohl er sich große Hoffnungen gemacht hatte.

Am 24. Juni feierte ich mit meiner Familie mein fünfzigjähriges Berufsjubiläum. Brigitte schenkte mir eine Torte, die mit einer Bühne aus Schokolade dekoriert war, dann gingen wir essen und stießen auf die vergangenen fünfzig Jahre an.

Ende Juli saß ich im Büro von Jürgen Wölffer zusammen mit Wolfgang Spier und Dr. Krista Jussenhoven. Die Besetzung des ehemaligen Hasse/Juhnke-Stückes, das jetzt den Titel *Faust ohne Gretchen* hatte, machte Schwierigkeiten. Für die Rolle der alten Schauspielerin hatten wir Brigitte Mira vorgesehen, sie sagte aber ab. Zum Glück kamen wir auf Tilly Lauenstein. Sie war frei und richtiger für die Rolle als die Mira.

Um sie herum war immer noch ein Hauch vom Schiller-Theater. Man glaubte ihr eher, daß sie mal die Eboli gespielt hatte.
Die erste Leseprobe fand statt. Das ist immer ein ganz besonderer Tag für einen Autor. Ich bin jedesmal aufgeregt, wenn ich das, was ich geschrieben habe, zum ersten Mal von den Schauspielern gesprochen höre und ärgere mich über jede falsche Betonung.
Jürgen Wölffer führte behutsam Regie, die Proben waren, wie immer wenn Wolfgang Spier dabei ist, fröhlich. Wir hatten ein großartiges Ensemble. Er war der Schauspieler, der bei einem progressiven Regisseur den Faust spielen soll und zwar in einer Bearbeitung, in der das Gretchen gestrichen ist. Tilly Lauenstein und Hannelore Cremer waren seine alten Freundinnen, Margot Rothweiler die geschiedene Frau, Renate Blume die Ärztin, die ihn sehr gut behandelt.
Irgendwie beklaue ich mich ja immer selbst. Vor Jahren, als es mir gesundheitlich mal sehr schlecht ging, hatte ich eine Rede auf Band gesprochen, die bei meiner Beerdigung abgespielt werden sollte. Leider sprach ich wie immer zu undeutlich, deshalb hatte ich sie diktiert und vermerkt, daß sie ein anderer verlesen sollte. Diese Idee habe ich in *Faust ohne Gretchen* eingebaut, und Spier hatte als Schauspieler mit seiner eigenen Trauerrede großen Erfolg. Wieder bekamen wir von Frau Hirthe-Kuschnitzky ein sehr hübsches Bühnenbild, und der Umbau vom ersten zum zweiten Bild ging von Tag zu Tag schneller vor sich.
Als wir im Foyer des Theaters die große Pressekonferenz für Spier machten, fünfundsiebzig Jahre und fünfzigjähriges Bühnenjubiläum – er ist ja nur etwas über ein halbes Jahr jünger als ich –, hatte ich das zweite Bild vom *Ausbrecher* schon fertig.
Am 21. September sollte die Uraufführung von *Faust ohne Gretchen* stattfinden. Ein paar Tage vorher erkundigte ich mich an der Kasse des Theaters und erfuhr zu meinem großen Schrecken, daß nur etwa 380 Karten verkauft waren. Kein Wunder, man hatte die Premierengäste und alle Prominenten zum 27. eingeladen, zum Geburtstag von Spier, und die fehlten jetzt. Ich schlug die Hände über dem Kopf zusammen, hörte mich um, machte Werbung und schaffte es, daß der Premierenabend ausverkauft war. Die Schauspieler wurden sehr gefeiert, und nachdem sich alle, auch ich, mehrmals verbeugt hatten, riefen einige Zuschauer aus dem Parkett nach mir. Ich mußte noch einmal ganz allein raus und weiß bis heute nicht, wer damals gerufen hat. Auf jeden Fall waren es keine Verwandten von mir, denn von denen saß keiner im Parkett.

Faust ohne Gretchen

Lustspiel von Curth Flatow

URAUFFÜHRUNG

Regie: Jürgen Wölffer
Bild und Kostüme: Hannelore Hirthe-Kuschnitzky

Konstantin Meinhardt ______ ***Wolfgang Spier***

Amelie Ritter ______ ***Tilly Lauenstein***

Cordula Bremer ______ ***Hannelore Cremer***

Stefanie Hinz ______ ***Renate Blume***

Lilly Meinhardt ______ ***Margot Rothweiler***

Agnes Weber ______ ***Ursula Gerstel***

Werner Voss ______ ***Sebastian Jacob***

Pause nach dem 2. Bild
Dauer etwas über 2 Stunden

Regieassistenz HELGA BEYER

Technischer Leiter NORBERT SCHUMACHER

Vertr. und Bühnenmeister MATTHIAS ZIESCH
Inspizienz/Ton JOACHIM ROSS
Beleuchtungsmeister ALFRED WIECZOREK

Die Lampen für das Bühnenbild wurden angefertigt vom
ATELIER GÜNTER STÜRICKOW
Bozener Straße 17, 10825 Berlin

Maske RITA WIECHA
Requisite HANNELORE TAUBERT-BENECH
Ankleiderin JOHANNA ZENTGRAF
Ankleider GERHARD KROPP
Souffleuse HELGA BEYER

Um die Frisuren kümmert sich UDO WALZ,
Kurfürstendamm 200, 10719 Berlin

Das Make-up stellte uns JUVENA OF SWITZERLAND
kreiert von RENE KOCH zur Verfügung

Werkstattleitung HORST KWANDT
Dekorateur HERBERT BINDING / BORIS FEIST
Dekorationsmalerei FR. JOACHIM GRIEGER

Aufführungsrechte
PROJEKT Theater & Medien Verlag, Köln

Präsentiert von
BERLINER MORGENPOST
Forum der Hauptstadt

THEATER
AM KURFÜRSTENDAMM
Berlin, Kurfürstendamm 206
Direktion Wölffer
Spielzeit 1995/1996

Voraufführungen: 19. und 20. September 1995

Premiere: 21. September 1995

Besetzungszettel aus dem Programmheft zur Uraufführung »Faust ohne Gretchen«, Theater am Kurfürstendamm, Berlin, 21. September 1995

Als ich später ins Foyer kam, wurde auch geklatscht, und darüber freut man sich als Autor, denn sonst kassieren dort nur die Hauptdarsteller Applaus. Die Kritiken waren nicht so gut, wie wir gehofft hatten, obwohl das Publikum begeistert war. In Hamburg kam das Stück noch viel besser an, und auf der Tournee war es ein richtiger Renner. Es ist aber in den Köpfen der Theaterleute so mit Spier verbunden, daß sich erst im nächsten Jahr ein anderer Schauspieler an die Rolle wagte.
Ende Oktober legte ich den *Ausbrecher* beiseite. Ich hatte plötzlich die

Idee für eine andere Komödie. Sie handelt von der Liebe einer geschiedenen Frau, die ein Blusengeschäft hat, zu einem wesentlich jüngeren Rockmusiker. Den Titel des Stückes hatte ich auch schon: *Rock und Bluse oder paßt das etwa nicht zusammen?*
Auf das Hoch folgte wieder ein Tief. Ich bekam Gleichgewichtsstörungen und wieder einmal eine Gastritis, ließ eine Magen- und Darmspiegelung machen. Zum Glück hat man nichts gefunden. Es waren nur nervöse Störungen, wie der Arzt meinte.
Der Anschlag auf Rabin war für uns alle ein großer Schock. Er hatte den Frieden in Nahost auf den Weg gebracht, und die ganze Welt schöpfte schon Hoffnung. Das Schlimmste für mich waren die Bilder der Israelis, die sich über den Tod Rabins freuten. Am religiösen Fanatismus werden wir alle noch einmal zugrunde gehen.
In Köln wurde die Neufassung von *Cyprienne* uraufgeführt. Ich bekam während der Vorstellung schreckliche Magenschmerzen. Wenn ich mir gegenüber ganz ehrlich bin, muß ich zugeben, daß das Stück schon bei der ersten Premiere etwas veraltet war. Hätte ich es jetzt besser machen können? Versucht habe ich es. Nun gut, es hat dem Publikum gefallen, aber ich war nicht zufrieden und von der Regie auch nicht gerade begeistert.
Aber es kam noch viel schlimmer für mich. Im Dezember fuhren Brigitte und ich mit dem ICE nach Frankfurt und quartierten uns in einem Luxushotel gleich neben dem Theater ein. Ich hatte meinen Schwager und meine Schwägerin eingeladen und saß, was ich sonst nie mache, im Parkett und war guter Dinge. *Mein Vater, der Junggeselle* hatte in der dortigen Komödie Premiere, ein Stück, das überall sehr gut angekommen war. Der Vorhang ging auf, der Darsteller des Vaters brachte seine ersten Sätze, und schon wußte ich, daß die Vorstellung ein Reinfall wird. Es war schrecklich. Zwei Schauspielerinnen waren kurz vor der Premiere krank geworden, Kerstin Gäthe, die die Studienrätin schon in Düsseldorf gespielt hatte, war geholt worden, und eine andere war für die Rolle der Geschiedenen eingesprungen. Ich rutschte auf meinem Sitz immer weiter nach unten. In der Pause fing mein Herz an zu stolpern, den zweiten Teil erlebte ich nicht mehr auf meinem Platz. Ich hockte mich auf einen Notsitz im hintersten Parkett. Man wollte mich zum Verbeugen auf die Bühne holen, ich winkte ab und verließ fluchtartig den Zuschauerraum. Ich habe mich so geschämt, daß ich vor dem Theater in Regen und Kälte auf meine Frau wartete, die mir

meinen Mantel aus der Garderobe holte. Ich wollte von niemandem mehr gesehen werden und ging rasch mit ihr ins Hotel. Der Regisseur hat später gesagt, er wäre der einzige, der mein Stück ernst genommen hätte. Deshalb hat wahrscheinlich auch kaum ein Mensch gelacht.
Ich war am Boden zerstört und mein Stimmungstief hielt sehr lange an. Das Weihnachtsfest und der Silvesterabend litten noch darunter.

Kleine Geschichten am Rande

1968 spielte Platte die Hauptrolle in *Das Geld liegt auf der Bank* – auf der Bühne des Hebbel-Theaters läuft das letzte Bild. Platte sitzt an der Seite, hat schon den falschen Verband am Bein und wartet auf seinen Auftritt. Jetzt kommt gleich der Augenblick, in dem der Reporter auf der Bühne eine große Pointe hat. Platte hebt den rechten Arm und ballt die Faust. Die Pointe fällt, Plattes Arm saust nach unten, als ob er sagen will: »Jetzt schlägt sie ein!« Der Lacher braust auf, und Platte strahlt. 1996 spielt Spier in der Hamburger Komödie Winterhuder Fährhaus die Hauptrolle in *Faust ohne Gretchen.* Auf der Bühne läuft das letzte Bild, Wolfgang sitzt hinter der Dekoration und wartet auf seinen Auftritt. Gleich wird Margot Rothweiler auf der Bühne eine große Pointe haben. Wolfgang hebt lächelnd den Arm und läßt ihn genau in dem Augenblick nach unten sausen, in dem die Pointe kommt und das Publikum lacht. Auch er kann sich über den Erfolg einer Mitspielerin freuen, neidlos. So etwas erlebt man gern, aber selten.

In den fünfziger Jahren schrieben Olaf Bienert und ich ein Lied mit dem Titel »Meine Gedanken dreh'n sich im Kreise«. Das nahm eine bekannte Schlagersängerin im RIAS auf. Kurze Zeit später rief mich eine Verlegerin an und teilte mir voller Freude mit, daß die Sängerin, nennen wir sie mal Frau X, unser Lied auf einer Schallplatte singen würde und wie ich mir denn das vorstelle? Ganz einfach, sagte ich, denn ich roch schon den Braten, Frau X geht ins Studio, singt die Nummer, ein Orchester begleitet sie und dann … In diesem Augenblick unterbrach mich die Verlegerin. Sie meinte, daß ich ihre Frage wohl nicht richtig verstanden hätte. Sie wollte wissen, wieviel ich Frau X von meinem Textdichteranteil bei der GEMA abgeben würde, sozusagen als Dank dafür, daß sie das Lied auf eine Schallplatte bringt. Ich erklärte der Verlegerin, daß ich an und für sich gar nichts dagegen hätte, Frau X fünfzig Prozent abzugeben. Auch wenn das Lied zusätzlich Frau Y singen würde, hätte ich ja keinen Verlust, ich könnte nur nichts mehr daran verdienen. Aber wenn nun auch noch Frau Z kommt, das Lied singt und dasselbe von mir verlangt, müßte ich ja noch draufzahlen und das möchte ich nicht. Frau X soll das Lied singen oder nicht, Prozente dafür bekommt sie keinesfalls. Frau X nahm das Lied nie auf.

In einer Komödie von mir spielten Herr U und Frau W ein Ehepaar. In einem Bild hatten sie einen Dialog, in dem eine Pointe die andere jagt. Es war eine Auseinandersetzung, bei der sie sich die Sätze gegenseitig an den Kopf werfen mußten, sozusagen Auge um Auge. Nach einigen Vorstellungen gewöhnten sie sich plötzlich daran, sich dabei überhaupt nicht mehr anzusehen. Sie spielten an der Rampe und servierten die Pointen frontal ins Publikum. Ich beobachtete das eine Weile und schrieb dann einen Brief an die Direktion:

Sehr geehrter Herr Wölffer,
gestern sah ich mir die Vorstellung meines Stückes an und bitte Sie, besorgt um die Gesundheit der Schauspieler und zum Schutz des Publikums, unverzüglich ein Geländer an der Rampe anzubringen.
Herzlichst Ihr
C. F.

Den Brief habe ich nie abgeschickt, ich brauchte es nicht. Ich erzählte einer Schauspielerin davon, es sprach sich herum, das Ehepaar auf der Bühne wieder miteinander und sah sich dabei an.

Es war Anfang Januar 1966. Thomalla spielte immer noch den *Vater einer Tochter* im Kurfürstendamm-Theater, das jeden Abend ausverkauft war. An einigen Tagen in der Woche gab es Spätvorstellungen, in denen Wolfgang Neuss mit einem kleinen Ensemble auftrat, übrigens auch mit großem Erfolg. Ganz abgesehen davon, daß die Mitwirkenden schon kurz vor Ende des Stückes eintrafen und zwar nicht nur im Theater, sondern auf der Bühne, was Thomy irritierte – wesentlich mehr störte ihn das Riesenplakat, das man vor dem Theater angebracht hatte. Darauf konnte man lesen, daß Wolfgang Neuss dort gastierte. Die Buchstaben waren größer und besser zu sehen als *Vater einer Tochter* und Georg Thomalla. Dieser Werbeunterschied stach nicht nur dem Publikum ins Auge, sondern auch unserem Hauptdarsteller und dem auch ins Herz.

An einem Tag wurde das Theater geschlossen, weil Thomy nach München fliegen mußte. Sein Sohn wurde dort am offenen Herzen operiert, und er wollte bei ihm sein. Vor dem Rückflug trafen wir uns zufällig in Riem und saßen dann nebeneinander in der Caravelle. In Berlin war Schnee gefallen und zwar soviel, daß das Flugzeug, aus Rücksicht auf die Passagiere, bis kurz vor die Abfertigungsbaracke rollte. Wir mußten also nur ein paar Schritte durch den tiefen Schnee stapfen. Es war die letzte Maschine am Abend, und es gab kaum Taxis. Wir teilten uns eins mit einer eleganten Dame, mit der wir uns sehr nett unterhielten.
Der Chauffeur erkannte Thomy natürlich. »Herr Thomalla, wie schön, daß Sie wieder einmal in Berlin sind!« sagte er freundlich.
Thomy blickte kurz auf. »Ich bin schon längere Zeit in Berlin«, belehrte er den Fahrer.
Der wunderte sich darüber einen Augenblick, machte dann aber weiter Konversation. »Wann spielen Sie denn bei uns mal wieder Theater?« wollte er wissen.
Thomy Lächeln erlosch, seine Augenbrauen hoben sich unmerklich. »Ich spiele hier Theater!« Sein Ton klang schon etwas weniger verbindlich.
»Nein … Sie spielen hier Theater? Was denn?« forschte der Fahrer.
»*Vater einer Tochter*«, antwortete Thomalla kurz. Er war sichtlich befremdet darüber, wie wenig Beachtung sein Gastspiel beim »fahrenden Volk« gefunden hatte.
»*Vater einer Tochter*«, wiederholte der Chauffeur, »und wo spielen Sie das?«
Thomy nahm sich jetzt sehr zusammen. »Im Theater am Kurfürstendamm!«
Jetzt war dem Chauffeur alles klar. »Ach da, wo der Neuss spielt«, sagte er.
Thomy zuckte zusammen. Dieser Abend war kein guter Tag für ihn.

Wieder zwei meiner Stücke nebeneinander am Kurfürstendamm

Eben fällt mir noch etwas ein, was noch in das Jahr 1996 gehört. Thomalla sagte das Stück *Ein gesegnetes Alter*, das ich extra für ihn geschrieben hatte, ab. Er könne aus gesundheitlichen Gründen keine Serie mehr spielen.
Bei den Aufnahmen zur 75.-Geburtstags-Sendung für Vico Torriani erzählte er Johannes Heesters von dem Stück und schickte ihm das Buch. Simone Rethel rief mich an und erzählte mir, daß Jopi das Stück sehr gefallen hätte. Und dann klingelte eines Tages das Telefon. »Hier ist Heesters«, meldete sich eine Stimme mit holländischem Akzent. »Herr Flatow, hätten Sie etwas dagegen, daß ich Ihr Stück spiele?« Ich war einen Moment lang verblüfft. Ich wußte, daß Heesters im Dezember zweiundneunzig Jahre alt wurde. Aber ich faßte mich schnell und meinte, ich hätte bestimmt nichts dagegen. Ehrlich gesagt, ich habe nicht damit gerechnet, daß die Aufführung überhaupt stattfindet. Die anderen auch nicht, nur Christine, Jürgen Wölffers Frau, und Simone Rethel-Heesters glaubten ganz fest daran.
Heesters kam nach Berlin, wir hatten in Wölffers Wohnung eine Besprechung mit ihm, Heesters äußerte Wünsche, einiges wollte er nicht sagen. Simone meinte dann immer: »Das sagt Jopi nicht!« Aber das waren alles Kleinigkeiten.
Das Stück handelt von einem Neunzigjährigen, den man zwingen will, seine Wohnung aufzugeben. Das Haus soll an eine Firma verkauft werden, die das Gebäude abreißen lassen und auf dem Grundstück ein modernes Bürogebäude errichten will. In meinem Originalmanuskript zieht der Neunzigjährige am Schluß aus. »Ich bleibe in der Wohnung!« sagte Heesters fest und dabei blieb er. Ich sagte, das müsse ich mir überlegen, denn ich wußte nicht, wie ich zu einem neuen Schluß kommen konnte. Zwei Tage später wußte ich es, und ich glaube, das Stück hat dadurch sehr gewonnen.
Inzwischen hatte ich die Arbeit am *Ausbrecher* wieder aufgenommen,

und Ende März war die Komödie fertig. Anfang April begannen die Proben für das *Gesegnete Alter* im Theater am Kurfürstendamm, Mitte des Monats für *Mein Vater, der Junggeselle.* Das Stück sollte nebenan in der Komödie herauskommen. Eine Zeitlang pendelte ich hin und her. Herbert Herrmann, Edith Hancke und Tommaso Cacciapuoti, den ich mir für die Rolle gewünscht hatte, konnten ihren Text schon. Heesters hatte noch Schwierigkeiten, die Souffleuse mußte andauernd aushelfen. Aber er probierte, er probierte eisern. Wenn etwas nicht klappte, wollte er die Szene immer noch einmal wiederholen, und wenn Jürgen Wölffer aus Rücksicht auf das hohe Alter seines Hauptdarstellers die Probe nach einigen Stunden beenden wollte, bestand Heesters darauf, weiterzumachen. Er imponierte mir sehr.
Die Premiere von *Mein Vater, der Junggeselle* war eine einzige Freude. Nicht nur Wolfgang Spier war vom Regisseur Herbert Herrmann begeistert. »Der wird mein Nachfolger«, sagte er. Meine drei Hauptdarsteller konnte man nur umarmen, und die Kritiken waren sehr gut. Nur die »Bild«-Zeitung machte eine Ausnahme, ohne damit der Kasse zu schaden, und ich war glücklich: Zum zweiten Mal liefen zwei Stücke von mir nebeneinander in den Kurfürstendamm-Theatern.
Eines Tages rief mich Dr. Köhler an. Er hatte sich gewundert, daß die Münchner Kleine Komödie am Max II, in der in wenigen Tagen die Proben zu *Mein Vater, der Junggeselle* stattfinden sollte, keine weiteren Manuskripte angefordert hatte. Nun erfuhr er zu seinem Erstaunen, daß der Regisseur, ohne uns zu fragen, einfach ein neues Buch diktiert hatte, das er vervielfältigen ließ. Wir forderten sofort ein Exemplar an und waren entsetzt über die Einfälle dieses Herrn. Er hatte einiges gestrichen und anderes neu und schlecht erfunden. Ich will seinen Namen hier nicht nennen, aber ich habe ihn mir gemerkt und werde verhindern, daß er in Zukunft noch einmal ein Stück von mir inszeniert. Der Verlag protestierte sofort energisch, und es wurde dann zum größten Teil auf mein Original zurückgegriffen. Kollegen, die beide Vorstellungen gesehen haben, sagten übereinstimmend, daß sie das Gefühl hatten, in Berlin ein anderes, wesentlich besseres Stück gesehen zu haben. Es ist merkwürdig, man kann noch so lange in der Branche gearbeitet, die größte Erfahrung haben, es findet sich immer wieder ein Selbstherrlicher, der glaubt, alles besser zu können.
Am 20. Januar veranstaltete man für Johannes Heesters eine große Pressekonferenz im Kudamm-Karree. Viele Fotografen, Reporter und

Kameraleute des Fernsehens waren da. Über Lautsprecher hörte man Heesters' neue CD mit seinem Lieblingslied »Ich hab' mein Leben gelebt«. Er hatte es erst wenige Wochen vorher aufgenommen. Ich fand, Heesters hat noch nie so gut gesungen wie jetzt als beinahe Zweiundneunzigjähriger. Er beherrschte die Pressekonferenz, machte das sehr souverän. Ein Profi. Was er sagte, war interessant und auf jede Frage wußte er eine treffende Antwort. Wieder einmal bewunderte ich ihn.

Schon bei den Einspielvorstellungen bekam er Standing ovations. Das Publikum fraß ihm, wie man so schön sagt, aus der Hand, und die Pre-

Ein
gesegnetes
ALTER

Eine fast schwarze Komödie
von Curth Flatow

URAUFFÜHRUNG

Regie: Jürgen Wölffer
Bühne: Pit Fischer
Kostüm: Gerhard Kropp

Georg Neumann — **JOHANNES HEESTERS**
Christa Schlüter — **SIMONE RETHEL**
Gitta Eckstein — **EVA PROBST**
Robert Schmidt-Wenkebach — **WOLFGANG GRINDEMANN**
Briefträger — *JÜRGEN ROSS*

Als Stimmen:

Frau Glaser — *CHARLOTT ADAMI*
Enkelin — *ELEONORE WITTEKIND*
Dr. Lohmeyer — *WOLFGANG GRINDEMANN*
Wolfgang Strobel — *JÜRGEN ROSS*

Dauer ca. 2 Stunden
Eine Pause

Regieassistenz ANDREAS BECKER / CHRISTINE SCHILD
Technischer Leiter NORBERT SCHUMACHER
Vertr. und Bühnenmeister MATTHIAS ZIESCH
Inspizienz/Ton IWEJLA KLINKE
Beleuchtungsmeister ALFRED WIEZCOREK
Maske RITA WIECHA
Requisite HANNELORE TAUBERT-BENECH
Ankleiderin JOHANNA ZENTGRAF / GABRIELE HANS
Ankleider GERHARD KROPP / MARTIN GRITZBACH
Souffleuse ELISABETH KÖRÖMI
Um die Frisuren kümmert sich
UDO WALZ, Kurfürstendamm 200, 10719 Berlin
Das Make-up stellte uns Elizabeth Arden
kreiert von RENE KOCH zur Verfügung
Werkstattleitung BERND KONOW / HORST KWANDT
Dekorateur HERBERT BINDING / BORIS FEIST
Dekorationsmalerei FR. JOACHIM GRIEGER
Aufführungsrechte
PROJEKT Theater & Medien Verlag, Köln

THEATER
AM KURFÜRSTENDAMM
Berlin, Kurfürstendamm 206
Direktion Wölffer
Spielzeit 1995/1996
Voraufführungen: 22. und 23. Mai 1996
Premiere: 24. Mai 1996

Besetzungszettel aus dem Programmheft zur Uraufführung »Ein gesegnetes Alter«, Theater am Kurfürstendamm, Berlin, 24. Mai 1996

miere wurde ein Medienereignis. Vier Fernsehteams waren im Zuschauerraum und zwei auf der Bühne, die sich bemühten, die Vorstellung nicht zu stören. Zuerst trat Jürgen Wölffer vor den Vorhang, erzählte, daß Johannes Heesters sich extra von seinem Schwiegersohn Pit Fischer eine Treppe in die Dekoration hatte bauen lassen, damit man sieht, wie gut er noch hinauf- und hinabsteigen kann. Als ich die bei der letzten Probe entdeckte, dachte ich, ich träume. Dieser Mann muß eine Energie besitzen, einen unglaublich starken Willen und eine Konstitution, vor der man nur den Hut ziehen kann.
Bei der Uraufführung am 24. Mai wurde es nach der Ansprache von Wölffer dunkel im Saal, und die Zuschauer hörten sein Lied. Riesenbeifall, Vorhang auf, Licht an, Heesters trat auf, und schon erhob sich das gesamte Parkett.
Das Publikum war vom Stück und von der Besetzung begeistert. Simone Rethel spielte die Studentin, die dem Neunzigjährigen die Wohnung rettet. Sie war entzückend. Eva Probst war die ehemalige Geliebte, erst süßlich und dann böse, Wolfgang Grindemann der Reporter des Mittagsblattes, der dem alten Herrn verrät, was für ein Kuckuck sich da in sein Nest setzen wollte. Am Schluß wieder minutenlange Ovationen. Als Heesters hinterher ins Foyer kam, wurde er von den Presseleuten umringt, und ich glaube, es dauerte mindestens eine Stunde, bevor er etwas essen konnte.
Beim Schreiben des Stückes hatte ich ja eigentlich an Thomallas schnelle Sprechweise gedacht, und als ich es fertig hatte und abstoppte, dachte ich, es wäre zu kurz. Bei Heesters dauerte es natürlich länger, besonders das erste Bild, in dem er fast eine halbe Stunde lang allein auf der Bühne steht. Er telefoniert und wird angerufen, nur am Schluß kommt der Briefträger, der drei Sätze hat. Es ist die Exposition des Stückes, darauf baut sich alles auf. Man muß eine Persönlichkeit wie Heesters sein, um die Spannung dreißig Minuten lang zu halten. Ich habe mich oft gefragt, woher er in seinem hohen Alter die Kraft nimmt, diese anstrengende Vorstellung durchzustehen. Ich glaube, er lebt nur für die zweieinhalb Stunden auf der Bühne.
An einem Sonntag fand die letzte Vorstellung in Berlin statt. Sie war ausverkauft. Am Vormittag kam ein Anruf. Man sagte mir, daß Heesters heiser sei und fragte mich, ob ich einen Hals-Nasen-Ohren-Arzt wüßte, der gleich kommen könnte. Ich erreichte unseren alten Dr. Asen, der seine Praxis längst aufgegeben hatte. Er kam natürlich, obwohl es an

diesem Tag sehr schwer war, von Steglitz zur Clausewitzstraße zu gelangen, denn es fand in Berlin ein Marathonlauf statt, und die Straßen waren abgeriegelt. Der Doktor mußte die U-Bahn nehmen.
Heesters spielte natürlich am Abend. Er hat noch nie eine Vorstellung versäumt, ein Musterbeispiel für Disziplin. Hinterher saßen wir zusammen mit den anderen im Hotel Imperial und feierten Abschied. Heesters hatte eine Flasche Whisky geschenkt bekommen. Neben ihm saß Harald Juhnke, und die Flasche stand fast vor ihm. Heesters erkundigte sich lächelnd, ob er sie da stehenlassen könnte. »Kannst du, Jopi!« beruhigte ihn Juhnke. »Trink einfach für mich mit.« Das tat Jopi dann auch. Und der Whisky bekam ihm, wie immer nach der Vorstellung.
Zur Düsseldorfer Premiere bin ich rübergeflogen. Nachdem das Publikum ihn gefeiert hatte, saß Heesters, umringt von schönen jungen Frauen, noch lange im Theatercafé und wurde geküßt. Ich auch, aber leider nur von den wesentlich älteren Damen.
Am 4. Dezember 1996 fand die Premiere in den Wiener Kammerspielen statt. Wieder großer Jubel. Dann zog sich Heesters einen Frack an, erschien mit seiner Frau im Hotel Regina und feierte in seinen zweiundneunzigsten Geburtstag hinein. Wieder sind wir vor ihm gegangen. Er war noch lange nicht müde.
Die Dresdner Komödie war ständig ausverkauft, die Komödie in Hamburg auch. Später verzauberte Heesters München, Frankfurt, Essen, Bochum und Köln.
Dieser Mann ist eine lebende Legende. Ein Herr, der auch im hohen Alter nichts von seinem Charme verloren hat, im Gegenteil. Wenn ich eine Liste der charmantesten Schauspieler Europas aufstellen würde, käme Heesters noch vor Maurice Chevalier. Aber bitte sprechen Sie nicht darüber, schon gar nicht mit Franzosen.
Tagebuch: Keine Ehe nach Maß hat in Düsseldorf Premiere. Ingrid Braut spielt die verlassene Ehefrau und Bob Franco den Modeschöpfer. Die beiden waren ganz anders als Edith Hancke und Klaus Sonnenschein in Berlin, aber genauso wirkungsvoll. Im Parkett wurden Tränen gelacht und vergossen. Ich war über diese Aufführung wieder einmal sehr froh. Hanns Friedrichs hatte die Kostüme entworfen, die mit Recht großen Beifall bekamen. –
Anfang 1997 begann meine rechte Hüfte Schwierigkeiten zu machen. Ich ging zu einem netten Orthopäden (zwei Treppen ohne Fahrstuhl!),

der Röntgenaufnahmen machte und dann sofort meinte: »Wenn Sie mit der Hüfte zu einem Chirurgen gehen, dann operiert der sofort. Wir wollen es erst einmal mit Tabletten und Gymnastik versuchen.« Ich versuchte es, aber die Schmerzen wurden immer schlimmer. Wer mich in dieser Zeit mit meinem Hund durch den Grunewald laufen sah, leicht vorgebeugt, aus Angst umzukippen, immer schneller werdend, der muß einen merkwürdigen Eindruck von mir bekommen haben.
Die Reise nach Hannover – Generalprobe und Uraufführung von *Zwei in Opposition* – wurde zu einer großen Anstrengung für mich. Ich kam kaum die Stufen zum IC hinauf, und hilfreiche Mitreisende mußten mir beim Tragen meines Koffers helfen. Das Stück nannte man dort aus Angst, daß man bei dem Titel etwas Politisches vermuten könnte – mit Recht übrigens –, *Nicht schwindelfrei*. Nach der Generalprobe – meine Verlegerin kam mit – konnte ich noch einiges ändern, aber leider nicht erreichen, daß es zwischen dem Liebespaar knisterte. Ich hatte das Gefühl, die beiden mochten sich nicht. In dem Stück spielte Renate Bopp die Tante Rosa. Sie räumte, wie man so schön sagt, ab. Unter uns, die Tante ist auch die dankbarste Rolle in dem Stück. Es wurde durch sie ein großer Erfolg.
Mir fiel das Laufen immer schwerer. Eines Tages hinkte ich mit meiner desolaten Hüfte zu Professor Schüren, der eigentlich für mein Herz zuständig ist und bat ihn um Rat. Der empfahl mir Professor Hertel mit den Worten: »Das ist nicht einer, der gleich operiert!« Das tat er auch nicht, erst acht Wochen später, früher hatte er nämlich keine Zeit.
Ich spendete rasch noch Eigenblut und dann wurde mir im Martin-Luther-Krankenhaus eine neue Hüfte eingesetzt. Zuerst ging es mir gut, dann hatte ich eine richtige Krise. Ich fürchtete plötzlich ein Pflegefall zu werden. Aber die reizende Gymnastin, Frau Rücker, brachte mich wieder auf die Beine. Als ich dann nach der Reha-Klinik mit zwei Gehhilfen den Hirschsprung rauf und runter ging, applaudierten meine Nachbarn.
Ich fühlte mich allerdings noch nicht sicher genug, um nach Düsseldorf zu fliegen, wo meine Komödie *Der Ausbrecher* herauskam. Es war ein schreckliches Gefühl für mich, ich konnte zum ersten Mal bei der Uraufführung eines Stückes von mir nicht dabeisein. In der Komödie probierte man ein paar Wochen später mein Stück *Faust ohne Gretchen*. Ich flog rüber und sah mir vormittags die Probe und abends den *Aus-*

DER AUSBRECHER

oder: Ein Mann nimmt sich die Freiheit
URAUFFÜHRUNG
Komödie von **Curth Flatow**

INSZENIERUNG	**ALFONS HÖCKMANN**
BÜHNENBILD	**ELKE OBER**
KOSTÜME	**VERA BUSCH**
REGIE-ASSISTENZ	**MARIA KALDEWEIDE/TANJA SCHMITZ**
BELEUCHTUNG	**MICHAEL NIES**
FRISUREN	**ANNELIE KOCH / ELKE HÄHNLEIN / SABINE RICHTER**
INSPIZIENT	**LUTZ SCHÄDLICH / GÜNTHER MARGIELSKY / GYDE BORTH**

ERICH SCHÄFER	**HANS DIETER ASNER**
ILSE SCHÄFER	**INGRID BRAUT**
DIETER MÜHLHARDT	**AXEL VON ASWEGE**
GISELA MÜHLHARDT	**FRAUKE POOLMAN**
CORINNA WERNER	**GUNHILT EICHHORN**
FRAU GERLACH	**ANDREA HÖCKMANN**

Die Dekoration wurde in eigenen Werkstätten hergestellt. Leitung: **BODO WALLERATH**
Aufführungsrechte: **PROJEKT** Theater&Medien Verlag, Köln
Probenfotos: Wido Käst
Szenenfotos: **SONJA ROTHWEILER**, Düsseldorf

Pause nach dem 2. Bild
Das Pausen-Ende wird auch im "Café Fundus" eingeläutet.
Wegen des feuerpolizeilichen Rauchverbots bitten wir unsere Besucher höflichst, im Foyer der KOMÖDIE nicht zu rauchen.
Im "Café Fundus" ist das Rauchen gestattet.

Es stellten freundlicherweise zur Verfügung:
Teppiche: KUNSTHAUS SORAYA

Besetzungszettel aus dem Programmheft zur Uraufführung »Der Ausbrecher«, Komödie, Düsseldorf, 25. März 1998

brecher an, die Geschichte eines hohen Finanzbeamten, der sich ohne Wissen seiner Familie vorzeitig pensionieren läßt, damit er endlich das tun kann, was er immer wollte, malen. Das Stück kam übrigens, mit Ausnahme der Premiere, beim Publikum gut an, aber ich hatte das Gefühl, daß das Düsseldorfer Publikum in diesem Theater etwas anderes von mir erwartet hatte.

Drei Wochen später war ich wieder dort. Ingrid Braut und Alfons Höckmann hatten dreißigjähriges Jubiläum, und an diesem Abend war Premiere von *Faust ohne Gretchen*. Das Stück war wieder von Hanns Friedrichs verschwenderisch ausgestattet worden. Jede der Damen, Ingrid Braut, Anna Teluren und Ulla Martens, kassierte bei ihrem Auftritt einen Extra-Applaus. Der Direktor spielte mit großem Erfolg die Hauptrolle.
Ich liebe dieses Stück, weil es unter Theaterleuten spielt, und ich liebe auch die Düsseldorfer Komödie, Man macht dort kein Regietheater, in dem alles verändert wird, die Komödie läßt sogar die toten Dichter leben.
Ich liebe auch die Direktion des Hauses seit vielen Jahren. Die hören da sehr auf mich, machen dann aber, was sie wollen. Ich hatte mir zum Beispiel gewünscht, daß Doris, die zweite Stewardeß in dem Stück *Verlängertes Wochenende*, in einem Herrenoberhemd aus dem Schlafzimmer kommt. Sie hatte aber ein Babydoll an. Ich hasse Babydolls, finde sie out, ging deshalb sofort zu Ingrid und versuchte zu intervenieren, biß aber auf liebenswürdigen Granit. »Das Babydoll bleibt!« sagte Ingrid mit ihrem unerbittlichen Charme. Und als Doris damit auf der Bühne erschien, bekam sie Auftrittsapplaus. Ingrid, die vor mir saß, drehte sich um und warf mir einen Blick zu, der nicht nur Bände sprach, sondern eine ganze Bücherwand.
An dieser Stelle wollte ich meine Autobiographie eigentlich beenden. Als ich sie aber nach einigen Monaten noch einmal durchlas, merkte ich, wieviel inzwischen noch passiert ist. Es muß nachgetragen werden, aber ich versuche mich so kurz wie möglich zu fassen.

Tagebuchnotizen

31. 03. 1998 – Von Jürgen Wölffer höre ich nichts, er hat auch kein Stück von mir geplant.
03. 04. 1998 – *Nachspiel oder Das Ende einer ersten Ehe* ist fertig.
18. 04. 1998 – Eine neues Stück angefangen, *Der 30jährige Krieg*, ein Ehepaar bilanziert drei Jahrzehnte Ehe.
20. 06. 1998 – Unheimlich deprimiert, habe das Gefühl, kann keine Geschichte mehr zusammenbekommen.
01. 07. 1998 – Renaissance-Theater – »Marlene« Judy Winter zum Niederknien. Folge: Bekomme endlich wieder neue Ideen.
13. 07. 1998 – *Der 30jährige Krieg* ist bis zur Pause fertig.
21. 08. 1998 – Letzte Zeilen geschrieben, Manuskript wird abgezogen.
02. 09. 1998 – Stück Herbert Herrmann geschickt.
17. 09. 1998 – Stück lagert in der Komödie. Keine Nachricht.
19. 09. 1998 – Herbert Herrmann rief an, will den *30jährigen Krieg* spielen. Großer Jubel, Brigitte fiel mir um den Hals, hatte Tränen in den Augen.
23. 09. 1998 – Vorarbeiten zu *Das Messer an der Kehle oder Der Barbier von Paris.*
28. 09. 1998 – Herbert rief an, hat schon viele Regieeinfälle.
29. 09. 1998 – Direktion will anderen Titel haben. Man hat Angst, daß die Leute glauben könnten, es handelt sich um ein historisches Kostümstück.
12. 11. 1998 – Verena Wengler ist begeistert von der weiblichen Hauptrolle.
30. 11. 1998 – Die ersten 25 Seiten vom *Barbier von Paris* geschrieben.
26. 03. 1999 – Probenbeginn von *Ein Mann – ein Wort oder Der 30jährige Krieg* in Hamburg.
16. 04. 1999 – Uraufführung *Ein Mann – ein Wort* in Berlin. Nicht enden wollender Beifall, Bravo-Rufe. Edith Hancke, Herbert Herrmann, Verena Wengler, Monika Tabsch und die anderen großartig.

28. 04. 1999 – Premiere *Zwei in Opposition* in Düsseldorf. Jetzt räumt Ingrid Braut als Tante Rosa ab.

27. 04. 1999 – Herbert Herrmann *Nachspiel* geschickt mit der Bemerkung, er soll es nur mal lesen, nicht spielen.

04. 05. 1999 – Herbert Herrmann rief an: »Warum soll ich das Stück eigentlich nicht spielen? Ich spiel' es!«

19. 08. 1999 – Mit Georg Thomalla telefoniert. Nach drei Operationen ist er jetzt in der Reha-Klinik in Feldafing.

22. 08. 1999 – Thomys Atem ging am Telefon stoßweise.

23. 08. 1999 – Hörte aus Feldafing, daß Thomy entweder Wasser in der Lunge oder eine Lungenembolie hat.

24. 08. 1999 – Mittags rief der Arzt aus Feldafing an und erzählte mir, daß sie Thomy nach Starnberg gebracht haben, dort hätte man bessere Beatmungsmöglichkeiten. Ich wollte erst am nächsten Tag zu Thomy fliegen, hatte aber plötzlich das ungute Gefühl, daß es dann vielleicht zu spät sein könnte, buchte rasch, flog nach München, nahm mir eine Taxe, die mich nach Starnberg brachte, traf auf der Intensivstation Frau Thomalla, die überrascht und froh war, mich zu sehen. Thomys Augen waren geschlossen, ein dicker Beatmungsschlauch ragte aus seinem Mund. Wir sprachen auf ihn ein, ich legte meine Hand auf seinen Oberarm und küßte ihn auf die Stirn, viermal, für jedes Familienmitglied einmal. Frau Thomalla sagte, daß die Herzfrequenz sich in diesem Augenblick erhöht hatte. Ich hoffe, nein, ich weiß, er hat gespürt, daß ich bei ihm war.

25. 08. 1999 – Thomy heute morgen früh um 6.45 Uhr gestorben. Mußte zwei Nachrufe schreiben.

29. 08. 1999 – Nach langem Hin und Her entschlossen wir uns doch alle drei, Irina Pabst und wir, zur Beerdigung nach Badgastein zu reisen.

31. 08. 1999 – Flug war pünktlich, S-Bahn in München hielt plötzlich im Tunnel an, erreichten gerade noch den Zug nach Salzburg. Dort wieder Rennerei, auch im letzten Moment eingestiegen, eine Kleinigkeit gegessen. Die Trauerfeier fand unter freiem Himmel statt, der Pfarrer sprach ein bißchen zu lange, wir mußten ja alle stehen, dann ein Freund des Hauses und schließlich ich.

02. 09. 1999 – *Das Messer an der Kehle* fertig.

17. 09. 1999 – Flug nach Hamburg, Premiere *Ein Mann – ein Wort*. Sehr gut angekommen. Acht Tage nach der Premiere bis zum 21. November ausverkauft!

Jetzt bin ich aber wirklich am Ende. Erst mal. Am 3. November 1999 war Premiere von *Das Geld liegt auf der Bank* in Düsseldorf. Sie spielen das Stück anläßlich meines achtzigsten Geburtstages.
Ende des Jahres 2000 wird *Rock und Bluse* in Bad Godesberg uraufgeführt, 2001 *Nachspiel. Das Messer an der Kehle* wird zur Zeit gelesen. Wenn man wie ich im hohen Alter immer noch arbeitet, sind Memoiren erst mit dem Ende zu Ende. Im Augenblick arbeite ich an einer neuen Komödie.

In eigener Sache

Schon der Weg von der Idee bis zum Wörtchen »Ende« auf der letzten Manuskriptseite dauert bei mir meistens einige Jahre. Vom Film her bin ich gewohnt, Stoffe auf einen bestimmten Schauspieler zuzuschneiden. Deshalb mußte ich mich manchmal schon beeilen, damit der Betreffende nicht in der Zwischenzeit das Fach wechselte. Es fängt fast immer so an, daß ich den Schauspieler X in einer Rolle auf der Bühne oder im Fernsehen erlebe oder ihn privat kennenlerne und von ihm so begeistert bin, daß ich sofort beschließe, für ihn ein Stück zu schreiben. Meine Phantasie beginnt zu arbeiten und manchmal fällt mir schon nach zwei, drei Tagen etwas ein. Und nun begehe ich einen großen Fehler, dem ich die meisten meiner Stücke verdanke: In einer gewissen Euphorie, die ein Einfall bei mir auslöst – wann hat man schon mal einen? –, rufe ich Herrn X an und erzähle ihm alles. Er ist Feuer und Flamme, möchte die Rolle lieber heute als morgen spielen und erkundigt sich schon übermorgen, wie weit ich mit dem Stück bin. Von nun an stehe ich unter Druck. Herr X behauptet zwar jedesmal, wenn er mich trifft, daß er mich nicht drängen will, das läge ihm fern, aber ich möchte doch bedenken, daß er jetzt – mit sechzig – immer noch sehr gut einen Vierzigjährigen spielen kann, in zwei, drei Jahren könnte es vielleicht schon anders aussehen – er leider auch.
Ich kann sein vorwurfsvolles Gesicht nicht mehr ertragen, gehe in mich und nicht mehr auf Parties, wo die Gefahr besteht, ihn zu treffen. Ich habe mich nämlich inzwischen so lange mit dem Projekt beschäftigt, daß die Notizen dazu ein bis zwei Schnellhefter füllen, und dann kommt bei mir unweigerlich der Tag, an dem ich alles weglege und felsenfest davon überzeugt bin: daraus wird nie etwas – die Idee reicht nicht für ein abendfüllendes Stück.
Ein paar Monate später – der Schauspieler ist inzwischen umgezogen und wohnt durch Zufall ganz in meiner Nähe – hole ich die Notizen wieder vor und stelle fest, daß eigentlich schon sehr viel Hübsches da

ist, die Idee absolut trägt. Damit mache ich mir selbst so viel Mut, daß ich wiederum vier bis sechs Wochen daran arbeite, bis ich alles in einem Anfall tiefer Depression wieder beiseite lege.
Dieses Spiel wiederholt sich drei- bis viermal. Meine ganze Umgebung leidet darunter. Jeder versucht mich aufzurichten, man ermuntert mich, doch endlich mit dem Schreiben anzufangen. Aber ich erfinde immer neue Ausreden vor mir selbst, ordne mein Archiv, streiche die Gartenmöbel, zupfe Unkraut aus – ich schrecke vor nichts zurück, um dem Schreibtisch zu entgehen. Einmal habe ich mir sogar die Mandeln herausnehmen lassen!
Eines Tages stelle ich dann zu meiner größten Überraschung fest, daß das Gerüst steht, die Handlung ist auf die Bilder verteilt, ich weiß, was in jeder Szene passiert, warum jemand in das Zimmer kommt, weshalb er geht, ich kenne das Vorleben meiner Figuren und ahne, was aus ihnen werden könnte, nachdem sich der Schlußvorhang geschlossen hat. Und erst jetzt fange ich mit dem Dialog an. Ich setze mich an den Schreibtisch und beginne mit dem ersten Bild. Zur gleichen Zeit besetzt die Direktion das Stück, und in den Tageszeitungen erscheint die Meldung, daß ich soeben eine neue Komödie beendet habe, in der Herr X die Hauptrolle spielt.
Irgendwann, manchmal sogar schon vor Probenbeginn, wandert das letzte Bild zum Abschreiben. Ich bin tatsächlich rechtzeitig fertig geworden. Merkwürdigerweise ist der Regisseur der einzige, der davon gar nicht so begeistert ist. Dabei müßte doch gerade er sich darüber freuen, denn ich habe jetzt nichts weiter zu tun. Ich kann jeder Probe beiwohnen und ihm wertvolle Ratschläge geben.
In der herrlichen Zeit von der ersten Leseprobe bis zur Premiere nehme ich sechs bis acht Pfund ab. Von der ersten Hauptprobe an schlafe ich nicht mehr, und bei der Premiere stehe ich hinter der Bühne, geisterbleich, zur Untätigkeit verdammt, vor Aufregung heiser. Ich schwöre mir, diese Tortur nie wieder auf mich zu nehmen. Bei der anschließenden Feier treffe ich dann den Schauspieler Y. Eigentlich ein sehr interessanter Typ, denke ich mir. Für den müßte man mal was schreiben …
Ob Sie es glauben oder nicht – so etwa spielt sich bei mir die Geburt eines Stückes ab. Ich habe nichts hinzugefügt und nichts weggelassen und nicht mal übertrieben. Das Merkwürdige ist, daß dieser Arbeitsprozeß von Mal zu Mal schwieriger wird, und besonders schlimm wird

es nach einem großen Erfolg. Wenn das letzte Stück ein Mißerfolg war, ist die Arbeit am nächsten viel einfacher. Aber wer will es sich schon so leichtmachen ...

Es gibt unzählige Möglichkeiten, Theater zu machen, und alles, was gekonnt auf die Bühne gebracht wird, hat seine Berechtigung, das Volkstheater und das Boulevardtheater genauso wie das sogenannte elitäre Theater. Ich habe nur etwas gegen den Alleinanspruch des letzteren. Kein Theater sollte auf das andere herabsehen, weder das Staatstheater auf die Boulevardbühne, noch die Werkstatt auf das Operettenhaus, umgekehrt natürlich auch nicht. Es gibt nur gute oder schlechte Aufführungen. Fragwürdig sind die Produktionen mit falschem Anspruch, aber das schlimmste Verbrechen, das man auf der Bühne begehen kann, ist, Langeweile zu verbreiten.

Alterserscheinungen

Meine ersten Alterserscheinungen traten bei mir gleich zu dritt ein. Sie trugen weiße Kittel, als sie das Krankenzimmer betraten: der Professor, sein Assistent und der Stationsarzt. Bei ihrem Anblick fiel mir plötzlich etwas auf, was ich bis zu diesem Zeitpunkt nie richtig wahrgenommen hatte. Sie waren ja jünger als ich, alle drei. Es gab mir einen kleinen Stich. Als sie das Zimmer verlassen hatten, ließ ich in Gedanken sämtliche Ärzte Revue passieren, die mich in letzter Zeit behandelt hatten und stellte erschrocken fest, daß sie alle jünger waren. Die »guten Onkel Doktors« gab es schon lange nicht mehr. Ich war von nun an immer der Ältere. Gewitzt durch diese etwas schmerzliche Entdeckung, sah ich bei meinem nächsten Konzertbesuch die Berliner Philharmoniker mit ganz neuen Augen an. Bis dahin hatte ich immer voller Ehrfurcht zu den würdigen Herren aufgeschaut, auch wenn ich im Rang saß. Jetzt wurde mir klar, daß ja jeder von ihnen mindestens fünfzehn, wenn nicht achtzehn Jahre jünger als ich sein müßte, denn die Philharmoniker gehen ja mal in Pension.

Den größten Schock bekam ich allerdings, als ich neulich, nach vielen Jahren, wieder einmal U-Bahn fuhr. Sie war voll, aber sowie ich den Waggon betrat, stand eine junge und dazu noch wunderhübsche Dame auf und bot mir ihren Platz an. Mir stockte der Atem und ich wurde knallrot, bat sie mit zitternder Stimme, sich wieder zu setzen. Wenn ich nicht mehr stehen könnte, würde ich mich bei ihr melden, aber im Augenblick ginge das Stehen noch, sagte ich zu ihr.

Wenn man versäumt hat in Schönheit zu sterben, muß man sein Spiegelbild schon ertragen, sagte mein alter Chef oft und fügte dann als »Trost« hinzu: »Schönheit vergeht, mies bleibt immer.« Damals war ich noch jung genug, um darüber lachen zu können. Jetzt habe ich lernen müssen, mich mit dem Alter abzufinden. Das Gedächtnis läßt nach und nach nach. Namen und Begriffe entfallen einem, erst einmal, dann immer öfter.

Ich begegne dem Alter – ehrlich gesagt, nicht gern, aber was soll ich machen – mit kleinen Tricks, ich löse zum Beispiel jeden Morgen zwei bis drei Kreuzworträtsel. An der Zeit, die ich dazu brauche, erkenne ich meine Tagesform. Eben stelle ich fest, daß ich schon wieder vergessen habe, wie man eine Schiffsreiseetappe nennt, dabei war die gestern und vorgestern schon in den Rätseln vertreten.
Am Schreibtisch vergesse ich mein Alter. Erst wenn ich wieder aufstehe, spüre ich es, zwar nicht in allen, aber doch in einigen Knochen. Joggen kann ich nicht mehr, aber das stört mich nicht, weil ich das nie gemacht habe. Ich bin auch nicht hinfällig, obwohl ich schon einige Male hingefallen bin. Aber daran war ich meist selbst schuld. Einmal lief ich in Gedanken die Treppe hinunter und übersah eine Stufe. Ein zweiter Sturz passierte mir aus reiner Fahrlässigkeit in meiner Küche. Ich holte am ersten Weihnachtsfeiertag die fertige, mir wirklich gut gelungene Pute aus dem Backofen, und etwas Soße tropfte auf die Küchenfliesen. Darauf rutschte ich aus und fand mich in Gesellschaft des Truthahns auf dem Küchenboden wieder. Zum Glück hatten wir uns beide nichts getan, aber nun hatte ich keine Soße mehr, und die Gäste saßen schon in der Eßecke. Zum Glück war noch etwas Geflügelfond im Glas da, ich konnte improvisieren, und wenn die Gäste nicht gewußt hätten, was passiert war, hätten sie beim Essen nichts bemerkt.
Vor dem Fernseher stürzte ich einmal, weil ich nicht bemerkt hatte, daß mein linker Fuß eingeschlafen war – was nichts mit dem Programm zu tun hatte –, und mein Akkusativ, also mein vierter Fall, passierte bei Glatteis im Grunewald.
Die schlimmste Alterserscheinung ist das Einsamerwerden. Der große Kreis der Freunde ist jetzt schon so zusammengeschmolzen, daß die übriggebliebenen alle an unserem runden Tisch Platz finden würden. Neue Freunde findet man in meinem Alter kaum. Früher war ich den Alten zu jung, jetzt bin ich den Jungen zu alt. Zum Glück habe ich eine Frau an meiner Seite, die mich mit Liebe umgibt und der die Namen einfallen, die ich vergessen habe. Ihre Kinder sind meine geworden, und Oskar ist ja auch noch da.
Meinem ältesten Protagonisten, Johannes Heesters, wurde kurz nach seinem dreiundneunzigsten Geburtstag auf der Bühne des Metropol-Theaters der Goldene Vorhang des Berliner Theaterclubs verliehen. Und da sagte er am Schluß einen Satz, der mich aufhorchen ließ: »Ich habe keine Angst vor dem Alter.«

Das werde ich wahrscheinlich auch sagen, falls ich dreiundneunzig werden sollte. Vorher nicht!
Wenn ich jetzt so zurückblicke – was ich für etwas verfrüht halte –, dann denke ich, daß ich doch einiges von dem erreicht habe, was ich mir als junger Mann vorgenommen hatte. Ich wollte Theaterstücke schreiben wie Curt Goetz. Das habe ich getan, zwar nicht wie er, sondern wie ich. Sie sind aber mindestens so oft gespielt worden wie seine, trotz seines enormen Vorsprungs. Gedichte wie Erich Kästner ...? Na ja, gereimt habe ich schon, nur gelesen hat er, glaube ich, keins von mir. Aber ich habe ihm eines »nachgeschickt«. Am 29. Juli 1974 starb Erich Kästner. In der August-Rückblende sprach ich für ihn den gereimten Nachruf:

Er las unserer Zeit die Leviten ...
Zwar lächelnd, doch ernst und gescheit.
Er nannte die Nieten stets Nieten,
Und ließ sich die Zeit das nicht bieten,
Dann sprach das nur gegen die Zeit.

Er haßt der Spießer Gequassel,
Er haßte vor allem den Haß.
Er warnte: Das Säbelgerassel
Führt wieder nur in den Schlamassel.
Und manchen ärgerte das.

Er zog mit der Feder vom Leder,
Er ging mit dem Krieg ins Gericht.
Der Frieden – das weiß heute jeder —
Kam dennoch unter die Räder ...
Denn wer hört schon auf ein Gedicht?

Er hat sich die Freiheit genommen,
Für Freiheit auch stets einzustehn.
Sein Zeitbild war klar, nie verschwommen.
Drum sah er das Unheil auch kommen,
Doch – gottlob! – er sah es auch gehn.

Er war, was nur wen'gen gelungen,
Bei Alter und Jugend bekannt.
Er schrieb manches Buch für die Jungen –

Das wurde von allen verschlungen …
Und später von ein'gen verbrannt.

Er hat sein Talent nie verschlissen
Und nie seine Leser geprellt.
Wir werden ihn ziemlich vermissen,
Er war unser gutes Gewissen
Und Aushängeschild für die Welt.

Die Zeit konnt' an ihm nicht genesen.
Dazu ist die Zeit viel zu krank.
Doch er ist ihr Doktor gewesen.
Man sollte ihn ab und zu lesen –
Nicht nur mit Vergnügen, mit Dank!

Nicht nur bei der Oscar-Verleihung bedankt man sich

Danken möchte ich Frau Ilse Meienburg, die mir sechsundzwanzig Jahre am Schreibtisch gegenübersaß, vormittags und nachmittags. Das einzige, was zwischen uns stand, war eine alte Schreibmaschine, an der sie rasend schnell und fehlerlos tippen konnte. Wenn ich – wie so oft – bei ganz einfachen Sätzen Schwierigkeiten bekam, wußte sie immer eine Lösung. Sie hat mir Mut gemacht, wenn ich mal wieder keinen hatte, und lachte an der richtigen Stelle.

Dank auch an Frau Inge Kühlhorn, die mich sechs Jahre lang am Schreibtisch betreute. Sie kam morgens lächelnd an, war ein liebenswertes Gegenüber für mich, anregend und immer hübsch anzusehen. Ich glaube, sie hatte jeden Tag etwas anderes an, und alles sah schick aus. Schade, daß sie krank wurde.

Auch bei Frau Monika Joachim möchte ich mich bedanken. Sie schrieb meine letzten elf Stücke, einiges fürs Fernsehen und diese Erinnerungen für mich auf. Der Dank ist etwas verfrüht, denn sie ist ja immer noch da.

Herrn Eckhard Schulz, der seit einem Vierteljahrhundert Geschäftsführer der Dramatiker Union ist, bin ich zu großem Dank verpflichtet. Wenn ich sagen würde, er nimmt mir viel Arbeit ab, dann stimmt das nicht, er nimmt mir fast alle Arbeiten ab, nur meine Reden schreibe ich alleine. Zu meinem fünfundsiebzigsten Geburtstag hat er eine Dokumentation über mich herausgegeben, die war so schmeichelhaft, daß ich, nachdem ich sie gelesen habe, viel stolzer in den Spiegel blicke.

Anhang

Theater

1946 **Herzkönig**
Liedertexte zu der musikalischen Komödie von Helmut Weiss, Musik Gerhard Winkler
Uraufführung 29. 3. 1946, Theater am Schiffbauerdamm, Berlin

1953 **Bei Kerzenlicht**
Bearbeitung des musikalischen Lustspiels von Karl Farkas und Siegfried Geyer, Musik Heinrich Riethmüller
Uraufführung 15. 9. 1953, Komödie, Berlin

1960 **Das Fenster zum Flur**
Volksstück (zusammen mit Horst Pillau)
Uraufführung 30. 1. 1960, Hebbel-Theater, Berlin

1966 **Vater einer Tochter**
Komödie
Uraufführung 29. 5. 1966, Theater am Kurfürstendamm, Berlin

Cyprienne oder Scheiden tut nicht weh
Musikalische Komödie (nach Victorien Sardou und Emile de Najac), Musik Gerhard Jussenhoven
Uraufführung 29. 12. 1966, Theater am Dom, Köln

1968 **Das Geld liegt auf der Bank**
Ein Vorspiel, das ein Nachspiel hat
Uraufführung 4. 10. 1968, Hebbel-Theater, Berlin

1970 **Boeing-Boeing Jumbo-Jet**
Musical nach Marc Camoletti, Musik Peter Thomas
Uraufführung 25. 10. 1970, Staatstheater Oldenburg

1973 **Der Mann, der sich nicht traut**
Komödie
Uraufführung 29. 11. 1973, Theater am Kurfürstendamm, Berlin

1982 **Durchreise**
Die Geschichte einer Firma
Uraufführung 30. 9. 1982, Theater am Kurfürstendamm, Berlin

1985 **Romeo mit grauen Schläfen**
Komödie
Uraufführung 11. 6. 1985, Kleine Komödie im Bayerischen Hof, München

1988 **Mutter Gräbert macht Theater**
Singspiel, Musik Heinrich Riethmüller
Uraufführung 8. 1. 1988, Tribüne, Berlin

1990 **Verlängertes Wochenende**
Vier Bilder unter einem Dach
Uraufführung 23. 5. 1990, Komödie, Düsseldorf

1991 **Zweite Geige**
Fünf Bilder ohne Musik
Uraufführung 5. 2. 1991, Komödie, Berlin

1993 **Keine Ehe nach Maß**
Etwas, das nie aus der Mode kommt
Uraufführung 7. 1. 1993, Komödie, Berlin

Das glückliche Paar oder Die Folgen einer Serie
Komödie
Uraufführung 11. 5. 1993, Komödie, Düsseldorf

1994 **Mein Vater, der Junggeselle**
Fast eine Bettgeschichte
Uraufführung 7. 9. 1994, Neues Theater Hannover

1995 **Faust ohne Gretchen**
Lustspiel
Uraufführung 21. 9. 1995, Theater am Kurfürstendamm, Berlin

1996 **Ein gesegnetes Alter**
Eine fast schwarze Komödie
Uraufführung 24. 5. 1996, Theater am Kurfürstendamm, Berlin

1997 **Nicht schwindelfrei (Zwei in Opposition)**
Komödie
Uraufführung 16. 10. 1997, Neues Theater Hannover

1998 **Der Ausbrecher oder Ein Mann nimmt sich die Freiheit**
Komödie
Uraufführung 25. 3. 1998, Komödie, Düsseldorf

1999 **Ein Mann – ein Wort oder Der 30jährige Krieg**
Uraufführung 16. 4. 1999, Komödie, Berlin

Fernsehen

(außer Theater-Aufführungen)

Vom Alex zur Gedächtniskirche
Cabaret-Cavalcade, Buch und Regie

Die eigenen vier Wände
Fernsehspiel (mit Eckart Hachfeld)

Gertrud Stranitzki
Fernsehserie (13 Folgen)

Ida Rogalski
Fernsehserie (3 Folgen)

Kinderheim Saasener Chaussee
Fernsehserie (7 Folgen)

Ich hab mich so an dich gewöhnt
Fernsehserie (3 Folgen)

Preußenkorso
Fernsehserie (3 Folgen) mit Werner E. Hintz und Horst Pillau

Ein Mann für alle Fälle
Fernsehserie (3 Folgen)

Schuld sind nur die Frauen oder Vier Witwen sind zuviel
Fernsehspiel

Ich heirate eine Familie
Fernsehserie (14 Folgen)

Abschiedsvorstellung
Fernsehspiel

Kleiner Mann im großen Glück
Fernsehspiel

Wille, ein Aussteiger steigt ein
Fernsehspiel

Durchreise
Fernsehserie nach dem gleichnamigen Theaterstück (6 Folgen)

TV-Beiträge für:

Mütter
Gut gemeint und Deckung nehmen
Rechts und links vom Kudamm
Dalli-Dalli
Musik ist Trumpf
Wie wär's heut mit Revue?
Die Rückblende
750 Jahre Berlin
Peter Frankenfeld-Gala
Ein Herz für Berlin (Peter Alexander-Show)
Herzlichen Glückwunsch, Heinz Rühmann (90. Geburtstag)
Johannes-Heesters-Gala (90. Geburtstag)
Das war Spitze (Hans-Rosenthal-Erinnerungs-Sendung

Hörfunk

(ca. 50 Rundfunksendungen, außer Funk-Fassungen der Theaterstücke)

Beinah friedensmäßig
Die Theaterkrise findet nicht statt
Hilfe, die Verwandten kommen …
Nackte Tatsachen
Urwaldkonten werden aufgewertet
Ein Spieß wird umgedreht
Zu herabgesetzten Preisen
Das muß man gelesen haben
Der Fortschritt schreitet fort
Rückblende
Ein Film für sich
Die Gedächtnisstütze
Der letzte Tannenbaum
Freitag abend bei Frau Luna auf dem Mond
Das Nacktstudio
Wir erinnern uns so gern

Liedertexte

(zu über 30 Filmen und ca. 300 Chansons)

»In einer Nacht am Ganges«
»Überall wohnt das Glück«
»Heut' liegt was in der Luft« (mit Bruno Balz)
»Zwei Herzen im Mai« (mit Bruno Balz)
»Wo die Liebe hinfällt«
»Die Show ist zu Ende«
»New York ohne Strom«
»Melodien für Millionen«
»Unsere Stadt hört doch nicht am Brandenburger Tor auf«
»Wir erinnern uns so gern«
»Der Herbstwind weht schon um mein Haus«
»Ich bin ein Mann für alle Fälle«
»Schaut auf diese Stadt Berlin«

Kabarett

1945 **»Die Außenseiter«**

1947 **Melodie der Straße**
Revue (mit Bruno Balz und Heino Gaze)
Kabarett der Komiker, Berlin

1948 **Jeder gegen jeden**
Revue (mit Bruno Balz und Adolf Steimel)
Kabarett der Komiker, Berlin

1950 **Wir sind übern Berg**
Revue (mit Olaf Bienert)
Kabarett der Komiker, Berlin

1951/52 Texte für Kabarett »Nürnberger Trichter«, Berlin

Bücher

1968 **Drei Stücke aus Berlin**
(mit Horst Pillau)

1972 **6 x Berlin**
Foto-Band

1974 **Striptease im Löwenkäfig**
Gedichte

1984 **Ich heirate eine Familie**
Roman

1988 **Vier Witwen sind zuviel**
Roman

1990 **Reden für alle Fälle**
Humorvolles und Besinnliches über prominente Zeitgenossen

1992 **Durchreise**
Die Geschichte einer Firma

1995 **Das Geld liegt auf der Bank**
und noch mehr Theater

Filme

(über 30 Drehbücher, z. T. nach Vorlagen und in Zusammenarbeit)

1951 Wenn Männer schwindeln

1952 Der keusche Lebemann
Eva im Frack
Der Onkel aus Amerika

1953 Das Nachtgespenst

1954 Das Fräulein vom Amt
Wie werde ich Filmstar
Ein Mann muß nicht immer schön sein

1955 Liebe, Tanz und tausend Schlager

1956 Das einfache Mädchen

1957 Heute blau und morgen blau
Hier bin ich, hier bleib ich

1958 Ihr 106. Geburtstag
Der Pauker

1959 ... und abends in die Scala

1960 Der Gauner und der liebe Gott

1962 Meine Tochter und ich

1963 Die Hochzeitsreise

1965 Ganovenehre

Ehrenämter/Auszeichnungen

X	1963	Drehbuchprämie der Bundesregierung
O	1967	Präsident des Verbandes Deutscher Bühnenschriftsteller und Bühnenkomponisten (später Dramatiker Union)
O	1967	Verwaltungsratsmitglied der Neuen Zentralstelle
O	1975	Kommissionsmitglied der GEMA
X	1978	GOLDENE NADEL der Dramatiker Union
X	1980	Verdienstkreuz am Bande des Verdienstordens der Bundesrepublik Deutschland
O	1982	Kuratoriumsmitglied der Günter-Neumann-Stiftung
O	1983	Vorsitzender des Vereins zur Rettung des Hebbel-Theaters
X	1984	Goldene Kamera
X	1985	Telestar
X	1990	Bolten-Baeckers-Preis
O	1991	Kuratoriumsmitglied der Hermann-Sudermann-Stiftung
X	1992	Ehrenprofessor der Stadt Berlin
O	1998	Vorsitzender des Verwaltungsrates der Neuen Zentralstelle
X	1999	Verdienstorden der Bundesrepublik Deutschland

O = Ehrenämter
X = Auszeichnungen

Namenregister

A

Ackermann, Kurt 51
Adorf, Mario 154
Albers, Hans 72
Alexander, Hilde 243 f.
Alexander, Peter 49, 121, 243 ff.
Alpar, Gitta 24
Ambesser, Axel von 124, 152, 200, 202–204, 206, 264
Ambesser, Gwendolyn von 204
Andam, Herr 124
Andersen, Lale 79
André 16 f.
Apel, Hans 44
Arno, Siegfried 34
Asen, Hans 292 f.
Asner, Dieter 277
Astaire, Fred 236

B

Bach, Johann Sebastian 6
Bahn, Roma 54 f., 72
Bahro, Wolfgang 251
Baker, Josephine 104
Balz, Bruno 65 f., 82–5, 94, 139 f.
Baptiste, Mona 139
Bargenda, Bernhard 220
Barlog, Boleslaw 53, 81
Bars, Richard 188
Barthel, Manfred 147
Bauschke, Erhard 34
Becker, Frau 167
Becker, Werner 23
Behle, Herr 253
Behrend, Rainer 229 f., 260
Beling, Claus 250
Beluhan, Nadina 206
Benatzky, Ralph 34, 60, 108, 147
Bender, Deta 58
Bender, Henry 53, 57 ff., 66, 68, 120
Bendow, Wilhelm 73 f.
Bentheim, Ursula von 265
Berger, Senta 254
Berlepsch, James von 246, 275
Bernhard, Rudolf 18
Bersarin, Generaloberst 48
Beth, Gunther 261
Beyer (Lehrer) 25
Beyer, Frau 201
Biedermann, Julia 197
Biederstaedt, Claus 152, 207, 253, 261
Biener, Dagmar 243, 251
Bienert, Otto 102, 132, 134, 208, 212, 286
Bildt, Paul 74
Blanc, Anne-Marie 234
Bluhm, Walter 81
Blume, Renate 282
Bode, Elert 207
Boese, Carl 109 f., 138
Böhm, Karlheinz 152
Böhmer, Ekkehard 243
Bois, Curt 154
Bolgaroff (Artistengruppe) 22
Bolten-Baeckers, Heinz 233
Bopp, Renate 294
Borchers, Cornell 112
Borgelt, Hans 255
Borsche, Dieter 153
Bötticher, Herbert 196
Braband, Folke 261
Brandt, Rainer 183
Brauner, Artur 73, 107, 110 ff., 115–125, 135 f., 144, 152 f., 255
Brauner, Maria 117 f., 137, 143, 255
Braut, Ingrid 206, 240, 248, 272, 278, 293–296
Brecht, Bertolt 49, 96
Brix, Andrea 70
Bronner, Gerhard 277
Bruhn, Christian 260
Brynner, Yul 74
Buhlan, Bully 63, 139, 146 f., 172, 192
Bülow, Vicco von (Loriot) 254 f.

C

Cacciapuoti, Tommaso 290
Camoletti, Marc 158
Carste, Hans 131
Charell, Erik 34

Chevalier, Maurice 293
Clay, Lucius D. 92
Codonas (Artistengruppe) 22
Colbie, Major 55
Collande, Nora von 213, 241, 245, 249, 253, 260 f.
Collins, Corny 153
Cornehlsen, Horst 54
Cramer, Susanne 152
Cremer, Hannelore 261, 282
Crosby, Bing 78, 83

D

Dahlberg, Monika 158, 206
Dahlke, Paul 122
Dante Alighieri 86
Degner, Hasso 187
Delibes, Léo 24
Deppe, Hans 85, 94, 121 f.
Diepgen, Eberhard 216, 255, 271
Döblin, Herbert 83
Dobosch, Attila 246
Dobosch, Ilona 246
Dobra, Anni 83
Dobrin, Moritz 33
Dolezal, Herr 33
Dorette, Dora 158
Drechsel, Sammy 91
Durbin, Deanna 153
Durek, Inge 253
Dürrenmatt, Friedrich 170
Dux, Eckart 241, 245

E

Ebermayer, Erich 179
Eckstein, Detlev 175
Ehre, Ida 233
Eisbrenner, Werner 67, 72, 129
Elias, Patrick 251
Elskamp-Brothers 79
Elsner, Hannelore 149
Elstner, Frank 216
Engel, Kurt 62
Engel, Thomas 147
Engelbrecht, Constanze 251
Epp, Leon 145
Erhardt, Heinz 45
Eschen, Fritz 259
Etlinger, Karl 77
Ewert, Krista 16

F

Fechner, Eberhard 234
Fehling, Jürgen 105
Feindt, Cilly 22
Felsenstein, Walter 77
Fiedler, Erich 208
Finck, Werner 45, 79, 98 f., 101, 105
Finnern, Dieter 243
Fischer (Hofmaler) 33, 118
Fischer, O. W. 17
Fischer, Pit 269, 279, 292
Flatow, Boris (Sohn) 265, 281
Flatow, Brigitte (2. Ehefrau) 184 f., 188, 190–193, 197 f., 206, 213 f., 216, 223 ff., 241, 246 f., 253, 260 ff., 266, 270, 272, 274, 281, 284, 297
Flatow, Curth (Onkel) 18
Flatow, Hanns (Großvetter) 23
Flatow, Hans-Peter (Vetter) 37
Flatow, Lieselott (1. Ehefrau) 131 ff., 154 f.
Flatow, Martin (Onkel) 18, 23, 29
Flatow, Rudolf (Bruder) 26, 35, 191
Flatow, Selly (Onkel) 18
Flatow, Siegmund (Vater) 18–30, 34 ff.
Flatow, Willy (Onkel) 18, 29
Forst, Willi 106
Fraenkel, George 52
Franco, Bob 160, 293
Frank, Liane 30
Frankenfeld, Peter 45, 105, 147, 185, 269
Fratellinis (Clowns) 22
Freytag, Gustav 98
Freytag, Michael 69
Friedl, Loni von 254
Friedrichs, Hanns 293, 296
Fritsch, Ekkehard 193, 226
Fritsch, Willy 34, 89, 120
Fritz, Bruno 97, 102 f., 192
Fröbe, Gert 125, 152 f.
Froboess, Cornelia 254
Froelich, Carl 93
Froman (eigtl. Frommermann), Harry 65
Furtner, Joe 17, 52, 77 f., 89 ff., 97

G

Gable, Clark 25, 78
Galinski, Heinz 216
Gambke, Frau Dr. 64
Gäthe, Kerstin 284
Gaze, Heino 16, 70, 82 f., 95, 137
Gehringer, Hans 43, 47 f., 53 f.
Geiler, Fräulein 67
Genest, Corinna 213, 233
George, Götz 144
Gerhard (Jugendfreund) 46
Gerlach, Peter 182 f., 185, 195, 250
Giese, Heinz 167
Gietz, Heinz 227, 241
Glasner, Christine 270
Glazerows (Artistengruppe) 22
Glupp, Herr 48
Gobert, Boy 74, 153
Goebbels, Joseph 43, 127
Goethe, Johann Wolfgang von 6, 258
Goetz, Curt 53, 96, 106, 120, 135, 179 f., 274, 305
Gold, Käthe 44
Gommermann, Stefan 152
Gorbatschow, Michail 254
Gorvin, Joana Maria 172
Gottschalk, Thomas 216
Grabowsky, Eynar und Vincent 200, 257
Grack, Günther 207
Graf, Jürgen 273
Gratz, Siegfried 32, 37
Gregan, Ralf 153
Gribitz, Franz 136
Grindemann, Wolfgang 292
Grock 22
Gross, Inge 234, 236
Gross, Walter 83, 85, 97, 103, 110, 134, 192, 215, 234, 236
Grothe, Franz 248
Grothum, Brigitte 257
Gründgens, Gustaf 44, 74, 81, 99
Gruner, Wolfgang 105, 192, 224, 241, 255
Grünfeld (Rabbiner) 26

H

Haagen, Margarete 123
Haas, Waltraut 110
Hachfeld, Eckhart 103, 121, 123 f., 152
Haensel, Peter 142, 170 f.
Hallervorden, Dieter 153
Hamann, Evelyn 254
Hancke, Edith 191, 220 f., 229 f., 237, 248, 260, 262 f., 290, 293, 297
Hansen, Michael 259
Häring, Prof. 214
Harlan, Veit 43
Harnisch, Ulla 70
Harvey, Lilian 120
Hasse, O. E. 274 f., 281
Hassemer, Volker 257
Hauff, Angelika 112
Haupt, Ullrich 234
Haußmann, Ezard 261
Haußmann, Leander 261
Heck, Dieter Thomas 226
Hedtstück, Eduard 133f.
Heesters, Johannes 127, 149, 264 f., 269–272, 289–292, 304
Heesters, Nicole 269, 271
Heinersdorff, Barbara 253
Held, Martin 234
Hellwig, Gerhard 274
Helmer, Claus 237, 241, 270, 277
Helwig, Paul 53
Henniger, Rolf 248
Herking, Ursula 89, 103 f., 143
Herrmann, Herbert 196, 260 f., 264, 290, 297 f.
Herrmann-Schaufuß, Hans 52
Herstatt, Cornelia 153
Hertel, Peter 294
Herwig, Ursula 176 ff.
Hesterberg, Trude 105
Hetzer, Roland 220, 222, 255 f.
Heuser, Loni 42, 45, 54, 75, 81, 91, 93, 99, 126–130, 132, 191, 202, 255
Heyer, Ursula 183 f., 191, 224, 247
Heyl, Burkhard 251
Hielscher, Liane 167
Hildebrandt, Dieter 105
Hilpert, Heinz 278
Hinnen, Peterli 140
Hinz, Michael 158
Hintz, Werner E. 182
Hirsch, Kurt 82
Hirthe-Kuschnitzky, Hannelore 261, 282

Hitler, Adolf 17, 29, 32
Höckmann, Alfons 206, 240, 248, 275, 278, 296
Höckmann, Andrea 206
Hoffmann, Erwin 72, 77 f.
Hoffmann, Hannelore 17
Hoffmann, Kurt 99, 110
Hohenberger, Kurt 76
Höhne, Will 16
Höling, Ann 85
Hollaender, Friedrich 48, 81, 98
Holm, Renate 138
Holsey, Reva 72
Holt, Hans 123
Honecker, Erich 239
Hoppe, Marianne 44
Hoppe, Rolf 251
Horny, Frau 224
Hoven, Adrian 59
Hübler-Kahla, Johannes Alexander 136
Hübner, Kurt 150
Hubschmid, Paul 123 f.
Hussein, Sadam 247

I

Ilja (Jugendfreund) 23
Iplicjian, Anaid 181
Irmen-Tschet, Konstantin 127

J

Jacobs, Werner 122
Jary, Michael 63, 110, 139
Jesserer, Gertraud 147 f., 254
Joachim, Monika 237, 244, 278, 307
Johanning, Horst 267
Juhnke, Harald 182f., 185 f., 192, 194, 196, 236, 261, 264, 269, 275, 281, 293
Jungbluth, Robert 277
Jürgens, Jenny 253
Jussenhoven, Gerhard 156 ff., 278
Jussenhoven, Krista 156 ff., 277, 281

K

Kabel, Heidi 144
Kaluscha, Klaus 240 f., 269, 273, 275
Karlstadt, Liesl 88
Kästner, Erich 58, 98, 106, 305
Katz-Karmer, Herr 64
Käutner, Helmut 144
Keil, Günter 70, 83
Keller, Ingrid 229 f.
Kerbler, Eva 175
Kerzel, Joachim 262
Killert, Johannes 189
Kirchner, Alfred 151, 257
Klabund 53
Klebe, Giselher 179
Knef, Hildegard 81 f., 141, 226
Knuth, Gustav 44, 136, 148
Koch, Marianne 109
Koczian, Johanna von 183
Kohl, Hannelore 255
Köhler, Christoph 204, 206, 239, 246, 277, 290
Kollo, Walter 27, 53, 98
Kolumbus, Christoph 190
Königer, F. A. 82
Konsalik, Heinz 51, 75
Korn, Heinz 248
Körner, Ingeborg siehe Wölffer, Ingeborg
Kowa, Victor de 52, 72 f.
Krämer, Herr 33
Krause, Hermann 67
Krauß, Werner 44
Kreile, Reinhold 267, 270
Kreuder, Peter 77
Kroske, Dr. 68
Krug, Manfred 234
Krüger, Franz Otto 51, 68, 82, 126
Krüger, Hellmuth 126
Kudritzky, Horst 63
Kühl, Kate 54f., 60, 72
Kühlhorn, Inge 220, 237, 307
Kuhn, Paul 49, 243, 248
Kulenkampff, Hans Joachim 253 f.
Külüs, Rudolf 165, 167
Künneke, Evelyn 63
Kunz, Herr 33
Kunze, Michael 270
Kupfer, Harry 270
Kusserow, Ingeborg von 78 f.

L

Laeppché, Inge 117f.
Lafontaine, Fritz 83
Lagemann, Sigrid 85, 208

Lais, Detlef 63
Landgut, Inge 37
Lang, Lotte 145
Lauenstein, Tilly 281f.
Leander, Zarah 89
Leder, Wolfgang 42
Lehmann, Herr 32
Lehn, Erwin 63
Leibelt, Hans 68, 72, 94ff.
Leiser, Lene 102
Lesco, Lisa 59, 73
Lessing, Gotthold Ephraim 142
Liebeneiner, Wolfgang 183
Lincke, Paul 98
Lind, Georgia 85
Lingen, Theo 44, 101, 110, 139
Löbel, Bruni 85, 197, 254
Loewe, Frederick 127
Lohse, Madeleine 70 f., 85
Lommer, Horst 60
Löwenstein-Leonhard, Josefine (Tante Fine) 27, 47, 161 f., 247
Loy, Myrna 78
Lubitsch, Ernst 24
Lüders, Günther 105, 123 f., 274
Ludwig, Günter Christian 97
Ludwig, Marlise 192
Ludwig, Volker 233
Luft, Friedrich 144, 207
Lukschy, Wolfgang 126
Lüthge, Bobby E. 111–116

M

Mackeben, Theo 63, 81, 91, 93, 126, 128, 132
Mackeben, Toni 200
Malkowsky, Liselotte 76
Malzacher, Gunther 212
Mann, Dany 175
Marian, Ferdinand 43
Markus, Winnie 122, 206
Marquis, Arnold 247
Marquitan, Christin 260
Martell, Bettina 260
Martens, Ulla 296
Martens, Valérie von 96, 135 f., 155, 179 ff.
Martin, Karl Heinz 72
Martin, Paul 120 f.
Matz, Johanna 254
McDonald, Sona 251
Meienburg, Ilse 161, 172, 195, 307
Meissner, Otto 181 ff., 195, 233, 250 f.
Menke-Peitzmayer, Jörg 282
Menuhin, Yehudi 153
Mertin, Werner 23, 39
Metsaft, Paul 31 f., 37 f.
Metzner, Gerhard 170
Meyen, Harry 138, 149
Meyer, Volkmar 220
Meyerinck, Hubert von 40, 46, 53 f., 60, 70, 72, 74 ff., 85, 121, 153
Meysel, Inge 142 ff., 161, 264
Millowitsch, Willy 51, 167, 188 f.
Mills, Charly 58
Minetti, Bernhard 44
Mira, Brigitte 16, 281
Mitchell, Margaret 25
Moeser-José (Artist) 22
Molière 258
Molkenthien (Pfarrer) 30
Möller, Gunnar 137
Molnár, Ferenc 72
Moser, Hans 110, 137
Movsessian, Vera 155
Mühlhardt, Kurt 105
Muliar, Fritz 145, 172, 278
Müller, Detlef 153
Müller, Harald 243, 253, 265, 269, 272, 279
Müller, Werner 169
Müller, Wolfgang 67, 78, 83, 105, 123
Müthel, Lola 85, 233

N

Nachama, Estrongo 216
Najac, Emile de 156
Najuch, Roman 129
Naumann, Prof. 166
Nehring, Albrecht 54 f.
Neidig, Claudia 262
Nel, Kristina 187
Nelson, Rudolf 48, 98 f.
Nerking, Hans 85
Neumann, Günter 40, 45, 79, 81 f., 85, 98–101, 126, 129, 212
Neumann, Klaus-Günter 82
Neuss, Wolfgang 123, 287 f.

Nick, Edmund 98
Nicoletti, Susi 234
Nielsen, Hans 54, 60 f., 73, 76, 85
Niessen, Charly 200
Noack, Barbara 260
Norden, Ruth 64

O

Ode, Erik 81, 94, 98, 122, 142
Oehme, Peter 167, 206, 212, 277
Oehlschläger, Werner 37, 65, 81, 85, 129
Ostertag, Herr 64

P

Pabst, Irina 298
Pasche, Friedrich 79, 85
Pasetti, Peter 233
Paul, Rita 102 ff., 120
Paulsen, Harald 127
Pawlitz, Fräulein 82 f.
Peiser, Dr. 78
Penk, Wolfgang 214 f.
Peter, Ruth 83
Peters, Petra 81
Pfitzmann, Günter 185, 227, 244, 274
Pfluger, Paula 145
Philip, Prinz (Herzog von Edinburgh) 197
Philipp, Gunther 152
Philipp, Harald 122
Pillau, Horst 65, 141 ff., 145, 153, 182, 212, 239, 241, 260
Pinelli, Aldo von 77
Platte, Georgia 236f.
Platte, Rudolf 23, 56, 59 f., 75, 98 f., 107 f., 121 f., 136, 143, 165 ff., 188 f., 192, 236 f., 245, 264, 286
Potter, Herr 66f.
Prack, Rudolf 113 f., 122
Pressburger, Emmerich 112
Prinz, Joachim 28
Pritschow, Herr 33
Probst, Eva 292
Prokofieff, Sergej Sergejewitsch 169
Pulver, Liselotte 137 f., 153, 254

Q

Quadflieg, Will 112
Quest, Hans 121
Quinn, Anthony 198

R

Rabin, Jitzak 284
Rabinovitsch, Gregor 112
Rademann, Wolfgang 190 f., 243 f., 265, 279
Raeck, Kurt 142
Rainer, Margot 144
Raki, Laya 102
Rameau, Hans H. 110
Raspotnik, Hans 75
Rebhuhn, Peter 63
Reichardt, Ernst 155
Reichel, Willi Robert 26
Reichert, Lutz 245
Reichert, Willy 167
Reinfeld, Heinz 95
Rémond, Fritz 136
Rennhack, Heinz 251
Reschke, Ethel 81, 94
Rethel, Simone 269, 272, 289, 292
Reuter, Ernst 102 f.
Reutter, Otto 98
Richert, Jochen 96
Richter, Utz 245
Ried, Marina 59
Riedel, Lutz 187
Riemann, Katja 251
Riethmüller, Heinrich 101, 192, 212, 216, 229
Rittig, Kurt 199
Roberts, Ralph Arthur 23
Rohde, Prof. 127
Rökk, Marika 127, 271
Rose, Willi 68
Rosen, Willy 34, 36, 81
Rosenberg, Minna (Tante) 31
Rosenberger, Raimund 241
Rosenthal, Gert 28, 216 f.
Rosenthal, Hans 28, 65, 101, 185, 192, 194, 197 f., 201, 207–219, 227, 257, 274
Rosenthal, Traudl 214, 216 f., 219
Roth, Wolf 248
Rothweiler, Margot 282, 286
Rücker, Frau 294
Rühmann, Heinz 99, 110, 124 f., 146 ff., 153, 165, 237, 244 f., 253 f., 259, 271

Runze, Ottokar 167
Rux, Conny 115

S

Sais, Tatjana 79ff., 85, 97ff., 105
Samel, Udo 250f.
Sandberg, Sven Olof 56
Sardou, Victorien 156
Sarment, Jean 123
Sattler, Juliane 207
Sauberzweig, Dieter 257
Schaechter, Herr 64
Schaeffers, Willi 15, 17, 40, 48, 52, 69, 71, 77 ff., 82, 95, 98, 105
Schäfer, Lieselott siehe Flatow, Lieselott
Schanzer, Rudolph 27
Schiff, Peter 167, 249
Schiffer, Marcellus 49
Schiller, Friedrich von 30, 53
Schlüter, Henning 167
Schmedes, Maria von 16
Schmidt, Helga 255
Schmidt, Peer 255
Schoenfelder, Friedrich 136, 149, 204, 206, 255, 264, 277
Schoenfelder, Monika 206, 277
Schollwer, Edith 60, 81, 83, 97, 102–105, 126–130, 155, 212, 229, 255, 271
Schönbach, Tracy 206
Schönböck, Karl 213
Schöne, Barbara 175, 183, 186
Schönherr, Dietmar 105
Schönthan, Franz und Paul von 135 f.
Schröder, Friedrich 115, 119
Schröder, Rudi 259
Schroth, Carl-Heinz 85, 99, 138, 180 f., 274
Schubert, Franz 250
Schultze, Norbert 105, 248
Schulz, Eckhard 241, 257, 267, 307
Schulze (Lehrer) 26
Schulz-Reichel, Fritz 192, 241
Schündler, Rudolf 104
Schüren, Klaus-Peter 220 f., 227, 228, 266, 294
Schuricke, Rudi 120
Schuster, Friedel 46, 66, 70, 115
Schütz, Klaus 257
Schwarzkopf, Elisabeth 145
Schwarzkopf, Klaus 234
Schwenn, Günter 69 f., 116, 172, 248
Sebaldt, Maria 196
Seipp, Hilde 16, 54 f.
Serafin, Harald 278
Serrano, Rosita 112
Shaffer, Anthony 248
Shakespeare, William 30, 151
Siegel, Inge 65 ff.
Siegel, Ralph Maria 57, 65, 87, 89
Sima, Oskar 139
Simon, Neil 274
Sinatra, Frank 186
Singerl, Erni 144
Sinjen, Sabine 153
Skoda, Christel 58
Smith, Kate 64
Söhnker, Heinz 211
Sonnenschein, Klaus 220, 229 f., 237, 260, 262, 293
Spier, Wolfgang 149 f., 158 ff., 174 ff., 181, 232, 248, 275, 281 ff., 286
Spoliansky, Mischa 49, 98
Staudte, Wolfgang 154
Steckel, Leonard 38
Steimel, Adolf 51, 63, 66 f., 79, 94 ff.
Stein, Peter 258
Stein, Reinhard 213
Steiner, Fritz 238
Stemmle, R. A. 66, 82 f., 88, 98, 152
Stephan, Ruth 110, 121 f., 138
Sternheim, Carl 74
Stingl, Herr 179
Stöckel, Joe 110
Stoeckel, Otto 59
Stokowski, Leopold 153
Stolte, Dieter 250
Storch, Herr 129
Stoß, Franz 23, 278
Strassberg, Max 19
Strauss, Richard 145
Strelow, Kurt 81
Struck, Wolfgang 42
Sturm, Isebil 199 f., 204
Stürmer, Dieter 158
Sydow, Rolf von 269, 272

T
Tabsch, Monika 297
Tachauer, Fritz 23
Tadey, Horst-Christian 227
Tati, Jacques 99
Teluren, Anna 296
Templeton, Alec 64
Thiele, Wilhelm 153
Thierry 103
Thomalla, Georg 16, 38, 67–71, 73, 77 f., 94, 97, 109 f., 112, 117, 121, 138, 148 f., 167, 170, 175, 187, 189, 193 f., 199 f., 216, 237, 241, 245, 249, 253, 264, 271, 278 ff., 287 ff., 292, 298
Thomalla, Margit 298
Thomalla, Timo 288
Thomalla, Simone 251, 298
Thomas, Peter 169, 185
Thompson, Carlos 153
Tiessen, Heinz 98
Tiger Jones 115
Tiller, Nadja 183
Tommaseo, Niccolò 173
Torriani, Vico 158 f., 289
Trautschold, Ilse 97
Trebitsch, Gyula 253
Trebitsch, Katharina 255
Tschaikowsky, Peter Iljitsch 221
Tucholsky, Kurt 55
Tuntsch, Kurt 102, 107 f.

U
Udinzoff, Wladimir 189
Ulrich, Kurt 116
Ulrich, Rolf 70, 224, 255
Unger, Eddy 79

V
Valente, Caterina 120–123, 152, 269
Valentin, Karl 88
Vanamali, Yamuna 241
Veit, Ivo 65
Villon, François 128
Vita, Helen 154
Völz, Roswitha 255

W
Wagner, Richard 44, 81, 258
Wallburg, Otto 34 f.
Wallner-Basté, Herr 64
Walter, Ruedi 144
Wäscher, Aribert 73
Wayne, John 247
Weck, Peter 194–197, 232 f., 250
Weigel, Hans 171
Weiser, Grethe 58, 109, 142 f.
Weiss, Helmut 56, 73
Weißbach, Herbert 59, 85
Welsburg, Percy Graf 79
Wenck, Ewald 59, 67, 81, 97
Wendland, Gerhard 63
Wendlandt, Horst 255
Wengler, Verena 297
Wenske, Thomas 260 f.
Werner, Carlos 158
Werner, Günther 51, 53, 61, 84
Westen, Nina 105
Widmann, Kurt 33, 108
Wied, Thekla Carola 196
Wiedemann, Elisabeth 183
Wiegner, Hans 208
Wildbolz, Klaus 248
Wilk, Wolfgang 85
Wille, Helga 83
Willing, Ute 193
Windeck, Agnes 97, 140, 148
Winkler, Gerhard 56 f., 67, 73, 86
Winter, Judy 297
Witt, Claus Peter 182
Witt, Herbert 126
Wolffberg, Inge 187
Wölffer, Christine 289
Wölffer, Hans 114, 116, 149, 171, 174
Wölffer, Ingeborg 96, 114, 180, 194
Wölffer, Jürgen 149, 187, 193, 199 f., 202 ff., 233, 260 f., 275, 279, 281 f., 287, 289 f, 292, 297
Wolffhardt, Rainer 237
Wolter, Eva 77
Wuttig, Heinz Oskar 192, 195

Z
Zadek, Peter 151, 258
Ziemann, Sonja 73, 94, 113 f., 137, 144, 254
Zilk, Helmut 214
Zuckmayer, Carl 144, 189